HANNAH RUSCHEMEIER

Der additive Grundrechtseingriff

Schriften zum Öffentlichen Recht

Band 1403

Der additive Grundrechtseingriff

Von

Hannah Ruschemeier

Duncker & Humblot · Berlin

Die Juristische Fakultät
der Heinrich-Heine-Universität Düsseldorf
hat diese Arbeit im Jahr 2018
als Dissertation angenommen.

Bibliografische Information der Deutschen Nationalbibliothek

Die Deutsche Nationalbibliothek verzeichnet diese Publikation in der Deutschen Nationalbibliografie; detaillierte bibliografische Daten sind im Internet über http://dnb.d-nb.de abrufbar.

Satz: 3w+p GmbH, Rimpar
Druck: CPI buchbücher.de gmbh, Birkach
Printed in Germany

ISSN 0582-0200
ISBN 978-3-428-15736-5 (Print)
ISBN 978-3-428-55736-3 (E-Book)
ISBN 978-3-428-85736-4 (Print & E-Book)

Gedruckt auf alterungsbeständigem (säurefreiem) Papier
entsprechend ISO 9706 ♾

Internet: http://www.duncker-humblot.de

Vorwort

Die vorliegende Arbeit wurde im Sommersemester 2018 von der Juristischen Fakultät der Heinrich-Heine-Universität Düsseldorf als Dissertation angenommen. Wesentliche Änderungen der Literatur und Rechtsprechung konnten bis Anfang April 2018 berücksichtigt werden.

Danken möchte ich meinem Doktorvater Prof. Dr. Johannes Dietlein für die Impulsgebung hinsichtlich des Forschungsthemas und die Begleitung der Arbeit. Dank gebührt auch meinem Zweitgutachter Prof. Dr. Matthias Valta für wertvolle Hinweise.

Das Bundesministerium des Innern und der Freundeskreis der Düsseldorfer Juristischen Fakultät e. V. fördern finanziell die Drucklegung dieser Arbeit – vielen Dank.

Besonderer Dank gilt meinem Freund und Kollegen Sascha David Peters für die fachliche und menschliche Unterstützung bei diesem spannenden Projekt.

Größte Dankbarkeit gilt meiner Familie. Ihre stetige Unterstützung hat mich auch während dieser Phase motiviert und begleitet.

Düsseldorf, im Februar 2019 *Hannah Ruschemeier*

Inhaltsübersicht

Erstes Kapitel

Zweites Kapitel

Drittes Kapitel

Analyse der Grundlagen 79

Viertes Kapitel

Kriterien und Varianten 130

Inhaltsverzeichnis

Drittes Kapitel

Fünftes Kapitel

Grenzen 174

Siebtes Kapitel

Prozessuale Fragen 234

Achtes Kapitel

Fazit und Ausblick 258

Die in vorliegender Arbeit verwendeten Abkürzungen gehen zurück auf das Abkürzungsverzeichnis der Rechtssprache, begründet von Kirchner, Hildebert, bearbeitet von Böttcher, Eike, 9. Auflage, Berlin, 2018.

Erstes Kapitel

Einleitung

A. Problemaufriss

„Der Wert der Grundrechtsdogmatik hängt von ihrer Leistung ab."[1]

Staatliche Belastungen treten in vielfältigen Formen auf. Grundrechtsrelevant und rechtfertigungsbedürftig sind sie nach der herrschenden Interpretation der Grundrechtslehre nur, wenn es sich um Eingriffe in grundrechtliche Schutzbereiche handelt. Nicht immer aber ist die rechtswissenschaftliche Dogmatik[2] sofort in der Lage, neu auftretende, sich entwickelnde und dynamische Gefährdungslagen für verfassungsrechtliche Gewährleistungen zu erfassen. Wenn mehrere staatliche Beeinträchtigungen auf Grundrechtsträger einwirken, werden ihre Belastungsfolgen in der Freiheitssphäre der betroffenen Person zusammengeführt, sie wirken kumulativ oder additiv. Unabhängig von der konkreten rechtlichen Lösung vollzieht sich ein Perspektivwechsel: Ausgangspunkt ist nicht die Sicht des handelnden Hoheitsträgers auf den Grundrechtsschutz, sondern die Blickrichtung wechselt zum verbleibenden Freiheitsgehalt beim jeweiligen Grundrechtsträger, der einer Mehrzahl von Maßnahmen ausgesetzt ist. Staatliche Gesamtbelastungen sind kein neues Phänomen und faktisch allgegenwärtig, werden aber von einer Grundrechtsprüfung, die auf einem punktuellen Eingriffsverständnis beruht, möglicherweise nicht, oder nur unzureichend erfasst. Unklar ist vor allem, *ob* und *wie* mehrere staatliche Belastungen in der Grundrechtsprüfung abzubilden sind.

Jörg Lücke gilt zumindest in begrifflicher Hinsicht als „Vater" des additiven Grundrechtseingriffs. Soweit ersichtlich, taucht dieser Begriff das erste Mal in seinem Aufsatz 2001 „Der additive Grundrechtseingriff sowie das Verbot der übermäßigen Gesamtbelastung des Bürgers"[3] in der rechtswissenschaftlichen Diskussion auf.

---

[1] *Alexy,* Der Staat 52 (2013), 87.

[2] Zur Leistungsfähigkeit der Grundrechtsdogmatik: *Linder*, Theorie der Grundrechtsdogmatik, 2004; *Volkmann*, JZ 2005, 261, 262; *Murswiek*, Der Staat 45 (2006), 474; *Ipsen*, Der Staat 52 (2013), 266, 271 ff.; *Böckenförde*, Der Staat 29 (1990), 1 ff.; *Jarass*, AöR 120 (1995), 345; *Kahl*, AöR 131 (2006), 579, 599 ff.; *H. Bethge*, Der Staat 24 (1985), 351, 353 ff.; *Hain,* JZ 2002, 1036, 1037 f.; *Lepsius,* Kritik der Dogmatik, in: Was weiß Dogmatik? S. 54 ff.

[3] DVBl. 2001, 1469. Der Begriff des „kumulativen Grundrechtseingriffs" wurde bereits von *F. Hufen* 1997 verwendet, der damit das ebenfalls von *Lücke* aufgegriffene Phänomen beschreibt „Einzeleingriffe, die je sich verhältnismäßig sein mögen[...] die aber sicherlich ir-

Dahinterstehende Erwägungen sind die Risiken von Freiheitsbeschneidungen und Gefährdungen von grundrechtlichen Schutzgehalten durch staatliche Maßnahmen, die additiv oder kumulativ wirken[4] und sich so einer Einordnung in die punktuell orientierte „klassische“ Grundrechtsprüfung entziehen. Die Erforderlichkeit der Entwicklung eines additiven Grundrechtseingriffs begründet sich aus den Grundrechten selbst. Um ihre Wirksamkeit als verfassungsrechtliche Freiheitsgewährleistungen beizubehalten, bedarf es eines effektiven Grundrechtsschutzes. Dieser kann nur gewährleistet sein, wenn es von staatlicher Seite nicht möglich ist, die Grundrechte nicht nur durch neuartige Handlungsformen, sondern auch nicht durch eine Vielzahl an Belastungen auszuhöhlen. Der Grundrechtsschutz muss nicht nur auf staatliche Maßnahmen neuer Qualität, sondern auch neuer Quantität reagieren können. Als weiteres Problem stellt sich in diesem Zusammenhang auch das Spannungsfeld zwischen dem Gestaltungsspielraum des Gesetzgebers und einem zunehmenden, immer ausdifferenzierteren Prüfungsmaßstab der Gerichte, dar. Selbstverständlich bleibt es dem Gesetzgeber grundsätzlich unbenommen, ein Rechtsgut durch eine Mehrzahl an Gesetzen und Instrumentarien zu regulieren, dieser Gestaltungsspielraum erteilt aber keinen „Freibrief“ für eine beliebige Eingriffsaddition und Kumulation von belastenden Maßnahmen.[5]

Die Betrachtung von Einzelfällen scheint der Rechtswissenschaft, insbesondere dem Öffentlichen Recht, welches an einzelnen Handlungen, Vorgängen und Akten, statt an Gesamtsituationen ansetzt, in einer gewissen Weise immanent zu sein.[6] Vor dem Hintergrund, sich weiter entwickelnder und divergierender Handlungsformen von staatlicher Seite sowie einer zunehmenden Normierung aller Rechtsbereiche,[7] geraten diese Grundannahmen der Singularität des staatlichen Handelns im Öffentlichen Recht ins Wanken und eine kritische Hinterfragung wird notwendig.

Das Themenfeld der staatlichen Gesamtbelastungen von Grundrechten wird in der rechtswissenschaftlichen Literatur wiederholt seit den 80er Jahren des letzten Jahrhunderts, insbesondere im Steuerrecht und auch im Umweltrecht diskutiert.[8] Die

---

gendwo die Dimension der Berufswahlregelung, und zwar einer unverhältnismäßigen Berufswahlregelung, annehmen, wenn sie kumulieren […]“, VVDStRL 57 (1998), 132; *Kloepfer* schrieb schon 1983 von Belastungskumulationen, VerwArch 74 (1983), 201.

[4] Zur Kritik der Begriffe: *Klement*, AöR 134 (2009), 35, 41 f.; *G. Kirchhof*, Grundrechte und Wirklichkeit, S. 27; bildlich: *F. Hufen*, NWJ 1994, 2913, 2916: „In ihrer Summierung aber wirken diese Maßnahmen wie eine schleichende Verengung des Freiheitsspielraums: Das Grundrecht wird sozusagen verstopft wie ein Wasserrohr durch schleichende Kalkablagerung.“

[5] Vgl. *Kloepfer*, VerwArch 74 (1983), 201, 210.

[6] So bereits *Kloepfer*, VerwArch 74 (1983), 201, 210.

[7] Dazu bereits kritisch: *Kloepfer*, VVDStRL 40 (1981), 63, 70 f.

[8] *P. Kirchhof*, VVDStRL 39 (1981), Besteuerung und Eigentum, 213, 232.; *Grimm*, NJW 1989, 1305, 1311; spricht davon, dass die „Summierung [von einzelnen Freiheitsbeeinträchtigungen] dazu führen [kann], daß die Freiheit allmählich unter der Sicherheit verkümmert“; *Jachmann*, Freiheitsgrundrechtliche Grenzen steuerlicher Belastungswirkungen, in: Fink/Hillgruber/Kempen/Murswiek, Die Macht des Geistes, Festschrift für Hartmut Schiedermair, S. 391, 399; *Jesse,* Instrumentenverbund als Rechtsproblem am Beispiel effizienter Energie-

Figur des additiven Grundrechtseingriffs ist von der bisherigen rechtswissenschaftlichen Diskussion aber eher wenig beachtet worden und blieb daher, von Lückes Vorschlägen abgesehen, weitestgehend ohne Konturen.[9]

Das Bundesverfassungsgericht hat die Problematik des additiven Grundrechtseingriffs bereits in mehreren Entscheidungen[10] angeführt. Diese Rechtsprechung erkennt an, dass eine verfassungsrechtliche Gesamtbetrachtung möglich ist und dieser Konstellation ein spezifisches Gefährdungspotenzial inne wohnt.[11] Wenige neue Veröffentlichungen[12] beschäftigen sich mit der Gesamtbetrachtung mehrerer staatlicher Belastungen als Thema der allgemeinen Grundrechtsdogmatik. Auch die Standardwerke zur Dogmatik der Grundrechte streifen das Thema, wenn überhaupt, nur am Rande. Im Handbuch der Grundrechte von Merten/Papier findet sich bei Peine[13] ein Pauschalverweis auf verfahrensrechtliche Sicherungen, die im Vorfeld des Staatshandelns die Entstehung von Gesamtbelastungen verhindern sollen. Zuletzt formulierte Ferdinand Kirchhof, dass eine Fülle ungelöster verfassungsrechtlicher Fragen bestände.[14]

Diese Arbeit will die dogmatischen Grundlagen in Gänze aufarbeiten und mit den praktischen Ansätzen der Umsetzung, unabhängig von einem Referenzgebiet, zusammenführen. Die aktuelle Relevanz wird nicht zuletzt daran deutlich, dass sich die Rechtsprechung und Praxis zunehmend bereichsbezogen mit der Problematik auseinandersetzen.[15] Der Rahmen einer Dissertation bietet sich zum Thema „additiver Grundrechtseingriff" an, um eine Systembildung vorzunehmen, die über die bereichsspezifischen Lösungen hinausgeht.

Schon der Begriff des „additiven Grundrechtseingriffs" verwundert auf den ersten Blick: Addition (lat. *addere* – hinzufügen oder summieren) bezeichnet ein Zusammenzählen, was zwangsläufig mehr als eine Komponente voraussetzt. Der Begriff des Eingriffs, insbesondere des Grundrechtseingriffs, steht aber im Singular. Ob

---

nutzung, S. 164 ff.; *Würsing*, Die Steuerung von Summenbelastungen im Immissionsschutzrecht, S. 31 ff.; *Bronkars*, Kumulative Eigentumseingriffe, S. 59 ff.; *Lee*, Umweltrechtlicher Instrumentenmix und kumulative Grundrechtseinwirkungen, S. 79 ff.

[9] Der grundlegende Aufsatz von *Lücke*, DVBl. 2001, 1469 ff. hat zum Begriff des Eingriffs einen ersten Aufschlag gemacht, der aber kaum weiterentwickelt oder vertieft wurde.

[10] BVerfGE 130, 372; 123, 186, 212; 114, 196; 112, 304.

[11] Vgl. zuletzt: BVerfGE 130, 372, 392.

[12] *Winkler*, JA 2014, 881; *Bernsdorff*, SGb 2011, 121; *Klement*, AöR 134 (2009), 35; *Hofmann*, AöR 133 (2008), 524; *G. Kirchhof*, NJW 2006, 732; *Lücke*, DVBl. 2001, 1469; in Teilen auch: *Jesse*, Instrumentenverbund als Rechtsproblem am Beispiel effizienter Energienutzung, S. 164 ff.; *Würsing*, Die Steuerung von Summenbelastungen im Immissionsschutzrecht,S. 31 ff.; *Bronkars*, Kumulative Eigentumseingriffe, S. 59 ff.; *Lee*, Umweltrechtlicher Instrumentenmix und kumulative Grundrechtseinwirkungen, S. 79 ff.

[13] *Peine*, HGR III, § 57, Rn. 54.

[14] NZS 2015, 1, 7.

[15] Vgl. *Kaltenstein*, SGb 2016, 365 zu den Kernfragen des additiven Grundrechtseingriffs im Sozialrecht; zur Rechtsprechung der Verwaltungsgerichte unten Zweites Kapitel B.

dieser Widerspruch nur vermeintlich und begriffsbezogen oder aber aufzulösen ist, soll diese Arbeit zeigen.

Die hier unter dem additiven Grundrechtseingriff diskutierte Problematik findet sich stellenweise auch unter dem Schlagwort der „kumulativen staatlichen Belastungen“ oder der „Belastungskumulationen“ sowie „Gesamtbelastungen“ wieder.[16] Alle diese Bezeichnungen beschreiben im Grundrechtskontext aber nur das *faktische* Phänomen, dass mehrere staatliche Maßnahmen auf einen oder mehrere Grundrechtsträger einwirken, was die Situation eines jeden Individuums in einem Rechtsstaat beschreiben dürfte. Der Begriff der Kumulation bedeutet zunächst „Anhäufung, Sammlung oder Speicherung“.[17] Kumulation ist daher ein allgemeiner Oberbegriff, der über die Art und Weise des Zusammenwirkens der einzelnen Belastungsfaktoren keine eigenständige Aussage trifft.[18] Der additive Grundrechtseingriff hebt dies auf die Ebene der rechtlichen Erfassung: kumulative staatliche Belastungen transformieren sich rechtlich in der Figur des additiven Grundrechtseingriffs, sie sind quasi dessen „Tatbestandsvoraussetzungen“. Diesem terminologischen Verständnis folgt auch das Bundesverfassungsgericht in seinen Entscheidungen.[19] Kumulative staatliche Belastungen, Belastungskumulationen und grundrechtliche Gesamtbelastungen können also in der Figur des additiven Grundrechtseingriffs auftreten, sind aber nicht mit diesem gleich zu setzen.[20] Jeder additive Grundrechtseingriff ist eine Belastungskumulation, aber nicht jede Belastungskumulation ist ein additiver Grundrechtseingriff. Wenn in der vorliegenden Arbeit von Belastungskumulationen oder Gesamtbelastungen gesprochen wird, soll das faktische Problem adressiert werden, für die Annahme eines additiven Grundrechtseingriffs oder einer Eingriffsaddition müssen hingegen die zu entwickelnden Kriterien vorliegen. Auch der Begriff der Addition ist keinesfalls irreführend.[21] Durch den mathematischen Bezug wird verdeutlicht, dass sich durch die Gesamtbetrachtung ein neues Ergebnis ergibt: Im Fall der mathematischen Addition die Summe, im Fall des additiven Grundrechtseingriffs die Gesamtbetrachtung der verfassungsrechtlich relevanten Belastungen.

---

16 *Klement*, AöR 134 (2009), 35, 41 f.; *G. Kirchhof*, Grundrechte und Wirklichkeit, S. 27; anders: *Winkler*, JA 2014, 881; *Bernsdorff*, SGb 2011, 121; *Hofmann*, AöR 133 (2008), 524; *G. Kirchhof*, NJW 2006, 732; *Lücke*, DVBl. 2001, 1469.

17 Duden, Die deutsche Rechtschreibung, S. 645; „Kumulation“, bereitgestellt durch das Wörterbuch der deutschen Sprache, https://www.dwds.de/wb/Kumulation, zuletzt abgerufen am 01.04.2018.

18 *Daxenberger*, Kumulationseffekte, S. 17.

19 Siehe dazu Zweites Kapitel A.

20 *Klement*, AöR 134 (2009), 35, 41, kritisiert, dass der Begriff der Addition verschleiern würden, dass es bei einer verfassungsrechtlichen Beurteilung nicht darum gehen kann, Wirkungen schlicht zusammen zu zählen und der Begriff des Eingriffs im Singular das Zusammenwirken mehrerer Eingriffe nicht abbilde; diese Frage soll geklärt werden und der Begriff des additiven Grundrechtseingriffs bildet die zu untersuchende These.

21 „Eingriffsaddition“ bereits bei *Kloepfer*, VerwArch 74 (1983), 201, 210.

Die zentrale Forschungsfrage muss lauten, was unter dem additiven Grundrechtseingriff zu verstehen ist, wie seine Konturen zu ziehen sind. Kann ein additiver Grundrechtseingriff als tragfähige Rechtsfigur, die kumulative staatliche Belastungen hinreichend umfasst, entwickelt werden? Daran schließt sich an, ob diese Rechtsfigur in die bestehende Grundrechtsdogmatik eingeordnet werden kann, oder ob diese modifiziert werden muss oder der additive Grundrechtseingriff als Konzept verworfen werden muss. Im Folgenden stellt sich die Frage nach weiteren Konsequenzen im Bereich des prozessualen Rechtsschutzes und Problemen der Gewaltenteilung zwischen Parlament und Gerichten.

Warum wird der Versuch einer dogmatischen Konstruktion unternommen, statt wie andere,[22] auf die Entscheidung im Einzelfall zu verweisen? Die Entwicklung dogmatischer Systeme hat in vielen Bereichen des nationalen Rechts zu größerer Rechtssicherheit und Nachvollziehbarkeit geführt. Der Gegenentwurf einer fallgruppenbasierten Einzelfallentscheidung, dem „case-law“,[23] muss bei neuen systemischen Fällen an seine Grenzen stoßen. Dogmatische Systeme zeichnen sich durch eine stärkere Systematisierung und Vorhersehbarkeit von Ableitungszusammenhängen aus.[24] Damit einher gehen eine gesteigerte Kontrollierbarkeit und die verfassungsrechtliche Grundentscheidung der Allgemeinheit des Gesetzes.[25] Volkmann sieht

> „Dogmatik als ein System von Sätzen, mit denen das geltende Recht begrifflich-systematisch durchdrungen wird, um so seine Anwendung zu steuern“.[26]

Dogmatische Systeme schließen damit Wertungselemente nicht vollständig aus. Entscheidend ist aber, dass die Wertungen in dogmatischen Systemen vom Einzelfall abstrahierbar sein und aus anderen Systemelementen oder durch die Abgrenzung von anderen Systemen rekonstruierbar sein müssen.[27]

In Bezug auf die Grundrechte lässt sich konstatieren, dass die klassische Methodenlehre der Auslegung aufgrund der Rahmenfunktion der Grundrechte und der Verfassung im Allgemeinen schnell an ihre Grenzen stößt. Auch die historische Verfassungsinterpretation findet auf viele aktuelle gesellschaftliche Entwicklungen, die grundrechtsrelevant sind, keine Antworten mehr.[28] Eine Systembildung erscheint in diesem Bereich vorzugswürdiger gegenüber anderen Ansätzen, die den Gehalt der

---

[22] *Winkler*, JA 2014, 881; *Wustlich*, Die Atmosphäre als globales Umweltgut, S. 310.

[23] Kritisch zu „case-law“ in Gesetzesform: *Scherer*, NJW 2009, 324 ff.; zum Konflikt zwischen Europarecht und nationaler Rechtswissenschaft: *Thym*, EuR 2015, 671, 694 ff.

[24] *Poscher*, Grundrechte als Abwehrrechte, S. 10.

[25] *Poscher*, Grundrechte als Abwehrrechte, S. 10.

[26] JZ 2005, 261, 262.

[27] Vgl. *Poscher*, Grundrechte als Abwehrrechte, S. 11.

[28] Siehe den Diskurs um die Gleichstellung eingetragener Lebenspartnerschaften vor dem Hintergrund des Art. 6 GG. Zu den Grenzen der Verfassungsinterpretation und für eine zwingende Einbeziehung des europäischen Hintergrundes: *Michael*, NJW 2010, 3537.

Grundrechte von „Fall zu Fall“ entscheiden wollen.[29] Sollte die Integrierbarkeit des additiven Grundrechtseingriffs in die Grundrechtsprüfung zu verneinen sein, kann andererseits nicht die Konsequenz gezogen werden, dass eine grundsätzliche Abkehr der systematischen Strukturierung hin zu einer einzelfallbezogenen Sichtweise von Nöten ist. Dann muss das Ergebnis sein, dass Gesamtbelastungen von Grundrechten im jetzigen Grundrechtssystem nicht abbildbar sind. Daran schließen sich die Folgeüberlegungen an, ob ein möglicher Abbau des Grundrechtsschutzes durch Gesamtbelastungen hinzunehmen ist oder sich dadurch die Grundrechtsfunktionen selbst aushöhlen. Auch müsste aufgeworfen werden, ob eine Verfassungsgerichtsbarkeit, die verfassungswidrige Zustände feststellt, jedoch nicht aufheben kann, in Legitimitätsprobleme gerät.[30] Konsequenz könnte dann ein Tätigwerden der Legislative sein, die wiederum entsprechende Fallgruppen einfachgesetzlich normieren müsste.[31]

Ein dogmatischer Ansatz muss sich der Realität auch dahingehend stellen, dass die Bewältigung der dogmatischen Probleme allein nicht gleichbedeutend mit einer Lösung des gesamten Rechtsproblems sein kann.[32] Vielmehr wird sie unter den multikausalen Faktoren einen Beitrag leisten. Den Mangel einer umfassenden Problemlösung wird man allen rechtlichen Argumenten in einer Debatte vorwerfen können, die als Regeln für das Funktionieren einer Gesellschaft immer mit anderen Faktoren reagieren. Dies darf daher nicht gegen einen dogmatischen Ansatz ins Feld geführt werden. Auch erscheint die Dogmatik nicht als das starre System, wie es die Definition vermuten lässt. Die Grundrechtsdogmatik ist seit jeher Gegenstand einer lebendigen Diskussion und hat zahlreiche Weiter- und Fortentwicklungen hervorgebracht. In diesem Zusammenhang sei nur beispielhaft auf die Entwicklung der grundrechtlichen Schutzpflichten hingewiesen, die sich, ähnlich wie die Erfassung kumulativer staatlicher Belastungen, an der dogmatischen Einordnung der Rechtsprechung des Bundesverfassungsgerichts entzündete.[33]

B. Gang der Untersuchung und Methodik

In dem Prozess, das Phänomen grundrechtlicher Gesamtbelastungen zu systematisieren, soll es nicht primär um die erläuterte Begriffsfindung gehen,[34] sondern um eine Einordnung im Hinblick auf die relevanten Rechtsfolgen und die dafür

---

[29] So aber *Häberle*, Die Wesensgehaltgarantie des Art. 19 Abs. 2 GG, S. 102.

[30] Zum BVerfG als „Garant der Verfassung“: *Kreuter-Kirchhof*, HStR XII, § 272, insbs. Rn. 12 ff.

[31] Für die Konsequenz mangels verfassungsrechtlicher Verankerung des Problems nur *Wustlich*, Die Atmosphäre als globales Umweltgut, S. 310.

[32] *Poscher*, Grundrechte als Abwehrrechte, S. 14.

[33] Eingehend: *Dietlein*, Die Lehre von den grundrechtlichen Schutzpflichten S. 40 ff.

[34] Kritisch: *Klement*, AöR 134 (2009), 35, 41.

nötige Abgrenzung von anderen kumulativen Maßnahmen, die nicht unter den additiven Grundrechtseingriff fallen.

Die Bearbeitung beginnt nach der Abgrenzung des Untersuchungsgegenstandes mit einer Analyse der Rechtsprechung, wobei der Schwerpunkt auf den Entscheidungen des Bundesverfassungsgerichts liegt, in denen Gesamtbelastungen grundrechtsrelevant geworden sind.[35] Aber auch verwaltungsgerichtliche Entscheidungen[36] und Konstellationen der ordentlichen Gerichtsbarkeit[37] werden in den Blick genommen. Eine kurze Darstellung ausgewählter aktueller potenzieller Anwendungsbereiche[38] grundrechtlicher Gesamtbelastungen und die Rechtsprechungsanalyse sind der dogmatischen Durchdringung des Themas vorangestellt. Deutlich wird, dass es sich nicht um ein theoretisches Problem handelt, sondern dass sich in vielen Grundrechtsbereichen reale Gefährdungslagen ergeben. Die Rechtsprechung des Bundesverfassungsgerichts soll bereichsspezifisch im Hinblick auf die Verwendung des additiven Grundrechtseingriffs als Problemfeld untersucht werden. In Einzelfällen findet sich diese Begriffsverwendung auch bei den Fachgerichten, welche ebenfalls ausgewertet werden. Dies soll zeigen, welche staatlichen Maßnahmen die Gerichte unter den additiven Grundrechtseingriff subsumieren und welche Schlüsse dies auf die dogmatische Einordnung zulässt. Des Weiteren soll untersucht werden, wie die Rechtsprechung, unabhängig und unter Umständen vor der erstmaligen Begriffsverwendung, kumulativ wirkende staatliche Maßnahmen bewertet hat.

Der Ausgangspunkt dieser Untersuchung sind die grundrechtlichen Gewährleistungen in ihrer Funktion als Abwehrrechte. Die verfassungsrechtlichen Grundlagen,[39] insbesondere die Entwicklung des Eingriffsbegriffs der Grundrechte, werden analysiert.[40] Geklärt wird, ob eine Mehrzahl staatlicher Maßnahmen einen Grundrechtseingriff bilden können.[41] Geprüft werden soll ebenfalls, wie Gesamtbelastungen im Hinblick auf andere Grundrechtsdimensionen zu bewerten sind, beispielsweise, ob aus kumulativen Belastungen auch kumulative Schutzpflichten erwachsen.[42] Die verfassungsrechtlichen Bestimmungen werden durch Auslegung daraufhin überprüft, ob sie eine Erfassung grundrechtlicher Gesamtbelastungen gebieten. Insbesondere soll geklärt werden, ob sich die Argumentationsstrukturen der bisherigen „Weiterentwicklung“ oder „Erweiterung“ der Grundrechtsdogmatik –

---

[35] Zweites Kapitel A.

[36] Zweites Kapitel B.

[37] Zweites Kapitel C.

[38] Dazu sogleich C. III.

[39] Dazu das Dritte Kapitel.

[40] Drittes Kapitel A.

[41] Drittes Kapitel A. II.

[42] Drittes Kapitel B.

auch im Hinblick auf ihre Kritik – auf kumulative Belastungssituationen übertragen lassen.[43]

Daran anschließend sollen eigene Kriterien und Kategorien für die Einordnung additiver Grundrechtseingriffen erarbeitet werden.[44] Im Anschluss werden als ein weiterer Schwerpunkt Grenzen für Gesamtbelastungen im Verfassungsrecht analysiert.[45] Es erfolgt eine kurze Verortung von Belastungsproblematik und Individualschutz in Mehrebenensystemen.[46] Darauf folgt die Aufarbeitung wichtiger prozessuale Fragen, sowie die Klärung des Verhältnisses zwischen Gesetzgeber und Gerichten in Bezug auf Gestaltungsspielraum und Kontrolldichte an.[47]

C. Abgrenzung des Untersuchungsgegenstandes

I. Allgemeines

Schon die Auswertung von Literaturbeiträgen zum additiven Grundrechtseingriff steht unter der problematischen Prämisse, dass keine einheitliche Verwendung dieses Terminus stattfindet.[48] Vielmehr werden unterschiedlichste Konzepte unter dem Begriff des additiven Grundrechtseingriffs diskutiert – und Problemstellungen, die als additive Grundrechtseingriffe zu werten wären – unter anderen Bezeichnungen.[49] Damit differenzieren die jeweiligen Abhandlungen nicht zwischen unterschiedlichen Konstellationen und Varianten grundrechtlicher Gesamtbelastungen.[50] Kleinster gemeinsamer Nenner aller Beiträge ist, dass es um die gleichzeitige Erfassung mehrerer staatlicher Maßnahmen im Bereich der Grundrechte geht.

---

[43] Drittes Kapitel A. I. 2.

[44] Viertes Kapitel.

[45] Fünftes Kapitel.

[46] Sechstes Kapitel.

[47] Siebtes Kapitel.

[48] So auch: *Bauer*, Kindeswohlgefährdung durch religiös motivierte Erziehung, S. 114.

[49] „Kumulativer Grundrechtseingriff", *Hillgruber*, in: HStR IX, § 200, Rn. 97.

[50] *F. Hufen*, Staatsrecht II, S. 109 f. versteht darunter mehrere Grundrechtseingriffe, die ihrerseits verhältnismäßig sind und verwendet den Begriff des kumulativen und additiven Grundrechtseingriffs, sowie Normengeflecht synonym; *Bauer*, Kindeswohlgefährdung durch religiös motivierte Erziehung, S. 114, will darunter nur die Konstellation verstehen, in der eine hoheitliche Maßnahme gleichzeitig in mehrere Grundrechte eingreift und dadurch eine Verstärkerwirkung hervorruft; *C. Hufen*, Der Ausgleich verfassungsrechtlich geschützter Interessen bei der Ausgestaltung des Sonn- und Feiertagsschutzes, S. 390, spricht auch in diesem Zusammenhang von der Beschränkung der Freiheit in mehreren Lebensbereichen; *Lücke*, DVBl. 2001, 1469, versteht unter dem additiven Grundrechteingriff mehrere punktuelle Eingriffe, die an sich verhältnismäßig sind, dieselbe Personengruppe und denselben Zweck verfolgen; *Klement*, AöR 134 (2009), 35, 62 sieht zunächst nur mehrere, weniger intensive Maßnahmen, die erst in der Gesamtheit Eingriffsintensität erreichen, umfasst.

Auch in der Rechtsprechung hat sich bis dato keine einheitliche Linie zur Einordnung kumulativ wirkender Belastungen von Grundrechten abgezeichnet. Die mehrmalige Begriffsverwendung des additiven Grundrechtseingriffs durch das Bundesverfassungsgericht hilft in der Sache kaum weiter, da das Gericht bis jetzt keine nähere Konturierung dieser Rechtsfigur vorgenommen hat.[51] Die Verwaltungsgerichte ziehen die Kriterien für die Einbeziehung von Gesamtbelastungen sehr eng, verweisen im Kern aber vor allem auf die verfassungsgerichtliche Rechtsprechung.[52]

In dieser Arbeit geht es primär um die abwehrrechtliche Erfassung von Grundrechtseingriffen, die einzeln betrachtet nicht als verfassungswidrig zu beurteilen sind. Diese Konstellation stellt den Hauptanwendungsfall verfassungsrelevanter Gesamtbelastungen dar und liegt den folgenden Erläuterungen als Regelfall zugrunde. Auf eine Mehrzahl an staatlichen Maßnahmen, die selbst keine Grundrechtseingriffe darstellen, zusammen aber eine „Eingriffsschwelle“ überschreiten sollen, wird in Abgrenzung zu den Kriterien des additiven Grundrechtseingriffs eingegangen.[53]

II. Vorfragen und Abgrenzungen

1. Abgrenzung von Kollisionsregeln und gelösten Belastungskumulationen

Um eine Gesamtbelastung überhaupt entstehen zu lassen, braucht es mehrere wirksame staatliche Maßnahmen, die auf den Grundrechtsträger einwirken. In eine Gesamtbetrachtung sind daher nur Normen einzubeziehen, deren Verhältnis nicht anderweitig geregelt ist oder diese Regelungen zu dem Ergebnis kommen, dass beide Rechtssätze nebeneinander anwendbar sind.[54] Erst wenn diese Möglichkeit besteht, kann sich eine Prüfung einer verfassungsrelevanten Gesamtbelastung anschließen. Ein Zusammentreffen von mehreren Belastungen kann durch die vorrangige Anwendung von Kollisions-, Kompetenz- oder Konkurrenzregeln ausgeschlossen werden. Auch Konstellationen, in denen additiv wirkende Eingriffe erkannt und durch „Verrechnungs-“ oder „Ausgleichsregelungen“ gelöst sind, entfalten nicht das besondere Gefährdungspotenzial des additiven Grundrechtseingriffs. Sie können die

---

[51] Auch aus der Tatsachen, dass das Gericht den Begriff „additiver Grundrechtseingriff“ nur in Anführungszeichen verwendet, lassen sich keine rechtlich validen Schlüsse ziehen; a.A. *Klement*, AöR 134 (2009), 35, 41.

[52] Vgl. OVG Münster, Beschl. v. 26.11.2013 – 14 A 2401/13-juris; VG Düsseldorf, 6. September 2013, Az: 25 K 3444/13; VGH Berlin, Beschl.v. 20.06.204 – VerfGH 96/13 – juris.

[53] Dazu unten Viertes Kapitel A. I. 2.

[54] Hier insbesondere die Idealkonkurrenz, die als Rechtsfolge ja aber die Anwendbarkeit beider Normen zur Folge hat, dazu: „Schutzkumulation als Regelfall“, *Stern*, Staatsrecht III/2, S. 1398.

entstehende Gesamtbelastung hinreichend berücksichtigen oder schon die Entstehung der Gesamtbelastung an sich ausschließen.[55] Damit ist die Lösung eines Normkonfliktes der Problematik von additiven Grundrechtseingriffen vorgeschaltet.

Dies zeigt sich am Beispiel des Strafrechts. Ulbricht ist der Auffassung, dass der § 130 StGB als gesamte Norm, aber zumindest im Zusammenspiel mit §§ 86, 86a StGB einen möglichen additiven Grundrechtseingriff in die Meinungsfreiheit darstelle, da die Möglichkeit sich rechtsextrem zu äußern, durch das Zusammenwirken dieser strafrechtlichen Verbote nicht mehr gegeben sei.[56] Die Diskussion um die Zulässigkeit einer verfassungsimmanenten Ausnahme vom Verbot des Sonderrechts in Art. 5 Abs. 2 GG in Bezug auf propagandistische Gutheißung der nationalsozialistischen Gewalt- und Willkürherrschaft,[57] weist im Hinblick auf Gesamtbelastungen keine Besonderheiten auf. Abgesehen davon, dass dieses materiell-rechtliche Ergebnis Ulbrichts nicht überzeugend ist,[58] ist auch die Einordnung als additiver Grundrechtseingriff zumindest irreführend. Eine nicht erfasste Belastungskumulation, die eine Einordnung als additiver Grundrechtseingriff erforderlich macht, kann sich im Strafrecht aufgrund der gesetzgeberischen Entscheidung für die Konkurrenzregeln der §§ 52, 53 StGB nicht ergeben: Es besteht innerhalb des § 130 StGB Tateinheit.[59] Die frühere Möglichkeit der Nichtberücksichtigung einer bereits bestehenden strafrechtlichen Sanktion besteht durch die Einführung des § 51 StGB nicht mehr.[60] Die Verwendung des Terminus des additiven Grundrechtseingriffs ist in

---

[55] Z.B. § 51 StGB; anders noch vor Einführung dieser Norm: BVerfGE 21, 378; unten Zweites Kapitel A. II; keine vergleichbare Norm im OWiG, dennoch keine Addition von Regelfahrverboten vgl. OLG Bamberg, NStZ 2015, 184 = BeckRS 2015, 02267; OLG Stuttgart NZV 1996, 159.

[56] *Ulbricht*, Volksverhetzung und das Prinzip der Meinungsfreiheit, S. 370f.; in diese Richtung auch: *W. Möllers,* in: Handbuch Bundesverfassungsgericht im politischen System, S. 570.; *Schaefer*, DÖV 2010, 379, 380, a.A. überzeugend im Hinblick auf den damit verfolgten Zweck: *Hohnerlein*, Der Staat 56 (2017), 227, 254.

[57] Grundlegend: BVerfGE 124, 300 – Wunsiedel; kritisch u.a. *Volkmann*, NJW 2010, 417, 418f.

[58] Kritisch zu Wunsiedel aber überzeugend die Gewichtung der historischen Bedeutung der Menschenwürdegarantie betonend: *Höfling/S. Augsberg*, JZ 2010, 1088ff., 1093.

[59] Zwischen § 130 Abs. 1 und Abs. 3 StGB besteht Tateinheit, BGH NJW 2001, 624, 626; bei Äußerungen gegen denselben Teil der Bevölkerung tritt Abs. 1 gegenüber Abs. 2 zurück; Abs. 1 Nr. 2 und Abs. 3 verdrängen den Abs. 4; *Rackow,* in: v. Heintschel- Heinegg, § 130, Rn. 53; *Kühl* in: Lackner/Kühl, StGB, § 130, Rn. 13; *Fischer*, StGB, § 130, Rn. 56; darüber hinaus auch Idealkonkurrenz §§ 86, 86a StGB: *Schäfer* in: MüKo StGB Bd. 3, § 130, Rn. 118; *Sternberg-Lieben* in: Schönke/Schröder, StGB, § 130, Rn. 27; *Poscher* führt an, dass die Bedeutung des § 130 Abs. 4 StGB nicht überschätzt werden sollte NJW 2005, 1316, 1318; *F. Kirchhof*, NZS 2015, 1, 7.

[60] Früher noch BVerfGE 21, 378. Eine „abstrakte" Gesamtbetrachtung verschiedener Straftatbestände überzeugt nicht, sie ist immer in das strafrechtliche System der Konkurrenzregeln eingebettet, es gibt kein unberücksichtigtes Zusammentreffen verschiedener Straftatbestände – andernfalls wäre das gesamte StGB ein einziger additiver Grundrechtseingriff. So aber *Ulbricht*, Volksverhetzung und das Prinzip der Meinungsfreiheit, S. 370.

diesem Kontext fehl am Platz und sollte eine umfassende verfassungsrechtliche Würdigung des Problemfeldes nicht ersetzen.

Kollisionsnormen oder „Konfliktlösungsregeln“[61] differenzieren nach Herkunft,[62] Art (*lex superior derogat legi inferiori*),[63] Inhalt (*lex specialis derogat legi generali*) und Zeitpunkt (*lex posterior derogat legi priori*)[64] der Norm. Die Problematik von Gesamtbelastungen zeigt sich nicht in einem Widerspruch der Rechtsfolgen der verschiedenen Maßnahmen, sondern in der aus ihr resultierenden additiven Wirkung. Die Derogationsregeln sind damit untauglich für die Problematik von zusammenwirkenden Normen, Gesamtbelastungen und Normüberlagerungen – aus der fehlenden Derogation kann aber gleichzeitig nicht auf die Zulässigkeit der Normüberlagerung geschlossen werden.[65] Die Anwendung von rechtlichen Konfliktlösungsregeln ist der Frage der Erfassung von kumulativen Belastungen nicht nur vorgeschaltet, sie kann verhindern, solche entstehen zu lassen.

a) Kompetenz und Rechtswirksamkeit

Die Kompetenzregelungen aller Normebenen sind von der Frage, ob ein additiver Grundrechtseingriff vorliegt, thematisch unabhängig. Prüfungstechnisch sind sie der rechtlichen Bewertung von grundrechtlichen Gesamtbelastungen vorgelagert. Wenn eine staatliche Maßnahme schon nicht kompetenzgemäß erlassen wurde, ist sie rechtswidrig und im Falle eines Gesetzes formell verfassungswidrig. Das besondere Gefahrenpotenzial von kumulativ wirkenden Belastungen entfaltet sich aber auf materiell-rechtlicher Ebene. Einbezogen werden sinnvollerweise nur Akte, die auch nachteilige Rechtswirkungen entfalten. Die Anwendung der Art. 70 ff. GG geht der Frage nach einer kumulativen Belastung von Gesetzen damit vor.[66]

Nicht immer ist ein Verstoß gegen die Kompetenz aber mit der Nichtigkeit der Staatshandlung gleichzusetzen. Kompetenzwidrige Verwaltungsakte sind vorbe-

---

[61] Kritisch auch zum Begriff: *Vranes*, ZaöRV 2005, 391, 403, der zutreffend davon ausgeht, dass die Kompetenz zur Derogation im modernen Recht der Befugnis zur Rechtssetzung immanent ist und es sich damit weniger um Konfliktlösungs-, als um einfache Interpretationsregeln handelt.

[62] Herkunft bezieht sich auf die rechtssetzende Instanz. Eine Kollisionsregel ist Art. 31 GG oder im weitesten Sinne auch der Anwendungsvorrang des Europarechts als spezifisch europarechtliche Kollisionsnorm. Dazu grundlegend: *Schöbener*, JA 2011, 885, 887 f.

[63] Hierarchieverhältnis von Gesetzen, Rechtsverordnungen, Satzungen als Ausfluss aus Art. 20 Abs. 3, 80 GG; Art. 31 GG zu Bundes- und Landesrecht. Zur Rechtsnatur der „lex-Konfliktlösungsregeln“ *Vranes*, ZaöRV 2005, 391.

[64] Zum Anwendungsbereich bereits: *Renck*, JZ 1970,770; der Derogationsgrundsatz hat den Zweck den Vorrang des „besseren“ Gesetzes zu sichern, *Kloepfer*, Vorwirkung von Gesetzen, S. 57 f.

[65] So bereits *Kloepfer*, VerwArch (74) 1982, 201, 209 zu Belastungskumulationen im Abwasserrecht.

[66] Zum materiellrechtlichen Gehalt der Kompetenzbestimmungen des Grundgesetzes: *Bleckmann*, DÖV 1983, 129 ff.

haltlich der Regelung des § 44 VwVfG[67] nicht automatisch nichtig, können ihre belastenden Wirkungen nach § 43 Abs. 2 VwVfG also weiterhin auf den Grundrechtsträger entfalten.[68] Auf das spezielle Problem von Grundrechtseingriffen durch Verwaltungsakte, insbesondere über die Adressatenfälle hinaus, soll an dieser Stelle nicht eingegangen werden.[69] In jedem Fall ist die Prüfung der Kompetenzregeln eines staatlichen Aktes, wenn sie Einfluss auf dessen Wirksamkeit haben, der einer Belastungskumulation vorgeschaltet.

b) Grundrechtskonkurrenz und Grundrechtskollision als Vorfragen von Gesamtbelastungen

Fragen der Grundrechtskonkurrenz und der Grundrechtskollision sind von Konstellationen grundrechtlicher Gesamtbelastungen zu unterscheiden. Konkurrenzregeln beziehen sich auf rechtliche Gemengelagen, also die Situation, dass auf einen Lebenssachverhalt mehr als eine Rechtsnorm anwendbar ist.[70] Dies wird auf die überwiegende Zahl der „problematischen", also durch Rechtebehelfe oder auf sonstigen Wegen der juristischen Überprüfung zugeführten Sachverhalte, zutreffen. Auch im Fall von kumulativen Belastungen beziehen sich mehrere Beeinträchtigungen von staatlicher Seite auf einen Lebenssachverhalt.

Die Grundrechtskonkurrenz[71] bezeichnet den Fall, dass das Handeln oder Unterlassen desselben Grundrechtsträgers in den Schutzbereich mehrerer Grundrechte fällt.[72] Grundsätzlich ist auf einen betroffenen Grundrechtsträger abzustellen und einen Sachverhalt, der aber in den Tatbestand von mindestens zwei Grundrechtsnormen fällt.[73] Fragen der Grundrechtskonkurrenz beziehen sich daher grundsätzlich auf ein und dieselbe Maßnahme, die unter Umständen dann an unterschiedlichen Grundrechten zu messen ist, für die als Prüfungsmaßstab des zugrundeliegenden Lebenssachverhalts zumindest mehrere Grundrechte von der Eröffnung des Schutzbereichs in Frage kommen. Die Grundrechtskollision umfasst auch den Fall,

---

[67] Und den entsprechenden Landesregelungen.

[68] Diese spezielle Problematik der Exekutive ist eine verfahrensrechtliche und soll hier keine Rolle spielen.

[69] Dazu: *Baumeister,* Der Beseitigungsanspruch als Fehlerfolge des rechtswidrigen Verwaltungsaktes, S. 120; zu Belastungskumulationen durch Exekutivmaßnahmen unten Viertes Kapitel, A. VI. 3., 4. In der verfassungsgerichtlichen Rechtsprechung spielt der Grundrechtseingriff durch Verwaltungsakt eine rein hypothetische Rolle, begründet durch das Erfordernis der Rechtswegerschöpfung und der Subsidiarität der Individualverfassungsbeschwerde, § 90 Abs. 2 S. 1 BVerfGG. Zu den prozessualen Fragen des additiven Grundrechtseingriffs, eingehend unten Siebtes Kapitel.

[70] „Normenkonkurrenz" als Entscheidung in allen Rechtsgebieten, *Larenz,* Methodenlehre der Rechtswissenschaft, S. 267, Fn. 25.

[71] Entwickelt wurde der Begriff eher im Verhältnis der einzelnen Grundrechte zueinander, als durch die Entwicklung einer abstrakten Rechtsfigur; *Stern,* Staatsrecht III/2, S. 1369 m.w.N.

[72] Grundlegend: *Stern,* Staatsrecht III/2, S. 1366 ff.

[73] *Reßing,* Die Grundrechtskonkurrenz, S. 79 f., 295.

dass mehrere Grundrechtsnormen auf einen Fall Anwendung finden, stellt aber die Grundrechte verschiedener Grundrechtsträger gegenüber.[74] Zu differenzieren ist daher aus der Perspektive des oder der Grundrechtsträger.

Konkurrenzprobleme stellen sich in der Praxis zwar auch auf prozessualer Ebene, streng genommen handelt es sich aber um die Reichweite des Grundrechtsschutzes als Frage der Begründetheit.[75] Den Begriff der Grundrechtskonkurrenz verwendet das Bundesverfassungsgericht selbst nicht;[76] explizite Feststellungen zum Verhältnis von Grundrechten zueinander finden sich größtenteils nur im Verhältnis der allgemeinen Handlungsfreiheit zu den speziellen Freiheitsrechten.[77] Im Gegensatz zum Strafrecht und den Regelungen der §§ 52, 53 StGB ist die Grundrechtskonkurrenz im Verfassungsrecht, auch aufgrund des Auffangcharakters des Art. 2 Abs. 1 GG, oft wenig „ergebnisrelevant". Das Bundesverfassungsgericht prüft bei der Feststellung einer Grundrechtsverletzung aus Gründen der Verfahrensökonomie dann oft keine weiteren Grundrechte mehr, die Verfassungswidrigkeit aus mehreren Gründen kann dahingestellt bleiben.[78]

Von verfassungsrechtlich relevanten Gesamtbelastungen und der Grundrechtskonkurrenz ist wiederum die Schutzbereichskombination bei verschiedenen Grundrechten zu unterscheiden.[79] Konkurrenz soll nicht nur dann vorliegen, wenn sich Schutzbereiche verschiedener Grundrechte überschneiden,[80] sondern auch, wenn dasselbe Verhalten in den Schutzbereich mehrerer Grundrechte fällt, die sich in ihren Schutzbereichen nicht überschneiden.[81] Vorfrage einer normverdrängenden Konkurrenz ist daher die Feststellung, ob überhaupt ein einheitlicher Lebenssachverhalt vorliegt. Die Sachverhaltszerlegung wird oft mit einer Differenzierung der Grundrechtseingriffe identifiziert.[82]

Gemeinsam ist den Konkurrenzlehren und dem additiven Grundrechtseingriff, dass, wenn sie verkannt werden, die Gefahr von Freiheitsbeschränkungen besteht. Bei der Grundrechtskonkurrenz geht es wie bei dem additiven Grundrechtseingriff um die Anwendung von mehreren Normen, die Perspektive ist aber eine gänzlich andere: Die Grundrechtskonkurrenz regelt den Prüfungsmaßstab von Eingriffen, bei Gesamtbelastungen müssen die Beeinträchtigungen, die dann (additiv) kontrolliert

---

[74] *Bleckmann/Wiethoff*, DÖV 1991, 722, 722.

[75] *H. Bethge*, in: Maunz/Schmidt-Bleibtreu/Klein/Bethge, BVerfGG, § 90 Rn. 167.

[76] Dazu auch: *Meinke*, In Verbindung mit, S. 31; *Stern* Staatsrecht III/2, S. 1370.

[77] Bspw. BVerfGE 6, 32, 37; 80, 137, 154.

[78] Vgl. *Michael/Morlok*, Rn. 51; Umstritten, aber eine andere Frage, ist weiterhin, inwieweit das Bundesverfassungsgericht an die Rüge des Klägers gebunden ist, oder ob es vom Amts wegen den Sachverhalt unter jedem verfassungsgerichtlichen Gesichtspunkt zu prüfen hat; *Görisch/Hartmann*, NVwZ 2007, 1007, 1008 m.w.N.

[79] Dazu sogleich 2.; grundlegend: *Breckwoldt*, Grundrechtskombinationen, passim.

[80] Dazu BVerfGE 104, 337; Schächten, Art. 12 und 4 GG.

[81] *Stern*, Staatsrecht III/2, S. 1368.

[82] *Stern*, Staatsrecht III/2, S. 1379, m.w.N.

werden sollen, bestimmt werden. Die Frage, anhand welchen Maßstabs die kumulativen Belastungen geprüft werden sollen, kann sich damit nur anschließend an die Problematik, ob die Rechtsfigur eines additiven Grundrechtseingriffs anzuerkennen ist, stellen. Die Frage der Grundrechtskonkurrenz ist demgegenüber auch bei einem „Einzeleingriff" oder einer Eingriffsidentität relevant.[83] Unabhängig davon, ob Voraussetzung einer am Maßstab des Grundgesetzes überprüfbaren Gesamtbelastung ist, dass in dasselbe Grundrecht eines Grundrechtsträgers eingegriffen wird, differenzieren sich Grundrechtskonkurrenz und additiver Grundrechtseingriff durch die Anzahl der belastenden Maßnahmen – die grundrechtliche Gesamtbelastung setzt immer mehrere voraus.[84]

c) *Widerspruchsfreiheit der Rechtsordnung*

Das Gebot der Widerspruchsfreiheit der Rechtsordnung,[85] welches auch unter dem Stichwort der Folgerichtigkeit[86] diskutiert wird, wird stellenweise im Zusammenhang mit kumulativen staatlichen Belastungen erwähnt.[87] Gemeinsam ist wiederum beiden Konstellationen, dass mehrere Normen einen Lebenssachverhalt regeln. Nach dem aus dem Rechtsstaatsprinzip entwickelten Gebot der Widerspruchsfreiheit der Rechtsordnung sollen Rechtssetzungsorgane dazu verpflichtet sein, ihre Regelungen so aufeinander abzustimmen, dass den Normadressaten nicht gegenläufige Anordnungen erreichen, welche die Einzelregelungen in Widerspruch zueinander setzen.[88] In den beiden zugrunde liegenden Urteilen zur kommunalen Verpackungssteuer[89] und zu den landesrechtlichen Abfallabgaben,[90] begrenzte das Gebot der Widerspruchsfreiheit der Rechtsordnung die jeweilige Kompetenz des Normgebers. Die Verpflichtung zur Beachtung der bundesrechtlichen Kompetenzregeln wird durch das Rechtsstaatsprinzip verdeutlicht. Unabhängig davon, ob man das Gebot der Widerspruchsfreiheit der Rechtsordnung als eine eigenständige

---

[83] So auch *Lee*, Umweltrechtlicher Instrumentenmix und kumulative Grundrechtseinwirkungen, S. 96.

[84] Die Bedenken von *Reßing*, dass sich Grundrechtskonkurrenz und additiver Grundrechtseingriff bzw. kumulative Belastungen vermischen, werden hier aufgrund des klaren Abgrenzungskriteriums der Anzahl der staatlichen Maßnahmen nicht geteilt, vgl. *ders.* Die Grundrechtskonkurrenz, S. 196.

[85] Grundlegend: *Haack*, Widersprüchliche Regelungskonzeptionen im Bundesstaat, insbesondere zu den verfassungsrechtlichen Aspekten: S. 128 ff.

[86] So *P. Kirchhof*, AöR 128 (2003), 1, 44; *H. Bethge* in: Maunz/Schmidt-Bleibtreu/Klein/Bethge, BVerfGG, § 91, Rn. 67; grundsätzlich *Payandeh*, AöR 136 (2011), 578.

[87] *Lee*, Umweltrechtlicher Instrumentenmix und kumulative Grundrechtseinwirkungen, S. 82 ff.

[88] BVerfGE 98, 106, 118 f.; 98, 83, 97.

[89] BVerfGE 98, 106.

[90] BVerfGE 98, 83.

Rechtsfigur anerkennt[91] und ob man es als materiell-rechtliche Grenze oder Kompetenzbegrenzung einordnet, handelt es sich jedenfalls um eine im Vorfeld zu prüfende Kollisionsregel. Staatliche Maßnahmen, die gegen die Widerspruchsfreiheit der Rechtsordnung verstoßen, können von daher gar nicht in eine Gesamtbetrachtung einbezogen werden, da sie bereits aus diesem Grund unzulässig sind. Auch hier ist diese Prüfung der kumulativen Gesamtbetrachtung vorgeschaltet. Relevant wird diese gegebenenfalls kompetenzbegrenzende Funktion für das Verhältnis zwischen Regelungen verschiedener Normgeber, in der Praxis insbesondere im Bereich der kommunalen Lenkungssteuern.[92]

2. Kombinationsgrundrechte und Schutzverstärkungen

Gesamtbelastungen von Grundrechten sind von der Kombination von Grundrechtsschutzgehalten zu differenzieren. Es sind Konstellationen bekannt, in denen ein Eingriff in verschiedene Grundrechte vorliegt, die grundrechtlichen Wertungen aber generell in einer Grundrechtsprüfung zusammengeführt werden. Das Bundesverfassungsgericht hat in seinem viel beachteten und viel kritisierten[93] „Schächturteil“[94] den Schutzgehalt des Art. 4 Abs. 1, 2 GG in die Prüfung von Art. 2 Abs. 1 GG integriert. Für die Einbeziehung der grundrechtlichen Wertung wurde nicht einmal die Eröffnung des Schutzbereichs als erforderlich angesehen. Dem Verfassungsgericht wurde nach genannter Entscheidung vorgeworden, die Schrankensystematik des Grundgesetzes zu ignorieren.[95]

Diese Kombinationsgrundrechte,[96] deren Diskussion sich vor allem anhand der Entwicklung des Allgemeinen Persönlichkeitsrechts, Art. 2 Abs. 1 i.V.m. Art. 1

---

[91] Im Kontext von kommunalen Aufwandssteuern bejahend: *Dietlein/Peters*, LKV 2013,1,6; *Klinger/Krebs*, ZUR 2015, 664; 667; ablehnend: *Hanebeck*, Der Staat 41 (2002), 429, 439 ff.; *Brüning*, NVwZ 2002, 33, 35 ff. sieht eine unzulässige Kompetenzerweiterung des BVerfG; *Jarass*, AöR 126 (2001), 588, 600 ff. sieht die abgestuften Regelungen zur bundesstaatlichen Kompetenzordnung unterlaufen; *Sendler*, NJW 1998, 2875; 2876 möchte die Systemwidrigkeit in Art. 3 Abs. 1 GG verorten und keinesfalls eine Nichtigkeitsfolge anknüpfen.

[92] Zu Zulässigkeit kommunaler Aufwandsteuern auch: *Dietlein*, AuR 2010, 321 ff.

[93] *Faller*, KJ 2002, 227 ff.; *Hain/Unruh*, DÖV 2003, 147, 149 f.; *Kästner*, JZ 2002, 491, 492 „grundsätzliche und durchgehende Unschärfe im grundrechtlichen Ansatz“; *Caspar*, NuR 2002, 402 ff.; *Volkmann*, DVBl. 2002, 332 ff.; *Kluge*, ZRP 2004, 10, 12; zusammenfassend: *Höfling*, Kopernikanische Wende rückwärts?, in: Kirche und Religion im sozialen Rechtsstaat, Festschrift für Wolfgang Rüfner zum 70. Geburtstag, S. 329–331.

[94] BVerfGE 104, 337.

[95] *Höfling*, Kopernikanische Wende rückwärts?, in: Kirche und Religion im sozialen Rechtsstaat, Festschrift für Wolfgang Rüfner zum 70. Geburtstag, S. 332.

[96] Dazu eingehend: *Meinke*, In Verbindung mit, passim; *Breckwoldt*, Grundrechtskombinationen, passim; *I. Augsberg/S.Augsberg*, AöR 132 (2007), 539; kritisch: *Heß*, Grundrechtskonkurrenz, S. 84 ff; differenzierend: *Spielmann*, Konkurrenz von Grundrechtsnormen, S. 191, der nur bei einer solchen dogmatischen Verfestigung, dass von einem eigenen Grundrecht gesprochen werden kann (allgemeines Persönlichkeitsrecht), von einem Kombi-

Abs. 1 GG, durch die verfassungsrechtliche Rechtsprechung und das „Schächturteil" des Bundesverfassungsgerichts entzündet hat, nehmen zwar auch eine additive oder kumulative Betrachtung vor, aber auf anderer Ebene. Es werden nicht staatliche Maßnahmen als Belastungen in einer Gesamtschau betrachtet, sondern grundrechtliche Schutzgehalte.[97] Diese Vorgehensweise ist auch im Rahmen des additiven Grundrechtseingriffs diskussionswürdig. Ino Augsberg und Steffen Augsberg sehen die parallele Einschlägigkeit mehrerer Grundrechte sogar als typischen Anwendungsfall der kumulativen Belastung.[98]

Unter dem Stichwort der „Verstärkungswirkung"[99] wird die Modifikation der Verhältnismäßigkeitsprüfung als Konsequenz der Betroffenheit mehrerer Grundrechte diskutiert. Die Einschlägigkeit mehrerer Grundrechte soll danach nicht nur als Konkurrenzfrage im Vorfeld der Anwendbarkeit der grundrechtlichen Bestimmungen eine Rolle spielen, sondern auch in der Abwägung die Schutzposition des betroffenen Grundrechts „verstärken".[100]

Die Figur der „Schutzbereichsverstärkung"[101] soll Einflüsse mehrerer Grundrechte auf der Ebene des Schutzbereiches beschreiben.[102] Auch hier geht es um eine Gesamtbetrachtung mehrerer Grundrechte unter dem Aspekt der Verstärkung der Schutzgehalte und nicht um mehrerer freiheitsbeeinträchtigende Belastungen, folglich um eine andere Frage als die der Erfassung kumulativer staatlicher Belastungen.[103]

Konstellationen von Kombinationsgrundrechten i.S.d. „Schächturteils" oder der Verstärkungen auf Schutzbereichsebene[104] sind auch in kumulativen Belastungssi-

---

nationsgrundrecht sprechen will; *Würkner*, DÖV 1992, 150 bezeichnet das Phänomen als „Grundrechtskumulation".

[97] Im Ergebnis auch: *Breckwoldt*, Grundrechtskombinationen, S. 143.

[98] *I. Augsberg/S.Augsberg*, AöR 132 (2007), 539, 568 f.

[99] *Breckwoldt*, Grundrechtskombinationen, S. 144; zu diesem Phänomen ohne die Bezeichnung „Verstärkungswirkung" bereits *Wendt*, AöR 104 (1979), 414; 465.

[100] Für die Abgrenzung zu kumulativen staatlichen Belastungen ist die Diskussion, ob Kombinationsgrundrechte zu einer Verstärkung des Schutzgehaltes im Schutzbereich oder im Rahmen der Rechtfertigung führen nicht unmittelbar relevant; dazu ausführlich: *Breckwoldt*, Grundrechtskombinationen, S. 55 ff; *Spielmann*, Konkurrenz von Grundrechtsnormen, S. 182.

[101] *Spranger*, NJW 2002, 2074; kritisch *Peine*, HGR III, § 57, Rn. 114 „modische Zauberformel".

[102] Der Begriff ist umstritten. *Spranger* ordnet die Urteile des BVerfG zum Schächten (BVerfG 104, 337) und Caroline II (BVerfGE 101, 361) als Anwendungsfälle der Schutzbereichsverstärkung ein, NJW 2002, 2074 ff.; *Breckwoldt* sieht in den Entscheidungen keine Schutzbereichsverstärkung, Grundrechtskombinationen, S. 55.

[103] Missverständlich *Hofmann*, AöR 133 (2008), 524 der Schutzbereichskumulation und additiven Grundrechtseingriff gleichsetzt.

[104] Als Beispiel wird das Urteil des BVerfG zum Besitzrecht des Mieters genannt (BVerfG NJW 2000, 2658), wonach sich der Schutzbereich der Eigentumsfreiheit zur behindertengerechten Nutzung des Treppenhauses erst aus einer Kombination von Art. 14 Abs. 1 S. 1 i.V.m. Art. 3 Abs. 3 GG ergeben soll; dazu *Breckwoldt*, Grundrechtskombinationen, S. 53 f.

tuationen denkbar. Wenn von verschiedenen Maßnahmen die gleichen Grundrechte betroffen sind, könnte nach der Lesart dieser Entscheidung nicht nur die grundrechtliche Wertung in der Rechtfertigungsebene, sondern auch auf der Ebene der Grundrechtsbeeinträchtigung zusammengeführt werden. Bei Feststellung einer Eingriffsidentität in dem Sinne, dass sich aus den weiteren Beeinträchtigungen keine qualitative Veränderung des Grundrechtsschutzes ergibt, verlagert sich dieses Problem wiederum in die Konkurrenzfrage. Wenn jedoch eine Kumulation der Beeinträchtigungen, die zwar grundsätzlich verschiedene Grundrechte betreffen, zu einer qualitativen anderen Bewertung führt,[105] können sich daraus höhere Anforderungen an die Rechtfertigung ergeben. Dies ist dann keine besondere Konstellation des additiven Grundrechtseingriffs, sondern der Schutzkombination von grundrechtlichen Freiheitsgewährleistungen. Grundrechtliche Gesamtbelastungen sind davon zu unterscheiden.

Hofmann analysiert in seinem Aufsatz „Grundrechtskonkurrenz oder Schutzbereichsverstärkung"[106] zwar dem Untertitel nach „die Rechtsprechung des Bundesverfassungsgerichts zum additiven Grundrechtseingriff", inhaltlich geht es aber nicht um die Erfassung kumulativer staatlicher Belastungen.[107] Heute steht fest, dass das Bundesverfassungsgericht unter dem additiven Grundrechtseingriff aber genau diese versteht.[108] Der Beitrag befasst sich also mit Grundrechtskombinationen und Grundrechtskonkurrenz und nicht mit dem additiven Grundrechtseingriff.[109]

Hofmann widmet sich ausschließlich Konkurrenzfragen der Schutzbereichsanwendung[110] und der Kombination von grundrechtlichen Schutzgehalten.[111] Dann stellt der Autor aber darauf ab, dass Herausforderungen nur in der Fallgruppe der nicht auszuschließenden Unverhältnismäßigkeit einer Maßnahme infolge der Ku-

---

[105] Z. B. eine Steigerung der Eingriffsintensität in der Prüfung Grundrecht A in Verbindung mit Grundrecht B.

[106] AöR 133 (2008), 524, 525, Fn. 6; vor diesem Hintergrund ist der Bezug zum additiven Grundrechtseingriff aber noch unverständlicher.

[107] So im Ergebnis auch *Hofmann* selbst, AöR 133 (2008), 524, 525, Fn. 6 und der Titel „Grundrechtskonkurrenz oder Schutzbereichsverstärkung", umso unverständlicher erscheint der Untertitel.

[108] Zur Analyse der Rechtsprechung Zweites Kapitel A. „Mehrere für sich betrachtet möglicherweise angemessene oder zumutbare Eingriffe in grundrechtlich geschützte Bereiche können in ihrer Gesamtwirkung zu einer schwerwiegenden Beeinträchtigung führen, die das der rechtsstaatlich hinnehmbaren Eingriffsintensität überschreitet. Kumulativen oder ‚additiven' Grundrechtseingriffen [...] wohnt ein spezifisches Gefährdungspotenzial für grundrechtlich geschützte Freiheiten inne." BVerfGE 130, 372, 384.

[109] Selbst auf S. 534 f. schreibt *Hofmann* zwar von „kumulativen Belastungen" meint aber wieder die Konstellation, dass „eine belastende Handlung des Staates an mehreren Rechtsnormen gleichzeitig gemessen werden muss", es geht also um eine Schutzbereichsverstärkung; ebenso bezieht sich *Hofmann* in seiner Monographie Abwägung im Recht, S. 409 f., auf Schutzgehaltskombinationen unter dem Titel „additive Grundrechtsrechtseingriffe".

[110] *Hofmann*, AöR 133 (2008), 529 ff.

[111] *Hofmann*, AöR 133 (2008), 527 ff.

mulation von zusammentreffenden Belastungen zu bewältigen sind.[112] Das Referenzbeispiel „Schächturteil“[113] bezieht sich nicht auf das Problem grundrechtlicher Gesamtbelastungen, wie sie Gegenstand dieser Arbeit sind, sondern ist ein Problem der Grundrechtskonkurrenz, welche der Prüfung kumulativer Belastungen vorgeschaltet ist.[114] Dies wird auch nicht unter dem Punkt „Kumulation von Belastungen“ klarer: Hofmann schreibt

> „Das spezifische Problem der grundrechtlichen Idealkonkurrenz und der aus ihr unter bestimmten Voraussetzung resultierenden Verstärkungswirkung besteht hingegen nicht in divergierenden Schranken, sondern in der Kumulation von Belastungen, die sich als verschiedene Grundrechtseingriffe darstellen“[115] und schlussfolgert dann zu diesem Absatz: „Deren Besonderheit [der Grundrechtsbeeinträchtigungen] besteht darin, dass eine belastende Handlung des Staates an mehreren Rechtsnormen gleichzeitig gemessen werden muss“.[116]

Entweder Hofmann versteht vom Wortsinn her unter „Kumulation von Belastungen“ nicht zwingend eine Mehrzahl, oder er möchte unter Belastungskumulation Fälle fassen, in denen zwar nur eine staatliche Handlung, respektive ein Grundrechtseingriff, vorliegt, dieser aber in verschiedene Grundrechte erfolgt und dadurch eine andere Qualität erhält. Damit wäre die Kumulation nicht vom Handeln des Staates, sondern allein von der rechtlichen Einordnung abhängig. Beides ist nicht überzeugend und zeigt, dass eine Differenzierung notwendig ist. Selbst wenn man Kumulation als Verstärkung versteht, setzt diese zwei sich verstärkende Faktoren voraus. Die Kumulation von Schutzbereichen mehrerer Rechtsnormen bezeichnet den Prüfungsmaßstab, die Kumulation von belastenden Maßnahmen aber den Prüfungsgegenstand. Würde beides gleichgesetzt, dürfte nicht mehr zwischen Schutzbereich und Eingriff differenziert werden. Hofmann geht also eher von einem *horizontalen* statt von einem additiven Grundrechtseingriff aus: dieselbe staatliche Handlung soll sich nicht als ein, sondern als zwei Grundrechtseingriffe darstellen, wenn sie denn verschiedene Grundrechte betrifft und dadurch gegebenenfalls zu einer Verstärkungswirkung führt.

Auch weitere Stimmen verstehen unter dem Terminus des additiven Grundrechtseingriffs, dass eine hoheitliche Maßnahme gleichzeitig in mehrere Grundrechte eingreift und dadurch eine Verstärkungswirkung hervorruft.[117] Derjenige, der einen Eingriff in mehrere Schutzbereiche hinnehmen muss, soll danach anders be-

---

[112] *Hofmann*, AöR 133 (2008), 540 auch unter Verweis auch *Lücke*, S. 540, Fn. 67.

[113] BVerfGE 104, 337.

[114] Dazu bereits eben b). So auch *Faller*, KJ 2002, 227, „Schächten als Konkurrenzproblem?“. Die belastende staatliche Einzelmaßnahme im Fall ist die Verweigerung der Ausnahmegenehmigung bzw. das sie bestätigende Urteil.

[115] *Hofmann*, AöR 133 (2008), 534.

[116] *Hofmann*, AöR 133 (2008), 535.

[117] *Bauer*, Kindeswohlgefährdung durch religiös motivierte Erziehung, S. 114 f.; *Hofmann*, AöR 133 (2008), 523, 540; *C. Hufen*, Der Ausgleich verfassungsrechtlich geschützter Interessen bei der Ausgestaltung des Sonn- und Feiertagsschutzes, S. 390.

handelt werden, als derjenige, der nur einen singulären Eingriff hinnehmen muss. Der These,[118] dass die Figur des additiven Grundrechtseingriffs für die Konstellation der Verstärkungswirkung entwickelt worden sei und seinen Ausgangspunkt in der Rechtsprechung des „Caroline-II Urteils“[119] des Bundesverfassungsgerichts habe, ist zu widersprechen. Diese Sichtweise vernachlässigt die Rechtsprechung des Bundesverfassungsgerichts in der GPS-Entscheidung,[120] in der der Terminus des additiven Grundrechtseingriffs erstmals explizit benannt wurde. Vielmehr handelt es sich bei den geschilderten Situationen um die beschriebene Konstellation von „Schutzbereichsverstärkungen“.[121] Der „horizontale Grundrechtseingriff“ ist daher nicht mit dem additiven gleichzusetzen.

Neben der einheitlichen Ausgangslage einer Grundrechtsbelastung auf verfassungsrechtlicher Ebene Rechnung zu tragen und somit zu einer Sicherung der grundrechtlichen Freiheiten beizutragen, verfolgen Kombinationsgrundrechte und grundrechtliche Gesamtbelastungen gänzlich andere Ansätze.[122] Obwohl diese in der Anwendung kombinierbar sind, dürfen ihre Annahmen nicht miteinander vermischt werden, da sie andere Zielrichtungen verfolgen und unterschiedliche Voraussetzungen haben. Die Felder der Kombinationsgrundrechte und der Schutzverstärkung, sei es auf Schutzbereichs- oder Rechtfertigungsebene, und das der Eingriffsaddition sind folglich klar voneinander zu differenzieren.

3. Folgewirkungen, Gegenwirkungen und Fernwirkungen

Die Konzepte der Folge- und Gegenwirkungen werden im Kontext staatliche kumulativer Belastungen diskutiert.[123]

Folgewirkungen von Grundrechtsbeeinträchtigungen haben mit grundrechtlichen Gesamtbelastungen gemeinsam, dass beim Grundrechtsträger zusätzlich zur Beeinträchtigung der „Ausgangsregelung“, des singulären Grundrechtseingriffs selbst, weitere Belastungen eintreten. Bei den Folgewirkungen ergeben sich diese aus der einzelnen Anfangsbelastung selbst (als Folge) und nicht aus einer weiteren (zweiten) staatlichen Maßnahme. Kumulative Belastungen können zwar zeitlich aufeinander „folgen“, setzen aber immer eine Mehrzahl an Beeinträchtigungen seitens des

---

[118] *Bauer*, Kindeswohlgefährdung durch religiös motivierte Erziehung, S. 115.

[119] BVerfGE 101, 361.

[120] BVerfGE 112, 304, dazu sogleich im Zweiten Kapitel A. I.

[121] Vgl. *Hofmann*, AöR 133 (2008), 523,554; bezüglich dieser Umstände wird ebenfalls eine Gesamtverhältnismäßigkeitsprüfung vorgeschlagen. Zur Kritik dieses Konzepts unten Fünftes Kapitel B. V.

[122] Zur Übertragbarkeit der Kritik an Kombinationsgrundrechten auf den additiven Grundrechtseingriff unten Drittes Kapitel A. I. 3.

[123] *G. Kirchhof*, Grundrechte und Wirklichkeit, S. 32 f., der fordert, dass das Bundesverfassungsgericht in kumulativen Belastungsfällen, bei Folge- und Gegenwirkungen seinen Prüfungsgegenstand erweitern müsse.

Staates voraus, wohingegen sich Folgewirkungen[124] aus einer Einzelmaßnahme entwickeln können. Gallwas nennt das anschauliche Beispiel einer Auslieferung bei der dem Adressaten im Empfängerstaat die Todesstrafe droht.[125] Die Auslieferung selbst wirkt sich auf Art. 2 Abs. 1 GG aus, wobei die drohende Todesstrafe das Recht auf Leben nach Art. 2 Abs. 2 S. 1 GG gefährdet und damit nicht Gegenstand, sondern Folge der Auslieferung ist.[126] Folgewirkungen betreffen damit weitere Auswirkungen einzelner Eingriffe und sind daher von Konstellationen der grundrechtlichen Gesamtbelastungen zu differenzieren. Folgewirkungen sind gewissermaßen „unechte additive Grundrechtseingriffe", da sie sich im Ergebnis nur auf einen Eingriff beziehen.

Zum Teil wird die Folgewirkung auch auf die Betroffenheit anderer Grundrechtsträger bezogen: sie soll gegeben sein, wenn durch eine staatliche Maßnahme typischerweise ein anderer mitbetroffen ist, dies dem Dritten aber nicht zuzumuten ist.[127] Hierbei kann es sich um mittelbare Grundrechtseingriffe handeln, dieses Verständnis der Folgewirkung setzt aber nicht zwingend eine Mehrzahl belastender Maßnahmen voraus. Daher ist eine solche Situation keine Besonderheit von grundrechtlichen Mehrfachbelastungen. Dies schließt freilich nicht aus, dass in der Person des Betroffenen weitere Beeinträchtigungen zusammenkommen und diese zu einer grundrechtsrelevanten Gesamtbelastung erwachsen können.[128]

Gegenwirkungen von Grundrechteingriffen sollen wie bei Verwaltungsakten mit Drittwirkung durch die Begünstigung des einen Grundrechtsberechtigten, Nachteile für einen anderen mit sich bringen, wie z. B. die Vergabe zulassungsbeschränkter Studienplätze.[129] Diese Fälle sind keine grundrechtsrelevanten Gesamtbelastungen, da schon nur eine staatliche Maßnahme vorliegt, die sich in der Person der Grundrechtsträger unterschiedlich auswirkt und für eine Gesamtbelastung eine Mehrzahl an Belastungen erforderlich ist.

Auch bezüglich solcher Grundrechtseingriffe, bei denen zwar mehrere Faktoren zusammenwirken, der Eingriff aber erst durch Zwischenschritte vermittelt wurde,[130]

---

[124] Zu Folgewirkungen in Dreierkonstellationen: *Isensee*, Das Grundrecht auf Sicherheit, S. 45 f.

[125] Grundrechtsbeeinträchtigungen, S. 13.

[126] Weitere Beispiele bei *Ramsauer*, VerwArch 72 (1981), 89, 90: Beeinträchtigung eines Ausländers in Art. 4 Abs. 1 GG infolge der Auslieferung, da im Heimatland eine ungestörte Religionsausübung nicht möglich ist; Fernfahrer, der Entzug der Fahrerlaubnis als Beeinträchtigung von Art. 12 Abs. 1 GG sieht, Verletzung des Eigentumsrechts am Sportwagen durch Geschwindigkeitsbegrenzung.

[127] *G. Kirchhof*, Grundrechte und Wirklichkeit, S. 32; der als Beispiel Änderungen im Lohnsteuerrecht nennt, die Arbeitgeber und Arbeitnehmer belasten.

[128] Zum Erfordernis, dass die Gesamtbelastung nur einen Grundrechtsträger treffen kann: unten Viertes Kapitel A. III.

[129] *G. Kirchhof*, Grundrechte und Wirklichkeit, S. 32.

[130] Hierzu: *Würsig*, Die Steuerung von Summenbelastungen im öffentlichen Immissionsschutzrecht, S. 38.

z. B. durch die Zurechnung privaten Handelns zum Staat, geht es nicht um das additive Zusammenwirken von selbstständigen Einzelmaßnahmen, sondern um Einzeleingriffe.[131] Diese Fälle erfassen eine Zurechnungsproblematik von Fernwirkungen, nicht jedoch die spezielle Problematik kumulativer Belastungen.[132]

4. Normkonflikte in mehrstufigen Normsystemen

Gesamtbelastungen können durch Rechtsnormen auf verschiedenen Regelungsebenen entstehen. Regelungen zur Normkollision, deren Rechtsfolge die Identifikation der Norm ist, welche auf den konkreten Sachverhalt anwendbar sein soll, sind der Prüfung einer Gesamtbelastung ebenfalls logisch vorgeschaltet. Nur eine anwendbare Norm kann in eine Gesamtbetrachtung miteinbezogen werden. Grundsätzlich gilt dasselbe Prinzip wie bei der vorgeschalteten Kompetenzprüfung.[133]

Normkollisionen stellen sich nicht nur auf derselben Hierarchieebene, sondern auch in Mehrebenensystemen rechtsordnungsübergreifend dar. In Bezug auf Bundes- und Landesrecht ist die zentrale Norm des Grundgesetzes der Art. 31. Der Vorrang des Bundesrechts soll den Konflikt zwischen gültigem Bundes- und Landesrecht lösen, welches auf denselben Sachverhalt anwendbar ist, aber unterschiedliche Rechtsfolgen anordnet. Anwendungsfall sind Normen, die einen identischen Regelungsgegenstand betreffen, aber unterschiedliche Normbefehle beinhalten.[134] Kollisionsregeln werden in einem föderalen System zur Wahrung der Widerspruchsfreiheit der Rechtsordnung aber nur zwingend, wenn sich solche Konflikte nicht durch vorherige Kompetenzabgrenzungen oder allgemeinen Regeln lösen lassen, sodass die Art. 70 ff., 1 Abs. 3, 20 Abs. 3 GG vorrangig anzuwenden sind. Die Anwendung dieser Normen ist einer Gesamtbetrachtung mehrerer Maßnahmen ebenfalls vorgeschaltet.

In Hinblick auf Normkonflikte zwischen Europarecht und nationalem Recht sollen die *lex superior-* und *lex posterior-*Regeln nicht anwendbar sein, weil diese nur im Fall eines rechtsordnungsinhärenten Normkonflikts einschlägig seien sollen.[135]

---

[131] Diese Zurechnung von Fernwirkungen ist von Sachverhalten, in denen durch einen Grundrechtseingriff mehrere Grundrechtsträger betroffen sind, zu unterscheiden. Das BVerfG entschied in einem Fall zum gesetzlichen Verbot der Lebendorganspende an andere Personen als Verwandte und nahe Angehörige. Hier waren durch die einzelne staatliche Maßnahme der Empfänger in seinem Recht auf Leben und Gesundheit, Art. 2 Abs. 2 GG, der Spender in seinem Recht auf Selbstbestimmung, Art. 2 Abs. 1 GG, und der Arzt in seiner Berufsfreiheit aus Art. 12 Abs. 1 GG betroffen, vgl. BVerfG NJW 1999, 3399, 3400 ff. Dennoch handelt es sich nicht um eine Belastungskumulation, da nur ein Verbotsgesetz vorlag. Zu der Betroffenheit mehrere Grundrechtsträger ausführlich unten Viertes Kapitel A. III.

[132] Ausführlich: *Roth*, Faktische Eingriffe, S. 298.

[133] Dazu soeben 1. a).

[134] *Huber*, in: Sachs, GG, Art. 31, Rn. 18.

[135] *Jarass/Beljin*, NVwZ 2004, 1,2 m.w.N.

Vielmehr gilt hier nach der Judikatur[136] von Europäischem Gerichtshof und Bundesverfassungsgericht der Anwendungsvorrang des Europarechts.[137] Die Rechtsfolge einer Nichtigkeit oder Nichtanwendbarkeit von Normen verhindert in jedem Fall die Einbeziehung in eine kumulative Gesamtbetrachtung und ist folglich ebenso Vorfrage eines additiven Grundrechtseingriffs.

III. Mögliche Anwendungsgebiete des additiven Grundrechtseingriffs

Grundrechtsgefährdungen durch Gesamtbelastungen von staatlicher Seite, damit potentielle Anwendungsfelder des additiven Grundrechtseingriffs, treten in vielen Rechtsbereichen auf. Vor der Entwicklung einer systematischen Lösung anhand der Grundrechtsdogmatik sollen exemplarisch drei unterschiedliche Rechtsgebiete skizziert werden, in denen kumulative staatliche Belastungen auftreten. Gerade durch die Besonderheiten der unterschiedlichen Anwendungsbereiche grundrechtlicher Gesamtbelastungen wird deutlich, dass nur systemische und nicht allein bereichsbezogene Lösungen, dem Phänomen gerecht werden können.

1. Steuerrecht

Das Steuerrecht verfolgt in fast allen Bereichen nicht nur einen rein finanziellen Zweck, um die Finanzeinnahmen des Staates abzusichern, sondern wird in vielen Fällen durch außerfiskalische Interessen angereichert,[138] wenn nicht sogar überlagert. Durch dieses „Übergreifen“ in andere Lebensbereiche ist das Steuerrecht auch über eindeutige Lenkungssteuern[139] hinaus ein prädestiniertes Gebiet von Eingriffsadditionen: Zu den im jeweiligen Lebensbereich normierten Beschränkungen treten noch die finanziellen Steuerbelastungen, die mehr oder weniger deutlich ein bestimmtes Verhalten fördern oder unterbinden wollen. Am Beispiel der Berufsfreiheit des Art. 12 Abs. 1 GG zeigt sich, dass die Kumulation von Steuern mit anderen gezielten oder nicht gezielten Berufswirkungen erhebliche Auswirkungen haben kann.[140] Auch entsteht der staatliche Steueranspruch gesetzesunmittelbar,

---

[136] Im Konflikt über die Frage eines absoluten oder relativen Anwendungsvorrangs; vgl. schon EuGH, Rs. 6/64 – Slg 1964, 1141 – Costa/ENEL; BVerfG seit BVerfGE 31, 145, 173 f.; 37, 271, 285; 73, 339, 387; 75, 223, 244; 85, 191, 204; 89, 155, 174; 118, 79 f.; 123, 267, 398.

[137] Zur Frage ob rechtsordnungsübergreifende Belastungen überhaupt einen additiven Grundrechtseingriff darstellen können unten Sechstes Kapitel.

[138] Dazu bereits *Friauf*, Recht und Staat, 325/326 (1966), 5 ff.

[139] Zur schwierigen Abgrenzung: *Kempny*, StuW 2014, 185, 187 f.; gegen die Einbeziehung bei divergierenden Lenkungszwecken: *Lücke*, DVBl. 2001, 1469, 1475 f.

[140] Dazu umfassen: *Hohmann*, DÖV 2000, 406, 408 f.; der als Beispiele für eine berufliche Existenzbedrohung durch Besteuerung die Werkfernverkehrssteuer und die Vergnügungssteuer für Spielgeräte nennt.

sobald die gesetzlichen Voraussetzungen, welche die Leistungspflicht des Bürgers auslösen, erfüllt sind.

Schon aus dem System der Körperschaftssteuer beispielsweise ergibt sich für Anteilseigner eine wirtschaftliche Doppelbelastung über Gewerbesteuer und Körperschaftssteuer auf den Gewinn der Kapitalgesellschaft und die Besteuerung der Ausschüttung über die Einkommensteuer, auch wenn jeweils an unterschiedliche Steuersubjekte angeknüpft wird.[141] Wenn dafür plädiert wird, alle (Soll-)Ertragssteuern in eine verfassungsrechtliche Gesamtbetrachtung miteinzubeziehen, ergibt sich eine erhebliche Gesamtbelastung.[142]

Die Gesamtbetrachtung von mehreren Steuerbelastung ist im Steuerrecht bereits verbreitet, es gibt „gelöste Belastungskumulationen", die eine An- oder Verrechnung von mehreren Steuerpflichten vorsehen.[143] Relevant im Rahmen eines additiven Grundrechtseingriffs ist allerdings vor allem das Zusammenwirken von finanziellen Belastungen und anderen Freiheitsbeschränkungen, da diese ja durch bisherige steuerrechtliche Ansätze wie z. B. den Halbteilungsgrundsatz[144] nicht erfasst wurden. Weitere systemische Grundlagen für Belastungskumulationen finden sich beispielsweise im Bereich der Grundsteuer. Die Besteuerung des Eigentums eines privat genutzten Grundstücks wird durch bereits versteuertes Einkommen geleistet.[145]

2. Umweltrecht und Naturschutz

Im umweltrechtlichen Kontext wurde das Problem der Belastungskumulationen schon sehr früh diskutiert,[146] auch in neuerer Zeit finden sich Veröffentlichungen speziell zum Thema überlagernde Normkomplexe im Umweltrecht,[147] aus denen auch Belastungskumulationen und additive Grundrechtseingriffe entstehen können.

---

[141] Überblick bei: *Schreiber:* Besteuerung der Unternehmen, S. 86.

[142] Vgl. *Jachmann*, Freiheitsgrundrechtliche Grenzen steuerlicher Belastungswirkungen, in: Fink/Hillgruber/Kempen/Murswiek, Die Macht des Geistes, Festschrift für Hartmut Schiedermair, S. 391, 400 f. Für die Anwendung des Halbteilungsgrundsatzes auf die Summe aller Steuerlasten: *Pausenberger*, Eigentum und Steuern in der Republik, S. 390 f.

[143] BVerfGE 93, 121, dazu bereits oben, C. I., beispielsweise stellt § 8b Abs. 1 S. 1 KStG Bezüge nach § 20 Abs. 1 Nr. 1 EStG, die auch Dividenden umfassen von der Ermittlung des Einkommens bei einer Beteiligung an Körperschaften frei.

[144] BVerfGE 93, 121; Verneinung des Halbteilungsgrundsatzes: BVerfGE 115, 97.

[145] Dazu *Roller/Hendel*, VuR 2006, 14.

[146] *Kloepfer*, VerwArch 74 (1983), 201.

[147] *Lee*, Umweltrechtlicher Instrumentenmix und kumulative Grundrechtseinwirkungen; *Jesse*, Instrumentenverbund als Rechtsproblem am Beispiel effizienter Energienutzung; *Würsig*, Die Steuerung von Summenbelastungen im öffentlichen Immissionsschutzrecht;, 154 ff.; *Michael*, Formen- und Instrumentenmix, in: Hoffmann-Riem/Schmidt-Aßmann/Voßkuhle, Grundlagen des Verwaltungsrechts, § 41, Rn. 119 ff. Jüngst: *Kirchhof/Kreuter-Kirchhof*, Waldeigentum und Naturschutz, S. 89.

Aus diesem weiten Themenfeld sollen vorliegend nur zwei besonders aktuelle Beispiele exemplarisch aufgegriffen werden.

a) Waldeigentum

Das Waldeigentum wird durch die Eigentumsgarantie des Art. 14 GG in seinem konkreten Bestand des einzelnen Eigentümers geschützt – wie andere Eigentumspositionen auch – unterliegt aber zahlreichen Besonderheiten.[148] Das Waldeigentum ist in besonderer Weise sozialpflichtig, was bereits in den gesetzlich geregelten Waldbetretungsrechten[149] zum Ausdruck kommt. Die Waldfläche ist damit der Allgemeinheit viel stärker geöffnet als andere Eigentumspositionen. Durch diese besondere Sozialpflichtigkeit unterliegt es aber auch einer Vielzahl an Be- und Einschränkungen, die auch in ihrer Gesamtschau in den Blick zu nehmen sind.

Durch umweltrechtliche Regelungen ergeben sich vielfache Nutzungsbeschränkungen für Grundstückseigentümer. Bundes- und Landesnaturschutzgesetze, FFH-Gebiete, Vogel- und Biotopschutz können sich insbesondere kumulierend auf die Nutzungsbefugnisse des Eigentümers nach Art. 14 Abs. 1 GG auswirken.[150] Wenn geltend gemacht wird, dass das Betretungsrecht des Waldes für eine Vielzahl an Beeinträchtigungen durch Private die „Tür öffnet" ist hier zu differenzieren. Die dadurch möglicherweise begründete Schutzpflicht des Staates, die Friedlichkeit im Wald zu gewährleisten und Störungen der öffentlichen Sicherheit[151] zu unterbinden, ist kein Fall der hier zu untersuchenden abwehrrechtlichen Perspektive von additiven Eingriffen.[152] Es liegt allerdings auch eine Vielzahl staatlicher Eingriffe in das Waldeigentum vor. Neben den Einschränkungen der Naturschutzgesetze normiert § 58 Abs. 7 LNatSchG NRW die Gestattung des Reitens im Wald, soweit hierdurch das Betretungsrecht nicht unzumutbar beeinträchtigt wird. Die Eigennutzung der Grundstückseigentümer bleibt dabei unberührt. Dies kehrt den grundsätzlichen Vorrang der eigenen Grundrechtsnutzung des Waldeigentümers dahingehend um, dass diese durch die Zumutbarkeit des Reiters begrenzt wird.[153] Bereits diese Regelung beeinträchtigt den Freiheitsgehalt des Waldeigentümers in Art. 14 GG erheblich. Auch die Duldungspflichten nach § 65 Abs. 1 BNatSchG, die Betretungsrechte der Allgemeinheit, die Eingriffe in die Grundstücksnutzung, z.B. durch

---

[148] Aufzählung unter Berücksichtigung nicht nur rechtlicher Faktoren bei: *Kirchhof/ Kreuter-Kirchhof*, Waldeigentum und Naturschutz, S. 55.

[149] § 14 BWaldG; statt aller landesrechtlichen Regelungen beispielhaft: § 2 WaldG NRW.

[150] *Kirchhof/Kreuter-Kirchhof*, Waldeigentum und Naturschutz, S. 155.

[151] Beispiele: Entsorgung von Müll, gewerbliches Sammeln von Pilzen, Waschen von Fahrzeugen oder Ölwechsel im Wald bei: *Kirchhof/Kreuter-Kirchhof*, Waldeigentum und Naturschutz, S. 154.

[152] Zum additiven Grundrechtseingriff und Schutzpflichten, unten Drittes Kapitel B. I.

[153] *Kirchhof/Kreuter-Kirchhof*, Waldeigentum und Naturschutz, S. 98.

Landschaftsschutzgebiete, § 26 BNatSchG, oder FFH-Gebiete,[154] sind Bestandteile mehrerer Eingriffe in das Waldeigentum. Es handelt sich um mehrere Grundrechtseingriffe in das Eigentumsgrundrecht des Waldeigentümers und damit des jeweils selben Grundrechtsträgers, die zeitgleich wirken.[155]

b) Jagdrecht

Im Bereich des Naturschutzrechts findet sich mit dem Ökologischen Jagdgesetz NRW[156] ein aktuelles Beispiel für eine Vielzahl an gleichzeitig auftretenden Grundrechtseingriffen.[157] Durch zahlreiche gesetzliche Neuregelungen, wird das in Art 14 GG wurzelnde Jagdrecht beschränkt. Neben der Einschränkung des Katalogs der jagdbaren Arten in § 2 JagdG NRW treten weitere zahlreiche Beschränkungen des Jagdrechts, wie das Erfordernis eines „Schießnachweises" als Voraussetzung zur Teilnahme an einer Gesellschaftsjagd, § 17 Abs. 3 JagdG NRW,[158] Verbote der Baujagd auf Füchse und Dachse, § 19 Abs. 1 Nr. 8 JagdG NRW, das Verbot der Jagdausübung im Umkreis von 300 m Umkreis von Grünbrücken, § 19 Abs. 1 Nr. 7 JagdG NRW, die Beschränkungen der Ausbildung von Jagdhunden anhand flugfähiger Stockenten, § 30 Abs. 3 JagdG NRW und das Verbot des Tötens von wildernden Katzen, § 19 Abs. 1 Nr. 12 JagdG NRW. Alle Maßnahmen wirken als Beschränkung des durch Art. 14 GG geschützten Jagdrechts. Sie betreffen dasselbe Grundrecht desselben Grundrechtsträgers und entspringen sogar dem gleichen Hoheitsakt, nämlich einem Parlamentsgesetz. In Zukunft ist besonders sorgfältig zu prüfen, ob durch weitere Beschränkungen, im Bereich des Jagdeigentums, mehr als eine „leere Hülle" verbleibt.[159] Zu beachten ist insbesondere, ob die Jagd durch eine

154 Detaillierte Darstellung der Eingriffe in das Waldeigentum bei: *Kirchhof/Kreuter-Kirchhof*, Waldeigentum und Naturschutz, S. 89 ff.

155 Auch wer das einschränkende Kriterium desselben Lebenssachverhalts für erforderlich hält, kommt zu diesem Ergebnis; *Bronkars*, Kumulative Eigentumseingriffe, S. 89. Dazu unten eingehend Viertes Kapitel A. III. und IV. Wann eine mögliche verfassungsrechtliche Grenze speziell in Bezug auf die Eigentumsposition des Einzelnen in konkreten Fall durch mehrere Eingriffe des Naturschutzrechts verletzt ist, kann hier nicht abschließend beantwortet werden und bietet Möglichkeiten für weitere interessante Forschungsansätze.

156 GV.NRW, S. 448.

157 Dazu auch: *Dietlein*, Stellungnahme 16/2494 zum Gesetzesentwurf der Landesregierung für Zweites Gesetz zur Änderung des Landesjagdgesetzes und zur Änderung anderer Vorschriften (Ökologisches Jagdgesetz), S. 14; abrufbar unter: https://www.landtag.nrw.de/portal/WWW/dokumentenarchiv/Dokument/MMST16-2494.pdf.

158 Wobei diesbezüglich schon die Gesetzgebungskompetenz des Landes fraglich ist, *Dietlein*, AUR 2014, 441 ff.; auch das VG Arnsberg hält die Regelung für formell verfassungswidrig und hat dementsprechend das Verfahren einer Fortsetzungsfeststellungsklage in diesem Zusammenhang ausgesetzt und dem Bundesverfassungsgericht nach Art. 100 Abs. 1 GG vorgelegt, Beschl. v. 23.05.2016 – Az. 8 K 3614/15 – juris, Rn. 27 ff., 62 ff.

159 *Dietlein*, Zur Sozialpflichtigkeit des jagdlichen Eigentums, in: Dietlein/Froese, Jagdliches Eigentum, S. 197, 209; *Brenner*, Quo vadis, Jagdrecht? – Das neue Jagdrecht in Baden-Württemberg auf dem Prüfstand des Verfassungsrechts, S. 90 f.

bloße Inpflichtnahme durch Gesetz in das Gegenteil ihrer ursprünglichen privatnützigen Freiheitsbetätigung verkehrt wird.[160]

3. Verhaltenssteuerndes staatliches Verhalten

Verhaltenssteuerndes staatliches Verhalten[161] wird unter den Stichworten „Abschreckungseffekt“[162], „chilling effects“[163] oder „Nudging“[164] diskutiert. Alle Termini bezeichnen das Phänomen, dass ein Grundrechtsträger von dem Gebrauch der durch die Grundrechte gewährleisteten Freiheiten aufgrund abschreckender Konsequenzen absieht. Rechtliche Relevanz entfaltet dieses Thema vor allem in Bereichen, in denen die Abschreckung – anders als beispielsweise im Strafrecht – nicht primär von staatlicher Seite intendiert zu sein scheint.[165] Die Möglichkeit des Auftretens dieser Effekte besteht in fast allen Lebens- und Grundrechtsbereichen, ebenso wie das Auftreten additiver Grundrechtseingriffe oder Belastungskumulationen. Besondere Brisanz im Hinblick auf die Grundrechtsausübung entfaltet ein Zusammentreffen beider Problemfelder. Daneben ist auch denkbar, dass Abschreckungseffekte untereinander kumulieren und so zu einer größeren Belastung des Grundrechtsträgers führen. Es erscheint nicht ausgeschlossen, dass verschiedene Abschreckungseffekte sich addieren oder überlagern und damit ein besonders feindliches „Gesamtklima“ für die Grundrechtsausübung schaffen.[166] Hierbei stellt sich aber die grundsätzliche Frage, wie solche Effekte rechtssicher in die Grundrechtsprüfung integriert werden können.

Abschreckungseffekte können auch mit unstreitigen Grundrechtseingriffen zusammentreffen und deren belastende Wirkung verstärken. Dazu gehören Gesetze mit Edukationswirkung[167] oder dies kann bei der Regelung von Widerspruchslösungen[168]

---

[160] So *Brenner*, Quo vadis, Jagdrecht? – Das neue Jagdrecht in Baden-Württemberg auf dem Prüfstand des Verfassungsrechts, S. 90. Auch für dieses Anwendungsbeispiel gilt: bei Zugrundelegung der hier vorgeschlagenen Kriterien unter Verzicht auf dieselbe Zweckrichtung oder die Begrenzung auf den „gleichen Lebenssachverhalt“, führt der additive Grundrechtseingriff keinesfalls zu einer uferlosen Gesamtbetrachtung, sondern ermöglich eine sinnvolle Gesamtschau einer Vielzahl an Beeinträchtigungen, die sonst so nicht überprüft werden könnten. Zu den Kriterien: unten Viertes Kapitel A.

[161] *Kluth*, ZHR 162 (1998), 657, 664 f. zur wirtschaftslenkenden Gesetzgebung.

[162] *Staben*, Der Abschreckungseffekt auf die Grundrechtsausübung, passim; *Zanger*, Freiheit von Furcht, passim.

[163] *Frowein*, AöR 105 (1980), 169, 186.

[164] *G. Kirchhof*, ZRP 2015, 136.

[165] Vgl. *Staben*, Der Abschreckungseffekt auf die Grundrechtsausübung, S. 1.

[166] *Staben*, Der Abschreckungseffekt auf die Grundrechtsausübung, S. 74.

[167] Zur Gesamtbetrachtung von Edukationseffekten durch Gesetze auch unter Verweis auf den additiven Grundrechtseingriff: *Schuhmann*, Edukatorisches Staatshandeln am Beispiel der Etablierung eines neuen Familienleitbildes, in: Das erziehende Gesetz, S. 26 f.

[168] Speziell zur Aushebelung des rechtlichen Schutzes durch das Institut der Einwilligung: *Hoffmann-Riem*, AöR 142 (2017), 1, 21 f., zur Verhaltenssteuerung durch Algorithmen, der

der Fall sein. Im Bereich der staatlichen Altersvorsorge und auch bei der bisher freiwilligen Organspende wird derzeit über „Widerspruchslösungen“ diskutiert.[169] Bürger sollen per Gesetz der Organspende bzw. der staatlichen Altersvorsorge grundsätzlich zustimmen und können die Verpflichtung nur bei ausdrücklichem Widerspruch negieren. Die Zustimmung ist damit der gesetzliche Regelfall. Dies kann bei mehreren Widerspruchslösungen zu dem Problem führen, dass zur eigenen Freiheitserhaltung bzw. zur Erhaltung der eigenen Wahlentscheidungen ein ständiges „Nein-Sagen“ erforderlich ist, wodurch verfassungsrechtliche Gewährleistungen verletzt sein können.[170] Der grundrechtliche Freiheitsraum könnte in einem solchen Szenario nur durch die jeweiligen Widersprüche gesichert werden, zur Wahrnehmung der grundrechtlichen Gewährleistung, die ja staatliche Einschränkungen abwehren soll, wäre ein aktives Tätigwerden des Bürgers erforderlich. Ein weiteres Beispiel ist das Gefühl des „Überwachtwerdens“, sowohl durch Videoüberwachung im öffentlichen Raum als allgemeinen Anwendungsfall, als auch im Speziellen: Als Instrument der Führungsaufsicht kann neben aufenthaltsbezogenen Weisungen auch eine elektronische Aufenthaltsüberwachung angeordnet werden. Die Problematik der Steigerung eines Überwachungsgefühls der betroffenen Person durch eine Kumulation der Maßnahmen wurde bereits aufgeworfen.[171]

Höchst interessant sind neue Tendenzen, Einschüchterungseffekte selbst als Grundrechtseingriffe einzuordnen.[172] Das Bundesverwaltungsgericht hat dies bereits bejaht.[173] Das Bundesverwaltungsgericht hat entschieden, dass einschüchterndes oder abschreckendes staatliches Verhalten, welches geeignet ist, die Entscheidungsfreiheit der Person zu beeinflussen, als faktischer Eingriff zu werten ist.[174] Im konkreten Fall ging es um das Überfliegen einer von Art. 8 GG im Vorfeld geschützten Versammlung durch Kampfflugzeuge in nur 114 m Höhe. Es erscheint nicht abwegig, dass solche faktischen Eingriffe zusammen mit anderen Maßnahmen,

---

darauf hinweist, dass die Einwilligung im digitalen Massengeschäft praktische Ausweitungen der Handlungsmacht sind (im beschriebenen Fall von Unternehmen) und dies zu einer Erosion der Nutzerautonomie führt. Dieses Szenario ist auf staatliche Handlungen im Rahmen der zunehmenden Digitalisierung übertragbar; zur Problematik „Duldung wider Wille“ bereits *Gallwas*, Dulden wider Willen als Problem der Grundrechtsdogmatik, in: Ruhland, Verfassung, Theorie und Praxis des Sozialstaats, Festschrift für Hans Zacher zum 70. Geburtstag, S. 185 ff.

[169] Dazu und zur generellen Einbettung von Nudging ins deutsche Rechtssystem: *Purnhagen/Reisch*, ZEuP 2016, 629, 633 ff.

[170] Dazu auch: *G. Kirchhof*, ZRP 2015,136, 137.

[171] *Kaiser*, Auf Schritt und Tritt – die elektronische Aufenthaltsüberwachung, S. 230 f.

[172] Konstruktiv dazu: *Zanger*, Freiheit von Furcht, S. 148 ff., die überzeugend darlegt, warum Einschüchterungseffekte unter den modernen Grundrechtseingriff subsumierbar sind. Auch diese Diskussion zeigt starke Parallelen zur Rekonstruktion der Eingriffsdogmatik im Sinne des additiven Grundrechtseingriffs auf. Dazu ausführlich unten Drittes Kapitel A.

[173] BVerwG, Urteil v. 25. 10. 2017 – 6 C 46.16, Rn. 30 ff.

[174] BVerwG, Urteil v. 25. 10. 2017 – 6 C 46.16, Rn. 30 ff.

beispielsweise der Zugangserschwerung zum Veranstaltungsort u. ä., zu einem additiven Grundrechtseingriff in Art. 8 Abs. 1 GG erwachsen.[175]

[175] Die Verknüpfung von Kumulationswirkungen und Abschreckungseffekten kann in diesem Rahmen nicht weiter vertieft werden, bietet aber ein zukunftsträchtiges Anwendungsfeld für die Überprüfung der Effektivität des Grundrechtsschutzes und mögliche Gefährdungen freiheitsrechtlicher Gewährleistungen.

Zweites Kapitel

Der additive Grundrechtseingriff und die Gesamtbetrachtung von Grundrechtseinwirkungen in der Rechtsprechung

A. Bundesverfassungsgericht

Die überwiegende Mehrheit der verfassungsrechtlichen Entscheidungen befasst sich mit Konstellationen von Grundrechtsbeeinträchtigungen, die auf einem singulären Einzelakt beruhen und sich damit unter das punktuelle Eingriffsverständnis subsumieren lassen. Jedoch haben auch Gesamtbelastungen und Gesamtbetrachtungen schon früh eine Rolle in der verfassungsrechtlichen Rechtsprechung gespielt.[1] Das Bundesverfassungsgericht hat inzwischen den additiven Grundrechtseingriff in mehreren Entscheidungen explizit angesprochen. In der neueren Rechtsprechung[2] findet sich die Tendenz zur stärkeren Berücksichtigung von Gesamtbelastungen, die Erwartungen der Literatur, dass diese Rechtsfigur eine Konturierung erfahren würde, hat das Verfassungsgericht aber bisher nicht erfüllt.[3] Somit sind die Entscheidungen auch im weiteren Kontext der höchstrichterlichen Einordnung anderer kumulativer staatlicher Maßnahmen zu betrachten.

I. Prävention: Ermittlungsmaßnahmen der Sicherheitsbehörden

1. Global Positioning System Daten[4]

In der Entscheidung zur Verfassungsmäßigkeit von Observationen unter Einsatz des Global Positioning Systems (GPS) ging es um die Verfassungsmäßigkeit von Ermittlungsmaßnahmen nach § 100c Abs. 1 StPO. Das Bundesverfassungsgericht entschied über die Konstellation mehrerer Eingriffe mehrerer Behörden in jeweils dasselbe Grundrecht eines Grundrechtsträgers, hier das Recht auf informationelle Selbstbestimmung, Art. 2 Abs. 1 i.V.m. Art. 1 Abs. 1 GG. Schon im Leitsatz wies

---

[1] Vgl. BVerfGE 13, 331.

[2] Bspw. BVerfGE 145, 20.

[3] So *Bernsdorff*, SGb 2011, 121, 125.

[4] BVerfGE 112, 304.

das Gericht auf das besondere Gefährdungspotenzial des „additiven Grundrechtseingriffs" hin, weshalb die Strafverfolgungsbehörden besondere Anforderungen an das Verfahren zu beachten hätten.[5]

Insgesamt führten die Ermittlungsbehörden, neben dem Bundeskriminalamt auch die Verfassungsschutzbehörden verschiedener Länder, mindestens acht verschiedene Überwachungsmaßnahmen durch, die zeitlich gestaffelt angeordnet wurden. Zu der bereits Anfang des Jahres 1993 angeordneten Einzelmaßnahme der Langzeitüberwachung kamen temporär gestaffelt mehrere Ermittlungsmaßnahmen hinzu, sodass sich der Beschwerdeführer Ende 1996 bis zu acht Überwachungsmaßnahmen gleichzeitig ausgesetzt sah. Gerügt wurde in der strafgerichtlichen Hauptverhandlung die gleichzeitige Ausführung mehrerer Überwachungsmaßnahmen, die in „ihrer Gesamtschau" nicht richterlich überprüft wurden.[6] Das Bundesverfassungsgericht ließ offen, ob die Beschwerde hinsichtlich aller gerügten Überwachungsmaßnahmen zulässig sei, führte aber aus, dass bei der in Bezug auf eine Rüge hin eröffneten Kontrolle das Gericht frei sei, auch den zugrundeliegenden Eingriffsakt sowie das Zusammenspiel mit weiteren Ermittlungsmaßnahmen zu überprüfen.[7]

Das Bundesverfassungsgericht erweitert hier seinen Prüfungsmaßstab auch auf das kumulative Zusammenwirken mit anderen Überwachungsmaßnahmen, die dem gerügten Urteil zugrunde lagen. Entgegen der Ausführungen des Beschwerdeführers ging das Gericht nicht davon aus, dass es gesonderter gesetzlicher Regelungen bedurfte um mehrere zusammenwirkende Maßnahmen zu rechtfertigen.[8] Zwar müssten die Strafverfolgungsbehörden mit Rücksicht auf das dem „additiven Grundrechtseingriff" innewohnende besondere Gefährdungspotenzial besondere Verfahrensvorschriften beachten, die Bestimmung einer zentralen Behörde als verantwortlicher Entscheidungsträger und eine vollständige Dokumentation, seien hier aber ausreichend gewesen.[9] Das Gericht formulierte des Weiteren eine Beobachtungspflicht des Gesetzgebers, um zu überprüfen, ob die bestehenden verfahrensrechtlichen Sicherungen auch in Zukunft dazu geeignet seien, einen effektiven Grundrechtsschutz zu vermitteln.[10]

In dieser Konstellation formulierte dasVerfassungsgericht das Erfordernis erhöhter Verfahrensvorschriften, die bei einem Zusammentreffen von mehreren Überwachungsmaßnahmen zu beachten seien. Das erhöhte Gefährdungspotenzial von additiv wirkenden Eingriffen wurde vorgelagert vor den Feststellungen zur Verhältnismäßigkeit geprüft, im Rahmen der Prüfung des Vorliegens einer ausreichenden Ermächtigungsgrundlage. Damit handelt es sich um die besondere Konstellation, dass eine erforderliche Ermächtigungsgrundlage auch mehrere Eingriffe

[5] BVerfGE 112, 304.

[6] BVerfGE 112, 304, 308.

[7] BVerfGE 112, 304, 314.

[8] BVerfGE 112, 304, 319.

[9] BVerfGE 112, 304, 320.

[10] BVerfGE 112, 304, 320, 321.

umfasst, die sich dann u. U. zu einer „Rundumüberwachung" verdichten. Durch den knappen Hinweis auf die Wahrung des Verbots der Totalüberwachung im Rahmen der Verhältnismäßigkeit,[11] entzog sich das Gericht einer Konturierung der Anforderungen an additiv wirkende Maßnahmen. Durch das Erfordernis besonderer Verfahrensvorschriften ändert sich die zugrundeliegende materielle Prüfung nicht, da eine verfassungsrechtliche Grenze für die Gesamtbelastung offen bleibt. Ob die temporär wirkenden additiven Eingriffe noch verfassungsrechtlich zu rechtfertigen sind, wird letztendlich mit der Wahrung des Wesensgehalts (Kern privater Lebensgestaltung) gerechtfertigt.[12] Es stellt sich die Frage, ob sich die Anforderungen an eine verfassungsrechtliche Rechtfertigung verändern würden, wenn es sich um eine einzige Maßnahme gehandelt hätte.[13] Hier ist es aber so, dass das Gericht bereits nicht zwischen verschiedenen Maßnahmen differenziert, sondern die „Rundumüberwachung" als einheitlichen Prozess und damit als einheitliche Maßnahme ansieht.

Diese Gesamtbetrachtung rechtfertigt sich dadurch, dass die einschlägigen Regelungen der Strafprozessordnung auf die Erlangung von Tatsachen mit unterschiedlichem Indizienwert abzielen.[14] Nur eine Kumulation mehrerer Maßnahmen kann ein vollständiges Erkenntnisbild liefern. Bislang stand allerdings nur die Zulässigkeit der jeweiligen Einzelmaßnahme im Vordergrund. Das Berufungsgericht verneinte im konkreten Fall einen „übergreifenden Richtervorbehalt",[15] erteilt diesem aber auch generell eine Absage, da sich ein solcher weder aus dem Grundgesetz, noch aus der Strafprozessordnung herleiten lasse. Das Bundesverfassungsgericht sah das Erfordernis eines gesonderten Gesetzesvorbehalts für kumulativ wirkende Maßnahmen, ebenfalls mit dem Hinweis auf die verfahrensrechtlichen Sicherungen, als nicht erfüllt an.[16]

Die spezielle Problematik von kumulativen Ermittlungsmaßnahmen wird in diesem Urteil primär in der mangelnden Kooperation und Koordination verschiedener Behörden gesehen. Dieses Erfordernis lässt sich durch Verfahrensvorschriften auf exekutiver Ebene sichern. Wie auch das Bundesverfassungsgericht ausführt, ist eine Behörde als verantwortlicher Entscheidungsträger zu benennen, die einen Überblick über sämtliche laufende Ermittlungsmaßnahmen hat und gegebenenfalls eine übermäßige Belastung feststellen kann.[17] Daraus müsste auch die Konsequenz folgen, dass bei jeder neuen Maßnahme alle laufenden Ermittlungstätigkeiten einer erneuten Gesamtschau unterzogen werden müssen, ob sich die staatliche Tätigkeit in

---

[11] BVerfGE 112, 304, 321.

[12] BVerfGE 112, 304, 320, 318.

[13] Die Formulierung des „besonderen Gefährdungspotentials" deutet darauf hin, vgl. BVerfGE 112, 304, 320, 321.

[14] *Steinmetz*, NStZ 2001, 344.

[15] BVerfGE 112, 304, 309.

[16] BVerfGE 112, 304, 319.

[17] BVerfGE 112, 304, 320.

Gänze noch als zumutbar darstellt. Die materiell-rechtlichen Auswirkungen von additiv wirkenden Maßnahmen werden dadurch aber nicht beleuchtet.

Die Literatur beschränkt sich darauf das Urteil für die Etablierung des Begriffs des additiven Grundrechtseingriffs anzuführen und als Konsequenz vor allem das Erfordernis der verfahrensrechtlichen Absicherung durch die wechselseitigen Informationspflichten zu ziehen.[18]

Die Zulässigkeit kumulativ wirkender Maßnahmen wurde in diesem Urteil im Rahmen des Gesetzesvorbehalts entschieden, wobei sich erhöhte Anforderungen nach Ansicht des Gerichts nicht ergeben. Die Grenze der Verfassungswidrigkeit zieht der Senat bei der Erstellung einer Totalüberwachung, also der Erstellung eines vollständigen Persönlichkeitsprofils.[19] Diese Formulierung deutet in Richtung des Art. 19 Abs. 2 GG, der verfassungsrechtlichen Grenze des Wesensgehalts der Grundrechte.

2. BKA-Gesetz[20]

In der Entscheidung zur Verfassungswidrigkeit des BKA-Gesetzes[21] vom 20.04. 2016 hat das Bundesverfassungsgericht an die Grundsätze der GPS-Entscheidung angeknüpft. Insbesondere beim Einsatz von verborgenen Ermittlungsmethoden müssten die Sicherheitsbehörden mit Rücksicht auf den additiven Grundrechtseingriff koordinierend darauf Bedacht nehmen, dass das Ausmaß der Überwachung insgesamt beschränkt bleibt.[22] Dies spricht wiederum für eine Interpretation, keine materielle Belastungsgrenze statuieren zu wollen, sondern – wie in der vorhergegangenen Entscheidung auch – verfahrensrechtliche Anforderungen zu formulieren.

Bemerkenswert ist, dass das Bundesverfassungsgericht ausdrücklich formuliert, dass sich

> „eigene verfassungsrechtliche Grenzen hinsichtlich des Zusammenwirkens verschiedener Überwachungsmaßnahmen [ergeben]".[23]

Diese Formulierung eröffnet zumindest die Möglichkeit einer Interpretation, dass kumulative staatliche Belastungen an „eigenen" verfassungsrechtlichen Grenzen des

---

[18] *Klement*, AöR 134 (2009), 35, 54; *Winkler*, JA 2014, 881, 882; *Puschke*, Die kumulative Anordnung von Informationsbeschaffungsmaßnahmen im Rahmen der Strafverfolgung, S. 132; *Lee*, Umweltrechtlicher Instrumentenmix und kumulative Grundrechtseinwirkungen, S. 115 f.; *Jesse*, Instrumentenverbund als Rechtsproblem am Beispiel effektiver Energienutzung, S. 169.

[19] BVerfGE 112, 304, 319.

[20] Gesetz über das Bundeskriminalamt und die Zusammenarbeit des Bundes und der Länder in kriminalpolizeilichen Angelegenheiten, BGBl I S. 3083.

[21] BVerfGE 141, 220.

[22] BVerfGE 141, 220, 280.

[23] BVerfGE 141, 220, 280.

additiven Grundrechtseingriffs zu messen sind, die sich außerhalb der „klassischen" des bisher singulär verstandenen Eingriffsbegriffs bewegen. Dass der vom Bundesverfassungsgericht verwendete additive Grundrechtseingriff einen eigenen Prüfungspunkt darstellen kann, wird damit keinesfalls ausgeschlossen, zumal das Gericht auch erst im Anschluss auf die Verhältnismäßigkeit eingeht.[24] Als Grenze der verfassungsrechtlichen Zulässigkeit benennt das Verfassungsgericht den Schutz des Kernbereichs privater Lebensgestaltung[25] und die Menschenwürde.[26] Unvereinbar damit ist nach Ansicht des Gerichts zumindest eine Überwachung, die in ihrem Ausmaß die Erstellung eines Persönlichkeitsprofils ermöglicht.[27] Verfahrensrechtlich fordert das Verfassungsgericht die Überprüfung der Daten durch eine unabhängige Stelle, bevor sie an das Bundeskriminalamt übermittelt werden.[28] Diese Entscheidung spricht ebenfalls für eine Überprüfung des additiven Grundrechtseingriffs anhand des Wesensgehalts der Grundrechte, da das Bundesverfassungsgericht die Belange der Gesamtbelastung nicht in eine Abwägungsprüfung einbezieht.

II. Repression: Freiheitsstrafe

Bereits im Jahr 1967 beschäftigte sich das Bundesverfassungsgericht explizit mit der Problematik zusammenwirkender staatlicher Belastungen. Im Urteil zur Wehrdisziplin[29] entschied der zweite Senat, dass eine Nichtberücksichtigung einer Arreststrafe aus disziplinarrechtlichen Gründen bei der der Verhängung einer Freiheitsstrafe aufgrund desselben Vergehens verfassungswidrig sei. Diese Entscheidung wird in der Literatur als Beispiel für eine frühe Anerkennung einer grundrechtlich relevanten Gesamtbelastung in der verfassungsrechtlichen Rechtsprechung angeführt.[30]

Das Bundesverfassungsgericht hielt das grundgesetzliche Verbot der Mehrfachbestrafung aus Art. 103 Abs. 3 GG im streitgegenständlichen Fall, mangels Einordnung von Disziplinarstrafen als allgemeine Strafgesetze, für nicht anwendbar.[31] Allerdings sah es in einer strafrechtlichen Verurteilung ohne Berücksichtigung

---

[24] BVerfGE 141, 220, 280, dann als neuen Gliederungspunkt auf S. 281.

[25] BVerfGE 141, 220, 279; dazu auch die Urteilsanmerkung von *Buchholtz*, NVwZ 2016, 906, 908 f. insbesondere zum Kernbereichsschutz, die allerdings nicht auf die Gesamtbetrachtung eingeht.

[26] BVerfGE 141, 220, 280.

[27] BVerfGE 141, 220, 280.

[28] BVerfGE 141, 220, 275; eine Ausnahme gilt bei Gefahr im Verzug.

[29] BVerfGE 21, 378.

[30] *Winkler*, JA 2014, 881, 882; *Lücke*, DVBl. 2001, 1469, 1473; *Würsig*, Die Steuerung von Summenbelastungen im öffentlichen Immissionsschutzrecht, S. 39 ff.; *Bronkars*, Kumulative Eigentumseingriffe, S. 78.

[31] BVerfGE 21, 378, 383 f.

der disziplinarrechtlichen Arreststrafe aber einen Verstoß gegen die aus dem Rechtstaatsprinzip ableitbare „Idee der Gerechtigkeit“.[32] Das grundsätzliche Nebeneinander von disziplinaren Freiheitsstrafen und Freiheitsstrafe nach den allgemeinen Strafgesetzen sei aber nicht zu beanstanden. Damit wurde die jeweilige freiheitsentziehende Maßnahme als verfassungsgemäß angesehen, das Zusammenwirken beider Strafen bewirkte aber als eine verfassungswidrige Gesamtbelastung. Letztendlich sei entscheidend, dass trotz der unterschiedlichen Zwecke von Disziplinararrest und Freiheitsstrafe[33] dennoch dasselbe Rechtsgut betroffen sei, nämlich die persönliche Freiheit.[34] Dieser Freiheitsentzug habe ein solches Gewicht, dass seine gesamte Wirkung trotz divergierender Zwecke berücksichtigt werden müsste.[35] Eine Disziplinarstrafe könne zwar nicht den Strafanspruch des Staates mit abgelten, eine Kriminalstrafe müsse aber eine vorausgehende Arreststrafe berücksichtigen. Diese Entscheidung berücksichtigt somit bereits eine Gesamtbelastung: erst durch beide Einzelmaßnahmen wird das verfassungsrechtlich zulässige Maß überschritten.[36]

Eine neuere Entscheidung des Bundesverfassungsgerichts aus dem Jahr 2012[37] beschäftigte sich aufgrund eines anderen Sachverhalts mit demselben zugrundeliegenden rechtlichen Problem: der Anrechnung von Maßregelvollzugszeiten auf verfahrensfremde Freiheitsstrafen. Das Gericht stellte in Übereinstimmung mit seiner bisherigen Rechtsprechung zwar fest, dass Freiheitsstrafen und Maßregeln der Besserung und Sicherung grundsätzlich aufgrund ihrer unterschiedlichen Zweckverfolgung nebeneinander angeordnet werden können,[38] der absolute Ausschluss der Anrechnung von anderen freiheitsentziehenden Maßnahmen außer denen, die im

---

[32] BVerfGE 21, 378, 388; zur Gerechtigkeit als Bestandteil des Rechtsstaatsprinzips weiter: BVerfGE 7, 194, 196; BVerfGE 7, 89, 92; BVerfGE 33, 367, 383; BVerfGE 54, 53, 69; BVerfGE 94, 90, 121; BVerfG Beschl. v. 04.07.1999 – 2 BvR 1368/98, Rn. 17 – juris; BVerfG Beschl. v. 15.12.1999 – 2 BvR 1447/99 – Rn. 14, – juris; zum Vorrang der materialen Gerechtigkeit vor formeller Rechtssicherheit: BVerfGE 3, 225, 232. Hiernach ist das Rechtstaatsprinzip keine formelle Kategorie i.S.d. Gesetzesstaates. Zur Kritik zum Rückgriff auf das allgemeine Prinzip im Gegensatz zu konkreten grundrechtlichen Gewährleistungen: *Rabe*, Das Verständnisurteil des Bundesverfassungsgerichts und die Notwendigkeit von Reformen im Strafprozess, S. 205; zur Differenzierung zwischen formellem und materiellem Rechtsstaat: *Kelsen*, Allgemeine Staatslehre, S. 91 f.; umfassend: *Jungbauer*, Die Verwendung des Begriffs der „Gerechtigkeit“ in der Rechtsprechung des Bundesverfassungsgerichts, passim; dazu auch *Beaucamp*, DVBl. 2017, 348 ff., der eine Häufung des Stichworts „Gerechtigkeit“ in den Bänden 101–139 der amtlichen Sammlung des BVerfG untersucht hat.

[33] Präventiver Charakter der Disziplinarstrafe und repressiver Charakter der Kriminalstrafe, BVerfGE 21, 378, 383.

[34] BVerfGE 21, 378, 385 f.

[35] BVerfGE 21, 378, 386.

[36] Die Situation wurde inzwischen durch den Gesetzgeber mit der Einführung des § 51 StGB gelöst.

[37] BVerfGE 130, 372.

[38] So auch: BVerfGE 91, 1, 31; 128, 326, 376.

Einzelurteil angeordnet wurden, aber nach § 67 Abs. 4 a. F. StGB verfassungswidrig ist.[39]

Im Rahmen der Verhältnismäßigkeit ging das Bundesverfassungsgericht bei der Prüfung der Angemessenheit auf den additiven Grundrechtseingriff ein:

> „Mehrere für sich betrachtet möglicherweise angemessene oder zumutbare Eingriffe in grundrechtlich geschützte Bereiche können in ihrer Gesamtwirkung zu einer schwerwiegenden Beeinträchtigung führen, die das der rechtsstaatlich hinnehmbaren Eingriffsintensität überschreitet. Kumulativen oder ‚additiven' Grundrechtseingriffen [...] wohnt ein spezifisches Gefährdungspotenzial für grundrechtlich geschützte Freiheiten inne. Ob eine Kumulation von Grundrechtseingriffen das Maß der rechtsstaatlich hinnehmbaren Eingriffsintensität noch wahrt, hängt von einer Abwägung aller Umstände ab, in die auch gegenläufige Verfassungsbelange mit einzubeziehen sind."[40]

Die tatsächlichen Wirkungen der Kumulation wurden allerdings als eigener Prüfungspunkt nach der Verhältnismäßigkeit geprüft. Das Gericht ging davon aus, dass die jeweils singuläre Anordnung der Freiheitsstrafe, sowie der freiheitsentziehenden Maßregel der Besserung und Sicherung verhältnismäßig waren und auch grundsätzlich nebeneinander anwendbar sind. Anrechnungsausschlüsse von freiheitsentziehenden Maßnahmen auch aus anderen Verfahren dürften aber nicht ohne Beziehung zu Grund und Ziel der Maßnahme erfolgen.[41] Zu den Möglichkeiten der Bewältigung von kumulativen Gesamtbelastungen führt das Gericht aus, dass die dem Gesetzgeber zur Verfügung stehenden Instrumente z. B. des Vorwegvollzugs der Strafe, § 67 Abs. 2 StGB, die Unterbrechung des Maßregelvollzugs § 454b StPO u. a. weder für sich, noch wechselseitig hinreichend auf das nebeneinander unterschiedlicher Verurteilungen und Maßregelaussprüchen zugeschnitten seien.[42]

Die (mögliche) Kompensation von Mehrfachbelastungen kann sich danach nicht aus einer spiegelbildlichen Gesamtbetrachtung der möglichen Vorteilsgewährungen, in diesem Fall Freiheitsgewährungen, ergeben, sondern muss gezielt auf eine Erfassung additiver Eingriffe gerichtet sein. Eine Freiheitsverkürzung des Grundrechtsträgers durch den Erlass einer Freiheitsstrafe, kann nicht durch die Freiheitsgewährung an anderer Stelle ausgeglichen werden. Ausgeglichen oder abgemildert werden kann die Gesamtbelastung nur durch explizite Anrechnungsregeln, wie den § 51 StGB.[43]

Das spezifische Gefährdungspotenzial des additiven Grundrechtseingriffs sah das Gericht in dieser Entscheidung in einer Erhöhung der Eingriffsintensität, im Vergleich zur jeweiligen Einzelmaßnahme. Zugrundeliegende Konstellation war der mehrfache Eingriff in ein Grundrecht eines Grundrechtsträgers (Art. 2 Abs. 2 S. 2

---

[39] BVerfGE 130, 372, 392; zu § 67 Abs. 4 StGB nach BGBl. I, S. 1327.

[40] BVerfGE 130, 372, 392.

[41] BVerfGE 130, 372, 392 f.

[42] BVerfGE 130, 372, 396.

[43] Zur Kompensation bei additiven Grundrechtseingriffen unten Drittes Kapitel, A. V.

GG), trotz unterschiedlicher Zweckrichtung der Maßnahmen, was das Gericht ja vorher bereits explizit festgestellt hatte.[44] Es handelte sich auch um eine bewusste Kumulation, um zwei finale Maßnahmen. Kern des Problems war im konkreten Fall damit nicht, welche Maßnahmen überhaupt in den additiven Grundrechtseingriff einzubeziehen waren. Denn Beschwerdegegenstand waren Entscheidungen die eine Anrechnung des Maßregelvollzugs auf die verfahrensfremde Freiheitsstrafen ablehnten. Das Problem von Belastungen außerhalb des Beschwerdegegenstands[45] stellte sich also nicht, sondern die Berücksichtigung der Gesamtbelastung durch eine bereits vorhandene Anrechnungsregel, den § 67 Abs. 4 StGB. Dies unterscheidet den streitgegenständlichen Fall von der Entscheidung zum Zusammenwirken von Disziplinar- und Freiheitsstrafe aus dem Jahr 1968, in der eine entsprechende Anrechnungsnorm nicht vorhanden war.

Auch aus dieser Entscheidung lassen sich keine materiellen Vorgaben des Bundesverfassungsgerichts für weitere Kriterien des additiven Grundrechtseingriffs ableiten. Das Gericht macht aber deutlich, dass die gleiche Zweckrichtung beider Eingriffe kein Kriterium für Gesamtbelastungen darstellen kann, es stellte ausdrücklich fest, dass Freiheitsstrafe und Maßregelvollzug unterschiedliche Zwecke verfolgen.[46]

III. Steuern und Abgaben: Belastungen von Eigentum und Vermögen

Das Bundesverfassungsgericht hat die Diskussion um die Erfassung steuerlicher Gesamtbelastungen in mehreren Entscheidungen aufgegriffen. Neben der Prüfung der Einzelmaßnahme wird die steuerliche Gesamtbelastung durch die Rechtsprechung bereits mit einbezogen.[47] Ein Großteil der Anwendungsfälle einer Gesamtbetrachtung von Grundrechtseinwirkungen in der verfassungsgerichtlichen Rechtsprechung findet sich im Bereich der Steuern und Abgaben. Dies liegt entscheidend darin begründet, dass sich in diesem Bereich die Belastungen von staatlicher Seite durch die Verpflichtung finanzieller Beträge exakt beziffern und dadurch – im Verglich zu anderen grundrechtlichen Freiheitspositionen – auch tatsächlich und nicht nur im Rechtssinne addieren lassen. Obwohl diese Vorgehensweise in andere Bereiche nicht übertragbar ist, gebietet sich ein Blick auf die Struktur und Vorgehensweise der bisherigen verfassungsrechtlichen Rechtsprechung, um Parallelen und übertragbare Lösungsansätze zu extrahieren.

---

[44] BVerfGE 130, 372, 372.

[45] Zu den prozessualen Problemen des additiven Grundrechtseingriffs siehe das Siebte Kapitel.

[46] BVerfGE 130, 372, 392, 393.

[47] BVerfGE 13, 331; 93, 121; 99, 246.

1. Personenbezogene Kapitalgesellschaft

Schon 1962 stellte das Bundesverfassungsgericht im Bereich des Steuerrechts fest, dass sich

> „das Gewicht eines Steuernachteils nicht aus der einzelnen Norm selbst [zu] ergeben braucht, sondern möglicherweise erst im Zusammenhang des ganzen Gesetzes oder sogar eine Gruppe von Gesetzen richtig ermessen werden kann".[48]

Zugrundeliegender Sachverhalt war eine Entscheidung zur steuerlichen Ungleichbehandlung von personenbezogenen gegenüber anonymen Kapitalgesellschaften, im Hinblick auf die Hinzurechnung der Beschäftigungsvergütungen von Geschäftsführern mit Auswirkungen auf den gewerbesteuerpflichtigen Ertrag. Nach damaliger Rechtslage sah § 8 Nr. 6 GwStG[49] a.F. die Hinzurechnung der Vergütungen und Pensionsrückstellung von wesentlich beteiligten Geschäftsführern, sowie deren Ehegatten, auf den Ertrag des Unternehmens der personenbezogenen Kapitalgesellschaft (GmbH) vor. Dies stellte nach dem Bundesverfassungsgericht eine nicht gerechtfertigte Ungleichbehandlung gegenüber dem Vergleichspaar der anonymen Kapitalgesellschaften dar. Die personenbezogene Kapitalgesellschaft sei im gesamten System der direkten Besteuerung einer erheblichen Mehrbelastung ausgesetzt, durch die Verschiedenartigkeit von Körperschafts- und Einkommensteuer, deren Kumulierung und ihre Querverbindungen zur Gewerbesteuer.[50] Damit scheide eine Vergleichbarkeit mit Personengesellschaften bzw. dem Unternehmerlohn bei natürlichen Personen aus. Die Ungleichbehandlung gegenüber anonymen Kapitalgesellschaften lasse sich auch nicht durch korrespondierende Steuerersparnisse an anderer Stelle, noch durch anderweitige steuerliche Vergünstigungen ausgleichen.[51]

Für den konkreten Fall ergab sich die Verfassungswidrigkeit daher nicht aus der kumulativen Gesamtbelastung von personenbezogenen Kapitalgesellschaften, sondern aus der nicht gerechtfertigten Ungleichbehandlung von anonymen und personenbezogenen Kapitalgesellschaften am Maßstab des Art. 3 Abs. 1 GG. Das Bundesverfassungsgericht sprach bereits in dieser frühen Entscheidung sowohl die Möglichkeit einer Verfassungswidrigkeit, die sich erst durch mehrere Normen desselben Gesetzes als auch durch das Zusammenwirken mehrerer Gesetze ergibt, und auch den Kompensationsgedanken an.[52]

---

[48] BVerfGE 13, 331, 341.

[49] Gewerbesteuergesetz i.d.F. v. 30.04.1952 (BGBl. I 270).

[50] BVerfGE 13, 331, 354.

[51] BVerfGE 13, 331, 342.

[52] Dazu unten Drittes Kapitel A. V. und Fünftes Kapitel C.

2. Steuerfreiheit des Existenzminimums

Im Jahr 1990 entschied das Bundesverfassungsgericht[53] im Bereich des Steuerrechts über kumulativ wirkende Belastungen. In der Entscheidung zur Steuerfreiheit des Existenzminimums stellte das Gericht bereits im ersten Leitsatz fest, dass eine verfassungswidrige Rechtslage sich im konkreten Fall erst aus dem Zusammenwirken mehrerer Einzelmaßnahmen ergeben könne und diese grundsätzlich anhand jeder der betroffenen Normen zur verfassungsrechtlichen Prüfung gestellt werden könnte.

Anlass der Entscheidung war eine konkrete Normenkontrolle bzgl. der §§ 10, 11 BKGG[54] i.d.F. des Haushaltbegleitgesetzes von 1983. Diese Normen schlossen einen steuerrechtlichen Verlustausgleich des Kindergeldes aus und berücksichtigten keine im Einkommensteuerrecht berücksichtigungsfähigen Aufwendungen.

Die Verfassungswidrigkeit der Norm des § 10 Abs. 2 BKGG a.F. wegen eines Verstoßes gegen Art. 3 Abs. 1 GG ergab sich nicht aus der Norm „an sich" in der Form, dass diese die verminderte Leistungsfähigkeit von Steuerpflichtigen mit Kindern nicht hinreichend berücksichtigte, sondern aus dem Gesamtzusammenhang mit dem Einkommensteuerrecht.[55] Es wirkten mehrere gesetzliche Regelungen aus dem Sozialrecht[56] und dem Einkommensteuerrecht zusammen, die für sich genommen nicht verfassungswidrig wären, in der Gesamtschau aber nicht mehr verfassungsmäßig sind.

Besonders ist, dass das Bundesverfassungsgericht die Verfassungswidrigkeit der Situation an ein staatliches Unterlassen anknüpft: es stehe dem Gesetzgeber frei, die kindesbedingte Minderung der Leistungsfähigkeit entweder im Steuerrecht und zusätzlich im Sozialrecht zu berücksichtigen, oder sich für eine der beiden möglichen Entlastungen zu entscheiden.[57] Danach könnte eine verfassungswidrige Gesamtbelastung also auch durch Ausgleichsregelungen im jeweils anderen Rechtsgebiet „ausgeglichen" werden. Dies erscheint zunächst als logische Konsequenz aus dem Entscheidungsspielraum des Gesetzgebers. Schon hier wirft sich aber die Frage auf, ob und wieweit die Belastungsregelung und die korrespondierende Ausgleichsregelung miteinander verknüpft sein müssen, damit sie nicht nur politisches Rechtfertigungsargument, sondern verfassungsrechtlich relevant sind.[58]

---

[53] BVerfGE 82, 60.

[54] Bundeskindergeldgesetz.

[55] BVerfGE 82, 60, 83, 84.

[56] Zu Belastungskumulationen im Sozialrecht auch: *Bernsdorff*, SGb 2011, 121; *Kaltenstein*, SGb 2016, 365; *Rixen*, Sozialrecht als öffentliches Wirtschaftsrecht, S. 333 ff.; *Wüstenberg*, Interpendenzen im Sozialrecht, S. 189 f.

[57] BVerfGE 82, 60, 84.

[58] Zur Saldierung von Vor- und Nachteilen bei Grundrechtseingriffen insbesondere in Bezug auf Ungleichbehandlungen: *Hey*, AöR 128 (2003), 226 ff.; dazu auch: *Michael*, Formen- und Instrumentenmix, in: Hoffmann-Riem/Schmidt-Aßmann/Voßkuhle, Grundlagen des Ver-

Bemerkenswert ist die Konsequenz, die das Gericht aus dieser Konstellation im Hinblick auf die prozessuale Bewertung zieht:

> „Eine für verfassungswidrig erachtete Rechtslage, die sich aus dem Zusammenwirken mehrerer Einzelregelungen ergibt und bei der sich deshalb der etwa bestehende verfassungsrechtliche Mangel durch eine Nachbesserung bei der einen oder der anderen Regelung beheben ließe, kann grundsätzlich anhand jeder der betroffenen Normen zur Prüfung gestellt werden.[...] Würde man in diesen Fällen die Feststellung der Verfassungswidrigkeit der Rechtslage, die durch die betroffene Norm mit herbeigeführt wird, mit der Erwägung unterlassen, daß die Einzelnorm Bestand haben könnte, wenn die gesetzliche Nachbesserung an anderer Stelle erfolgte, dann wäre die verfassungsgerichtliche Kontrolle in einem Maße eingeschränkt, die mit dem Grundgedanken des Art. 100 GG nicht mehr vereinbar wäre; denn dieses Argument würde für jede der beteiligten Einzelnormen zutreffen."[59]

Jede Norm, die zur verfassungswidrigen Gesamtbelastung beiträgt, ist danach für sich verfassungsrechtlich überprüfbar. Daraus folgt nach dem Bundesverfassungsgericht, dass die in Rede stehende Norm nicht für nichtig, sondern nur für unvereinbar erklärt wird.[60]

Die Mitverursachung eines verfassungswidrigen Zustandes, welcher unter Umständen sogar maßgeblich durch eine andere Norm hervorgerufen wird, sei aber noch nicht ausreichend für die Annahme der Verfassungswidrigkeit des zugrundeliegenden Gesetzes: die Norm müsse erkennbar dem Regelungsziel dienen, das in verfassungswidriger Weise nicht erreicht worden sei.[61] Gegen die Annahme der besonderen staatlichen Gesamtbelastung des additiven Grundrechtseingriffs in der zugrundeliegenden Fallkonstellation, lassen sich die Besonderheiten des Sozialrechts- und des Steuerrechts einwenden. Beide Rechtsgebiete sind durch wechselseitige Anrechnung von Vorzügen und Belastungen per se miteinander verzahnt, sodass durch die Verweisungen (oder hier die unterbliebenen Verweisungen), eine Gesamtbetrachtung der Materie immanent ist und in diesem Fall keiner besonderen Begründung bedarf. Dafür spricht auch der Wortlaut des § 10 Abs. 2 BKKG a.F., der eine Berücksichtigung auf steuerlicher Ebene ausdrücklich ausschließt, mithin der Gesetzgeber sich bewusst dafür entschieden hat eine Anrechnung zu negieren. Dies deutet darauf hin, dass sich der Gesetzgeber bereits mit den Gesamtbelastungen beschäftigt und sie daher auch in einer Gesamtbetrachtung gewürdigt hat. Die Annahmen des Bundesverfassungsgerichts zu den Gleichheitsrechten sind nicht per se

waltungsrechts, Bd. II, § 41, Rn. 98 ff.; zur Kompensation bei Gesamtbelastungen auf Rechtfertigungsebene unten Fünftes Kapitel C.

[59] BVerfGE 82, 60, 84.

[60] Ebenso die weitere Rechtsprechung zu Verstößen gegen Art. 3 GG: BVerfGE 131, 239, 264 f.; 126, 400, 416; 129, 49, 68; 130, 131, 140; 131, 236, 264; oder bei anderen Konstellationen, in denen der Gesetzgeber verschiedene Möglichkeiten hat, den verfassungswidrigen Zustand zu beseitigen: BVerGE 92, 158, 186; 101, 397, 409.

[61] BVerfGE 82, 60, 85. Zur Verfolgung desselben Regelungszwecks als Kriterium des additiven Grundrechtseingriffs unten Viertes Kapitel A. IV.

auf die Konstellation von Freiheitsrechten übertragbar, da sie einem anderen Schutzgut und einer anderen Prüfungsstruktur folgen.[62]

3. Einheitswert und Vermögensteuer (Halbteilungsgrundsatz)

In einem konkreten Normenkontrollverfahren beschäftigte sich das Bundesverfassungsgericht im Jahre 1995 mit der verfassungsrechtlich zulässigen Obergrenze steuerlicher Belastungen des Vermögens.[63] Dabei wurde eine Gesamtbelastungsgrenze für die Besteuerung von Vermögen und Einkommen statuiert, der sog. Halbteilungsgrundsatz.[64] Demnach durfte der steuerliche Zugriff auf das Vermögen des Grundrechtsträgers iRd. Art. 14 GG aufgrund der gleichwertigen Bindung des Eigentums an Privatnützigkeit und Allgemeinheit in Form der Vermögenssteuer im Zusammenspiel mit anderen Steuern nicht mehr als 50 % des Vermögensertrags ausmachen.[65] Es besteht nach dieser Auffassung des Gerichts auch die Möglichkeit des Gesetzgebers, diese absolute Belastungsgrenze durch Berücksichtigung von Abzugstatbeständen zu wahren[66] – es konnte danach eine Saldierung von Be- und Entlastungen erfolgen. Bei einer Besteuerung des Vermögens seien insbesondere bereits bestehende steuerliche Belastungen zu berücksichtigen, wobei auch indirekte Steuern relevant seien, und für eine ergänzende Besteuerung des so vorbelasteten Vermögens nur ein enger Raum verbleibe.[67]

Diese Entscheidung wurde in einem Sondervotum von Böckenförde scharf kritisiert.[68] Die Festsetzung einer absoluten Besteuerungsgrenze stelle eine ungerechtfertigte Begrenzung des Entscheidungsspielraums des Gesetzgebers dar und sei aus dem Grundrecht des Eigentums verfassungsrechtlich nicht begründbar. Die Festsetzung der Steuersätze beruhe auf tatsächlichen Faktoren, die sich jederzeit ändern könnten, womit sich die Festlegung von starren Grenzen, jenseits der erdrosselnden Wirkung von Abgaben, verbiete.

Die einzelnen Besteuerungen des Vermögens waren für sich genommen zulässig, ein Zusammenwirken der Belastungen aber unverhältnismäßig. Dabei wurde bei der zeitlich letzten wirkenden Besteuerung, nämlich § 10 VStG, eine Berücksichtigungspflicht der Vorbelastungen statuiert. Dies stellt einen Unterschied zur späteren Entscheidung zum Existenzminimum[69] dar, die an die Verfassungswidrigkeit aller Regelungen anknüpfte, welche auch anhand jeder einzelnen Norm zur Überprüfung

---

[62] Insbesondere zur Unvereinbarkeitserklärung unten Siebtes Kapitel A. II. 1.

[63] BVerfGE 93, 121.

[64] Grundlegend: *P. Kirchhof*, AöR 128 (2003), 1, 12 ff., zur Entwicklung der Rechtsprechung des Bundesverfassungsgerichts.

[65] BVerfGE 93, 121, 138.

[66] BVerfGE 93, 121, 138.

[67] BVerfGE 93, 121, 138.

[68] BVerfGE 93, 121, 149 ff.

[69] BVerfGE 82, 60.

gestellt werden konnte. Allerdings ist der Ermittlung von Steuersätzen eine periodisch zeitliche Überprüfung und die damit einhergehende Berücksichtigung von Vorbelastungen immanent. Das Konzept der Ermittlung der Vermögenssteuer ist auf eine gegenwartsnahe Bewertung angelegt, sodass eingetretene Werteentwicklungen schon von sich aus berücksichtigt werden müssen. Damit ist eine Berücksichtigung der bisher bestehenden Belastung zwingend. Die Entscheidung wurde im Schrifttum äußerst kritisch rezipiert.[70] Im Fokus der Kritik stand allerdings die Statuierung einer verfassungsrechtlichen Obergrenze in Nähe einer hälftigen Teilung und nicht die Gesamtbetrachtung der den Steuerpflichtigen treffenden Belastungen.[71] Entscheidende Aussage des Urteils zum Halbteilungsgrundsatz war vor allem die Anerkennung einer absoluten Grenze verfassungsrechtlich zulässiger Belastungen[72] und die Bestätigung der Möglichkeit einer Gesamtbetrachtung durch das Bundesverfassungsgericht.

4. Abkehr vom Halbteilungsgrundsatz

Im Jahr 2006 erteilte das Bundesverfassungsgericht dem Halbteilungsgrundsatz als Maßstab einer Gesamtbetrachtung von Einkommens- und Gewerbesteuer eine Absage.[73] Der ebenfalls, wie in der Ausgangentscheidung zuständige zweite Senat führte aus, dass sich der Verfassung keine allgemeine Grenze der Belastung des Vermögens entnehmen lasse.[74] Die Situation des vorherigen Beschlusses in Bezug auf Vermögen und Einkommensteuer ließe sich nicht auf die gegenständliche Gesamtbelastung von Einkommens- und Gewerbesteuer übertragen.[75] Diese Entscheidung wurde vielfach als Rechtsprechungswechsel, im Sinne einer generellen Ablehnung des Halbteilungsgrundsatzes, interpretiert.[76] Ob dem in dieser Absolutheit zuzustimmen ist, ist fraglich. Insbesondere ist festzuhalten, dass sich das Bundesverfassungsgericht nicht gegen die Prüfung einer Gesamtbelastung ausgesprochen hat, sondern nur der Anerkennung einer Obergrenze in Nähe einer hälftigen Teilung der Besteuerung die Allgemeingültigkeit versagt hat.[77]

Unbestritten ist, dass die Begründung absoluter Grenzen im Rahmen des Verfassungsrechts Schwierigkeiten bereitet und ein Verweis auf die Gemeinwohlbindung des Eigentums aus Art. 14 GG als normativer Unterbau allein wohl nicht

---

[70] Umfassende Übersicht bei *G. Rose*, StuW 1999, 12 ff., Fn. 2, deren Darstellung den hier vorhandenen Rahmen sprengen würde.

[71] *Sacksofsky*, NVwZ 2006, 661.

[72] Interdisziplinäre Perspektive bei *Schüßler*, der die Begründung des Halbteilungsgrundsatzes aus ethisch-philosophischer Perspektive als moralische Pflicht begründet: ARSP 88 (2002), 531, 544 ff.

[73] BVerfGE 115, 97.

[74] BVerfGE 115, 97, 114.

[75] BVerfGE 115, 97, 108.

[76] Bspw. *Sacksofsky*, NVwZ 2006, 661.

[77] BVerfGE 115, 97, 114.

ausreichend ist. Allerdings wächst insbesondere im Steuerrecht die Forderung nach einer rechtssicheren Berücksichtigung kumulierender Steuertatbestände.[78] Durch die Abkehr vom Halbteilungsgrundsatz in unterschiedlichen Konstellationen lässt sich eine generelle Absage an Gesamtbelastungen von Grundrechten und steuerrechtliche Obergrenzen aus der Verfassung jedenfalls nicht ableiten.

5. Beitragssicherungsgesetz

In der Entscheidung der abstrakten Normenkontrolle zum Beitragssicherungsgesetz von 2009, ging das Bundesverfassungsgericht im Rahmen der materiellen Verfassungsmäßigkeit des Gesetzes auf den additiven Grundrechtseingriff ein.[79]

Vorliegend ging es um Eingriffe in Art. 12 und 14 GG durch verschiedene Regelungen zur Beitragssicherung von Krankenkassenbeiträgen, derer sich vor allem Laborbetreiber, Apotheker und pharmazeutische Unternehmen ausgesetzt sahen.[80] Die Verhältnismäßigkeit der gesetzlichen Neuregelungen zur Kostenbegrenzung und damit der finanziellen Stabilität der Krankenkassen wurden vom Bundesverfassungsgericht sowohl im Hinblick auf Art. 12 GG als auch auf Art. 14 GG bejaht.[81] Im Anschluss an die Prüfung der Angemessenheit der Regelungen des Beitragssicherungsgesetzes ging das Gericht auf die von den Antragsstellern vorgebrachte additive Gesamtbelastung ein. Besonderheit der vorliegenden abstrakten Normenkontrolle war, dass die Antragssteller sich nicht gegen die einzelnen Regelungen im Hinblick einer Grundrechtsverletzung der Art. 12 und 14 GG gewandt hatten, die die genannten Berufsgruppen beeinträchtigen könnten. Die Beschwerdeführer gingen vielmehr selbst von einer Verfassungsmäßigkeit der Einzelregelungen aus.[82] Im Hinblick auf die Gesamtbelastung der Apotheken im Speziellen sei aber durch „alle derzeit wirkenden Grundrechtseingriffe" das Maß einer hinnehmbaren Eingriffsintensität überschritten.[83] Der Gesetzgeber habe die bereits bestehende Belastung der Apotheken falsch eingeschätzt und darüber hinaus durch die neuen Regelungen die Grenze einer zumutbaren Belastung überschritten.[84]

Das Bundesverfassungsgericht erläuterte, dass die Ausführungen der Antragssteller zu allgemein seien um die Verfassungswidrigkeit eines additiven Grundrechtseingriffs zu begründen.[85] Es sei nicht hinreichend dargelegt worden, dass die

---

[78] Jüngst: *Musil*, DStR 2017, 1903, 1906.

[79] BVerfGE 114, 196, 247.

[80] BVerfGE 114, 196, 243.

[81] Zur kumulativen Einschränkung von Art. 12 GG der Vertragsärzte zur Sicherung des Systems der gesetzlichen Krankenversicherung: BVerfG NJW 2005, 273, 275.

[82] BVerfGE 114, 196, 242.

[83] BVerfGE 114, 196, 247.

[84] BVerfGE 114, 196, 247.

[85] BVerfGE 114, 196, 247.

gesetzlichen Regelungen die Berufsfreiheit überhaupt beträfen.[86] Nach neuer Rechtslage würden auch freiwillig gewährte Rabatte verrechnet, was das Bundesverfassungsgericht als lediglich mittelbare Auswirkung auf die Rechtsposition ansah.[87] Diese war für eine Begründung eines additiven Grundrechtseingriffs demnach nicht ausreichend. Im konkreten Fall scheiterte die Annahme eines additiven Grundrechtseingriffs schon an einem Substantiierungsmangel, der sich erst in der Begründetheit auswirkte. Die finanziellen Mehrbelastungen der Apotheker seien nicht beleg-, sondern allenfalls schätzbar.[88]

Auch in der Entscheidung zum Beitragssicherungsgesetz hat das Bundesverfassungsgericht den additiven Grundrechtseingriff anerkannt und geprüft. Im Klassifikationsgegenstand ging es um ein einzelnes Gesetz welches mehrere Grundrechtseingriffe enthielt. Weder Antragssteller – die sich explizit auf die Unzumutbarkeit der Gesamtbelastung beriefen – noch das Gericht gingen darauf ein, welche Belastungen konkret in die Betrachtung mit einzubeziehen seien. Vom Prüfungsaufbau her spricht das Bundesverfassungsgericht den additiven Grundrechtseingriff nach der jeweils vollzogenen Verhältnismäßigkeitsprüfung der einzelnen Grundrechte an, weshalb diese Entscheidung auch dafür streitet, die Prüfung von Gesamtbelastungen nicht zwingend in den Rahmen der Verhältnismäßigkeit zu integrieren.[89]

6. Gesundheitsreform 2007

In der Entscheidung zur Einführung des Basistarifs durch die Gesundheitsreform 2007[90] ging das Bundesverfassungsgericht zum Ende der Prüfung ebenfalls auf den

[86] BVerfGE 114, 196, 247.

[87] BVerfGE 114, 196, 247.

[88] BVerfGE 114, 196, 248.

[89] Die Formulierungen: „Die Rabattvorschriften, Preissenkungen und Nullrunden (Art. 1 Nrn. 7 und 8, Art. 5, Art. 6, Art. 11 BSSichG) sind mit Art. 12 Abs. 1 GG vereinbar. Die Antragstellerinnen selbst gehen von der Verfassungsmäßigkeit der einzelnen Regelungen aus; ihre Annahme, diese führten insgesamt zu einer ‚additiven' Grundrechtsbeeinträchtigung, kann nicht bestätigt werden" und „Diese recht allgemein gehaltenen Ausführungen der Antragstellerinnen begründen nicht die Verfassungswidrigkeit eines ‚additiven' Grundrechtseingriffs. Dies gilt schon im Hinblick darauf, dass die Antragstellerinnen nicht hinreichend deutlich machen, inwieweit die gesetzlichen Regelungen der sog. Herstellerrabatte und der sog. Großhändlerrabatte die Apotheken unmittelbar in ihrem Grundrecht aus Art. 12 GG betreffen", BVerfGE 114, 196, 242, 247, lassen vermuten, dass das Bundesverfassungsgericht den Terminus additiver Grundrechtseingriff für verfassungswidrige Gesamtbelastungen verwendet, die sich aus mehreren Grundrechtseingriffen zusammensetzen und ein additiver Grundrechtseingriff als solcher nicht gerechtfertigt werden kann, also bereits den Verfassungsverstoß beschreibt. Dieser Annahme wird hier nicht gefolgt. Die Differenzierung zwischen Grundrechtseingriff und Grundrechtsverletzung sollte auch bzgl. des additiven Grundrechtseingriffs beibehalten werden, dazu vgl. statt aller: *Sachs*, in: Sachs, GG, vor Art. 1, Rn. 78.

[90] BVerfGE 123, 186.

additiven Grundrechtseingriff ein.[91] Im Wesentlichen ging es um drei zentrale gesetzliche Neuerungen des GKV-Wettbewerbsstärkungsgesetzes,[92] welche von Versicherungsunternehmen und Privatpersonen angegriffen wurden: Der Basistarif mit Kontrahierungszwang, die verlängerte Versicherungspflicht und die teilweise Portabilität von Altersrückstellungen. Die Beschwerdeführer waren der Ansicht, dass durch das Zusammenwirken dieser Maßnahmen das Geschäftsmodell der privaten Krankenversicherungen ernsthaft bedroht sei. Durch alle drei gesetzlichen Neuerungen wurden die privaten Krankenversicherer zusätzlich belastet.

Das Gericht ging nicht von einen mit der Berufsfreiheit unvereinbaren, additiven Grundrechtseingriff aus:

> „Grundsätzlich ist es möglich, dass verschiedene einzelne, für sich betrachtet geringfügige Eingriffe in grundrechtlich geschützte Bereiche in ihrer Gesamtwirkung zu einer Beeinträchtigung führen, die das Maß der rechtsstaatlich hinnehmbaren Eingriffsintensität überschreitet […]“.[93]

Auch in ihrem kumulativen Zusammenwirken sei aber nicht ersichtlich, dass die gesetzlichen Neuregelungen das Geschäftsmodell der privaten Krankenversicherungen ernsthaft bedrohen würden.[94] Das Gericht führte aus, dass den Gesetzgeber eine Beobachtungspflicht treffe, die Wechselwirkungen der einzelnen Belastungen seien also zu beachten. Denn der Vorteil des Basistarifs könne sich zum Nachteil der übrigen Versicherungsnehmer auswirken.[95]

Das Bundesverfassungsgericht prüfte hier den additiven Grundrechtseingriff wieder nach der abgeschlossenen Verhältnismäßigkeitsprüfung der einzelnen Grundrechte, bzw. hier des einzelnen Grundrechts der Berufsfreiheit des Art. 12 Abs. 1 GG. Dies erfolgte aber nicht bezogen auf einen einzelnen Grundrechtsträger, sondern insgesamt auf die in ihrer Berufsfreiheit betroffenen fünf Beschwerdeführer (Aktiengesellschaften und Versicherungsunternehmen). Wie in anderen Entscheidungen auch, war aber aufgrund der faktischen Tatsachenlage eine Ergebnisrelevanz der kumulativen Gesamtbelastung nicht zu erkennen. Es bestanden nach Ansicht des Gerichts keine Anhaltspunkte dafür, dass die Neuregelungen (Basistarif, verlängerte Versicherungspflicht und Portabilität von Altersrückstellungen) auch in einem kumulativen Zusammenwirken das Geschäftsmodell der privaten Krankenversicherungen bedrohen.[96] Bemerkenswert ist, dass das Gericht insbesondere im Hinblick auf die Wechselwirkungen der Gesamtbelastungen eine Beobachtungspflicht[97] des

---

[91] Zur bereits vor dem Urteil bestehenden Summenbelastung: *F. Hufen,* NJW 2004, 14, 18; zu den Grundrechten der privaten Versicherungsnehmer: *Musil,* NZS 2008, 113.

[92] Gesetz zur Stärkung des Wettbewerbs in der gesetzlichen Krankenversicherung, BGBl. I, S. 378 vom 26.03.2007.

[93] BVerfGE 123, 186, 265 f.

[94] BVerfGE 123, 186, 266.

[95] BVerfGE 123, 186, 266.

[96] BVerfGE 123, 186, 266.

[97] Zur Kritik an der Beobachtungspflicht des Gesetzgebers: *Nagel,* DÖV 2010; 268.

Gesetzgebers aussprach, was die Möglichkeit einschließt, dass sich die Regelungen zu einer verfassungswidrigen Gesamtbelastung entwickeln können. Die grundsätzliche Anerkennung des additiven Grundrechtseingriffs wurde pauschal auf den Verweis der bisherigen Rechtsprechung[98] bestätigt, ohne dessen Anforderungen weiter zu konkretisieren.

Die vorliegende Konstellation betraf Maßnahmen der Legislative innerhalb eines Gesetzes, also desselben staatlichen Aktes aber bezüglich verschiedener Grundrechtsträger. Womit Zweckrichtung, Akteur und Handlungsform der kumulativ wirkenden Maßnahmen deckungsgleich sind.

Die Entscheidung sah sich insbesondere hinsichtlich des additiven Grundrechtseingriffs Kritik ausgesetzt. Schaks merkt an, dass nur ein Teilausschnitt des Problems erfasst worden sei, nämlich die Gesamtwirkung aller neuen gesetzlichen Regelungen. Die bereits bestehenden Belastungen seien hingehen vom Gericht in der Gesamtbetrachtung nicht berücksichtigt worden.[99] Die bei additiven Grundrechtseingriffen geforderte Konsequenz, höhere Anforderungen an die Verhältnismäßigkeitsprüfung zu stellen, sei ebenfalls nicht beachtet worden. In der prozessualen Situation könnte dies darauf zurückzuführen sein, dass sich das Bundesverfassungsgericht explizit auf die von den Beschwerdeführern gerügten Normen beschränkt hat.[100]

Das Bundesverfassungsgericht bezieht sich im Rahmen der Prüfung des additiven Grundrechtseingriffs tatsächlich explizit nur auf die drei Neuerungen des Gesetzes, ohne die bisherigen bestehenden Belastungen mit einzubeziehen.[101] Allerdings wurde als Kriterium die ernsthafte Bedrohung des Geschäftsmodells der privaten Krankenversicherungsunternehmen herangezogen. Wenn dies Maßstab der Gesamtbetrachtung ist spricht viel dafür, dass bereits bestehende Belastungen mit einbezogen wurden bzw. davon kein erhöhtes „Gefährdungspotential“ ausgeht. Dafür spricht auch, dass das Bundesverfassungsgericht eine Beobachtungspflicht des Gesetzgebers ausgesprochen hat, die ja eine Veränderung des *status quo* betrifft, womit also der Ausgangspunkt der Belastungen zwingend mit einzubeziehen wäre.

Die Konstellation, dass isoliert nur eine Kumulation von gesetzlichen Neuregelungen in den additiven Grundrechtseingriff einbezogen wird, ohne auf bereits vorhandene Belastungen einzugehen, funktioniert aber dann nicht, wenn man vom

---

98 BVerfGE 112, 304, 319 f.; 114, 196, 247.

99 In: *Sodan,* Handbuch des Krankenversicherungsrechts, § 16, Rn. 23 f.

100 Dafür würde sprechen, dass der Erste Senat entschieden hat, welcher dazu tendiert, sich auf den vom Beschwerdeführer vorgegebenen Streitgegenstand im Prüfungsrahmen zu beschränken; dazu auch: *Barczak*, in: Barczak, Mitarbeiterkommentar zum BVerfGG, § 92, Rn. 41; *Müller-Franken*, DÖV 1999, 590, 591; *Görisch/Hartmann,* NVwZ 2007, 1007, 1010 f.; *Klein*, Der Streitgegenstand der Verfassungsbeschwerde, in: Linien der Rechtsprechung des Bundesverfassungsgerichts – erörtert von den wissenschaftlichen Mitarbeitern, Bd. I, S. 84, 86 und unten Siebtes Kapitel A. I. 1.

101 BVerfGE 123, 186, 266.

verbleibenden Schutzgehalt des Grundrechts als Ausgangspunkt der Prüfung ausgeht. Die Regelungen des GKV-Leistungsrechts sollen zu einem Netz von „subtilsten Berufsausübungsregeln" führen,[102] womit die Gefahr besteht, dass berufswahlferne Berufsausübungsregeln bagatellisiert werden und ihre summierende freiheitsbeschränkende Wirkung nicht erfasst wird. Die Konsequenz, dass höhere Anforderungen an die Prüfung der Verhältnismäßigkeit, bei additiven Maßnahmen zu stellen sind,[103] zieht das Bundesverfassungsgericht hier nicht. Vielmehr wird darauf abgestellt, dass die Leistungserbringer letztlich vom Gesamtsystem profitieren. Diese Erwägung deutet wiederum in die Richtung, dass eine Gesamtbetrachtung von positiven und negativen Einwirkungen auf den Grundrechtsträger vorgenommen werden soll.

7. Krankenkassenbeiträge

In einem Beschluss der dritten Kammer des Ersten Senats aus dem Jahr 2014 zu verbundenen Verfahren,[104] die letztendlich nicht zur Entscheidung angenommen wurden, nahm das Bundesverfassungsgericht wiederum eine Gesamtbetrachtung mehrerer belastender Maßnahmen vor.[105] Die Beschwerdeführer machten im vorliegenden Fall geltend, dass ein Ausbleiben der Rentenerhöhungen bei einer gleichzeitigen Erhöhung der Krankenkassenbeiträge ein nicht gerechtfertigter Eingriff in die auch von Art. 14 GG geschützten Rentenansprüche und Rentenanwartschaften darstelle.[106] Im Anschluss an die Prüfung der Verhältnismäßigkeit der einzelnen gesetzlichen Regelungen, die das Gericht bejahte, und der Verneinung eines Verstoßes gegen das Rechts- und Sozialstaatsprinzips Art. 20 Abs. 3 GG, wird ausgeführt, dass auch bei einer additiven Betrachtung der die rentenversicherungsrechtlichen Rechtspositionen der Beschwerdeführer betreffenden Maßnahmen keine Grundrechtsverletzung zu erkennen sei.[107]

Das Unterbleiben einer Rentenerhöhung bei gleichzeitiger Erhöhung der Krankenkassenbeiträge sah das Bundesverfassungsgericht im Hinblick auf das im öffentlichen Interesse liegende Regelungsziel der Stabilisierung der Finanzgrundlagen der Sozialversicherung und den insofern bestehenden Beurteilungsspielraums des Gesetzgebers[108] als gerechtfertigte Einschränkung von Art. 14 Abs.1 GG an.

---

[102] *Schulin*, SGb 1989, 94, 102.

[103] *Rixen*, Sozialrecht als öffentliches Wirtschaftsrecht, S. 333 f.

[104] BVerfG Beschl. v. 3.06.2014 = NJW 2014, 3634.

[105] BVerfG NJW 2014, 3634, 3668 f.

[106] Dazu: *Papier*, in: Maunz/Düring, Art. 14 Rn. 147 f.; zur Anrechnung auf Versorgungsbezüge BVerfG NVwZ 1982, 429.

[107] BVerfG NJW 2014, 3634, 3638.

[108] Jüngst dazu: *Jacob/Lau*, NVwZ 2015, 241; zu Rentenansprüchen: BVerfGE 75, 78, 101; 76, 220, 239, 241 (jeweils zum Haushaltsbegleitgesetz 1983); 100, 1, 37.

Im vorliegenden Fall bezog das Bundesverfassungsgericht zwei denselben Grundrechtsträger bezüglich der Betroffenheit eines Grundrechts, Art. 14 Abs. 1 GG, belastende Wirkungen der Erhöhung der zu zahlenden Beiträge und des Ausbleibens der Erhöhung der zu empfangenen Renten ein. Die Verfassungswidrigkeit sollte sich also aus dem Zusammenspiel zwischen dem Ausbleiben der Erhöhung der Renten und der Beitragssteigerung der Krankenversicherungsbeiträge ergeben. Das Gericht hätte demnach sogleich auf ein Zusammenwirken beider Belastungen eingehen können. Stattdessen wurden wiederum die jeweiligen Einzelmaßnahmen des Unterlassens und der Erhöhung für sich geprüft und für verfassungsgemäß erachtet. Entscheidend wurde dabei der Gestaltungsspielraum des Gesetzgebers angesehen. Wann dieser bei einer additiven Betrachtung der Maßnahmen an eine Grenze stoßen könnte, wurde nicht thematisiert. Das Gericht stellte darauf ab, dass selbst wenn alle Modifikationen der Rentenanpassung seit 1957 berücksichtigt würden, Rentenbezieher bis zur angegriffenen Anpassung von der allgemeinen Einkommensentwicklung voll profitiert hätten.[109] Der Frage, ob die generelle Gesamtbetrachtung eines staatlichen Unterlassens und eines Grundrechtseingriffs durch den Erlass einer belastenden gesetzlichen Maßnahme verfassungsrechtlich überhaupt geboten ist, hat das Bundesverfassungsgericht nicht beantwortet.[110] Auch die Erwartungen, dass durch diese Entscheidung eine konkrete Obergrenze für die Belastung von Rentenbeziehern im Sinne eines „sozialrechtlichen Halbteilungsgrundsatzes" benennt werden würde,[111] haben sich nicht erfüllt.

Anders als noch im Falle der Entscheidung zur Gesundheitsreform[112] bezieht das Gericht hier auch die Rentenentwicklung seit den 1950er Jahren mit ein und nimmt so letztlich auch Bezug auf bereits bestehende Belastungen. Ohne konkrete Entscheidung zur Sache wird jedoch die Möglichkeit aufgezeigt, dass es unter Umständen nicht nur auf die zeitlich letzte erlassene Regelung ankommt. Der Zeitraum einer möglichen Gesamtbetrachtung wird vom Bundesverfassungsgericht in dieser Entscheidung sehr weit ausgelegt. Wie in der Entscheidung zur Gesundheitsreform nahm das Bundesverfassungsgericht auch hier die Gesamtheit des gesetzlichen Regelungssystems in den Blick. Zentral war in diesem Fall also nicht die Gesamtbelastung der Neuregelungen, sondern allein die allgemeine Beitragsentwicklung und wie sich diese auf die Grundrechtsträger ausgewirkt hatte.

---

[109] BVerfG NJW 2014, 3634, 3669.

[110] Im Rahmen der additiven Betrachtung wird auch allein von „Eingriffen" gesprochen, von daher ist es auch denkbar, dass das Ausbleiben der Rentenerhöhung hier bereits keine Rolle mehr spielen sollte; BVerfG NJW 2014, 3634, 3638.

[111] So ausdrücklich *Bernsdorff*, SGb 2011, 121, 124.

[112] Dazu oben 6.

IV. Richterbesoldung

Im Urteil zur Verfassungsmäßigkeit der Richterbesoldung entschied das Bundesverfassungsgericht, dass die R1-Besoldung in Sachsen-Anhalt mit dem Alimentationsprinzip aus Art. 33 Abs. 5 GG nicht vereinbar sei.[113]

Im Rahmen der Prüfung der praktischen Konkordanz stellte das Gericht die widerstreitenden Verfassungsgüter der angemessenen Besoldung aufgrund des Alimentationsprinzips, Art. 33 Abs. 5 GG, und das Verbot der Neuverschuldung, Art. 109 Abs. 3 GG, einander gegenüber.[114] Dabei wiesen die Richter darauf hin, dass im Rahmen einer Gesamtschau auch die Einschnitte im Bereich des Versorgungsrechts einzubeziehen seien. Demnach seien die Kürzungen der Versorgungs- und Besoldungsbezüge, sowie die Kürzungen des Ruhegehalts[115] ebenfalls zu berücksichtigen. Diese Einschnitte wurden isoliert betrachtet als verfassungsgemäß angesehen.[116] Durch die Absenkung des Rentenalters und des damit einhergehenden erhöhten Eigenanteils an der Altersvorsorge, führe dieses Zusammenwirken zu einer weiteren Aufzehrung der Bezüge, sodass ein angemessener Lebensstandard der R1-Pensionäre nicht mehr zweifelsfrei sichergestellt werden könne.[117]

In dieser Entscheidung prüft das Gericht wiederum an sich verfassungsgemäße Normen im Rahmen einer Gesamtschau, entsprechend dem Grundsatz der praktischen Konkordanz gegenüber dem verfassungsrechtlichen Verbot der Neuverschuldung in Art. 109 Abs. 3 S. 1 GG.[118] Hierbei werden neben den Regelungen zur Besoldung auch solche aus dem Versorgungsrecht berücksichtigt. Die Addition der Belastungen lässt sich hier zahlenmäßig feststellen, da es um Kürzungen finanzieller Bezüge geht, die sich auch mathematisch addieren lassen. Wie schon im Bereich des Steuerrechts[119] spricht auch diese Entscheidung dafür, dass das Bundesverfassungsgericht im Versorgungsbereich einen additiven Grundrechtseingriff grundsätzlich anerkennt. Kriterien für die Berücksichtigung der Normen die mit in die Betrachtung der Gesamtbelastung einfließen, finden sich jedoch auch in diesem Urteil nicht. Jedenfalls lässt sich ein einheitlicher Lebenssachverhalt – finanzielle Versorgungsleistungen des Dienstherrn – bei Besoldung und Ruhegehalt erkennen. Allerdings müssten danach die belastenden Regelungen nicht aus einem Gesetz stammen und nicht einmal vom selben Normgeber erlassen worden sein. Die Besoldung wird vom Landesgesetzgeber geregelt, das Bundesbesoldungsgesetz, welches die Kürzungen normiert, auf Bundesebene erlassen. Damit bezieht das Bundesverfassungsgericht landes- und bundesgesetzliche Normen in eine Gesamtbe-

[113] BVerfGE 139, 64.

[114] BVerfGE 139, 64, 124, Rn. 125.

[115] §§ 14a I 2 BBesG; Versorgungsänderungesetz 2001 – 20. 12. 2001; BGBl I S. 3926.

[116] BVerfGE 139, 64, 136 f., Rn. 158.

[117] BVerfGE 139, 64, 136.

[118] BVerfGE 139, 64, 124.

[119] Dazu bereits oben III.

trachtung ein, die unabhängig von der Verfassungsmäßigkeit der Einzelnormen zu einer verfassungswidrigen Lage führen können. Mangels Ergebnisrelevanz der verfassungswidrigen Gesamtbelastung – die Besoldungsregelungen waren auch aus anderen Gründen verfassungswidrig – stellte sich die Frage nicht, wie mit den anderen Normierungen, die mit zur verfassungswidrigen Gesamtbelastung führten, zu verfahren sei. Aus prozessualer Sicht[120] beschränkte das Bundesverfassungsgericht sich auf den Antragsgegenstand der Beschwerdeführer. Materiell-rechtlich gesehen bleibt die Frage, ob das zur Überprüfung gestellte Landesgesetz allein zur verfassungswidrigen Lage führt, also der „Tropfen, der das Fass zum Überlaufen bringt" war, oder aufgrund des Zusammenspiels der Versorgungs- und Besoldungsregelungen auf Bundesebene weiterhin eine verfassungswidrige Gesamtbelastung besteht.[121]

V. Arbeitswelt: die Freiheit des Berufes

Die Berufsfreiheit des Art. 12 GG bietet durch ihren weiten Schutzbereich, der viele Lebensbereiche von Grundrechtsträgern berührt und der engmaschigen Normierung vieler beruflicher Tätigkeitsbereiche, ebenfalls ein naheliegendes Anwendungsfeld für additive Grundrechtseingriffe. In verschiedenen Konstellationen hat das Bundesverfassungsgericht zur Frage des Vorliegens einer Gesamtbelastung entschieden.

1. Wettbewerbsverbot

In der Entscheidung zum Zusammenwirken von handels- und sozialrechtlichen Zahlungsverpflichtungen von Arbeitgebern aufgrund eines vereinbarten Wettbewerbsverbots, entschied das Bundesverfassungsgericht[122] bereits 1998, dass *„das Zusammenwirken"*[123] der Vorschriften der §§ 74 Abs. 2, 74c Abs. 1 HGB und § 128a AFG 1991[124] zu einem verfassungswidrigen Eingriff in die Berufsfreiheit des Art. 12 Abs. 1 GG führte. Die verfassungswidrige Gesamtbelastung ergab sich daraus, dass der Arbeitgeber bei der Vereinbarung eines Wettbewerbsverbots mit ehemaligen Arbeitnehmern durch handelsrechtliche und sozialrechtliche Regelungen in einer Höhe von bis zu 138% der letzten vertragsgemäßen Vergütung zu zahlen hatte: Zusammengesetzt aus der Erstattung des Arbeitslosengeldes und der Karenzent-

---

120 Zu den prozessualen Konsequenzen s. u. Siebtes Kapitel.

121 Zu den Problemen von Gesamtbelastungen im Mehrebenensystem, unten Sechstes Kapitel.

122 BVerfGE 99, 202.

123 BVerfGE 99, 202, 214.

124 Arbeitsförderungsgesetz, Änderungsgesetz vom 21.06.1991, BGBl. I, S. 1306.

schädigung, sowie der Erstattung der Sozialversicherungsbeiträge.[125] Für die Einbeziehung der Gesamtbetrachtung stelle das Bundesverfassungsgericht auf die Anknüpfung an die Wettbewerbsabrede und den rechtlichen Zusammenhang ab. Auf den gemeinsamen Zweck der Regelungen kann es in dieser Entscheidung nicht angekommen sein: Die Verpflichtung des Arbeitgebers das Arbeitslosengeld zu erstatten hatte den sozialrechtlichen Hintergrund, die Solidargemeinschaft nicht mit dem erhöhten Vermittlungsrisiko zu belasten, welches durch das Rechtsverhältnis des mit einem Wettbewerbsverbot belasteten Arbeitnehmer einherging und ausschließlich dem Arbeitgeber zugutekam.[126] Die Karenzentschädigung hingegen wurzelt im Arbeitsrecht und sorgt für einen Interessenausgleich zwischen zwei Privaten: Der Ausgleich des Arbeitsnehmers für den Verzicht auf die Chance eines besser vergüteten Arbeitsplatzes bei einem Konkurrenzunternehmen.[127]

Interessant ist, dass das Bundesverfassungsgericht in dieser Entscheidung am ehesten die Formulierung eines Kriteriums für die Einbeziehung von staatlichen Maßnahmen in eine Gesamtbetrachtung andeutet. Entscheidend sind hiernach der rechtliche Zusammenhang und das Wurzeln in dem gleichen Lebenssachverhalt, der Wettbewerbsabrede. Dogmatisch kann die Entscheidung so gelesen werden, dass die Prüfung im Rahmen der Verhältnismäßigkeit erfolgt, wofür vor die Verortung der Prüfung des Zusammenwirkens unter dem Punkt der Verhältnismäßigkeit spricht,[128] oder aber als eigenständigen Eingriff, worauf die Formulierung „übermäßiger Eingriff" hindeutet.[129]

2. Spielhallen und Glücksspiel

Der Beschluss des Bundesverfassungsgerichts vom 07. 03. 2017[130] zu mehreren verbundenen Verfassungsbeschwerden gegen landesrechtliche Einschränkungen für Spielhallen, lässt sich aufgrund verschiedener Faktoren als Anerkennung einer Gesamtprüfung mehrerer staatlicher Belastungen einordnen. Die Beschwerdeführer – mehrere Spielhallenbetreiber – hatten Verfassungsbeschwerde gegen unterschiedliche landesrechtliche Regulierungen durch die Spielhallengesetze der Länder Berlin, Bayern und das Saarland erhoben. Das Bundesverfassungsgericht nahm zunächst eine Prüfung der Belastungen für alle Spielhallenbetreiber vor,[131] um in einem weiteren Prüfungsschritt auf die Besonderheiten der Auswirkungen der Neuregelungen für Bestandsspielhallen einzugehen.[132]

---

[125] Vgl. BVerfGE 99, 202, 214.

[126] Vgl. BVerfGE 99, 202, 210.

[127] Vgl. BVerfGE 99, 202, 210.

[128] BVerfGE 99, 202, 214.

[129] BVerfGE 99, 202, 214.

[130] Erster Senat, Beschl. vom 07. 03. 2017, Az. – 1 BvR 1314/12 u. a. = NVwZ 2017 1111.

[131] BVerfG NVwZ 2017, 1111, 1115 ff., Rn. 118 ff.

[132] BVerfG NVwZ 2017, 1111, 1122 ff., Rn. 176 ff.

Der Spielhallen-Beschluss des Bundesverfassungsgerichts 2017 hat im Schrifttum eine große Aufmerksamkeit erfahren.[133] Kritisiert wurde vor allem auch, dass das Bundesverfassungsgericht die Gesamtbelastung der verschiedenen Regelungen nicht hinreichend berücksichtigt habe.[134]

a) Prüfung der Gesamtbelastung für Spielhallenbetreiber

Das Gericht hat im Rahmen der Prüfung der Belastungen die Gesamtbelastungswirkung der verschiedenen Normen der jeweiligen Spielhallengesetze der Länder untereinander und auch im Zusammenspiel mit bundesrechtlichen Vorschriften des Bauplanungsrechts und des § 3 der SpielV erkannt und geprüft.[135] Auch wenn dies keine ausdrückliche Erwähnung findet, ist aufgrund der weiteren Prüfung davon auszugehen, dass das Verfassungsgericht eine Gesamtbelastungen der Normen des Spielhallengesetzes des jeweiligen Landes zugrunde legt und es sich nicht um eine Belastungskumulation über die „Ländergrenzen hinaus“, nämlich durch die Beschränkungen der Gesetze unterschiedlicher Bundesländer, handelt. Das Bundesverfassungsgericht hat die Möglichkeit einer Gesamtbelastung positiv bestätigt und spricht explizit von der „*kumulativen Belastung*“ zwischen den angegriffenen Regelungen und bauplanungsrechtlichen Beschränkungen, wie den einzelnen Beschränkungen der landesrechtlichen Spielhallengesetze untereinander.[136] Das Verfassungsgericht hat den Vortrag der Antragssteller zur Belastungskumulation aber als nicht substantiiert verworfen, bzw. die Grenze der Zumutbarkeit „auch unter Berücksichtigung der weiteren einschränkenden Regelungen“[137] als gewahrt angesehen. Auch wenn der Schwerpunkt der Prüfung auf den landesrechtlichen Regelungen der Spielhallengesetze liegt, hält das Bundesverfassungsgericht auch eine Gesamtbelastung durch unterschiedliche Hoheitsträger für möglich. Das Gericht stellt auf das Zusammenwirken der landesrechtlichen Regelungen mit bauplanungsrechtlichen Beschränkungen ab und bezieht in die Prüfung der kumulativen Belastung zumindest in Bezug auf das Saarland die Regelungen des SaarlSpielhG und des § 3 Abs. 2 S. 1 der (bundesrechtlichen) SpielV mit ein.[138] Darin ist keine Ablehnung, sondern eine Anerkennung der grundrechtlichen Gesamtbelastung zu sehen.[139]

---

[133] Kritisch: *H.-P. Schneider*, NVwZ 2017, 1073; *Ruttig*, ZfWG 2017, 221, 222 f., *Sauer*, ZfWG Sonderbeilage 2/2017, 18 f.; *Krüper*, ZfW 2017, 2013; *ders.*, GewArch 2017, 257; eher auf der Linie des Verfassungsgerichts: *Dietlein*, NVwZ 2017, 1667.

[134] *H.-P. Schneider* spricht etwas ungenau von einem „Doppeleingriff“ durch das Erlöschen der unbefristeten Spielhallenerlaubnisse und den Beschränkungen der Neuerteilung nach §§ 25 Abs. 1, 2 GlüStV und wirft dem BVerfG vor übersehen zu haben, dass es sich eigentlich um zwei Grundrechtseingriffe handele, NVwZ 2017, 1073, 1076.

[135] BVerfG NVwZ 2017, 1111, 1120, Rn. 156.

[136] BVerfG NVwZ 2017, 1111, 1120, Rn. 156.

[137] BVerfG NVwZ 2017, 1111, 1120, Rn. 155.

[138] BVerfG NVwZ 2017, 1111, 1120, Rn. 156.

b) Gesamtbelastung durch Übergangsregelungen für Bestandsspielhallen

Von der Frage, ob eine generelle Ablehnung einer Gesamtbelastung vorliegt, ist die Problematik zu differenzieren, ob das Bundesverfassungsgericht eine Eingriffsaddition im Hinblick auf die Neubelastung von Bestandsspielhallen verkannt hat.[140] Die Kritik Schneiders zielt vor allem darauf ab, dass das Gericht im Rahmen der Prüfung der Übergangsregelungen für Bestandsspielhallen verkannt habe, dass durch das Auslaufen der nach § 33i GewO erteilten Erlaubnisse zum 03.06.2017 und durch die zusätzlichen Beschränkungen in den Spielhallengesetzen der Länder eine erhöhte Eingriffsintensität bestehe. Der Vorwurf, dass das Bundesverfassungsgericht verkannt habe, dass es sich um mehrere Eingriffe gehandelt habe, kann jedoch so pauschal nicht durchgreifen.[141] Der Einwand, dass durch eine getrennte Prüfung mehrerer Eingriffe die Wirkung der Belastungskumulation nicht abgebildet werden kann,[142] ist in der Grundannahme abstrakt gesehen überzeugend, genau darin liegt das bisher nicht erfasste Gefahrenpotential für den Grundrechtsschutz.[143] Die andere Frage ist, ob das Bundesverfassungsgericht die im konkreten Fall die speziellen Auswirkungen der grundrechtlichen Gesamtbelastung der unterschiedlichen Regelungen nicht trotz der zweistufigen Prüfung berücksichtigt hat.

Konkret bewirkten die Übergangsregelungen nach § 29 Abs. 4 GlüStV das Erlöschen einer bisherigen Erlaubnis zum Betrieb einer Spielhalle, nach § 33i GewO zum 30.06.2017. Die Neuerteilung einer weiterhin erforderlichen Erlaubnis verlangt die Einhaltung der neuen Beschränkungen der Spielhallengesetze der Länder, u.a. das Verbunds- und Abstandsgebot.[144] Diese rechtliche Konstellation führt zunächst dazu, dass Spielhallenbetreiber, die bereits eine gewerberechtliche Erlaubnis nach § 33i GewO beantragt haben, nach Ablauf der Übergangsfrist denselben Beschränkungen der gesetzlichen Neuregelungen der Landespielhallengesetze unterliegen wie Spielhallenbetreiber, die neu auf den Markt kommen und daher keine Erlaubnis nach der GewO beantragt haben.

Der konkrete Vorwurf, dass das Bundesverfassungsgericht diese *zwei* Eingriffe verkannt habe,[145] bestätigt sich nicht. Das Gericht spricht zunächst ausdrücklich davon, dass

[139] BVerfG NVwZ 2017, 1111, 1120, Rn. 156f.; zutreffend: *Dietlein/Peters*, Verfassungsrechtliche Aspekte des deutschen Glücksspielrechts, in: Gebhart/Korte, Glücksspiel: Ökonomie, Recht, Sucht, § 13, Rn. 38f.

[140] So *H.-P. Schneider*, NVwZ 2017, 1073, 1076.

[141] *H.-P. Schneider*, NVwZ 2017, 1073, 1076; *Sauer*, ZfWG Sonderbeilage 2/2017, 18 f.

[142] *Sauer*, ZfWG Sonderbeilage 2/2017, 18, 19.

[143] Deshalb ist es auch vorzugswürdig, Belastungskumulationen auf Eingriffsebene im Rahmen eines additiven Grundrechtseingriffs zusammenzufassen, dazu unten Drittes Kapitel.

[144] BVerfG, NVwZ 2017, 1111, 1123, Rn. 179.

[145] *H.-P. Schneider*, NVwZ 2017, 1073, 1076.

„die die Übergangsvorschriften bewirkten Eingriffe in die Berufsfreiheit gerechtfertigt [sind]“.[146]

Des Weiteren prüft das Verfassungsgericht, die Geeignetheit, Erforderlichkeit und Zumutbarkeit von Übergangsregelungen und Verbunds- und Abstandsgebot gemeinsam.[147] Zwar mag kritisiert werden, dass das Bundesverfassungsgericht keine weiteren Kriterien zur Prüfung grundrechtlicher Gesamtbelastungen formuliert hat oder die Figur des additiven Grundrechtseingriffs konturiert hat, der Annahme, dass das Vorliegen einer Gesamtbelastung oder größeren Eingriffsintensität nicht erkannt wurde, kann aber nicht gefolgt werden.

c) Ablehnung der Drei-Stufen-Theorie bei Gesamtbelastungen

Einzeln betrachtet handelt es sich bei den jeweiligen Einschränkungen der Spielhallenbetreiber nicht um objektive Berufszugangsregelungen, zusammen betrachtet, können diese aber so wirken. Im Beschluss ist dies auch ausdrücklich formuliert, die Beeinträchtigungen werden als objektive Berufszugangsvoraussetzungen[148] an dem überragend wichtigen Gemeinwohlziel der Suchtprävention und -bekämpfung gemessen.[149] Obwohl das Bundesverfassungsgericht ein einziges Mal von überragend wichtigen Gemeinwohlzielen spricht, ist die Entscheidung in der Gesamtschau eher als Abkehr von der Drei-Stufen-Theorie zu deuten. Das Gericht hat zur Rechtfertigung der landesrechtlichen Beschränkungen des Spielhallenbetriebs und an die Spielhallenzulassung die Berufung auf „besonders wichtige Gemeinwohlziele“ ausreichen lassen, obwohl die Regelungen aufgrund der Gesamtbelastungswirkung als objektive Berufszugangsvoraussetzungen eingeordnet wurden.[150] Diese Vorgehensweise entspricht der bisherigen Rechtsprechung des Verfassungsgerichts im Bereich des Glücksspielrechts. Bereits in der Entscheidung zum Spielbankengesetz Baden-Württemberg aus dem Jahr 2000[151] modifizierte das Bundesverfassungsgericht die Stufenlehre durch eine Herabsetzung des Prüfungsmaßstabes für objektive Berufszugangsvoraussetzungen.[152] Wichtige Gemeinwohlziele waren nach Ansicht des Gerichts für die Rechtfertigung der objektiven Berufszugangsvoraussetzung deshalb ausreichend, da der Beruf des Spielbankunternehmers durch atypische Besonderheiten gekennzeichnet sei, die es erlaubten, die

---

[146] BVerfG, NVwZ 2017, 1111, 1123, Rn. 181.

[147] BVerfG, NVwZ 2017, 1111, 1123, Rn. 192.

[148] BVerfG, NVwZ 2017, 1111, 1117, Rn. 132.

[149] BVerfG, NVwZ 2017, 1111, 1120 f., Rn. 159.

[150] *Dietlein/Peters*, Verfassungsrechtliche Aspekte des deutschen Glücksspielrechts, in: Gebhart/Korte, Glücksspiel: Ökonomie, Recht, Sucht, § 13, Rn. 20.; BVerfG NVwZ 2017, 1111, 1117, Rn. 132.

[151] BVerfGE 102, 197.

[152] BVerfGE 102, 197, 215.

Rechtfertigungsanforderungen abzusenken.[153] Im Ergebnis stellte das Gericht auf den „unerwünschten" Charakter der Tätigkeit ab, welcher es dem Staat erlaube Grundrechtseingriffe unter einfacheren Voraussetzungen vorzunehmen.[154] Durch diese, in dogmatischer Hinsicht kritisch zu bewertende Vorgehensweise, kann der Schutz des Art. 12 Abs. 1 GG erheblich ausgehöhlt werden.[155] Im aktuellen Spielhallenbeschluss stellt das Verfassungsgericht nicht mehr explizit auf den „unerwünschten Charakter" einer Tätigkeit im Bereich des Glücksspiels ab, die verfassungsrechtliche Prüfung des Gerichts bezieht sich aber nicht mehr auf den dreistufigen Prüfungsaufbau, sondern konzentriert sich auf das bipolare Spannungsverhältnis zwischen dem Erfordernis eines legitimen Gemeinwohlzwecks und der Anwendung des Grundsatzes der Verhältnismäßigkeit.[156] Diese Vorgehensweise könnte darauf hindeuten, dass die Drei-Stufen-Theorie bei grundrechtlichen Gesamtbelastungen grundsätzlich nicht zur Anwendung kommen kann.

Die Problematik, dass dem Grundrechtsträger seine Berufsausübung durch eine Vielzahl an Regelungen erschwert bis faktisch unmöglich gemacht wird, lässt sich auch nicht durch das dreistufige Prüfungsmodell abbilden. Selbst wenn sich die Eingriffsaddition als faktische, objektive Berufszugangsbeschränkung darstellt, ist damit noch nichts gewonnen, wenn nicht alle Eingriffe dasselbe, überragende Gemeinwohlziel verfolgen.[157] Auch kann sich im Rahmen der Prüfung eines additiven Grundrechtseingriffs die Kontrolldichte des Gerichts nicht dahingehend erhöhen, ob hinreichend übereinstimmende Gemeinwohlzwecke erreicht werden. Das bisherige Schema der besonders intensiven Kontrolle bei besonders intensiven Eingriffen in Art. 12 GG,[158] ist im Rahmen einer Beschwerde gegen additive Grundrechtseingriffe in die Kontrollmöglichkeit einer Gesamtbelastung schlechthin transformiert.

Darüber hinaus ist bemerkenswert, dass das Bundesverfassungsgericht die unterschiedlichen Eingriffe, die sich aus den Spielhallengesetzen der Länder und den

---

[153] BVerfGE 102, 197, 215; dazu kritisch: *Dietlein*, BayVBl. 2002, 161, 163 f. und *ders.*, in: Stern, Staatsrecht IV/1, S. 1894 f.

[154] „Der Betrieb einer Spielbank ist eine an sich unerwünschte Tätigkeit, die der Staat gleichwohl erlaubt, um das illegale Glücksspiel einzudämmen, dem nicht zu unterdrückenden Spieltrieb des Menschen staatlich überwachte Betätigungsmöglichkeiten zu verschaffen und dadurch die natürliche Spielleidenschaft vor strafbarer Ausbeutung zu schützen", BVerfGE 10, 197, 215.

[155] Problematisch ist insbesondere das nicht verfassungsrechtlich verankerte Kriterium der „Unerwünschtheit" eines Berufes, was unabhängig von Bedenken im Hinblick auf die Gewaltenteilung und damit einhergehende Definitionshoheit dieses Begriffs, schon dogmatisch keine Frage der Einschränkbarkeit des Grundrechts, sondern allenfalls der Abwägung; vgl. *Dietlein*, BayVBl. 2002, 161, 163.

[156] *Dietlein/Peters*, Verfassungsrechtliche Aspekte des deutschen Glücksspielrechts, in: Gebhart/Korte, Glücksspiel: Ökonomie, Recht, Sucht, § 13, Rn. 20.; BVerfG NVwZ 2017, 1111, 1117, Rn. 121, 133.

[157] Zur Problematik der Nichteinbeziehung von Nebenzwecken, ausführlich: Fünftes Kapitel B. V. 2.

[158] Dazu *Schaks*, in: Sodan, Handbuch des Krankenversicherungsrechts, § 16, Rn. 42.

Regelungen des Glücksspielstaatsvertrages ergeben, bereits mehr oder weniger in eine Grundrechtsprüfung integriert hat.[159] Es handelt sich hierbei zwar um dieselben Normgeber, aber um unterschiedliche Gesetze. Ohne die Anforderungen an grundrechtliche Gesamtbelastungen zu präzisieren zeigt diese Entscheidung bereits, dass eine Prüfung der Gesamtbelastungen von Grundrechtsträgern möglich und nötig ist.

VI. Zusammenfassung

Die zunehmende, sich etablierende Verwendung des Terminus des additiven Grundrechtseingriffs in der verfassungsrechtlichen Rechtsprechung unterstreicht die zunehmende Praxisrelevanz des Problems grundrechtlicher Gesamtbelastungen.

Das Bundesverfassungsgericht erkennt das Phänomen der Gesamtbelastung ausdrücklich als verfassungsrechtliches und grundrechtsrelevantes Problem an. Eine klare Absage[160] an die Berücksichtigung von Gesamtbelastungen auf der Ebene des Grundrechtseingriffs liegt nicht vor. Insbesondere in den jüngeren Entscheidungen ist das Bundesverfassungsgericht dazu übergegangen die Grundrechtsprüfung mehrerer Eingriffe – zumindest in der materiell rechtlichen Bewertungsfolge – nicht mehr strikt zu trennen.[161] Die regelmäßige Prüfung anschließend an eine isolierte Verhältnismäßigkeitsprüfung des einzelnen Grundrechtseingriffs deutet nicht auf eine zwingende Verortung von Gesamtbelastungen im Rahmen des Übermaßverbotes hin. Eine eindeutige dogmatische Einordnung oder abschließende Bewertung von staatlichen Gesamtbelastungen und dem additiven Grundrechtseingriff, ist der bisherigen Rechtsprechung aber nicht zu entnehmen.

Beachtlich ist auch, dass das Bundesverfassungsgericht sich bezüglich der Kriterien, nach denen staatliche Maßnahmen in die Prüfung einer Gesamtbelastung einzubeziehen sind, im Gegensatz zur bisherigen Literatur,[162] nicht auf eine Beschränkung der Verfolgung desselben Zwecks festgelegt hat.[163] Auch die eindeutige

---

[159] „Verbundsverbot und Abstandsgebot sind angemessen", Rn. 155; „Gesamtabwägung", Rn. 155; „Das Verbundverbot, die Abstandsgebote zu anderen Spielhallen und zu Kinder- und Jugendeinrichtungen, die Reduzierung der Gerätehöchstzahl in Spielhallen und die Pflicht zur dauernden Anwesenheit einer Aufsichtsperson bewirken keine mit Art. 3 I GG unvereinbare Ungleichbehandlung von Spielhallenbetreibern gegenüber den Betreibern von Spielbanken und von Gaststätten, in denen Geldspielgeräte aufgestellt sind", Rn. 170.

[160] A.A. *Würsing*, Die Steuerung von Summenbelastungen im öffentlichen Immissionsschutzrecht, S. 47; *Lee*, Umweltrechtlicher Instrumentenmix und kumulative Grundrechtseinwirkungen, S. 117.

[161] Vgl. BVerfG, NVwZ 2017, 1111, 1120 f., Rn. 159.

[162] *Lücke*, DVBl. 2001, 1469, 1470 ff., *Lee*, Umweltrechtlicher Instrumentenmix und kumulative Grundrechtseinwirkungen, S. 143.

[163] Die Zweckverfolgung spielte z.B. beim GPS-Urteil (E 112, 304, 320) für die Prüfung eines additiven Grundrechtseingriffs überhaupt keine Rolle; unterschiedliche Zwecke bei: BVerfGE 99, 202, 210; 130, 372; 93, 121, 138.

Definition einer verfassungsrechtlichen Grenze zur Zulässigkeit von Gesamtbelastungssituationen lässt sich den Entscheidungen nicht eindeutig entnehmen. Wohingegen einige Entscheidungen eher auf eine Prüfung anhand des Verhältnismäßigkeitsgrundsatzes hindeuten,[164] sprechen andere Formulierungen klar für die Grenze des Wesensgehalts, Art. 19 Abs. 2 GG.[165] Eine Gesamtbetrachtung von Grundrechtseingriffen durch unterschiedliche Normgeber kommt nach der Rechtsprechung des Bundesverfassungsgerichts eindeutig in Betracht.[166] Probleme der wechselseitigen Zurechnung wurden bisher allerdings noch nicht thematisiert.[167]

B. Verwaltungsgerichtsbarkeit

In der Rechtsprechung der Verwaltungsgerichte spielten Gesamtbelastungen insbesondere in mehreren Verfahren im Bereich des Glücksspielrechts und der kommunalen Steuern eine Rolle.

Das Oberverwaltungsgericht Münster thematisierte im Rahmen einer Beschwerde gegen die Nichtzulassung einer Berufung gegen die Vergnügungssteuererhebung auf Geldspielgeräte den additiven Grundrechtseingriff.[168] Im Ausgangsverfahren[169] ging es um die Erhebung der Vergnügungssteuer anhand eines unzulässigen Stückzahlenmaßstabs als Lenkungssteuer auf Geldspielgeräte. Die Kläger hatten geltend gemacht, dass die Gesamtwirkung der Regelungen des nordrhein-westfälischen Ausführungsgesetzes zum Glücksspielstaatsvertrag zusammen mit der Erhebung der Vergnügungssteuer auf Geldspielgeräte als additiver Grundrechtseingriff unzulässig sei. Das Gericht zog Grenzen der Berücksichtigung kumulativer Gesamtbelastungen: Die Rechtsfigur des additiven Grundrechtseingriffs erlaube keinesfalls, dass alle für sich betrachtet zulässigen Grundrechtseingriffe gegen einen Grundrechtsträger in einer Gesamtbetrachtung der Verhältnismäßigkeit als unzulässige kumulative Gesamtbelastung zu qualifizieren seien, vielmehr müsse es sich um Eingriffe in den gleichen Lebensbereich handeln, die das gleiche Regelungsziel verfolgen würden.[170] Im vorliegenden Fall wurde dies verneint, da die Regelungen des Ausführungsgesetzes und die Vergnügungssteuererhebung nicht das gleiche

[164] BVerfG NJW 2016, 1781, 1788.

[165] BVerfGE 112, 304, 319; 93, 121, 137; 141, 220, 280; vgl. auch *Würsig*, Die Steuerung von Summenbelastungen im öffentlichen Immissionsschutzrecht, S. 46.

[166] BVerfGE 139, 64; BVerfG, NVwZ 2017, 1111.

[167] Dazu ausführlich: Viertes Kapitel A. VI. 2.

[168] OVG Münster, Beschl. v. 26.11.2013 – 14 A 2401/13 – juris.

[169] VG Düsseldorf, Urt. v. 6.09.2013 – 25 K 3444/13.

[170] OVG Münster, Beschl. v. 26.11.2013 – 14 A 2401/13; Rn. 17 unter Verweis auf *Hillgruber*, in: HStR IX, § 200, Rn. 97, und *Lücke*, DVBl. 2001, 1469, 1470.

Regelungsziel verfolgten.[171] Die gewerberechtlichen Beschränkungen der §§ 16f. des Ausführungsgesetzes würden auf die Bekämpfung der Spielsucht abzielen, wohingegen die Erhebung der Vergnügungssteuer der Einnahmenerzielung diene. Der bestehende Nebenzweck der Lenkung zur Einschränkung des Angebots von Geldspielgeräten sei diesbezüglich unbeachtlich.[172] Auch bei der Berücksichtigung der Regelungen des Ausführungsgesetzes neben dem zusätzlichen Eingriff durch die Vergnügungssteuererhebung, liege darin keine unverhältnismäßige Belastung. Denn beide Regelungskomplexe würden sich nicht verstärkten – vielmehr führten die gewerberechtlichen Regelungen zu einer Reduktion des Spielhallenbestandes, was den verbleibenden Betreibern die Möglichkeit der Umsatzsteigerung böte.[173]

Zu beachten ist insbesondere, dass das Gericht die Möglichkeit voraussetzt Normen verschiedener Normgeber (Land, Gemeinden) und auch verschiedener Rechtssatzqualität (Gesetz. Satzung) in die Gesamtbetrachtung des additiven Grundrechtseingriffs einzubeziehen.

Der Bezug auf das Kriterium des gleichen Regelungsziels weckt Assoziationen zur Bestimmung des Eingriffsbegriffs im klassischen Sinne.[174] Die Frage, inwieweit das Lenkungsziel einer Steuererhebung neben das Hauptziel der Einnahmenerzielung treten kann, bzw. ab welchem Punkt diese Regelungen doch in die Gesamtbetrachtung aufgrund des gleichen Regelungsziels einzubeziehen sind, bleibt jedoch offen.

In dieser Konstellation scheint besonders, dass trotz hierarchisch unterschiedlicher Rechtsnormen auf das gleiche Regelungsziel abgestellt werden soll. Landesgesetze und Satzungen verfolgen das gleiche übergeordnete Regelungsziel der Suchtbekämpfung oder der allgemeinen Einnahmenerzielung. Das Oberverwaltungsgericht ging aber nicht diesen Weg, sondern stellte auf die unterschiedlichen Hauptregelungsziele ab, was bei einer Steuer mit nicht unerheblicher Lenkungsfunktion nicht unproblematisch erscheint. Die Gegenfrage wäre, ob faktisch gleich wirkende Normen trotz unterschiedlichen Regelungsziels in die Gesamtbetrachtung mit einzubeziehen wären.[175]

Das Bundesverwaltungsgericht hat das Urteil aufgehoben und an das Oberverwaltungsgericht Münster zurückverwiesen.[176] Das Oberverwaltungsgericht hatte eine Erdrosselungswirkung der örtlichen Vergnügungssteuer schon deswegen ausgeschlossen, da die Kläger Geräte mit einem höheren Kasseninhalt einsetzen könnten und die Steuererhebung auf den Kunden abwälzbar sei. Das Bundesver-

---

[171] OVG Münster, Beschl. v. 26.11.2013 – 14 A 2401/13; Rn. 19; zur Problematik der Abgrenzung: *Sodan/Kluckert*, NVwZ 2013, 241, 242; bestätigend: FG Bremen, Urt.v. 20.02. 2014 – 2 K 84/13 1, Rn. 128ff. – juris.

[172] OVG Münster, Beschl. v. 26.11.2013 – 14 A 2401/13; Rn. 19f.

[173] OVG Münster, Beschl. v. 26.11.2013 – 14 A 2401/13; Rn. 22.

[174] BVerwG NVwZ 2016, 529.

[175] Dazu unten Viertes Kapitel A. IV.

[176] BVerwG NVwZ 2016, 529, 530f.

waltungsgericht betonte, dass durch die kumulative Steuerbelastung durch Umsatz-, Gewerbe- und u.U. Körperschaftssteuer der unternehmerische Spielraum der Spielgerätebetreiber zur Abwälzbarkeit der Steuer eingeschränkt sei, was die Kommunen bei der Ausgestaltung einer kommunalen Steuer auch zu berücksichtigen hätten. Von der Steuer unabhängige wirtschaftliche Rahmenbedingungen seien allerdings nicht zu berücksichtigen.[177] Entscheidend für die Aufhebung des Urteils war schließlich die entscheidungstragende Erwägung des Oberverwaltungsgerichts, dass die Erdrosselungswirkung der Vergnügungssteuer schon aufgrund der Möglichkeit der Preiserhöhung ausgeschlossen sei. Bezugspunkt ist hier laut Bundesverwaltungsgericht auch nicht der Markt im Allgemeinen, sondern die Marktsituation der konkreten Gemeinde.[178] Auch hatte das Oberverwaltungsgericht zu klären, ob eine Übergangsfrist zur Umstellung auf den neuen Steuermaßstab[179] erforderlich gewesen wäre. Prinzipiell hat das Bundesverwaltungsgericht damit die Möglichkeit einer erdrosselnden Wirkung durch kumulatives Zusammenwirken von steuerrechtlichen, gewerberechtlichen und glücksspielrechtlichen Regelungen anerkannt.[180] Danach ist eine Gesamtbetrachtung mehrerer Belastungen auch möglich, wenn diese zwar Überschneidungen desselben Zwecks aufweisen, diese aber nicht deckungsgleich sind. Hauptzweck der gewerberechtlichen Beschränkungen und des Steuerrechts sind jedenfalls nicht übereinstimmend.

Die Auswirkung des additiven Grundrechtseingriffs wurde auch hier wiederum nicht entscheidungsrelevant, modifiziert aber doch den Entscheidungsmaßstab: Das Zusammenspiel mehrerer Regelungen kann sich auf die wirtschaftliche Ausgleichsmöglichkeit einengend auswirken, sodass den Spielgerätebetreibern weniger Kompensationen verbleiben. Die nicht aufeinander abgestimmten Belastungen von GlüStV, den Ausführungsgesetzen der Länder, baurechtlichen Vorgaben aus BauNVO und BauGB, sowie der GewO und des JuSchG führen zu einer erheblichen Regelungsdichte bezogen auf den Betrieb einer Spielhalle. Ob die Gerichte daran eine kommunale Steuer scheitern lassen würden, ist offen.[181]

Im Bereich des Glückspiels stellt sich ähnlich wie im Steuerrecht und im Besoldungsrecht die besondere Situation dar, dass die unzulässigen Belastungen hinsichtlich einer Reduzierung des Gewinns und damit anhand vermeintlich konkreter Zahlen gerügt werden. Unabhängig davon, dass numerische Grenzen sich nicht auf andere Freiheitsbelastungen übertragen lassen, ist aber zu beachten, dass die

---

[177] BVerwG NVwZ 2016, 529, 531.

[178] NVwZ 2016, 529, 531 f.

[179] 20% des Einspielergebnisses statt Stückzahlmaßstab.

[180] Ausdrücklich anerkannt wurde der additive Grundrechtseingriff auch in einem späteren Urteil zur Dienstleistungsstatistik, wobei die Berücksichtigung der Gesamtbelastung aber an der nicht hinreichenden Darlegung des Klägers scheiterte, BVerwG, NJW 2017, 2570, 2072.

[181] *Uwer* und *Rathke* gehen von einer erheblichen Praxisrelevanz aus: ZfWG 2016, 139, 140.

Rechtsprechung sich in die Richtung entwickelt, eine Gesamtbetrachtung von Normen aus verschiedensten Regelungsbereichen vorzunehmen.[182]

Der Verfassungsgerichtshof Berlin[183] beschäftigte mit dem additiven Grundrechtseingriff, aus landesverfassungsrechtlicher Perspektive. Die vom Kläger vorgetragene Konstellation, dass sich Berufsausübungsregelungen durch die additive Gesamtwirkung zu einer unzulässigen objektiven Berufszulassungsbeschränkung verdichten würden, hatte das Gericht aufgrund der Unzulässigkeit des Vorbringens nicht zu entscheiden.[184] Der Verfassungsgerichtshof Berlin betrachtete das Vorbringen des additiven Grundrechtseingriffs als neuen Streitstoff, da beim additiven Grundrechtseingriff nicht nur die zunächst mit der Verfassungsbeschwerde angegriffenen Normen, sondern die Auswirkungen des gesamten Gesetzes zu betrachten wären.[185] Dies deutet klar darauf hin, dass die Prüfung von Gesamtbelastungen eigenständig erfolgen kann und nicht zwingend an die Prüfung eines Einzeleingriffs angebunden sein muss. Dass die Geltendmachung der Gesamtbelastung als unzulässige Erweiterung des Streitgegenstandes eingeordnet wurde, kann nach dieser Auffassung nur zur Folge haben, dass sich Beschwerdeführer bereits bei Einlegung des Rechtsbehelfs explizit auf den additiven Grundrechtseingriffs stützen müssen, was die Interpretation als eigenständige Rechtsfigur nur unterstreicht. Danach führt eine Prüfung des additiven Grundrechts zu einem einen Streitgegenstand und jeweils einem gesonderten Verfahren.

Das Oberverwaltungsgericht Lüneburg[186] hingegen hat eine kumulierte Belastung bei Zwangsgeldfestsetzungen im Rahmen der Verwaltungsvollstreckungen ausdrücklich abgelehnt. Dem Kläger wurden mehrere Zwangsgelder auferlegt, da er sich weigerte die geforderte Vollzugshandlung vorzunehmen. Das Gericht sah keinen Anlass, die vorherigen Zwangsgeldfestsetzungen zu berücksichtigen, da die Verhältnismäßigkeit für jede Zwangsgeldfestsetzung gesondert zu prüfen sei und Zwangsmittel nach § 65 Abs. 3 NSOG so lange wiederholt und gewechselt werden können, bis der Verwaltungsakt befolgt ist, oder sich auf andere Weise erledigt hat. Darüber hinaus sei im Rahmen der Zwangsvollstreckung[187] die Wirksamkeit und nicht die Rechtmäßigkeit vorausgegangener Verwaltungsakte relevant.[188] Dazu gehören auch materielle Einwendungen in Bezug auf kumulative Belastungen. Vor dem

---

[182] Das Oberverwaltungsgericht ging noch von einem nicht übereinstimmenden Regelungsziel von gewerberechtlichen Regelungen und dem Steuerrecht aus, OVG Münster, Beschl. v. 26.11.2013 – 14 A 2401/13; Rn. 19.

[183] VGH Berlin, Beschl. v. 20.06.2004 – VerfGH 96/13 – juris.

[184] VGH Berlin, Beschl. v. 20.06.2004 – VerfGH 96/13, Rn. 37 f. – juris.

[185] VGH Berlin, Beschl. v. 20.06.2004 – VerfGH 96/13, Rn. 37 f.; zu den prozessualen Konsequenzen unten Siebtes Kapitel.

[186] Beschl. v. 02.02.2015 – 4 LA 249/13 – NVwZ-RR 2015, 857.

[187] Im gestreckten Verfahren.

[188] Beispielhaft: BVerwG NJW 1984, 2591, 2592; Ausnahmen von diesem Grundsatz bestehen nur bei einer Änderung der Sach- und Rechtslage nach Eintritt der Bestandskraft der Grundverfügung, sodass diese nun rechtswidrig ist.

Hintergrund von Sinn und Zweck der Zwangsmittelfestsetzungen, nämlich der Durchsetzung der verwaltungsrechtlichen Handlungspflicht,[189] auch durch Steigerung der „Intensität“, ergibt sich hier eine andere Situation, in der die „kumulative“ Belastung außer Acht bleiben kann bzw. vorgesehen ist, da die Vollstreckung selbst keinen eigenen materiellen Inhalt hat.

C. Ordentliche Gerichtsbarkeit: Zivilgerichte

Auch in der Zivilgerichtsbarkeit spielen Mehrfachbelastungen von Grundrechten mittelbar eine Rolle, allerdings bisher nur in Verbindung mit einem öffentlich-rechtlichen Kontext. Das Oberlandesgericht Düsseldorf entschied im Rahmen eines Amtshaftungsprozesses,[190] dass dem Kläger ein Schmerzensgeld nur aufgrund der Gesamtbetrachtung verschiedener Persönlichkeitsrechtsverletzungen[191] zustehe, die einzeln betrachtet nach Auffassung des Gerichts noch nicht so schwerwiegend waren,[192] dass sie einen Schmerzensgeldanspruch rechtfertigen konnten. Im Gegensatz zur Vorinstanz[193] war das Oberlandesgericht allerdings nicht der Ansicht, dass sich die Persönlichkeitsrechtsverletzungen, die für sich genommen die Zubilligung einer Geldentschädigung nicht rechtfertigen, zusammengerechnet werden können, um eine höhere Geldentschädigung zu begründen.[194] Dies sei nur bei Persönlichkeitsverletzungen der Fall, die durch „eine Klammer“ miteinander verbunden seien, was bei den Äußerungen in ein und demselben Ermittlungsverfahren noch nicht der Fall sei.[195] Nach dieser Argumentation könnte sich der Schmerzensgeldanspruch des Klägers durch die Gesamtbetrachtung monetär erhöhen.

---

[189] „Rechtsdurchsetzungsrecht“ mit instrumentellem Charakter, *Waldhoff,* Vollstreckung und Sanktionen, in: Grundlagen des Verwaltungsrechts, Bd. III, § 46, Rn. 1.

[190] OLG Düsseldorf, NJW 2005, 1791, 1800; Vorinstanz: LG Düsseldorf, NJW 2003, 2536, 2541.

[191] Vorabinformation der Presse seitens des zuständigen Generalstaatsanwalts über die Einleitung der Ermittlungen, Weitergabe von Informationen über beabsichtigte Durchsuchungsmaßnahmen, Hinweise auf die Prüfung einer Vermögenssicherung, Verbreitung einer den Grundsatz der Unschuldsvermutung nicht hinreichend berücksichtigenden Pressemeldung über das Internet-Portal eines Landesjustizministeriums, Vorwurf der „Käuflichkeit“ durch einen die Ermittlungen führenden Staatsanwalt im Rahmen einer Pressekonferenz bei anschließender Übernahme der Presseberichterstattung auf das Internet-Portal des Ministeriums, vgl. OLG Düsseldorf, NJW 2005, 1791, 1800; LG Düsseldorf NJW 2003, 2536.

[192] OLG Düsseldorf, NJW 2005, 1791, 1804.

[193] „Eine schwerwiegende Persönlichkeitsverletzung ist zu bejahen auf Grund der zeitlichen Aufeinanderfolge einer Reihe von Verletzungen, auf Grund der Bedeutung der einzelnen Persönlichkeitsrechtsverletzungen und schließlich auf Grund des Umstands, dass hier die Justizbediensteten des bekl. Landes im Zusammenhang mit einem besonders öffentlichkeitswirksamen strafrechtlichen Ermittlungsverfahren die Persönlichkeitsrechtsverletzungen begingen.“ , LG Düsseldorf, NJW 2003, 2536, 2542.

[194] OLG Düsseldorf, NJW 2005, 1791, 1808 f.

[195] OLG Düsseldorf, NJW 2005, 1791, 1808 f.

Bemerkenswert ist dabei vor allem, dass die Persönlichkeitsverletzungen von unterschiedlichen Bereichen ausgingen, sowohl von der Staatsanwaltschaft, als auch von Bediensteten des Justizministeriums, der Generalstaatsanwaltschaft und vermutlich dem Landeskriminalamt,[196] letztlich aber alle aus dem Bereich der Landesjustiz. Das Oberlandesgericht verneinte die Kumulation der Persönlichkeitsverletzung nicht zuletzt wegen dieses Umstandes: Die einzelnen haftungsirrelevanten Äußerungen unterschiedlicher Hoheitsträger, die erst zusammen durch Überschreitung einer Schwelle der Erheblichkeit eine Amtspflichtverletzung auslösen können, würden eine künstliche Schwere der Verletzung schaffen, die dem einzelnen Amtsträger nicht mehr individuell zuzuordnen wäre.[197] Bei einer wiederholten Verletzung könne dies sehr wohl der Fall sein, bei Handlungen verschiedener Beamter sei allerdings ein besonderer Grund erforderlich, nämlich wenn die jeweiligen Einzelpersonen nicht individuell identifizierbar seien.[198] Eine Addition von Amtspflichtverletzungen unterschiedlicher Amtsträger kommt nach dieser Auffassung nicht in Betracht.

Die Entscheidung des Oberlandesgerichts Düsseldorf stellt das Problem verfassungsrechtlicher Gesamtbelastungen durch unterschiedliche Grundrechtseingriffe in den Kontext des Staatshaftungsrechts. Diese Argumentation, ist allerdings nicht ohne weiteres auf die verfassungsrechtliche Ebene übertragbar, da Grundrechtseingriff und Amtspflichtverletzung iSd. § 839 BGB nicht zwingend deckungsgleich sind.[199] Daher ist die Frage, ob sich aus mehreren staatlichen Maßnahmen, die einzeln betrachtet keine Grundrechtseingriffe darstellen, zusammen allerdings rechtfertigungsbedürftig sind, eine andere.[200]

D. Ergebnis

Das Problem staatlicher Gesamtbelastung von Grundrechtsträgern gewinnt angesichts der zunehmenden Relevanz auch in verwaltungsrechtlichen Verfahren an nicht zu unterschätzender praktischer Bedeutung, obwohl die Gesamtbelastung allein bisher noch nicht für das Endergebnis des jeweiligen Rechtsstreits war. Soweit ersichtlich ist in der verfassungs- und verwaltungsgerichtlichen Rechtsprechung noch kein Urteil ergangen, in dem der Rechtsbehelf nur aufgrund der rechtswidrigen Gesamtbelastung allein Erfolg hatte. Dies kann allerdings auch der nicht vorhandenen Konturierung und rechtlichen Behandlung von staatlichen Gesamtbelastungen geschuldet sein.

---

[196] LG Düsseldorf, NJW 2003, 2536, 2542.

[197] OLG Düsseldorf, NJW 2005, 1791, 1809.

[198] OLG Düsseldorf, NJW 2005, 1791, 1810.

[199] Vgl. *Papier*, in: Maunz/Dürig, GG, Art. 34, Rn. 182 ff.

[200] Dazu unten Viertes Kapitel A. I. 2.

Die Einbettung von grundrechtlichen Gesamtbelastungen in die Verhältnismäßigkeitsprüfung[201] wird vom Bundesverfassungsgericht in einigen Entscheidungen zum additiven Grundrechtseingriff angedeutet; eine Durchprüfung der einzelnen Stufen erfolgte bei einer Gesamtbelastung aber bisher noch nicht. Andere Entscheidungen wiederum deuten auf die Grenze des Art. 19 Abs. 2 GG für Gesamtbelastungen an,[202] diese wird aber nicht explizit genannt, womit die Rechtsprechung es auch weiterhin offen lässt, ob mehrere Grundrechtseingriffe überhaupt daran zu messen sind. Im Tätigkeitsbereich der Strafermittlungsbehörden fordert das Verfassungsgericht, unabhängig von der verfassungsrechtlichen Grenze, verfahrensrechtliche Absicherungen im Vorfeld um Gesamtbelastungen bereits vorgelagert vermeiden zu können.[203]

Die Behandlung von Gesamtbelastungen in der verwaltungsgerichtlichen Rechtsprechung war im Ergebnis immer mit verfassungsrechtlichen Fragestellungen verknüpft. Eine Differenzierung zwischen exekutiven Maßnahmen, bei denen eine verfassungswidrige Gesamtbelastung (auch) durch verfahrenstechnische Regelungen abgesichert werden soll und der zwingenden Erforderlichkeit einer materiellrechtlichen Grenze bei legislativem Zusammenwirken mehrerer Grundrechtseingriffe, verwundert nicht, entbindet aber in beiden Fällen nicht von einer dogmatischen Anknüpfung, weshalb auch hier ein Maßstab entwickelt werden muss.

Die Anerkennung der grundrechtlichen Auswirkungen von Belastungskumulationen ist unstreitig. Die Auswirkungen in verschiedenen Grundrechtsbereichen wurden durch die Rechtsprechungsanalyse verdeutlicht. Es handelt sich nicht nur um eine theoretische, sondern reale Gefährdung von grundrechtlichen Schutzpositionen. Wenn man diese These akzeptiert, muss daraus gefolgert werden, dass zum Schutz der Grundrechte eine Aktivierung verfassungsrechtlicher Schutzmechanismen unerlässlich ist. Offen bleiben aber Kriterien zur Berücksichtigung von Maßnahmen im Rahmen einer Gesamtbetrachtung von mehreren Grundrechtseingriffen, die diese handhabbar machen. Die angedeuteten Kriterien des übereinstimmenden Zwecks oder des rechtlichen Zusammenhangs bieten allenfalls Anhaltspunkte und sind kritisch zu überprüfen.

---

201 BVerfG NJW 2016, 1781, 1788.

202 BVerfGE 112, 304, 319; 93, 121, 137; 114, 220, 280.

203 BVerfGE 114, 220, 280; 112, 304, 320.

Drittes Kapitel

Analyse der Grundlagen

Um zu klären, ob und auf welche Weise Gesamtbelastungen von Grundrechtsträgern in die grundrechtliche Prüfung integriert werden können, ist zu klären, auf welcher Stufe dies erfolgen kann. Auf Schutzbereichsebene bieten sich für eine Gesamtbetrachtung keine Anhaltspunkte, denn „Kombinationsgrundrechte" betreffen eine Kumulation von Schutzgehalten und nicht von Belastungen und sind daher kein spezieller Anwendungsfall von Gesamtbelastungen und auch kein tauglicher Lösungsansatz.[1] Die zweite Prüfungsstufe des Grundrechtseingriffs in der abwehrrechtlichen Dimension bezeichnet die von außen, von allen Grundrechtsverpflichteten kommenden Einwirkungen auf den Schutzbereich, die sich den verfassungsrechtlichen Grenzen der Einschränkbarkeit zu unterwerfen haben.[2] Der Grundrechtseingriff bedarf der Rechtfertigung, weil er im Gegensatz zu bloßen Ausgestaltungen die den grundrechtlichen Schutzgegenstand in seiner Integrität beeinträchtigt.[3] Unabhängig davon, dass die Bezeichnung des additiven Grundrechtseingriffs auf eine Integration auf der zweiten Prüfungsebene hindeutet, ist zu überprüfen, ob eine Erfassung von staatlichen Gesamtbelastungen durch die Figur des Grundrechtseingriffs überhaupt möglich ist und ob sie dem Erfordernis der Gewährleistung eines effektiven Grundrechtsschutzes dadurch Rechnung tragen kann.

A. Additiver Grundrechtseingriff und allgemeine Grundrechtsdogmatik des Grundrechtseingriffs

Um die Bestimmung der Figur des Grundrechtseingriffs wird seit jeher gestritten. Dies macht die Debatte allerdings nicht weniger aktuell – sie als Klassiker der Vergangenheit anzusiedeln, verkennt die Relevanz in hoch aktuellen Problemen,[4] so

---

[1] Dazu oben Erstes Kapitel C. II. 2.

[2] Vgl. *Stern*, in: Stern/Becker, Grundrechte-Kommentar, Einl., Rn. 143.

[3] *Sachs*, in: Sachs, GG, vor Art. 1, Rn. 78.

[4] Beispielhaft: *G. Kirchhof* zum Nudging und kumulativen staatlichen Belastungen, ZRP 2015, 136; zu Losverfahren als Grundrechtseingriff, *Jarass*, NVwZ 2017, 279; zur Übermittlung von Gefährderdaten durch die die Polizei: *G. Kirchhof*, NJW 2017, 294; zur freiheitsverkürzenden Wirkung von Entterritorialisierung, *Buchholtz*, NVwZ 2016, 1353, 1356;

auch dem der Erfassung kumulativer staatlicher Belastungen. Die Mehrzahl der bisherigen Veröffentlichungen zu Belastungskumulationen beschränkt sich auf die knappe Feststellung, dass nach der herkömmlichen Grundrechtsdogmatik staatliche Maßnahmen lediglich punktuell überprüft werden, ohne zu identifizieren warum dies zwingend sein sollte.[5] Auch wenn man davon ausgehen mag, dass es bei der bisherigen Diskussion über den Eingriffsbegriff überwiegend um Einzelmaßnahmen geht,[6] ist dies darauf zurückzuführen, dass es noch keine vergleichbare breite Debatte über die Offenheit des Eingriffsbegriffs gegenüber einer Mehrzahl an Maßnahmen gab. Begründet werden muss aber, warum der Eingriffsbegriff auf Einzelmaßnahmen ausgerichtet sein soll.

Das Grundgesetz spricht im grundrechtlichen Zusammenhang den Eingriff[7] explizit nur in Art. 2 Abs. 2 S. 3 GG („In diese Rechte darf nur auf Grund eines Gesetzes eingegriffen werden") und Art. 13 Abs. 7 GG („Eingriffe und Beschränkungen") an. Darüber hinaus bezieht sich der Wortlaut[8] auf die Grenzen der Einschränkbarkeit, nicht auf die Einschränkung selbst. Das Grundgesetz hat terminologisch den Schutz der Grundrechtspositionen nicht in allen Fällen explizit an das Merkmal des Eingriffs angeknüpft. Schon begrifflich lässt sich auch die Rechtsprechung des Bundesverfassungsgerichts nicht vereinheitlichen: „Eingriff", „Beeinträchtigung" und „grundrechtliche Betroffenheit" werden parallel verwendet.[9]

Staben, Der Abschreckungseffekt in der Grundrechtsausübung, S. 146 f.; *Zanger*, Freiheit und Furcht, S. 141 ff.; *Rusteberg* ist zuzustimmen, dass es sich um ein „zeitloses Problem" handelt, *ders.*, Der grundrechtliche Gewährleistungsgehalt, S. 7.

[5] *Lee*, Instrumentenmix, S. 104; *Peine*, in: HGR III, § 57, Rn. 53; *Winkler*, JA 2014, 881; *G. Kirchhof*, NKW 2006, 732; *Kaltenstein*, Kernfragen des „additiven" Grundrechtseingriffs unter besonderer Berücksichtigung des Sozialrechts, SGb 2016, 365; *Jesse*, Instrumentenverbund als Rechtsproblem am Beispiel effektiver Energienutzung, S. 166; *G. Kirchhof*, Grundrechte und Wirklichkeit, S. 27; *Bronkars*, Kumulative Eigentumseingriffe, S. 64 ff.; *Jesse*, Instrumentenverbund als Rechtsproblem am Beispiel effizienter Energienutzung, S. 166; *Michael*, Formen- und Instrumentenmix, in: Hoffmann-Riem/Schmidt-Aßmann/Voßkuhle, Grundlagen des Verwaltungsrechts, § 41, Rn. 119; differenzierter: *Würsig*, Die Steuerung von Summenbelastungen im öffentlichen Immissionsschutzrecht, S. 57, der auf die Grundrechtsfunktion eingeht.

[6] *Bronkars* geht davon aus, dass darüber Einigkeit besteht, dabei wird aber *Lücke*, DVBl. 2001, 1469 ff. übersehen.

[7] Zur interessanten Kritik einer bildhaften Vorstellung des Terminus „Eingriff" selbst: *Eckhoff*, Der Grundrechtseingriff, S. 10 ff.; weitergehend: *Münkler*, Der Staat 55 (2016), 181, 183 ff. und *Gast*, Juristische Rhetorik, S. 443 ff.

[8] „Beeinträchtigung" Art. 3 Abs. 3 S. 1 GG; „Beschränkung" Art. 8 Abs. 2 GG, Art. 10 Abs. 2 S. 2 GG; „Regelung" Art. 12 Abs. 1 S. 2 GG; „Beschränkungen", Art. 13 Abs. 7 GG; außerhalb des Grundrechtsteils spricht das GG in Art. 87b Abs. 1 S. 4 von „Eingriffen in Rechte Dritter" welche damit noch über die Grundrechte hinaus reichen; so auch *Stern*, Staatsrecht III/2, S. 79 Fn.12; zum Wortlaut auch: *Eckhoff*, Der Grundrechtseingriff, S. 100 ff.

[9] Staatliches Informationshandeln als funktionales Eingriffsäquivalent: BVerfGE 105, 252, 273; Beeinträchtigung: BVerfGE 105, 279, 300; 105, 252; grundrechtliche Betroffenheit: BVerfG NZS 2005, 479, 480; NJW 1996, 1203, 1203; BVerfGK 9, 123, 128; allgemein dazu: *Lindner*, DÖV 2004, 765, 767. In der Rechtsprechung des Bundesverfassungsgerichts finden

Einen expliziten Anknüpfungspunkt dafür, dass Gesamtbelastungen einen Grundrechtseingriff darstellen können, enthält das Grundgesetz, ebenso wie im Hinblick auf viele weitere verfassungsrechtliche Probleme, die sich erst im Rahmen des fragmentarischen Wortlauts einer Verfassung entspannen können, auch nicht.[10] Dies ist daher kein Argument gegen eine Berücksichtigung in der Grundrechtsprüfung.

In der Literatur wurde angesichts der Entwicklung vom „klassischen" zum „erweiterten" Eingriffsbegriff die Auflösung einer klaren und abgrenzbaren Grundrechtsdogmatik[11] oder eine Krise des Grundrechtseingriffs[12] befürchtet – möglicherweise bietet diese „Krise" aber eine Chance: Die zur Erfassung kumulativer staatlicher Belastungen in Form eines additiven Grundrechtseingriffs. Anhand derjenigen dogmatischen Grundlagen, die fruchtbar für die Erfassung staatlicher Gesamtbelastungen gemacht werden können, werden Lösungsansätze entwickelt.

In der Abwehrdimension der Grundrechte kategorisiert der Eingriff sowohl die Zurechnung der Grundrechtsbeeinträchtigung zum Staat, als auch ihre Rechtsfertigungsbedürftigkeit.[13] In Schutz-, Leistungs-, Teilhabe- und Gleichheitskonstellationen ist die Zuordnung zum Grundrechtsverpflichteten ebenfalls entscheidend für die Entfaltung der subjektiv-rechtlichen Dimension der Grundrechte,[14] diese spielen hier aber nur sekundär eine Rolle.[15]

Der Eingriff definiert damit die Voraussetzungen, unter denen hoheitliche Maßnahmen überhaupt grundrechtliche Reaktionsansprüche in der Abwehrdimension auslösen können.[16] Diese Grundannahme soll hier dem Eingriffsbegriff zugrunde liegen. Die Diskussionen um das Eingriffsverständnis entzünden sich im Spannungsfeld zwischen der Sicherung größtmöglicher Freiheit, durch einen weiten Eingriffsbegriff einerseits und der Gefahr der Verwässerung grundrechtlicher Garantien bei extensiver Auslegung, andererseits. Klar ist, dass nicht jede irgendwie geartete Handlung des Staates im Bereich der Grundrechte als Eingriff eingeordnet

---

sich keine expliziten Aussagen für oder gegen die Möglichkeit der Erfassung grundrechtlicher Gesamtbelastungen auf Eingriffsebene, dazu oben Zweites Kapitel, A. I.

[10] Exemplarisch: *Dietlein*, Die Lehre von den grundrechtlichen Schutzplichten, S. 33 ff.; der klarstellt, dass die Schutzpflichten über die im Grundgesetz in einzeln benannten hinausgehen.

[11] *Hoffmann-Riem*, Enge oder weite Gewährleistungshalte der Grundrechte, in: Haben wir wirklich Recht?, S. 53 ff.; bei nicht zielgerichteten Eingriffen soll das Zitiergebot nicht gelten: BVerfG NJW 1999, 3399, 3400; „zweifelhaft" *Wahl/Masing*, JZ 1990, 553, 553; sehr kritisch insbesondere zur Rspr. des BVerfG: *Würsig*, Die Steuerung von Summenbelastungen im öffentlichen Immissionsschutzrecht, 31 f.; *Murswiek*, NVwZ 2003, 1 ff.

[12] *H. Bethge,* Der Grundrechtseingriff, VVDStRL 57 (1998), 37; *Lübbe-Wolff*, Die Grundrechte als Eingriffsabwehrrechte, S. 69; kritisch auch: *Dreier*, in: Dreier, GG Bd. I, Vorb., Rn. 126.

[13] Vgl. *Sachs*, in: Sachs, GG, vor Art. 1, Rn. 78.

[14] Allgemein „Zurechnung" als zweiten Prüfungspunkt der Grundrechtsprüfung verwendend: *Michael/Morlok*, Grundrechte, Rn. 486.

[15] Zum additiven Grundrechtseingriff in anderen Grundrechtsdimensionen, unten B.

[16] *Lindner*, DÖV 2004, 765.

werden kann.[17] Daran entzündet sich auch die Diskussion um einen „Bagatellvorbehalt“ der Grundrechte,[18] wonach Beeinträchtigungen, für die rechtlich und gesellschaftlich keine Rechtfertigungsmechanismen entwickelt worden sind, mithin bloße Belästigungen, hinzunehmen seien. Eine solche Grenze lässt sich allerdings aus den Grundrechten und auch aus der Figur des Eingriffs nicht begründen.[19] Für die Annahme eines Grundrechtseingriffs muss in jedem Fall in der Auswirkung eine nachteilige Betroffenheit vorliegen, eine vorteilhafte oder wirkungsneutrale Betroffenheit kann kein Anknüpfungspunkt für einen abwehrrechtlichen Grundrechtsschutz sein.[20] Diese übermäßige Ausdehnung des Eingriffsbegriffs würde die Ausweitung von Gesetzesvorbehalten und kollidierenden Verfassungsgütern extensiv werden lassen, bis zur Unkenntlichkeit dieser.[21]

Unter diesen Prämissen soll untersucht werden, ob das grundrechtliche Eingriffsverständnis einen additiven Grundrechtseingriff erfassen kann, oder ob diesem überhaupt ein Weiterentwicklungspotenzial zur Erfassung kumulativer Maßnahmen immanent ist.

I. Singularität als Komponente des Eingriffsbegriffs

Die Singularität wird überwiegend als ungeschriebenes Merkmal sowohl des klassischen als auch des heute vorherrschenden „modernden Eingriffsverständnisses“ vorausgesetzt.[22] Ausgangspunkt dieser Annahme ist zunächst die historische Entwicklung der Rechtsfigur des Eingriffs, gestützt auf belastende Verwaltungsakte als „Prototyp“, da es eine Grundrechtsgeltung gegenüber der Gesetzgebung nicht gab.[23] Die Grundlage der Entwicklung des „klassischen“ Eingriffsverständnisses verortet Sachs nachvollziehbar in der Weimarer Republik.[24] Auch die Entwicklung des verwaltungsgerichtlichen Rechtsschutzes hatte Auswirkungen auf das Eingriffsverständnis, durch eine Konzentration auf Verfügungen, die den Einzelfall

[17] *Jarass*, in: Jarass/Pieroth, GG, Vorb. vor Art. 1, Rn. 24.

[18] Dazu: BVerwG DVBl. 1985, 857, 858; *H. Bethge*, VVDStRL 57 (1998), 10, 41.

[19] Ablehnend wie hier: *Hillgruber*, in: HStR IX, § 200, Rn. 95; *Jarass*, in: Jarass/Pieroth, GG, Vorb. vor Art. 1, Rn. 26; *Isensee*, in: HStR IX, § 191, Rn. 118; *v. Müch/Kunig*, in: v. Münch/Kunig., GG, Vorb. Art. 1–19, Rn. 34.

[20] *Sachs*, in: Stern Staatsrecht III/2, S. 82.

[21] Das Bundesverfassungsgericht hat Tendenzen gezeigt, nicht mehr zwischen „Eingriff“ und „Leistung“ zu differenzieren, sowie den Vorbehalt des Gesetzes auf unklaren „grundrechtsrelevanten Bereich“ auszuweiten ohne an nachteilige Wirkungen explizit anzuknüpfen: BVerfGE 47, 46, 79; 40, 237, 249.

[22] *Sachs*, in: Stern Staatsrecht III/2, S.100: Einzelaktqualität als Merkmal des klassischen Eingriffs; vgl. auch *Volkmann*, JZ 2005,261, 263; *Bronkars*, Kumulative Eigentumseingriffe, S. 64; *Lübbe-Wolff*, Die Grundrechte als Eingriffsabwehrrechte, S. 51 „Einzeleingriff“ im Kontext mit Vollzugsakten als Grundrechtseingriffe; a.A. *Lücke*, DVBl. 2001, 1469 f.

[23] *Peine*, HGR III, § 57, Rn. 21.

[24] *Sachs*, in: Stern Staatsrecht III/2, S. 92.

betrafen, und einer Nichtakzeptanz der Grundrechtsgeltung gegenüber der Gesetzgebung.[25]

Schließlich soll der klassische Eingriffsbegriff aber auch in der Weimarer Zeit nicht mehr als eine Typisierung der wichtigsten Formen der grundrechtlichen Beeinträchtigungen ohne dogmatischen Unterbau gewesen sein.[26] Abweichungen zu jedem der einzelnen Merkmale waren auch aus historischer Sicht nie ausgeschlossen.[27] Die Einzelmerkmale des klassischen Eingriffsverständnisses lassen sich auch nicht aus der vorkonstitutionellen Auffassung der Enteignung vor dem Inkrafttreten des Grundgesetzes herleiten; vielmehr gilt diese umgekehrt stets nur als Sonderform des Eingriffs.[28]

Somit hat sich die Konturierung des Grundrechtseingriffs primär nach Inkrafttreten des Grundgesetzes vollzogen. Richtig ist, dass sich auch danach die Grundrechtsdogmatik an den gängigen Handlungsformen der Exekutive und der Judikative entlang entwickelt hat: Bezogen auf die konkret-individuellen Regelungen von Verwaltungsakten, Urteilen und Beschlüssen wurde der Grundrechtseingriff bisher nicht als möglicher Gesamtbetrachtung, sondern allein in Bezug auf die jeweiligen Einzelmaßnahme verstanden.[29] Ebenso vollzog sich die Grundrechtsprüfung der Akte der Legislative nicht auf das Gesetz als Gesamtbeeinträchtigung im Sinne eines Bündels von Normen, sondern auf die von einzelnen angegriffenen Bestimmungen ausgehenden Einzelbeeinträchtigungen.[30]

Die klassische Grundrechtsdogmatik stellt nach herrschendem Verständnis klar auf eine isolierte Prüfung der jeweiligen staatlichen Einzelmaßnahme ab.[31] Diese Entwicklung und Interpretation ist überzeugend und nachvollziehbar, es stellt sich aber die Frage, ob die Eingriffsdogmatik auf diese Interpretation beschränkt sein muss. Zur Einordnung grundrechtlicher Gesamtbelastungen ist zu prüfen, ob die Singularität der vom Eingriff erfassten Maßnahmen Voraussetzung aller Eingriffsverständnisse ist und damit die Erfassung von mehreren Maßnahmen von vorneherein auf dieser Ebene ausschließen muss oder ob sich der Eingriffsbegriff doch überzeugend flexibler interpretieren lässt, als bisher angenommen. Im Folgenden

---

[25] Dazu *Eckhoff*, Der Grundrechtseingriff, S. 86 ff.; vgl. *Thoma*, in: Nipperdey, Die Grundrechte und Grundpflichten der Reichsverfassung, Bd. I, S. 32 ff.; *Anschütz* bezeichnete die Grundrechte als „leerlaufend", Verfassung des Deutschen Reiches, Zweiter Hauptteil, Art. 114, S. 546; Rechtsschutz gegen den Gesetzgeber war nicht vorgesehen, es gab kein Verfahren der abstrakten Normenkontrolle und eine gerichtliche Inzidentkontrolle am Maßstab der Verfassung wurde als unangemessene Beschränkung des demokratischen Gesetzgebers abgelehnt. Dazu auch unten Fünftes Kapitel B. VII. 1.

[26] *Sachs*, in: Stern Staatsrecht III/2, S. 94 f.; *Eckhoff*, Der Grundrechtseingriff, S.72 ff.

[27] *Sachs*, in: Stern Staatsrecht III/2, S. 95.

[28] *Sachs*, in: Stern Staatsrecht III/2, S. 102 m.w.N.

[29] *Lücke*, DVBl. 2001, 1469, 1470.

[30] *Lücke*, DVBl. 2001, 1469, 1470.

[31] *Peine*, HGR III, § 57, Rn. 53; *Volkmann*, JZ 2005, 261, 263 „kleiner Ausschnitt der staatlichen Tätigkeit erfasst".

wird allgemein von „Grundrechtseingriff" gesprochen; die Debatte um die unterschiedlichen Bezeichnungen soll hier nicht weiter geführt werden.[32]

1. Klassisches Eingriffsverständnis

Das „klassische"[33] oder typische, traditionelle oder formale[34] Eingriffsverständnis setzt nach überwiegender Ansicht eine imperative, finale, rechtsförmliche und unmittelbare Maßnahme voraus.[35] Damit sind nicht die Wirkungen beim Grundrechtsträger, sondern die Merkmale der staatlichen Maßnahme selbst zur Abgrenzung erheblich.

Dass es sich nur um eine einzelne Maßnahme handeln muss, erscheint auf den ersten unbefangenen Blick auf diese Kriterien nicht zwingend; unabhängig vom weiteren Streitpunkt, ob alle Merkmale kumulativ erfüllt sein müssen oder das Vorliegen eines „klassischen" Merkmals ausreicht.[36] Tatsächlich geht – soweit ersichtlich – keine Abhandlung des klassischen Eingriffsbegriffs explizit darauf ein, dass es sich um eine einzelne Maßnahme handelt muss. Ob kumulative Belastungen erfasst sein können, entscheidet sich vielmehr danach, ob die einzelnen Merkmale des klassischen Eingriffs zwingend auf Einzelmaßnahmen zugeschnitten sind.

a) Imperativ

Die „Imperativität" bezweckt die einseitig verbindliche Verhaltensanordnung gegenüber den jeweiligen Adressaten, also den Befehl[37] als Gebot oder Verbot gegenüber dem Bürger. Allgemeiner gesprochen: die Inanspruchnahme obrigkeitlicher

---

[32] Zum unübersichtlichen Stand der Terminologie: *Eckhoff*, Der Grundrechtseingriff, S. 5 ff.

[33] *Peine*, HGR III, § 57, Rn. 20.

[34] Klassisch: *Sachs,* in: Stern Staatsrecht III/2. S. 82 f.; *Eckhoff*, Der Grundrechtseingriff, S. 175; traditionell: *Lübbe-Wolff*, Die Grundrechte als Eingriffsabwehrrechte, S. 42 f.; *Michael/Morlok*, Grundrechte, Rn. 492 für die formale Bezeichnung; „im herkömmlichen Sinne", BVerfGE 105, 279, 300.

[35] Vgl. BVerfGE 105, 279, 299 f.; unstr., statt aller: *Starck,* in: Mangoldt/Klein/Starck, GG, Bd. 1, Art. 1 Abs.3, Rn. 265 und für die Rspr. BVerfGE 105, 279, 300. Teilweise fünf Kriterien: *Eckhoff*, Der Grundrechtseingriff, S. 176, ergänzt um das Kriterium der Vorhersehbarkeit der Folgen; gegen die Einbeziehung des Merkmals der Vorhersehbarkeit: *Hillgrube*r, in: HStR IX, § 200, Rn. 94. Zur Historie des klassischen Eingriffsverständnisses: *Sachs*, in: Stern, Staatsrecht III/2, S. 85 ff.

[36] Für das Erfordernis eines kumulativen Vorliegens von Finalität, Unmittelbarkeit, Rechtsförmlichkeit und Befehlt und Zwang: *Kingreen/Poscher*, Staatsrecht II – Grundrechte, Rn. 292; BVerfGE 105, 279, 300; *Hillgrube*r, in: HStR IX, § 200, Rn. 111.

[37] *Gallwas*, Grundrechtsbeeinträchtigungen, S. 22: staatlicher Befehl als „Prototyp aller Eingriffsmodelle".

Gewalt, die zur Verkürzung grundrechtlicher Freiheiten führt.[38] Folge des imperativen Staatshandelns ist die Reduktion an Handlungsoptionen, die mit dem staatlichen Befehl einhergehen.[39] Die damit einhergehenden Beeinträchtigungen dem Grundrechtsschutz zu unterwerfen ist zunächst einmal die Konsequenz des staatlichen Gewaltmonopols, eingebettet in Rechtsstaatlichkeit, Art. 20 Abs. 2 GG. Beschrieben wird der imperative Eingriff auch mit der Folge der „Regelungsidentität".[40] Die Beeinträchtigung in der Freiheitssphäre des Grundrechtsberechtigten ist danach deckungsgleich mit Ge- oder Verbot seitens des Staates, mithin dem „Tenor" der staatlichen Maßnahme.[41] Voraussetzung dafür ist auch, dass die Beeinträchtigung bei demjenigen Grundrechtsträger eintritt, der direkter Adressat der Maßnahme ist.[42]

Verbindlichkeit kann aber nicht nur konkret-individuellen Anordnungen zukommen,[43] auch mehrere Maßnahmen können imperativ wirken. Befehl ist im Sinn der Verkürzung der Handlungsoptionen nicht nur der Einzel- bzw. Verwaltungsakt, sondern auch das Gesetz im materiellen Sinne bzw. der abstrakt-generelle Sollenssatz.[44] Allerdings sind diese Sollenssätze nur jeder für sich gesehen mit Befehl und Zwang durchsetzbar und nicht in einer Gesamtbetrachtung. Dies kann nur möglich sein, wenn die verbindlichen Verhaltensanordnungen der verschiedenen Maßnahmen sodann identisch wären. Würden verschiedene Verpflichtungen gebündelt werden und einer „Gesamtdurchsetzung" zugänglich sein, stellten sich Anschlussprobleme aus Adressatensicht, wie der priorisierten Reihenfolge oder des Erreichens eines „Gesamtziels" oder der einfachen Durchsetzung der Maßnahmen nebeneinander. Bei letzterem bezieht sich die Imperativität nun aber wiederum auf den Einzelakt. Auch die Möglichkeit des Handelns verschiedener Normgeber und staatlicher Handlungsformen würde hier zu Problemen führen. Die einseitige Verbindlichkeit kann nur gegeben sein, wenn erkennbar ist, worauf sie sich bezieht. Dieser Hintergrund erklärt die Forderung, welche eine „Vorhersehbarkeit"[45] des klassischen Eingriffshandelns als Voraussetzung ansieht.

Überträgt man den Gedanken der „Regelungsidentität"[46] auf Gesamtbelastungen, kann die Gesamtbelastungswirkung danach auch nie identisch mit der Regelung sein. Gallwas versteht als imperative Beeinträchtigungen alle Freiheitsverkürzungen, die

[38] BVerfGE 105, 279, 299 f.; *Peine*, HGR III, § 57, Rn. 20; *Eckhoff*, Der Grundrechtseingriff, S. 183; *v. Münch/Kunig*, in: v. Münch/Kunig, GG, Vorb. Art. 1–19, Rn. 34; *Jarass*, in: Jarass/Pieroth, GG, Vorb. vor Art. 1, Rn. 27.

[39] *Peine*, HGR III, § 57, Rn. 24, vgl. *Hillgruber*, HStR IX, § 200, Rn. 89.

[40] *Gallwas*, Grundrechtsbeeinträchtigungen, S. 12 f.; *Dreier*, in: Dreier, GG, D. I, Vorb., Rn. 125.

[41] Dazu ausführlich: *Eckhoff*, Der Grundrechtseingriff, S. 178 ff., 181.

[42] *Gallwas*, Grundrechtsbeeinträchtigungen, S. 12 f.

[43] *Sachs*, in: Stern, Staatsrecht III/2, S. 105.

[44] *Sachs*, in: Stern, Staatsrecht III/2, S. 105.

[45] *Epping*, Grundrechte, Rn. 395; *Cremer*, Freiheitsgrundrechte, S. 160; *Bleckmann/Eckhoff*, DVBl. 1988, 373, 380.

[46] *Gallwas*, Grundrechtsbeeinträchtigungen, S. 12 f.

mit einer entsprechenden Regelung oder einem entsprechenden Befehl identisch sind.[47] Die Gesamtbelastung mehrerer staatlicher Maßnahmen setzt sich aber aus den Einzelbeeinträchtigungen, die jeweils mit dem vorausgehenden Befehl identisch sein mögen, zusammen. Diese Identität wird dann aber durch die Gesamtbetrachtung durchbrochen. Ein „Gesamtbefehl“, der mit der kumulativen Belastung identisch ist, wird sich nicht konstruieren lassen.[48]

b) Rechtsförmlich

Das Merkmal der Rechtsförmlichkeit schließt lediglich „tatsächliches“ oder „faktisches“ Staatshandeln nach dem klassischen Eingriffsverständnis aus und setzt ein Gesetz oder einen Verwaltungsakt voraus.[49] Wiederum kommt der Rechtsförmlichkeit im Rahmen des klassischen Eingriffsbegriffs neben dem Befehl im Verständnis einer verbindlichen Anordnung nur geringe eigene Bedeutung zu, da Imperativität in den meisten Fällen nur Rechtsakten zukommt.[50] Die Verhaltensanordnung des Befehls ist das Spiegelbild der Beeinträchtigung im Rechtsbereich des Betroffenen.[51] Jeder staatliche Befehl kann damit eine Beeinträchtigung der Grundrechte sein, aber nicht jede Grundrechtsbeeinträchtigung muss aus einem staatlichen Befehl resultieren.

Die Einseitigkeit des klassischen Eingriffsbegriffs, welche sich in der Anforderung der Rechtsförmlichkeit des Handelns in Form von Gesetz und Verwaltungsakt von staatlicher Seite manifestiert, kann ebenfalls auf mehrere Maßnahmen zutreffen. Jedoch würden auch diese wiederum nebeneinanderstehen und nicht einen „Gesamteingriff“ darstellen. Mehrere Verwaltungsakte nebeneinander erlangen keine andere Qualität nach dem klassischen Eingriffsverständnis, sondern Steigerung der Quantität von einem zu mehreren Rechtsakten. Weitergedacht könnte „Rechtsförmlichkeit“ aber auch von einer weiter verstandenen rechtlichen Wirkung her betrachtet werden. Dazu müsste geklärt werden, ob kumulative staatliche Belastungen als rein tatsächliche Folgen oder als rechtliche Auswirkungen eingeordnet werden können. Im Ergebnis verhindert, wie bei der Imperativität, die Erfassung der Gesamtbelastung bei mehreren staatlichen Maßnahmen als Zwischenschritt die Regelungsidentität und damit auch die Annahme der Deckungsgleichheit von förmlichem Rechtsakt des Einzeleingriffs und der Belastung, welche sich aus der Gesamtschau ergibt.

---

[47] *Gallwas*, Grundrechtsbeeinträchtigungen, S. 12 f.

[48] Das bedeutet freilich nicht, dass kumulative staatliche Belastungen damit automatisch in den Bereich der „faktischen“ Beeinträchtigungen nach *Gallwas* „dualem System“ – entweder imperativ oder faktisch – fallen müssen.

[49] *Stern*, in: Stern/Becker, Grundrechte-Kommentar, Einl., Rn. 144; *Dreier*, in: Dreier, GG, Vorb., Art. 125; *v. Münch/Kunig*, in: dies., GG, Vorb. Art. 1–19, Rn. 34.

[50] *Peine*, HGR III, § 57, Rn. 27.

[51] *Gallwas*, Grundrechtsbeeinträchtigungen, S. 12: „Identität von Regelung und Beeinträchtigung“; *Ramsauer*, VerwArch 72 (1981), 89.

c) Final

Die Finalität wird als Kriterium des klassischen Eingriffsbegriffs als zielgerichtete Einwirkung auf ein grundrechtliches Schutzgut verstanden.[52]

Finalität im Sinne von Zielgerichtetheit der staatlichen Maßnahme erscheint am ehesten offen für die Erfassung kumulativer Belastungen, denn die Finalitätsausrichtung seitens der eingreifenden Maßnahmen kann bei mehreren Akten gleichgerichtet sein. Ebenso können unbeabsichtigte Beeinträchtigungen, die sich als bloße Nebenfolgen darstellen, auch nicht im Rahmen eines additiven Grundrechtseingriffs berücksichtigt werden.[53] Die Zurechnung jeglicher möglicher Folgen staatlichen Agierens sprengt jeden rechtlich erfassbaren Rahmen.

Dem Kriterium der Finalität wird neben dem Merkmal der Imperativität überwiegend keine Bedeutung beigemessen.[54] Das erscheint vor dem Hintergrund, dass die Konsequenz der Finalität nur die Rechtsfolge der imperativen Maßnahmen sein kann, nur folgerichtig. Einerseits hat die Finalität unter dem Aspekt der Zurechnung eine wichtige Funktion im Rahmen des klassischen Eingriffsverständnisses, andererseits soll der Staat von nicht-zielgerichteten Grundrechtsbeeinträchtigungen nicht freigesprochen werden. Wie sich das auf die Erfassung kumulativer Belastungen durch die Finalität einer staatlichen Maßnahme auswirkt, hängt vom differenzierteren Verständnis dieses Merkmals ab.

Finalität kann einerseits aus subjektiver Perspektive, aus Sicht des handelnden staatlichen Organs bestimmt werden, in Bezug auf die Absicht welche hinter der Beeinträchtigung steht.[55] Da der Grundrechtsrechtsschutz aber auch auf Ebene der Beeinträchtigungsart nicht allein von subjektiven Kriterien abhängen kann, scheint es nicht abwegig, die Absicht des handelnden staatlichen Organs um das Element der Vorhersehbarkeit[56] zu ergänzen. Dieses Kriterium – wenn es sich z. B. nach der Perspektive eines objektiven Dritten bestimmt – soll nach nicht-subjektiven Kriterien überprüfbar sein. Die Finalität der Maßnahme kann demnach nicht mit dem Argument verneint werden, „der Staat habe dies nicht beabsichtigt", sondern nur wenn die Folgen des staatlichen Handelns nicht erkannt wurden und auch nicht erkennbar waren. Im Hinblick auf kumulative staatliche Belastungen sind die Beeinträchtigungen möglicherweise einer Gesamtbetrachtung zugänglich, welche überschneidende oder zusammenhängende beabsichtigte oder vorhersehbare Folgen haben.

---

[52] *Isensee*, in: HStR IX, Rn. 111; *Stern*, in: Stern/Becker, Grundrechte-Kommentar, Einl., Rn. 144; ausführlich zur Entwicklung des Begriffs; Eckhoff, Der Grundrechtseingriff, S. 186 f.

[53] Dazu bereits oben Erstes Kapitel C. II. 3.

[54] *Sachs*, in: Stern, Staatsrecht III/2, S. 139; *Eckhoff*, Der Grundrechtseingriff, S. 196; *Peine*, HGR III, § 57, Rn. 96 wo das Merkmal der Finalität gar nicht behandelt wird.

[55] *Gallwa*s, Grundrechtsbeeinträchtigungen, S. 23.

[56] *Gallwa*s, Grundrechtsbeeinträchtigungen, S. 23; kritisch zum Kriterium der Vorhersehbarkeit: *Klement*, DÖV 2005, 507, 511; *Hillgrube*r, in: HStR IX, § 200.

Dieser Vorhersehbarkeit der Gesamtbelastung wäre als eine Analyse des *status quo* den bereits bestehenden Grundrechtsbeeinträchtigungen vorgeschaltet.

Gallwas differenziert zwischen dem subjektiven und einem rein objektiven Aspekt der Finalität. Objektiv gesehen soll die Beeinträchtigung bei der finalen Handlung bereits in dieser selbst angelegt sein, der Befehl selbst lässt unabhängig vom Betroffenen oder Intensität bereits das Quantum der zwangsläufigen Beeinträchtigung erkennen, nämlich das des befohlenen Verhaltens selbst.[57] Diese Betrachtungsweise knüpft letztlich aber an die Imperativität, also den Befehl selbst an. Die enge Beziehung – wenn auch nicht Identität – soll aber auch bei nicht befehlenden Maßnahmen zwischen Beeinträchtigung des Grundrechtsträgers und staatlicher Handlung bestehen können.[58]

Das Kriterium der Finalität wird auch als einziges erforderliches Merkmal zur Erfassung staatlicher Maßnahmen im Rahmen eines erweiterten Eingriffsverständnisses ins Feld geführt,[59] womit die Erfassung grundrechtlicher Gesamtbelastungen auch im Rahmen des modernen Eingriffsverständnisses möglich erscheint.[60] Dafür könnte sprechen, dass das Argument, die staatliche Handlungsform dürfe nicht über den Grundrechtsschutz entscheiden, bei der Finalität mitumfasst ist, anderseits eine uferlose Zurechnung und Ausweitung der Verantwortlichkeit des Staates bei vom ihm zielgerichteten Verhalten nicht besteht.

Die Finalität als isoliert betrachtetes Merkmal setzt keine Regelungsidentität voraus und kann daher allein die Eingriffsqualität des staatlichen Aktes nicht bewirken. Denn diese entsteht erst im Zusammenspiel mit der Imperativität[61] und bietet daher nur einzeln betrachtet einen Ansatzpunkt für die Erfassung grundrechtlicher Gesamtbelastungen. Die Regelungsidentität der Imperativität ist bei einem additiven Grundrechtseingriff nicht gegeben, da sich dieser aus verschiedenen staatlichen Maßnahmen zusammensetzt. Das Erfordernis einer engen Beziehung zwischen Handlung und Belastung, statt einer Identität öffnet auch die objektive Interpretation der Finalität für die Erfassung kumulativer Belastungen.

Die Finalität hat zweifelsohne begrenzende Funktion. Ältere Ansätze plädieren dafür, „allgemeine Gesetze" von vorneherein aus dem grundrechtlichen Eingriffsbegriff auszusondern. Danach soll eine Verletzung beispielweise der Kunstfreiheit durch feuer-, gesundheits- oder baupolizeiliche Maßnahmen tatbestandlich ausge-

---

[57] *Gallwas*, Grundrechtsbeeinträchtigungen, S. 24; nicht gemeint ist wohl die „objektiv berufsregelnde Tendenz" wonach der Staat zwar neutrale Regelungsziele verfolgen soll, diese aber „typischerweise" tatsächlich die Berufsfreiheit beeinträchtigen; aber nicht final erfolgen müssen, sondern sich unmittelbar auswirken; *Michael/Morlok,* Grundrechte, Rn. 338; BVerfGE 95, 267, 302, st. Rspr.

[58] *Gallwas*, Grundrechtsbeeinträchtigungen, S. 23.

[59] *Weber-Dürler*, VVDStRL 57 (1998), 60, 90 m.w.N.

[60] Dazu sogleich.

[61] *Eckhoff*, Der Grundrechtseingriff, S. 187.

schlossen sein.[62] Folglich soll die Zielrichtung der Norm das betroffene Grundrecht bestimmen, denn allgemeine Gesetze, „die zur Ausübung des jeweiligen Grundrechts keinen Bezug haben und die unspezifisch sind“, sollen dieses nicht einschränken können.[63] Neben dem Widerspruch zu Art. 5 Abs. 2 GG, der die „allgemeinen Gesetze“ als Schranke der Meinungsfreiheit normiert, ist ein Raum frei von Grundrechtsschutz, den allgemeine Gesetze rechtfertigungsfrei einschränken könnten, schon vor dem Hintergrund des Art. 2 Abs. 1 GG, nicht anzuerkennen.[64] Daher können auch kumulative staatliche Belastungen, die neben den einen zielgerichteten“ Einzeleingriff treten, grundsätzlich als Grundrechtseingriffe wirken.[65]

Während die Finalität „isoliert“ betrachtet als ein verbleibendes Merkmal des klassischen Eingriffsbegriffs grundsätzlich aufgrund des bisherigen Verständnisses geeignet wäre, auch kumulative Belastungen zu erfassen, ist fraglich, ob die Finalität des Staatshandelns als entscheidendes Kriterium eines weiterentwickelten Grundrechtseingriffs noch eine Rolle spielen kann.[66] Probleme stellen sich bei der Finalität im Zusammenhang mit der Bewertung von Gesamtbelastungen dahingehend, dass dieses Kriterium eventuelle Nebenzwecke nicht berücksichtigt und auf unterschiedlichen Abstraktionsebenen angesiedelt werden kann.[67]

d) Unmittelbar

Die zivilrechtliche Rechtsprechung[68] hat das Merkmal der Unmittelbarkeit insbesondere in Anlehnung an den enteignungsgleichen und enteignenden Eingriff[69] als die Beeinträchtigungen, die durch die Maßnahme selbst, ohne Hinzutreten selbstständiger Zwischenakte verursacht werden, definiert. Im öffentlich-rechtlichen Kontext ist die Unmittelbarkeit darin zu sehen, dass die beeinträchtigende Wirkung ohne Hinzutreten weiterer Faktoren im Verhalten der öffentlichen Gewalt selbst liegt.[70]

---

[62] *Schwabe*, Die sogenannte Drittwirkung der Grundrechte, S. 196, Fn. 48.

[63] *Rüfner*, Grundrechtskonflikte, in: Festgabe BVerfG, Bd. II, S. 453, 458.

[64] Die Verneinung eines Eingriffs in Art. 12 Abs. 1 GG schließt nicht den Grundrechtsschutz nach Art. 2 Abs. 1 GG aus. Zum Problem der „Banalisierung der Grundrechte“, unten Viertes Kapitel A. I. 2.

[65] Zu den Besonderheiten des Art. 12 GG und der von der verfassungsgerichtlichen Rspr. entwickelte „berufsregelnden Tendenz“, unten II. Im Ergebnis können mehrere staatliche Belastungen die Wirkung einer objektiv berufsregelnden Tendenz auch in ihrem Zusammenspiel erlangen.

[66] Klar verneinend: *Klement*, AöR 134 (2009), 35, 64; *Grabitz*, Freiheit und Verfassungsrecht, S. 36 f.

[67] Dazu auch unten Viertes Kapitel A. IV.

[68] BGHZ 37, 44, 47; 6, 270, 284.

[69] *Lübbe-Wolff*, Die Grundrechte als Eingriffsabwehrrechte, S. 43.

[70] Vgl. *Sodan*, Kollegiale Funktionsträger als Verfassungsproblem, S. 496; *Stern*, in: Stern/Becker, Grundrechte-Kommentar, Einl., Rn. 144, *Dreier*, in: Dreier, GG Bd. I, Vorb., Rn. 124.

Die zur Prüfung der nach § 90 Abs. 1 BVerfGG geforderten Beschwerdebefugnis entwickelte Formel der eigenen, gegenwärtigen und unmittelbaren Betroffenheit des Beschwerdeführers ist davon abzugrenzen. Die im Wortlaut der Formel enthaltene Unmittelbarkeit ist nicht mit der „Unmittelbarkeit" als Kriterium eines klassischen Grundrechtseingriffs identisch.[71] Das Verständnis der Unmittelbarkeit als Eingriffsvoraussetzung ist weiter als der verfassungsprozessuale Begriff. Ein Gesetz kann einen Grundrechtseingriff darstellen, aber (noch) nicht mit der Individualverfassungsbeschwerde angegriffen werden können, wenn es noch eines Ausführungsaktes bedarf, um die Belastung des Beschwerdeführers zu konkretisieren. Der Beschwerdeführer ist nach § 90 Abs. 1 BVerfGG erst dann unmittelbar betroffen, wenn die angegriffene Bestimmung seine Rechtsstellung verändert, ohne eines weiteren Vollzugsaktes zu bedürfen.[72] Zudem sind die Konsequenzen der fehlenden Unmittelbarkeit im prozessualen und materiell-rechtlichen Sinne unterschiedlich. Bei der Verneinung der prozessualen Unmittelbarkeit ist der Beschwerdeführer auf den fachgerichtlichen Rechtsschutz gegen den noch ausstehenden konkretisierenden Akt verwiesen, bei fehlender Unmittelbarkeit des Eingriffs ist der Beschwerdeführer nicht in klassischer Hinsicht grundrechtsrelevant betroffen.

In der praktischen Konsequenz führte das materiell-rechtliche Verständnis der Unmittelbarkeit im Ergebnis allerdings wieder zu Zurechnungsfragen iSd. Adäquanz.[73] Im Kontext des klassischen Eingriffsbegriffs kommt der Unmittelbarkeit neben der Imperativität keine eigenständige Bedeutung zu, da diese ja bereits „unmittelbar" durch Befehl und Zwang auf den Adressaten im Umfang des Normbefehls einwirkt.[74]

Die Unmittelbarkeit wird im öffentlich-rechtlichen Kontext teilweise als Kriterium des Eingriffsbegriffs diskutiert, womit Folgen erfasst werden sollen, die zwar nicht Beeinträchtigung durch das „befohlene" Verhalten sind, aber in enger Beziehung zur ursprünglichen staatlichen Handlung stehen.[75] Gallwas bezweifelt zu Recht, dass dem Kriterium der Unmittelbarkeit überhaupt eine Abgrenzungsfunktion in der Grundrechtsdogmatik zukommen kann, da für ihn der Befehlsinhalt und die Freiheitsbeschränkung im klassischen Eingriffsverständnis deckungsgleich sind im

---

[71] Dazu eingehend auch: *Eckhoff*, Der Grundrechtseingriff, S. 198 f.

[72] BVerfGE 110, 370, 381 – st. Rspr.; *Hellmann*, in: Barczak, BVerfGG, § 90, Rn 247; zu den prozessualen Konsequenzen des additiven Grundrechtseingriff, insbesondere auch zu den Anforderungen der unmittelbaren Betroffenheit, unten Siebtes Kapitel A. I. 2.

[73] Vgl. nur zur Verantwortung einer Gemeinde für eine durch Überlauf eines Regenrückhaltebeckens entstandene Überschwemmung: BGHZ 166, 37, 39 ff.

[74] *Gallwas*, Grundrechtsbeeinträchtigungen, S. 23; *Eckhoff*, Der Grundrechtseingriff, S. 197; *Lübbe-Wolff*, Die Grundrechte als Eingriffsabwehrrechte, S. 44; *Sachs*, in: Stern, Staatsrecht III/2, S. 124.

[75] *Gallwas*, Grundrechtsbeeinträchtigungen, S. 23.

Sinne einer „Regelungsidentität“,[76] danach scheidet die Erfassung staatlicher Gesamtbelastungen ebenfalls aus.

Versteht man die Unmittelbarkeit als Folge staatlichen Handelns ohne Zwischenschritte, muss auch hier die Erfassung mehrerer Maßnahmen ausscheiden. Aufgezeigt werden müsste dann, dass die kumulative Gesamtbelastung in ihrer ganz konkreten Form die unmittelbare Auswirkung eines jeden Einzelaktes ist und diese auch nur darauf hinführen kann. Allerdings wird sich ja aber die Gesamtbetrachtung als Zwischenschritt darstellen. Die „Identität von Regelung und Beeinträchtigung“[77] wäre in diesem Fall nicht mehr gegeben, da sich die Gesamtbelastung ja als neue Beeinträchtigung darstellt.

e) Zwischenergebnis

Der Ausgangspunkt der klassischen Eingriffskriterien ist die Betrachtungsweise von der staatlichen Maßnahme aus und nicht aus der Perspektive des Grundrechtsträgers im Hinblick auf den Beeinträchtigungserfolg. Daher kann der klassische Eingriff kein additiver Grundrechtseingriff sein, der mehrere staatliche Belastungen erfasst. Diese lassen sich, abgesehen von der Finalität, nicht unter die Eingriffskriterien subsumieren. Nur das Kriterium der Finalität wäre in der Lage mehrere Belastungen auf Eingriffsebene zu umfassen, es kann nach dem klassischen Verständnis allein aber nicht eingriffsbegründend sein.

Die Anknüpfung aller klassischen Eingriffskriterien richtet sich nach der staatlichen Maßnahme selbst, bezüglich Finalität, Imperativität oder Rechtsqualität oder an deren Relation zum Erfolg, Vorhersehbarkeit, Unmittelbarkeit,[78] nie aber an den Erfolg selbst. Die Gesamtbetrachtung von mehreren belastenden staatlichen Maßnahmen stellt aber auf die Auswirkungen beim Grundrechtsträger ab. Dieser Perspektivenwechsel wird sich auch durch eine Modifikation der klassischen Eingriffskriterien, sollen sie denn zwingend kumulativ erfüllt sein, nicht herbeiführen lassen.

Das Kriterium der Finalität vermag weder nach dem klassischen, noch nach einem erweiterten Verständnis die Eingriffseigenschaft einer staatlichen Handlung zu begründen. Es ist festzustellen, dass das Kriterium der Finalität daher im Zuge einer Entwicklung der modernen Grundrechtsdogmatik nicht mehr tragfähig ist und sein

---

[76] *Gallwas*, Grundrechtsbeeinträchtigungen, S. 24; auch unter Hinweis auf die zivilrechtliche Lehre, die schließlich erkennen musste, dass die Trennung von mittelbaren und unmittelbaren Rechtsverletzungen auf Wertungsfragen hinausläuft, Fn. 41; zur Identität von Regelung und Beeinträchtigung, S.12; *Sachs*, in: Sachs, GG, vor Art. 1, Rn. 81.

[77] *Gallwas*, Grundrechtsbeeinträchtigungen, S. 12., der bei allen Eingriffen bei denen diese Regelungsidentität nicht gegeben ist von „faktischen Beeinträchtigungen“ ausgeht.

[78] *Eckhoff*, Der Grundrechtseingriff, S. 236.

kann.[79] Der Eingriff ist für den Grundrechtsträger unabhängig von seiner konkreten Zielrichtung nachteilig.[80] Es gibt auch keine Anhaltspunkte für die Annahme, dass der Staat nur von ihm gezielt herbeigeführte Grundrechtsbeeinträchtigungen zu verantworten hätte.[81] Der beeinträchtigende Effekt der staatlichen Maßnahme hängt nicht davon ab, ob sie absichtlich bewirkt wurde oder nach – zu bestimmenden Maßstäben – vorhersehbar war.[82] Das Bundesverfassungsgericht hat dies in verschiedenen Entscheidungen bestätigt, wonach der besondere Freiheitsraum der Grundrechte auch durch Vorschriften berührt werden kann, die nur infolge ihrer tatsächlichen Auswirkungen geeignet sind, das Grundrecht zu beeinträchtigen.[83] Auch als Voraussetzung eines weiter verstandenen Eingriffsbegriffs[84] kann das Kriterium der Finalität daher einer kritischen Überprüfung nicht standhalten. Eine grundgesetzliche Absicherung ist nicht auszumachen. Der Hinweis auf die Vergleichbarkeit mit imperativen Beeinträchtigungen ist keine Begründung für das Erfordernis der Finalität, weil nicht nachgewiesen ist, weshalb es auf diese Vergleichbarkeit ankommen sollte.[85] Die Intention, einen ausufernden Grundrechtsschutz zu verhindern, der letztlich dem Gemeinwohl schadet, ist im Ergebnis eine „pragmatische" Erwägung, die aber keine verfassungsrechtliche Anknüpfung ersetzt.[86] Damit bietet das Merkmal der Finalität allein keinen Anknüpfungspunkt für Gesamtbelastungen auf der Ebene des Grundrechtseingriffs und es ist auch nicht allein aufgrund seiner offenen Interpretationsmöglichkeit für Belastungskumulationen als klassisches Kriterium weiterhin zugrunde zu legen.

2. Entwicklung des modernen Eingriffsverständnisses als Parallele zur Entwicklung eines additiven Grundrechtseingriffs

Der klassische Eingriffsbegriff ist auf den imperativen Handlungstypus des Staates durch Verwaltungsakte im Einzelfall und Gesetze im Generellen zuge-

---

[79] Kritisch zur Finalität: *Klement*, AöR 134 (2009), 35, 64; *Stern*, Staatsrecht III/2, S. 128 ff.; BVerfGE 66, 39, 60, wonach die Finalität als Eingriffsmerkmal keine Rolle spielt; *Jarass*, in: Jarass/Pieroth, GG, Vorb. vor Art. 1, Rn. 29; *Dreier*, in: Dreier, GG Bd. I, Vorb., Rn. 124; *Sachs*, in: Sachs, GG, vor Art. 1, Rn. 86; im Zusammenhang mit Belastungskumulationen, deren besondere Gefahr sich aus einer Fülle nicht zielgerichteter Eingriffe speist: *F. Hufen*, Die Grundrechte und der Vorbehalt des Gesetzes, in: Grimm, Wachsende Staatsaufgaben – sinkende Steuerungsfähigkeit des Rechts, S. 273, 278.

[80] *Starck*, in: Mangoldt/Klein/Starck, GG, Bd. 1, Art. 1 Abs. 3, Rn. 265; *Sachs*, in: Sachs, GG, vor Art. 1, Rn. 78 ff.; *Dreier*, in: Dreier, GG Bd. I, Vorb., Rn. 125.

[81] *Sachs*, in: Sachs, GG, vor Art. 1, Rn. 86.

[82] *Eckhoff*, Der Grundrechtseingriff, S. 194.

[83] BVerfGE 61, 291, 308, st. Rspr.; zum Verzicht auf die berufsregelnde Tendenz bei Eingriffen in Art. 12 Abs. 1 GG; BVerfGE 46, 120, 137 f.; 47, 1, 21 ff.

[84] Dazu sogleich 2.

[85] *Ramsauer*, VerwArch 72 (1981), 89, 98.

[86] Vgl. *Schulte*, DVBl. 1988, 512, 517; *Sodan*, Kollegiale Funktionsträger als Verfassungsproblem, S. 523; *Grabitz*, Freiheit und Verfassungsrecht, S. 37.

schnitten.[87] Die Möglichkeiten staatlichen Handelns und damit grundrechtlicher Freiheitsbeeinträchtigungen übersteigen diese Kategorien aber um ein Vielfaches. Durch fortschreitende technologische Kommunikations- und Steuerungsmöglichkeiten ist davon auszugehen, dass sich das staatliche Handlungsspektrum weiter verbreitert.[88] Art. 1 Abs. 3 GG als verfassungsrechtlicher Ausgangspunkt der Grundrechtsbindung macht deutlich, dass die Handlungsform des Staates nie über das Maß der Grundrechtsbindung entscheiden kann.[89] Die Entwicklung zu einem weiteren Eingriffsverständnis erscheint vor diesen Hintergründen als logischer Schritt, da sich das Eingriffsverständnis an der Schutzfunktion der Grundrechte orientieren muss.[90]

Nach der Erweiterung des Eingriffsverständnisses[91] soll ein rechtfertigungsbedürftiges grundrechtsrelevantes Verhalten dann vorliegen, wenn staatliches Handeln dem Einzelnen grundrechtlich geschütztes Verhalten ganz oder teilweise unmöglich macht, oder schlicht bei der Verkürzung grundrechtlich geschützter Freiheiten durch die öffentliche Gewalt.[92] Damit sollen vor allem „mittelbare",[93] „indirekte"[94] oder „faktische"[95] Beeinträchtigungen durch den Eingriffsbegriff erfasst werden.

---

[87] *Dreier*, in: Dreier, GG, Bd. I, Vorb., Rn. 124.

[88] Zum Nudging etwa: *G. Kirchhof*, ZRP 2015, 136 ff.; *Staben*, Der Abschreckungseffekt auf die Grundrechtsausübung, passim; *Zanger*, Freiheit vor Furcht, passim. Zur besonderen Problematik verhaltenssteuernden Verhaltens in Bezug auf Gesamtbelastungen bereits oben Erstes Kapitel C. III. 4.

[89] Der Klassiker im Verwaltungsrecht: „Keine Flucht ins Privatrecht" verdeutlich, dass die Wahl einer privatrechtlichen Handlungsform nicht von einer Grundrechtsbindung dispensiert. Kritischer: Staat unter der „Tarnkappe des Privatrechts", *Leisner*, Der unsichtbare Staat, S. 107; *Storr* sieht die Flucht ins Privatrecht als Transparenzverlust, Der Staat als Unternehmer, S. 539; *Karpen* sieht in der „Flucht des Staates aus dem Öffentlichen Recht" eine „Refeudalisierung", Auslegung und Anwendung des Grundgesetzes, S.78; das Grundsatzurteil des BVerfG zur Grundrechtsbindung der öffentlichen Hand bei gemischtwirtschaftlichen Unternehmen in Privatrechtsform: BVerfGE 128, 226.

[90] *Herdegen*, in: Maunz/Dürig, GG, Art. 1 Abs. 3, Rn. 39; m.w.N.

[91] Vorschlag von *Lübbe-Wolff*: „Ein Eingriffsbegriff, der jede beeinträchtigende Ingerenz in den Schutzbereich eines Freiheitsgrundrechts durch positives staatliches Handeln umfasst", Die Grundrechte als Eingriffsabwehrrechte, S. 71.

[92] *Kingreen/Poscher*, Staatsrecht II – Grundrechte, Rn. 264; *Di Fabio*, in: Maunz/Dürig, GG, Art. 2 Abs. 2 S. 1, Rn. 60, *Peine*, HGR III, § 57, Rn. 31, *Hillgruber*, in: HStR IX, § 200, Rn. 89; „Orientierung dieser Formulierung als Faustformel": *H. Bethge*, VVDStRL 57 (1998), 7, 40; *Bronkars*, Kumulative Eigentumseingriffe, S. 64; *Jarass*, AöR 120 (1995), 345, 364 für einen „ausreichend engen Zusammenhang" zwischen Belastung und Maßnahme als Kriterium; für eine Streichung sämtlicher Kriterien des klassischen Eingriffsbegriffs auch *Lübbe-Wolff*, Die Grundrechte als Eingriffsabwehrrechte, S. 71; *Stern*, in: Stern/Becker, Grundrechtekommentar, Einl., Rn. 35; kritisch: *Merten*, VVDStRL 57 (1998), 113, Diskussionsbeitrag, der die Formel als Billigkeitserwägung und „öffentlich-rechtlichen § 242 BGB" bezeichnet; vgl. auch BVerfGE 105, 279, 299 ff.; *Dietlein*, Die Lehre von den grundrechtlichen Schutzpflichten, S. 42.

[93] *Di Fabio*, in: Maunz/Dürig, GG, Art. 2 Abs. 1, Rn. 49.

[94] *W. Hoffmann*, Rechtsfragen der Währungsparität, S. 70; darauf Bezug nehmend auch: *Schwabe*, Probleme der Grundrechtsdogmatik, S. 180.

Bei unbefangener Betrachtung schließt diese Formulierung die Erfassung einer Mehrzahl von staatlichen Maßnahmen nicht von vorneherein zwingend aus, wie einige Merkmale des klassischen Eingriffsbegriffs. Durch die Einbeziehung staatlicher Akte mit anderer „Qualität" auf der Eingriffsebene, könnte auch eine Erweiterung im Hinblick auf die Quantität möglich erscheinen. Trotz der Abkehr von den eng umrissenen Einzelmerkmalen des klassischen staatlichen Grundrechtseingriffs, formuliert dieser „neue" Eingriffsbegriff zwei klare Bezugspunkte: die Zurechenbarkeit zum Staat und das Erfordernis der Unabhängigkeit des Grundrechtsschutzes von der staatlichen Handlungsform. Beibehalten wird dadurch die Rechtsfigur des Eingriffs und die grundrechtliche Prüfungsstruktur. Dies entspricht auch der Rechtsprechung des Bundesverfassungsgerichts.

„Dabei kommt es allein auf die Tatsache der Benachteiligung, nicht darauf an, mit welchen Mitteln der Eingriff erfolgt".[96]

Die Diskussion um die Erweiterung des klassischen Eingriffsverständnisses zeigt insbesondere im Bereich der „faktischen Grundrechtsbeeinträchtigungen" Parallelen zur Problematik der Erfassung kumulativer staatlicher Belastungen. Vorgebracht wurden zur Öffnung des Eingriffsverständnisses in erster Linie Argumente, wonach der grundrechtsgebundene Staat nicht nur an unmittelbaren Eingriffen gehindert sei, sondern auch für Vorgänge verantwortlich sei, bei denen gesellschaftliche Mechanismen in Gang gesetzt würden, aus denen sich erfahrungsgemäß oder sogar nach der ursprünglichen Intention, Verluste der Grundrechtseffektivität ergeben.[97] Deshalb dürfe es keine Art staatlicher Politik geben, die nicht an die Grundrechte gebunden sei.[98] Der Kerngedanke, der dahinter steht, ist, dass Grundrechtsschutz losgelöst von der staatlichen Handlungsform gewährleistet sein muss und sich in dieser Konsequenz den veränderten Instrumentarien des staatlichen Handelns anpasst.[99] Die Grundrechte sollen danach auf eine materielle Sicherung jenseits bestimmter rechtstechnischer Gestaltungen abzielen und daher müsse sich das Verständnis des Eingriffs an der Schutzfunktion der Grundrechte orientieren.[100]

Die Verfassungsnormen zur Grundrechtseffektivierung der Art. 1 Abs. 3, 19 Abs. 2 GG sprechen gegen jede Einschränkung des grundrechtlichen Schutzes durch formale Kriterien.[101] Die nachteiligen Wirkungen für den Grundrechtsträger können

---

95 *Gallwas*, Grundrechtsbeeinträchtigungen, S. 49.

96 BVerfGE 13, 290, 299.

97 *Gallwas*, Grundrechtsbeeinträchtigungen, S. 35; *Schwabe*, DVBl. 1988, 1055, weist kritisch darauf hin, dass der Terminus der Unmittelbarkeit schon historisch nicht begründet werden könne.

98 Vgl. *Herzog*, Grundrechte und Gesellschaftspolitik, in: Berliner Festschrift für E. E. Hirsch zum 65. Geburtstag, 1968, S. 63, 75.

99 *Friauf*, Recht und Staat, (325/326) 1966, 40 f.

100 *Herdegen*, in: Maunz/Dürig, GG, Art. 1 Abs. 3, Rn. 39; *Lindner*, DÖV 2004, 765 ff.; *Gallwas*, Grundrechtsbeeinträchtigungen, S. 48; *Sachs*, in: Sachs, GG, Vor. Art. 1, Rn. 82.

101 *Ramsauer*, VerwArch 72 (1981), 89, 95.

sich nach dem erweiterten Eingriffsverständnis nicht nur aus der Regelung selbst ergeben, sondern in den Folgeerscheinungen der Regelung liegen oder in einer tatsächlichen Betroffenheit aufgrund nicht regelnden hoheitlichen Verhaltens.[102] Die Bestimmung grundrechtsdogmatischer Begriffe soll nicht der Sanktion einer bestimmten Handlungsform dienen, sondern sich am Handlungsergebnis – respektive den Auswirkungen auf die Freiheit orientieren.[103]

Diese Argumentation lässt sich auf das Problem der kumulativen staatlichen Belastungen dahingehend übertragen, dass diese gewissermaßen auch eine „neue" Handlungsform des Staates darstellen, im Sinne der sich überlappenden Normierung gleicher und verschiedener Lebensbereiche.[104] Um der materiellen Sicherungsfunktion der Grundrechte weiterhin gerecht zu werden, muss der Grundrechtsschutz mit einer Erfassung dieser Handlungsform reagieren. Schon im Sinne der Rechtssicherheit müssen dogmatisch untermauerte Lösungen Einzelfallentscheidungen vorgezogen werden. Diese Erkenntnis führt auf dem Pfad der Handhabbarkeit der Prüfung und schließlich der dadurch entsprechenden Transformation des materiellen Grundrechtsschutzes in der Realität, zum Beispiel durch verfassungsgerichtliches Urteil, noch nicht weiter. Auch im Rahmen der Diskussion um den modernen Eingriffsbegriff mussten sich die Vorschläge bislang an ihrer Praktikabilität messen lassen.

Vorgeschlagen wurde daher, dass mindestens ein Merkmal des klassischen Eingriffsbegriffs vorliegen müsse, um die Reaktion des Grundrechtsschutzes auszulösen, respektive das Handeln dem Staat zuzurechnen[105]. Dagegen lässt sich bereits einwenden, dass beispielsweise das Merkmal der Rechtsförmlichkeit für eine Zurechnung noch nicht besonders zielführend scheint, der Staat handelt in vielen grundrechtsrelevanten Fällen nicht rechtsförmlich; auf der anderen Seite ist nicht jedes Gesetz automatisch ein Eingriff in Grundrechte.[106] Das Argument, es werde zumindest teilweise an bewährten Kriterien festgehalten und andererseits der Vielfalt staatlichen Handelns Rechnung getragen,[107] kann so nicht überzeugen. Die „bewährten" Kriterien des klassischen Eingriffs haben sich ja in erster Linie in ihrer Kombination miteinander bewährt und darüber hinaus sind sie auf neue Handlungsformen des Staates nicht übertragbar.[108] Das Bundesverfassungsgericht lässt jedenfalls bereits mittelbare und faktische Auswirkungen ausreichen.[109]

---

[102] *Ramsauer*, VerwArch 72 (1981), 89.

[103] *Eckhoff*, Der Grundrechtseingriff, S. 266.

[104] Mit weiteren Beispielen zu neueren Entwicklungen der Grundrechtsdogmatik: *Hoffmann-Riem*, Der Staat 43 (2004), 203, 208.

[105] Vgl. dazu *Michael/Morlok*, Grundrechte, Rn. 496; ablehnend: *Sachs*, in: Sachs, GG, vor Art. 1, Rn. 86.

[106] Vgl. *Dreier*, in: Dreier, GG Bd. I, Vorb., Rn. 125.

[107] *Michael/Morlok*, Grundrechte, Rn. 496.

[108] Beispielhaft: BVerfGE 113, 63, 76; 105, 252, 265 ff.

[109] BVerfGE 105, 279, 300 f.; kritisch: *Murswiek*, NVwZ 2003, 1, 5.

Insbesondere gegen das Kriterium der Finalität wurde angeführt, dass es ausreichen müsse, wenn es zu einer nicht unerheblichen, nachteiligen Wirkung für den Grundrechtsträger gekommen sei und der entscheidende Anstoß zu dem diesen Effekt unmittelbar verursachenden Ereignis von dem betreffenden Verhalten öffentlicher Gewalt ausgegangen sei.[110] Der Vermeidung eines ausufernden Grundrechtsschutzes kann durch andere Kriterien Rechnung getragen werden, vorgeschlagen wurden neben der Beeinträchtigungskausalität[111] auch Anforderungen an die Intensität.[112]

Für eine Erfassung von Gesamtbelastungen auf Eingriffsebene sprechen der Hintergrund der Parallelen der Entwicklung der verfassungsrechtlichen Erfassung von staatlichen Maßnahmen außerhalb des klassischen Eingriffsschemas und der zur grundrechtlichen Berücksichtigung von Gesamtbelastungen. Gemeinsames Ziel dieser Entwicklungen ist auch die gezielte Offenheit gegenüber „atypischen" staatlichen Handlungsformen.

Obwohl das konkrete Thema der Belastungskumulationen in der Diskussion um die Kriterien des erweiterten Eingriffsbegriffs noch keine wirkliche Rolle gespielt hat, sind beide Ansätze miteinander zu verbinden. Voraussetzung für die Erfassung staatliche Belastungen im Rahmen eines additiven Grundrechtseingriffs muss sein, dass diese Maßnahmen als Gesamtbelastung unter den erweiterten Eingriffsbegriff subsumiert werden können. Die berechtigte Filterfunktion der Kategorie des Grundrechtseingriffs würde aufgegeben, wenn unabhängig von der Identifikation, ob überhaupt ein Rechtfertigungserfordernis besteht, eine Vielzahl an Maßnahmen auf der Ebene der Rechtfertigung der Grundrechtsprüfung berücksichtigt würden. Allein staatliches Handeln, welches grundrechtlich geschütztes Verhalten des Einzelnen ganz oder teilweise unmöglich macht, daher auch die aus mehreren Akten entstehende Gesamtbelastung umfasst, löst ein Rechtfertigungserfordernis aus.[113] Sind diese Beeinträchtigungen dem Staat nicht zurechenbar, können diese Belastungen auch nicht als Teil einer verfassungsrechtlichen Gesamtbelastung in Form eines additiven Grundrechtseingriffs Eingang in die Grundrechtsprüfung haben. Stellenweise wird dafür plädiert, grundrechtlich irrelevante Belästigungen auszuschließen[114] oder auf die Vorhersehbarkeit[115] des Eingriffs abzustellen. Wie bereits erläutert, ist eine Bagatellgrenze der Grundrechte nicht anzuerkennen.

---

[110] *Sodan*, Kollegiale Funktionsträger als Verfassungsproblem, S. 523.

[111] Vgl. *Sodan*, Kollegiale Funktionsträger als Verfassungsproblem, S. 524.

[112] *Jarass*, NVwZ 1984, 473, 476f.; *Ramsauer*, VerwArch 72 (1981), 89, 104, der die Normzwecklehre maßgeblich entwickelt hat, welche auf Intensitätsgesichtspunkte Bezug nimmt.

[113] Vgl. *Kingreen/Poscher*, Staatsrecht II – Grundrechte, Rn. 282, s. o.

[114] Kritisch: *Dreier*, in: Dreier, GG, Vorb., Rn. 126; *v. Münch/Kunig*, in: v. Münch/Kunig, GG, Vorb. Art. 1–19, Rn. 34; zu den daraus sich weiter ergebenden Fragen statt aller: *H. Bethge*, Mittelbare Grundrechtsbeeinträchtigungen, in: HGR III, § 58, Rn. 21; Überblick bei: *Di Fabio*, in: Maunz/Dürig, GG, Art. 2 Abs, 2 S. 1, Rn. 61 zur Sozialadäquanz.

[115] *Weber-Dürler*, VVDStRL 57 (1998), 60, 88ff.

Das Kriterium der Vorhersehbarkeit ist ebenfalls kritisch zu bewerten. Die Folgen eines Handelns hängen stets vom gesamten Kausalkontext der Handlungssituation ab, welcher für den Parlamentsgesetzgeber, der abstrakt-generelle Normen schafft, daher immer nur eine typisierbare Größe ist.[116] Nebenfolgen eines staatlichen Handelns sind keine Ausnahme, sondern der Regelfall. Es ist daher kritisch zu sehen, dass die Rechtfertigungsbedürftigkeit einer Einschränkung der Grundrechte von der Fähigkeit des Staates abhängen soll, die Folgen seines Handelns abzuschätzen – die Folge ist eine partielle Subjektivierung der Grundrechtsdogmatik.[117] Der Grundrechtseingriff kombiniert den Beeinträchtigungserfolg und die Begründung der Verantwortlichkeit des Staates. Der Beeinträchtigungserfolg ist nicht handlungsform-, sondern erfolgsbezogen[118] und damit offen für die Annahme eines additiven Grundrechtseingriffs. Die Zurechnung zur staatlichen Sphäre ergibt sich aus dem handelnden Akteur: ein additiver Grundrechtseingriff kann sich nicht aus einem staatlichen Unterlassen oder dem Handeln Dritter ergeben, die ausführende Eingriffshandlung erfolgt von staatlicher Seite. Es kann schwer begründet werden, warum der Grundrechtsträger für ein Unvermögen auf staatlicher Seite, die Wirkungen seines Handelns vorherzusehen, mit dem Verlust seines grundrechtlichen Abwehranspruchs einstehen sollte.[119]

a) Schutzbereichsbezug des erweiterten Eingriffsbegriffs

In der Konsequenz führt der erweiterte Eingriffsbegriff dazu, dass nicht nur einzelne, sondern auch kumulative staatliche Belastungen auf Eingriffsebene erfasst werden können. Es gibt keine Merkmale des erweiterten Eingriffsbegriffs,[120] die gegen eine Öffnung gegenüber mehreren Maßnahmen sprechen. Der Eingriffscharakter ist akzessorisch zum Schutzbereich des jeweiligen Grundrechts zu bestimmen. Das entscheidende Kriterium ist diese Schutzbereichsbezogenheit des erweiterten Eingriffsbegriffs, welche sich auch durch eine Gesamtbelastung verwirklichen kann.[121]

---

[116] *Klement*, DÖV 2005, 507, 511.

[117] *Klement*, DÖV 2005, 507, 512; der auch zurecht darauf hinweist, dass unklar bleibt, welche Maßstäbe zur Bestimmung der Vorhersehbarkeit anzulegen sind; *Sachs*, in: Sachs, GG, vor Art. 1, Rn. 86.

[118] *Morlok*, Selbstverständnis als Rechtskriterium, S. 418.

[119] *Klement*, DÖV 2005, 507, 512.

[120] Von der Formulierung im Singular einmal abgesehen, dies setzt sich ja aber bei der Rechtsfigur des additiven Grundrechtseingriffs fort. Auflösen lässt sich der vermeintliche Widerspruch in dem man davon ausgeht, dass die Gesamtbelastung „den Eingriff" darstellt, zu den sprachlichen „Problemen" bereiten oben, erstes Kapitel, A.

[121] *Eckhoff*, Der Grundrechtseingriff, S. 26, 243; *Hillgruber*, in: HStR IX, Rn. 76 ff.

Klement[122] formuliert dies in der Konstellation, dass mehrere Einzelbelastungen erst zusammen einen Grundrechtseingriff bilden:

> „Es gibt keine allgemeine Regel, wonach die erhebliche Wirkung nur durch ein einzelnes grundrechtsgebundenes Handeln hervorgerufen sein darf, um einen Eingriff zu konstituieren".

Wenn dies im Hinblick auf staatliche Maßnahmen gilt, die erst in der Bündelung die Eingriffsschwelle überschreiten, dann erst recht für mehrere Maßnahmen, die zwar ihrerseits einzeln betrachtet bereits Eingriff sind, sich erst in ihrer Gesamtbelastung aber letztlich verfassungswidrig beim Grundrechtsträger auswirken.[123] In dieselbe Richtung geht die von Ramsauer ins Öffentliche Recht transformierte Normzwecklehre,[124] wonach die Norm, die Art und Umfang der Verantwortlichkeit gegenüber dem Schutzgutinhaber regelt, auch die Bestimmung von Art und Umfang möglicher Zurechnungsbestimmungen enthält. Maßgeblich für die Zurechnung ist daher immer der Schutzbereich der jeweiligen Grundrechtsnorm, wobei der Normzweck durch Auslegung zu ermitteln ist.[125] Für die Grundrechte als subjektive öffentliche Rechte, die den Schutz individueller Freiheiten verfassungsrechtlich absichern sollen, aber keinen absoluten Schutz gegen jegliche Beeinträchtigungen bieten können, kommt es darauf an, ob die vorliegende Beeinträchtigung Ausdruck der Gefahr ist, vor der das spezielle Grundrecht schützen soll.[126] Abzugrenzen sind diese Gefahren von denjenigen Beeinträchtigungen, die als allgemeines Lebensrisiko allgemein hinzunehmen sind, welche durch die Dichte der Grundrechtsbezogenheit bestimmt werden. Wirken sich die staatlichen Beeinträchtigungen im wirtschaftlichen oder sozialen Umfeld des Grundrechtsträgers aus, ist danach zu fragen, ob das Grundrecht diese Bereiche auch schützen soll.[127] Beispielsweise soll das Grundrecht der Berufsfreiheit vor einer Beeinträchtigung der freien Berufsausübung von staatlicher Seite bewahren; ob diese durch ein Gesetz verboten oder durch eine Vielzahl staatlicher Beeinträchtigungen unmöglich gemacht wird, spielt für den Schutzzweck der Norm keine Rolle.

Ein wichtiges Argument für die Einordnung von Belastungskumulationen auf der Ebene des Eingriffs ist die bestehende Schutzbereichsbezogenheit.[128] Diese Konzeption macht es auch möglich, den Gestaltungsspielraum des Gesetzgebers, welcher durch die Auslegung des jeweiligen Schutzbereichs sehr weit ausfallen kann, zu

---

[122] AöR 134 (2009), 35, 62; im Ergebnis lehnt *Klement* den additiven Grundrechtseingriff allerdings ab, was unter Zugrundelegung seiner These zum Eingriff nicht konsequent erscheint.

[123] Zu der Konstellation, dass sich das Vorliegen eines Eingriffs erst durch mehrere Maßnahmen bejahen lässt, unten Viertes Kapitel A. I. 2.

[124] *Ramsauer*, Die faktischen Beeinträchtigungen des Eigentums, S. 54 f.

[125] *Ramsauer*, VerwArch 72 (1981), 89, 101 f.; *Eckhoff*, Der Grundrechtseingriff, S. 265 ff.

[126] *Ramsauer*, VerwArch 72 (1981), 89, 102.

[127] Vgl. *Ramsauer*, VerwArch 72 (1981), 89, 105.

[128] So auch *Eckhoff*, Der Grundrechtseingriff, S. 26, 243; *Hillgruber*, in: HStR IX, Rn. 76 ff.

berücksichtigen. Je nach Schutzgehalt des Grundrechts sind entsprechende Anforderungen zu stellen.[129] Alle Einzelmaßnahmen müssen daher bereits auf dieser Ebene die entsprechende Schutzbereichsbezogenheit aufweisen, um in eine Gesamtbetrachtung einfließen zu können.

Die Kritik,[130] dass Belastungskumulationen dadurch im Ergebnis in die bisherige Eingriffsdogmatik integriert werden, statt diese Dogmatik bei Gesamtbelastungen zu verwerfen, kann nicht als Argument gegen den additiven Grundrechtseingriff verwendet werden. Dieser Punkt spricht vielmehr für die Öffnung und Weiterentwicklung eines ausdrücklich in der Verfassung selbst angelegten Prüfungssystems. Die Bedenken[131] gegenüber einer weiteren „Aufweichung" des Eingriffsbegriffs überzeugen nicht. Um einem effektiven Grundrechtsschutz Rechnung zu tragen, war und ist eine Erweiterung des Eingriffsbegriffs notwendig. Die Einbeziehung von Belastungskumulationen in einen additiven Grundrechtseingriff setzt den Gedanken der Eingriffserweiterung fort: Es darf nicht nur auf die staatliche Handlungsform, sondern auch auf die Auswirkungen beim Grundrechtsträger ankommen. Diese können allerdings nur durch eine Verknüpfung mit dem grundrechtlichen Schutzbereich bestimmt werden. Auf dieser Linie führte auch das Bundesverwaltungsgericht aus:

> „Unter Berücksichtigung der Schutzfunktion des jeweiligen Grundrechts kann vielmehr – je nach Art und Ausmaß – auch eine tatsächliche Betroffenheit des Grundrechtsträgers einen Grundrechtseingriff darstellen".[132]

Um die Konsequenz der jeweiligen staatlich veranlassten Beeinträchtigungen nicht in einen normativ nicht anknüpfbaren, „luftleeren Raum" der bloßen faktischen Beeinträchtigung des Grundrechtsträgers zu stellen, ist der Bezug zum Schutzbereich des Grundgesetzes unerlässlich; dies ist auch unabhängig davon, wie die Schutzgehalte der jeweiligen Grundrechte dogmatisch interpretiert werden sollen.[133] Zu leisten ist diese Verbindung ausschließlich durch die Einbeziehung von Mehrbelastungen auf der Ebene des grundrechtlichen Eingriffs.

b) Eingriffsäquivalenz: Intensität als entscheidendes Kriterium

Unabhängig von der Diskussion um die Erweiterung des Eingriffsbegriffs, können die Einzelbelastungen des additiven Grundrechtseingriffs selbst natürlich Eingriffe im klassischen Sinne darstellen. Wenn zu einem Verbotsgesetz, welches

---

[129] Zu Art. 2 Abs. 1 GG: *Eckhoff*, Der Grundrechtseingriff, S. 243 ff.

[130] *Lee*, Umweltrechtlicher Instrumentenmix und kumulative Umwelteinwirkungen, S. 108 f.

[131] *Jesse*, Instrumentenverbund als Rechtsproblem am Beispiel effizienter Energienutzung, S. 170 ff. warnt vor „drohenden Rationalitätsverlusten" und „Abgrenzungsunschärfen".

[132] BVerwG, DVBl. 1985, 857, 859.

[133] Vgl. *Rusteberg*, Der grundrechtliche Gewährleistungsgehalt, passim.

beispielsweise bestimmte Aspekte der Ausübung eines Berufs nach Art. 12 Abs. 1 GG erfasst, noch zwei weitere hinzutreten, so steigert sich die Verkürzung der grundrechtlichen Freiheit und damit der Grad des Grundrechtseingriffs. Die durch die drei Einzelmaßnahmen bewirkte Gesamtbelastung hingegen ist kein Eingriff im klassischen Sinne, sondern ein additiver Grundrechtseingriff, welche in Form der *Gesamtbelastung* ein grundrechtlich geschütztes Verhalten ganz oder teilweise unmöglich machen.

Das Kriterium der Intensität zur Bestimmung von staatlichen Maßnahmen als „eingriffsrelevant“ zielt auf die Auswirkungen beim Grundrechtsträger selbst ab und ist damit gegenüber Belastungskumulationen offen. Die Auswirkung der Verkürzung grundrechtlicher Freiheit eines Grundrechts kann sich auch aus mehreren staatlichen Maßnahmen ergeben. Es soll kein streng abwägungsspezifisches Kriterium sein, da unter anderem bei der Prüfung der Erforderlichkeit einer Maßnahme ebenfalls weniger intensive Beeinträchtigungen zu prüfen seien.[134] Das rein subjektive Empfinden des Grundrechtsträgers kann weder bei der Bestimmung des Schutzbereichs, noch bei der Identifikation, ob ein Grundrechtseingriff vorliegt, eine Rolle spielen. Es handelt sich damit auch bei der Intensität nicht nur um ein rein faktisches, sondern auch um ein normatives Kriterium.[135] Hier kann an den Schutzbereich des Grundrechtes angeknüpft werden: In der Regel werden mehrere Beeinträchtigungen den grundrechtlich geschützten Bereich des Grundrechtsträger stärker verkürzen als eine einzelne.

Möglicherweise führt dies dazu, dass erst durch die Belastungskumulation in Form des additiven Grundrechtseingriffs der „Kernbereich“ eines Grundrechts betroffen ist.[136] Der damit verbundene Zuwachs auch verfassungsgerichtlicher Kontrolldichte soll in dem Ausmaß gerechtfertigt sein, in dem auch über die „klassischen“ Einzeleingriffe hinaus die Freiheitsgewährleistungen der Grundrechte beeinträchtigt werden.[137] Differenziert werden kann darüber hinaus nach der Ausgestaltung der Einschränkbarkeit der Grundrechte. Je mehr dem Gesetzgeber von Verfassungswegen eine Gestaltungskompetenz eingeräumt, umso stärker muss der Grundrechtsträger in der entsprechenden Freiheit betroffen sein, was bei den vorbehaltslos gewährleisteten Grundrechten ja umgekehrt der Fall ist.[138] Wenn das Kriterium der Intensität zur Bestimmung eines Eingriffs herangezogen wird, also nicht mehr die „Art“,[139] sondern die Schwere der Belastung, als Resultat aus dem modernen Eingriffsbegriff, der auch mittelbare Eingriffe umfasst, ist die Konse-

---

[134] *Rusteberg*, Der grundrechtliche Gewährleistungsgehalt, S. 54.

[135] *Rusteberg*, Der grundrechtliche Gewährleistungsgehalt, S. 54.

[136] Zur Grenze des Art. 19 Abs. 2 GG für Eingriffsadditionen unten Fünftes Kapitel A. VIII.

[137] *Eckhoff*, Der Grundrechtseingriff, S. 253.

[138] *Eckhoff*, Der Grundrechtseingriff, S. 254.

[139] Kritisch auch zur parallelen Bewertung von Enteignung und „schweren und unerträglichen“ Eingriffen: *Falter*, Die enteignungsrechtliche Vorwirkung – insbesondere von Planfeststellungsbeschlüssen, S. 576 ff.

quenz, dass als Eingriff auch mehrere Maßnahmen verstanden werden müssen, die an sich die Eingriffsschwelle noch nicht überschritten haben.[140] Dies spricht allerdings nicht dagegen, auch Eingriffsadditionen darunter subsumieren zu können.

Im Bereich der klassischen Eingriffe kann eine Gesamtbetrachtung mehrerer rechtlicher Gebote nicht dazu führen, dass ein rechtliches Gebot welches den grundrechtlichen Schutzbereich nicht berührt, durch ein Zusammentreffen mit anderen seine „Qualität" wechselt und dann den Eingriffsbegriff erfüllen kann, denn eine faktische Handlung des Staates kann auch nicht durch das Zusammentreffen mit anderen faktischen Handlung zu einem rechtsförmlichen Akt werden.[141] Anders könnte es sich im Bereich der faktischen Eingriffe darstellen.[142] Nach herrschender Ansicht[143] soll für die Beurteilung eines Eingriffs nicht nur die Art, sondern auch die Schwere der Beeinträchtigung des grundrechtlich geschützten Verhaltens relevant sein. Als Konsequenz daraus könnte sich durch die Bündelung verschiedener tatsächlicher Wirkungen ein Grundrechtseingriff ergeben, der dann durch die Gesamtschau eine gewisse Intensitätsschwelle überschreitet und das staatliche Handeln rechtfertigungsbedürftig macht.

Dem wird entgegengehalten, dass das Kriterium der Intensität eine Kategorie der Verhältnismäßigkeit sei und erst auf der Stufe der Rechtfertigung zum Tragen komme, da die Grundrechtsordnung des Grundgesetzes auch vor dem Hintergrund des Art. 1 Abs. 3 GG keine Erheblichkeitsschwelle für Beeinträchtigungen kenne.[144] Danach haben auch geringfügige Belastungen Eingriffscharakter, sie sind nur einfacher zu rechtfertigen als schwerwiegendere Eingriffe.

In die gleiche Richtung geht die Diskussion eines „Bagatellvorbehaltes" im Bereich der Grundrechte, insbesondere im Rahmen des Art. 2 Abs. 1 GG („Banalisierung der Grundrechte"). Frühere Ansätze wie beispielsweise von Scheuner, der meint, dass in akademischen Diskussionen zwar die Freiheit der Meinungsäußerung[145] bestehe, aber das Verbot des „Durcheinanderredens" in einer Vorlesung oder Debatte keinesfalls eine Beschränkung der Redefreiheit sein könnte, sondern zum „Anstand und zur natürlichen Ordnung gesellschaftlichen Zusammenlebens" gehöre,[146] sind weder rechtlich zu begründen, noch zeitgemäß. Der allgemeine „Anstand" dürfte schon mangels Konsensfähigkeit darüber, was er umfassen soll, kein taugliches Abgrenzungskriterium für eine rechtfertigungsbedürftige Grundrechts-

---

140 Dazu unten Viertes Kapitel A. I. 2.

141 *Klement*, AöR 134 (2009), 35, 62; dies gilt auch für mittelbare, nicht zielgerichtete bzw. nicht imperative Maßnahmen.

142 Dazu bereits oben Drittes Kapitel A. I. 2. a).

143 Vgl. *Di Fabio*, in: Maunz/Dürig, GG, Art. 2 Abs. 2 S. 1, Rn. 60 ff.; *Eckhoff*, Der Grundrechtseingriff, S. 252 ff.

144 *Hillgruber*, in: HStR IX, § 200, Rn. 95.

145 Und wohl auch der Forschung und Lehre nach Art. 5 Abs. 3 GG.

146 *Scheuner*, VVDStRL 22 (1965), 4, Fn. 117.

beeinträchtigung sein. Gegen die Annahme einer „Bagatellgrenze“[147] sprechen darüber hinaus mögliche Auswirkungen der staatlichen Handlungen, die sich zwar in der konkreten Person des individuellen Grundrechtsträgers als geringe Belastung darstellen, in anderen Kontexten aber durchaus schwer einschätzbare grundrechtsrelevante Folgen entfalten können.[148] Hierzu ist festzustellen, dass die weiteren möglicherweise grundrechtsrelevanten Auswirkungen staatlichen Handelns außerhalb der Situation des verfassungsrechtlichen Individualrechtsschutzes in Form einer Verfassungsbeschwerde, selbstverständlich über die Grundrechtsbindung aller Staatsgewalten, Art. 1 Abs. 2, 20 Abs. 3 GG und die objektive Funktion der Grundrechte berücksichtigt werden müssen. In Bezug auf die individuelle Beeinträchtigung des Grundrechtsträgers, welche primär auch Gegenstand der Individualverfassungsbeschwerde ist, kann eine geringe Betroffenheit also durchaus eine Rolle spielen. Es kommt dabei entscheidend auf die Perspektive an: Selbstverständlich kann sich eine für den Einzelnen als gering darstellende Beeinträchtigung in anderen Bereichen grundrechtsrelevant auswirken, die Frage ist aber, ob dies Teil des Prüfungsgegenstandes der jeweiligen rechtlichen Bewertung ist.

Entscheidend für die Bewältigung der Problematik ist die Differenzierung zwischen den Fragen der Zurechnung und der Auslegung des Schutzbereiches. Das Grundgesetz bietet letztlich keine Anhaltspunkte für eine „Untergrenze“ von Grundrechtsbeeinträchtigungen, die das „Spiegelbild“ zu Art. 19 Abs. 2 GG darstellen würde, die die verfassungsrechtliche „Obergrenze“ bildet. Das Kriterium der Intensität ist allein in der Sphäre des betroffenen Grundrechtsträgers verortet und betrifft nicht die Frage der Zurechnung, also die Verknüpfung der Beeinträchtigung mit staatlichem Handeln.[149] Wenn allerdings die Zurechenbarkeit der Maßnahme zum Staat fehlt, kann diese auch nicht in der Zusammenschau mit anderen Maßnahmen als Grundrechtseingriff qualifiziert werden. Allein die zahlenmäßige Steigerung einer Mehrzahl von Maßnahmen kann keinen Grundrechtseingriff begründen, wenn diese nicht dem Staat zurechenbar sind. Auswirkungen kann ein wie auch immer verstandenes Geringfügigkeitsprinzip nur in Bereichen haben, in denen Erfolge auch quantifizierbar sind.[150] Wenn unstreitig ist, dass die „Bagatellbeeinträchtigungen“ von staatlicher Seite verursacht wurden, sind für Erfolgsquantifizierungen kein Raum und auch kein Bedarf. Für die Frage der verantwortlichkeits*begründenden* Zurechnung als solche ist daher das Kriterium der Intensität ohne Bedeutung.[151] Es spielt für die Grundrechtsprüfung dennoch eine Rolle,[152] und zwar im Rahmen der Interpretation der Schutzbereiche: Die fehlende Intensität einer

147 Kritisch BVerfGE 119, 1, 49, abw. Meinung *Hoffman-Riem.*

148 *Reimer*, Qualitätssicherung, S. 273.

149 *Stern*, Staatsrecht III/2, S. 157 ff.

150 Vgl. *Daxenberger*, Kumulationseffekte, S. 49.

151 *Stern,* Staatsrecht III/2, S. 158.

152 Das Bundesverfassungsgericht stellt darüber hinaus hinsichtlich der Prüfungsdichte bei Urteilsverfassungsbeschwerden auf die Intensität des Grundrechtseingriffs ab; BVerfGE 119, 1, 22; 83, 130, 145; 42, 143, 148; *Schlaich/Korioth*, in: Das Bundesverfassungsgericht, Rn. 307 ff.

Beeinträchtigung kann dazu führen, dass durch Auslegung des Schutzbereiches des jeweiligen Grundrechts dieses durch die Geringfügigkeit der Maßnahme für nicht einschlägig erachtet wird. Daher kann sich eine „Bagatellgrenze" nie allgemein, sondern allenfalls im Bezug zum Schutzbereich bestimmen lassen.[153]

Die Annahme des Kriteriums der Intensität als Voraussetzung eines Grundrechtseingriffs ist im Ergebnis abzulehnen.[154] Die damit eingezogene Intensitätsschwelle für die Auslösung des Rechtfertigungserfordernisses staatlichen Verhaltens findet schwer einen verfassungsrechtlichen Anknüpfungspunkt. Der Prüfungspunkt des Eingriffs wird mit Wertungskriterien der Abwägung angereichert und damit die Differenzierung zwischen Eingriff und Rechtfertigungsprüfung vermischt. Diese ist im Sinne einer praktikablen und systematisch kohärenten Grundrechtsprüfung aber beizubehalten.[155] Insbesondere im Rahmen der Prüfung des Art. 19 Abs. 2 GG spielt das Kriterium der Intensität eine entscheidende Rolle,[156] auch bei Belastungskumulationen.[157]

c) „Erweiterung" des erweiterten Eingriffsbegriffs

Jüngst wird für ein noch weiteres Verständnis des Eingriffsbegriffs plädiert, wonach dieser unter dem Verzicht auf begrenzende Kriterien zu verstehen sei, nämlich als jedes staatliche Verhalten, welches zu irgendeiner kausalen Reduktion grundrechtlich garantierter Freiheiten führt.[158] Möglicherweise ist dieses erweiterte Verständnis auch ein tragfähiger Ansatzpunkt zur Erfassung von Belastungskumulationen auf Eingriffsebene.

Meister setzt sich mit den Vorwürfen der Rechtsunsicherheit und der Substanzlosigkeit auseinander und sieht in dieser „Konturenlosigkeit" die Stärke eines weiten Eingriffsbegriffs.[159] Rechtssicherheit soll dadurch entstehen, dass der Bürger sich darauf „verlassen kann", dass sämtliches staatliches Verhalten, welches Auswirkungen auf die Grundrechte hat, rechtfertigungsbedürftig ist.[160] Das Argument, dass nur durch einen extrem weiten Eingriffsbegriff[161] ein lückenloser Freiheitsschutz

---

[153] Anders: *Eckhoff*, Der Grundrechtseingriff, S. 257.

[154] Zur Relevanz im Rahmen der Ermittlung der Schutzbereichsbezogenheit, sogleich c); kritisch: *Jarass*, AöR 120 (1995), 345, 363 „höchst diffuse Grenze".

[155] Zur eingriffsunabhängigen Grundrechtsdogmatik unten II.

[156] Umfassend und komplex dazu auch: *A. Scherzberg*, Grundrechtsschutz und Eingriffsintensität, S. 208 f., S. 283.

[157] Dazu unten Fünftes Kapitel B. 4.

[158] *Meister*, Das System des Freiheitsschutzes im Grundgesetz, S. 145; wobei die bewusste und eigenverantwortliche Selbstschädigung des Grundrechtsträgers nicht erfasst sein soll, was ja aber bereits die Begrenzung auf staatliches Handeln ausscheiden lässt.

[159] *Meister*, Das System des Freiheitsschutzes im Grundgesetz, S. 146.

[160] *Meister*, Das System des Freiheitsschutzes im Grundgesetz, S. 146.

[161] *Meister* sieht als Prämisse ebenfalls eine weite Schutzbereichsauslegung an, *ders.*, Das System des Freiheitsschutzes im Grundgesetz, S. 126 f.

durch das Grundgesetz gewährleistet sein könne, klingt einleuchtend und liegt der Abkehr vom klassischen Eingriffsverständnis generell zugrunde.

Mehrere staatliche Maßnahmen die auf ein Grundrecht eines Grundrechtsträgers einwirken, ließen sich auch in einer Gesamtschau unter „kausale staatliche Grundrechtsbeeinträchtigung" subsumieren. Das Kriterium der Kausalität ließe sich nach dieser weiten Formulierung auch mittelbar bejahen. Es stellt sich allerdings die Frage, worin der Unterschied gegenüber dem bisher definierten „weiten Eingriffsverständnis" genau bestehen soll.

Das Problem stellt das nicht näher präzisierte Merkmal der Kausalität dar, welches sich im Sinne der *conditio sine qua non* beliebig ausweiten ließe. Die bis dato im Eingriff diskutierten Zurechnungsfragen würden so unterschlagen oder in die Rechtfertigung verlagert. Darüber hinaus würde eine Ausdehnung des Eingriffsbegriffs zugleich eine Ausweitung des Vorbehalts des Gesetzes mit sich bringen.[162] Die rechtliche Erheblichkeit der Maßnahme ginge in Bezug auf den Adressaten des Grundrechtsschutzes bei Aufgabe des Eingriffs verloren und die Gefahr der Statuierung einer Rechtfertigungsbedürftigkeit bloßer Reflexauswirkungen entsteht.

Fragen stellen sich auch in Bezug auf die Grundrechtskonkurrenz. Wenn eine irgendwie geartete kausale Betroffenheit eines Grundrechts ausreicht, werden von einer staatlichen Maßnahme in der Regel mehrere Grundrechte betroffen sein. Würde jetzt auf sämtliche begrenzende Merkmale verzichtet,[163] stellte sich wiederum die Frage der Vermeidung von Reflexwirkungen. An der primären Entscheidung über die Grundrechtskonkurrenz durch die Abgrenzung der geschützten Lebensbereiche dürfte sich freilich nichts ändern.

Grundrechtliche Gesamtbelastungen können auch durch eine „Erweiterung" des erweiterten Eingriffsbegriffs erfasst werden. Die Unterschiede welche eine „Erweiterung" des ohnehin weiten Eingriffsbegriffs begründen sollen, sind allerdings nicht klar identifizierbar. Das sehr weitgefasste Kausalitätserfordernis lässt das Risiko einer immer loseren Rückbindung zum Schutzbereich der Grundrechte erahnen, welche ja ebenfalls weit ausgelegt werden sollen. Solange die Schutzbereichsbezogenheit auch im Rahmen des „erweiterten" erweiterten Eingriffsbegriffs gegeben ist, bestehen gegen die Anwendung keine Bedenken, diese Konzeption ist dann aber mit dem bisherigen Eingriffsverständnis identisch.

Die Verknüpfung zwischen Schutzbereich und Eingriff ist für die Abbildung einer staatlichen Gesamtbelastung essentiell: Sie stellt ein Kriterium zur Einbeziehung von Beeinträchtigungen in den additiven Grundrechtseingriff dar.[164] Unterstützen ließe sich dies über die Ermittlung der Intensität des additiven Grundrechtseingriffs:

---

[162] Zum Vorbehalt des Gesetzes und Gesamtbelastungen unten Fünftes Kapitel A. II.

[163] Z. B. die berufsregelnde Tendenz in Bezug auf Art. 12 Abs. 1 GG zur Abgrenzung von Art. 2 Abs. 1 GG.

[164] Und ist dem vielfach geforderten Kriterium der Zweckrichtung auf Ebene der Verhältnismäßigkeit verzugswürdig, dazu unten Viertes Kapitel A. IV.

sie kann sich durch mehrere staatliche Belastungen erhöhen, dies ist freilich nicht immer zwingend im Sinne einer exponentiellen Steigerungsrate zwischen Eingriffsanzahl und Intensität zu verstehen.[165] Zu bestimmen ist die konkrete Schwere der Beeinträchtigung nur durch den Bezug zum jeweiligen Schutzbereich des Grundrechts.

3. Gegenargumente

Ein grundsätzlicher Einwand, dem sich der additive Grundrechtseingriff – wie jede andere „neu" entwickelte Rechtsfigur auch – aussetzen muss, ist dass er keine exakte Entsprechung im Verfassungsrecht dahingehend findet. Denn das Grundgesetz hat einen additiven Grundrechtseingriff noch nicht vorgesehen hat. Dem lässt sich allerdings entgegnen, dass aufgrund der Offenheit der Verfassung[166] und ihres fragmentarischen Regelungsgehalts, insbesondere im Rahmen der Grundrechte, ihr eine „negative Publizität" nicht entnommen werden kann. Das bedeutet freilich nicht, dass verfassungsrechtliche Anknüpfungen entbehrlich sind, da sich nur ausgehend von Normen nach rechtswissenschaftlichen Methoden auch neue Rechtsfiguren entwickeln lassen.[167]

Dem Vorwurf, dass eine verfassungsrechtliche Erfassung von Belastungskumulationen unnötig wäre, lässt sich schon mit der Effektivität der Grundrechtsschutzes begegnen, welche kein statischer Zustand ist, der einmal erreicht, stets gewahrt bleibt, sondern ein dynamischer Prozess, der stets neu reflektiert, weiterentwickelt und abgesichert werden muss. [168] Bereits die Rechtsprechungsanalyse hat gezeigt, dass diese Grundrechtsgefährdungen real sind.[169]

a) Kritik am modernen Eingriffsverständnis und anderen dogmatischen Weiterentwicklungen als Gegenargumente eines additiven Grundrechtseingriffs

Die Kritik an der Erweiterung des Eingriffsbegriffs zielt im Kern darauf ab, dass die abwehrrechtlichen Prüfungsinstrumente de facto aufgegeben werden würden und sämtliche Erwägungen in einen allgemeinen Billigkeitsabgleich verlagert, welcher

---

[165] *Rusteberg*, Der grundrechtliche Gewährleistungsgehalt, S. 54; mit dem anschaulichen Beispiel, dass ein Einreiseverbot für ein bestimmtes Land wesentlich schwerer wiegen kann, als für alle anderen Länder der Welt.

[166] *Alexy*, Theorie der Grundrechte, S. 502; *Hesse*, Grundzüge des Verfassungsrechts der Bundesrepublik Deutschland, S. 29.

[167] Deswegen ist der Vorwurf, dass keine Entsprechung im Verfassungsrecht besteht auch kein schwaches, sondern ein starkes Gegenargument; anders: *Spielmann*, Die Konkurrenz von Grundrechtsnormen, S. 194.

[168] Zu diesen Kritikpunkten im Kontext von Verbundlösungen: *Spielmann*, Konkurrenz von Grundrechtsnormen, S. 192 ff.

[169] Dazu oben Zweites Kapitel.

mit einer aus dem grundrechtlichen Übermaßverbot „rechtssicher" entwickelten Verhältnismäßigkeitsprüfung nicht mehr viel gemein habe.[170] Schon an dieser Stelle ist der Kritik zuzustimmen, dass eine Grundrechtsdogmatik die angesichts immer komplexer werdender Sachverhalte sämtliche Konturen aufgibt um alles in einer Abwägungsentscheidung erfass- und bewertbar zu machen keine tragfähige Grundlage einer rechtlichen Bewertung sein kann. Dies trifft auf die Erweiterung des Eingriffsbegriffs aber nicht zu.

An der Kritik zeigt sich das Spannungsfeld auf, in welchem auch die Diskussion um die verfassungsrechtliche Einordnung von Belastungskumulationen stattfindet. Es stehen sich auf der einen Seite die unstreitigen Gefährdungen oder gar „Aushöhlungen" grundrechtlicher Freiheiten durch eine Vielzahl staatlicher Maßnahmen oder einer neuen Qualität dieser und auf der anderen Seite, die unbestreitbare Notwendigkeit, die Möglichkeiten des Rechts nicht zu überfordern, gegenüber. Recht wird eine Berücksichtigung aller Belastungen und Belange eines Grundrechtsträgers nicht in detaillierter Gänze abbilden können.

Die Befürchtung einer nicht handhabbaren „Gesamtfreiheitsbilanz" ist allerdings nicht gerechtfertigt. Weder der erweiterte Eingriffsbegriff, noch die Einbeziehung von Belastungskumulationen in die Grundrechtsprüfung erfolgt ohne jegliche Kriterien. Isoliert betrachtet wird sich wie bei der klassischen Eingriffsdogmatik auch, zu jeden Punkt tragfähige Kritik finden lassen. Allerdings sind diese Entwicklungen immer in ihrer Einbettung in die Gesamtsystematik der Verfassung zu bewerten. Vor dem Hintergrund der ausdifferenzierten Grundrechtsnormierung des Grundgesetzes und der bisherigen verfassungsrechtlichen Rechtsprechung, lässt sich bei einer Weiterentwicklung der Eingriffsprüfung an neue staatliche Handlungsformen, keine Rechtsunsicherheit fördernde Entgrenzung, sondern eine grundrechtsschützende Anpassungsfähigkeit konstatieren. Ähnliche Bedenken haben sich in der ebenfalls ähnlich verlaufenden Diskussionen um die Entwicklung der grundrechtlichen Schutzpflichten nicht bewahrheitet.[171] Diese Abwägung muss auch in Zukunft – im Rahmen des Grundrechtsschutzes unter dem Grundgesetz – zugunsten des effektiven Schutzes der grundrechtlichen Freiheitsgarantien ausfallen.

Auch andere dogmatische Weiterentwicklungen wie die Anerkennung von „Kombinationsgrundrechten" wurden heftig kritisiert.[172] Parallelen zeigen sich in der Kritik auch hier. Vorgeworfen wird der Kombination von Grundrechten vor allem, dass sie die verfassungsrechtlichen Ausdifferenzierungen von Schutzgehalten und Einschränkbarkeit verwässern.[173] Diese Kritikpunkte stellen sich ebenfalls bei der

---

[170] Vgl. auch *H. Betghe*, VVDStRL 57 (1998), 10, 37; *Kahl*, AöR 131 (2006), 579, 599 ff. kritisiert vor allem eine Komplexitätssteigerung der Begriffe, was als Entwicklung konträr zur Intention der Grundrechtsdogmatik verliefe.

[171] Vgl. dazu *Dietlein*, Die Lehre von den grundrechtlichen Schutzpflichten, S. 43.

[172] Zur Abgrenzung bereits oben Erstes Kapitel C. II. 2.

[173] *Faller*, KJ 2002, 227 ff.; *Hain/Unruh,* DÖV 2003, 147, 149 f.; *Kästner*, JZ 2002, 491, 492; *Caspa*r, NuR 2002, 402 ff.; *Volkmann*, DVBl. 2002, 332 ff.; *Kluge*, ZRP 2004, 10, 12.

Gesamtbetrachtung von kumulativ wirkenden staatlichen Belastungen, die notwendigerweise den singulären Eingriffsbegriff überwinden. An den Kombinationsgrundrechten wird unabhängig von den konkreten Voraussetzungen der Einbeziehung eines grundrechtlichen Schutzgehalts in die Gesamtbetrachtung[174] darüber hinaus kritisiert, dass Erwägungen der Rechtfertigung im Sinne von Abwägungselementen in den Schutzbereich verlagert werden.[175] Diese bedenkenswerte Vermischung von Prüfungsebenen der Grundrechtsprüfung wird durch die Implementierung von Gesamtbelastungen auf Eingriffsebene vermieden. Sichergestellt wird dadurch, dass Elemente des Eingriffs auf der zweiten Prüfungsstufe verbleiben und nicht in der Rechtfertigung von Grundrechtsprüfungen das erste Mal eine Rolle spielen, ohne einen konkreten Bezugspunkt zur Beeinträchtigung zu haben.[176]

b) Ablehnung eines additiven Grundrechtseingriffs

Klement lehnt die Anerkennung eines additiven Grundrechtseingriffs ab.[177] Eine Gesamtschau erschwere die praktische Rechtsanwendung und durch das subjektive Kriterium des gleichen Zwecks der kumulativen Belastungen werde das dogmatische Schema mit systemfremden Kriterien angereichert: Es passe nicht zu der von objektiven Merkmalen geprägten Struktur des Eingriffsbegriffs. Klement führt zu recht an, dass das Kriterium der Finalität bei der Bestimmung von Grundrechtseingriffen, die in einem rechtlichen Gebot als solchem liegen, keine Rolle mehr spielt und der Zweck einer Maßnahme auf unterschiedlichen Abstraktionshöhen erfolgen kann. Je abstrakter der Zweck formuliert ist, desto mehr Maßnahmen werden sich darunter subsumieren lassen.[178] Der zweite zentrale Kritikpunkt ist letztlich ein Punkt der Gewaltenteilung: Durch die Ausweitung des Abwägungsmaterials bei Einbeziehung mehrerer Eingriffe wird die Prüfung der Verhältnismäßigkeit ausgeweitet; Klement befürchtet die Entwicklung zu einer „Freiheitsgesamtbilanz“, auf deren Grundlage sich letztlich die politische Auseinandersetzung fortsetzen würde, die dem Erlass der Normen vorausgegangen ist.[179] Vorgeschlagen wird eine getrennte Prüfung der einzelnen Eingriffe, bei der Klement aber das „Eingriffsumfeld“ berücksichtigen

---

[174] Beeinträchtigung des Schutzbereichs als Voraussetzung oder bloße kontextuale Berührung? Für letztes wohl das BVerfG im Schächturteil, welches Schächten nicht als religiösen Akt ansah, dennoch die Wertung der Religionsfreiheit einbezog: BVerfGE 104, 337, 346.

[175] *Höfling*, Kopernikanische Wende rückwärts?, in: Kirche und Religion im sozialen Rechtsstaat Festschrift für Wolfgang Rüfner zum 70. Geburtstag, S. 334.

[176] Dazu auch unten Fünftes Kapitel B. V.

[177] AöR 134 (2009), 35, 64; verwendet wird der Terminus „kumulativer Grundrechtseingriff“, gemeint ist die Gesamtbetrachtung mehrerer hoheitlicher Akte, die ihrerseits Eingriffsqualität aufweisen.

[178] AöR 134 (2009), 35, 64 f.

[179] AöR 134 (2009), 35, 66.

möchte.[180] Darüber hinaus seien Belastungskumulationen bei Geeignetheit, Erforderlichkeit und Angemessenheit eines Eingriffs zu berücksichtigen.

Unabhängig von der klar formulierten Ablehnung eines „kumulativen Grundrechtseingriffs" möchte auch Klement die Belastungskumulationen dogmatisch erfassen. Anstatt des gewählten Kriteriums der gleichen Zweckrichtung der Eingriffe, will Klement auf den Kausalkontext abstellen und die Prüfung der Verhältnismäßigkeit entsprechend der Berücksichtigung der Belastungskumulationen strukturieren.

Diese Lösung läuft im Ergebnis keinesfalls auf die Ablehnung eines additiven Grundrechtseingriffs hinaus, sondern lediglich auf einen anderen Lösungsweg. Interessant ist, dass Klement mehrere Eingriffe im klassischen Sinne nicht bereits gemeinsam auf der Eingriffsebene betrachten möchte, dies aber bei faktischen Beeinträchtigungen zulässt. Es bleibt unklar, welches Merkmal des erweiterten Eingriffsbegriffs gegen eine Gesamtbetrachtung mehrerer Maßnahmen spricht, die für sich genommen bereits einen Eingriff darstellen. Eine Begrenzung auf die Punktualität des staatlichen Handelns kommt jedenfalls nicht in Betracht, da ja eine Gesamtbetrachtung von faktischen Maßnahmen möglich sein soll. In dieser Konstellation steht „der Staat also besser dar", wenn er zum Eingriffsinstrumentarium im klassischen Sinne greift. Diese Differenzierung überzeugt nicht: Entweder man versteht den Grundrechtseingriff im punktuellen Sinne begrenzt, oder man nimmt den erweiterten Eingriffsbegriff in seiner Tragweite ernst und lässt ihn mehrere staatliche Handlungen, unabhängig von ihrer Rechtsform, erfassen.

Klements Kritikpunkten zur Finalität und dem mangelnden Freiheitsgewinn einer „Gesamtfreiheitsbilanz" ist zuzustimmen; diese sprechen aber nicht gegen den additiven Grundrechtseingriff per se. Klement führt weiter aus, dass die Figur des „kumulativen Grundrechtseingriffs", welcher sich aus mehreren Akten zusammensetzt, die für sich genommen Eingriffsqualität haben, abzulehnen ist.[181] Bei den prozessualen Konsequenzen wird aber genau darauf abgestellt; im Ergebnis sollen

> „mehrere Grundrechtseingriffe, die zwar nicht bei isolierter, wohl aber bei kumulativer Belastung gegen die Verfassung verstoßen, […] grundsätzlich – ein jeder für sich – verfassungswidrig [sein]."[182]

Damit bezieht sich der Autor genau auf die Konstellation, die zuvor nicht anerkannt werden sollte. Auch dies spricht dafür, dass es Klement letztlich nicht um die Ablehnung von Belastungskumulationen geht, sondern um die Ausgestaltung des additiven oder „kumulativen" Grundrechtseingriffs, begrenzt auf Maßnahmen mit derselben Zweckrichtung.

---

[180] Dazu unten Viertes Kapitel A. VII.

[181] AöR 134 (2009), 36, 63 f.

[182] AöR 134 (2009), 36, 79.

Interessant und wesentlich überzeugender als das pauschale Vorbringen einer Gesamtverhältnismäßigkeitsprüfung[183] ist der Vorschlag von Klement, die Prüfung der Verhältnismäßigkeit zu modifizieren. Das vorgeschlagene Kriterium des Eingriffsumfelds erscheint zunächst nicht ungeeignet.[184] Klement möchte dann auf allen Stufen der Verhältnismäßigkeit die Belastungskumulation entsprechend berücksichtigen. Insbesondere sollen im Rahmen von Geeignetheit und Erforderlichkeit die Wechselwirkungen der jeweiligen Belastungskumulation berücksichtigt werden. Dies hätte den Vorteil, dass wohl auch positiv wirkende Maßnahmen berücksichtigt werden könnten, hier stellt sich aber wiederum die Frage nach welchen Kriterien deren Einbeziehung letztlich beurteilt werden soll.[185]

Gegen diese strukturierte und in sich schlüssige Lösung ist allerdings einzuwenden, dass sie nicht mehr der Struktur der Verhältnismäßigkeitsprüfung als Zweck-Mittel-Relation entspricht. Die Prüfung des Zwecks oder der Zwecke der Belastungskumulation wird hier gänzlich unterlassen, die Gründe bleiben offen. Die Ablehnung einer gemeinsamen Zweckverfolgung wird durch das Kriterium des Eingriffsumfelds ersetzt, sodass alle Zwecke der verschiedenen staatlichen Maßnahmen in der Prüfung angebracht werden sollten, wenn man denn an einer Verhältnismäßigkeitsprüfung festhalten möchte. Entscheidend ist aber die Frage wie Geeignetheit Erforderlichkeit und Angemessenheit rechtssicher strukturiert werden sollen, ohne auf einen gemeinsamen Zweck der jeweiligen Einzeleingriffe zu rekurrieren. Dies bleibt offen.

II. Die Einordnung des additiven Grundrechtseingriffs als Eingriff als Konsequenz der Effektivierung des Grundrechtsschutzes

Nicht nur die zahlreichen Parallelen zwischen der Entwicklung des erweiterten Eingriffsbegriffs und der Diskussion um die dogmatische Erfassung von Gesamtbelastungen sprechen für eine ebenso parallele Lösung: Die Nutzung der vom Verfassungsgesetzgeber vorgesehenen Flexibilität der grundrechtlichen Prüfung und dadurch Effektivierung der Sicherung des Grundrechtsschutzes auf der Ebene des Grundrechtseingriffs. Die dreistufige Prüfung der Grundrechte hat sich bewährt und sollte auch im Hinblick auf die Erfassung von grundrechtlichen Gesamtbelastungen beibehalten werden. Die dogmatische Trennung zwischen Grundrechtstatbestand, Eingriff und Grundrechtschranken verhindert die Gefahr willkürlicher Einengung der Freiheit, insbesondere auch durch eine ad-hoc-Definition des Grundrechts und

[183] Dazu ausführlich unten Fünftes Kapitel B. V.

[184] Dazu bereits oben Viertes Kapitel A. VII.; AöR 134 (2009), 35; 66. Darunter wird der „Kausalkontext, also die Summe der Merkmale, von deren Vorliegen die Wirkungen des Grundrechtseingriffs sowie die verfassungsrechtliche Bewertung dieser Wirkungen abhängen".

[185] Zur Kritik einer umfassenden Grundrechtskompensation unten Fünftes Kapitel C.

wirkt somit freiheitssichernd.[186] Die Stufe des Eingriffs ist der verfassungsrechtlich korrekt begründbare Ansatzpunkt für die Einbeziehung von grundrechtlichen Gesamtbelastungen.[187] Daher geht auch die Bezeichnung eines additiven Grundrechtseingriffs nicht fehl.

Für die Einbeziehung auf Eingriffsebene spricht, dass das bisherige Schema des Grundrechtseingriffs dogmatisch auf Gesamtbelastungen passt. Anknüpfungspunkt ist aus der abwehrrechtlichen Perspektive das Handeln der Grundrechtsverantwortlichen in Bezug zum grundrechtlichen Schutzbereich. Diese Schutzbereichsakzessorietät lässt sich nur durch eine Beziehung auf Eingriffsebene abbilden. Nur diese Verknüpfung ist auch geeignet, die Intensität und Atypizität von additiven Grundrechtseingriffen zu erfassen. Eine getrennte Prüfung der Einzeleingriffe und eine „Zusammenführung" der Gesamtbetrachtung erst auf der Ebene der Rechtfertigung der Grundrechtsprüfung, unterschlägt diese Verbindung.[188] Entscheidend ist, wie die *Gesamt*belastung auf den Schutzgehalt des Grundrechts wirkt. Nach der Belastung des Grundrechtsträgers richtet sich auch der weitere Grundrechtsschutz, die Identifikation der Belastung ist Voraussetzung für die weitere Prüfung der Rechtfertigung. Wenn nicht identifiziert ist, was auf Eingriffsebene zu berücksichtigen ist, können auch die Schranken, wie die allgemeinen und besonderen Gesetzesvorbehalte und die Schranken-Schranken der Grundrechte nicht greifen. Allgemein begründet der Grundrechtseingriff seine Rechtfertigungsbedürftigkeit, da er das Grundrecht nicht ausgestaltet, sondern seinen Schutzgegenstand in seiner Integrität beeinträchtigt. Diese Beeinträchtigung ergibt sich bei einer Mehrzahl von staatlichen Maßnahmen aus der Gesamtbelastung. Die Gesamtbelastung kann nicht als Ausgestaltung eingeordnet werden, um diese Abgrenzung zu verdeutlichen, ist eine Abbildung auf Eingriffsebene ebenfalls zwingend. Die jeweilige *Eingriffsart* ist darüber hinaus maßgeblich dafür, wie der Schutzgegenstand des Grundrechts überhaupt beeinträchtigt werden kann, bspw. beim „Informationseingriff" durch die Erhebung, Speicherung und Weitergabe von Daten und damit auch in Bezug auf die Anzahl der Beeinträchtigungen.[189] Dies kann nur auf der zweiten Stufe der Grundrechtsprüfung abgebildet werden.

Ein weiterer Grund für die Berücksichtigung von grundrechtlichen Belastungen auf Eingriffsebene ist, dass sie eine konsequente Weiterentwicklung des erweiterten Eingriffsbegriffs darstellt. Diese mag man kritisieren, sie hat sich aber unzweifelhaft in verfassungsgerichtlicher Rechtsprechung und Literatur vollzogen. Ohne diese bereits erarbeiteten Grundannahmen umstoßen zu müssen, lässt sich die Prüfung von Gesamtbelastungen in sie integrieren. Auf der Ebene der Rechtfertigung müssten für die Erfassung grundrechtlicher Belastungen wiederum neue Maßstäbe entwickelt werden. Dies allein ist freilich kein Gegenargument. Allerdings geht damit das

---

[186] *Starck,* in: Mangoldt/Klein/Starck, Bd.1, Art. 1 Abs. 3, Rn. 263.

[187] *Lücke,* DVBl. 2001, 1469 ff.

[188] Dazu oben V. 1.

[189] *Sachs*, in: Sachs, GG, vor Art. 1, Rn. 78, Fn. 234.

Erfordernis einher, dass diese Kriterien begründbar sein müssen. Die Voraussetzung derselben Zweckverfolgung ist für eine Prüfung von Gesamtbelastungen im Rahmen des bisherigen Verständnisses der Verhältnismäßigkeitsprüfung zwingend,[190] findet aber als Kriterium für *Eingriffe* keinen verfassungsrechtlichen Anhaltspunkt. In der Rechtsprechung des Bundesverfassungsgerichts ist dieses Kriterium ebenfalls nicht zugrunde gelegt worden.[191] Es fördert nicht die Effektivität des Grundrechtsschutzes, welches dem additiven Grundrechtseingriff als Annahme zugrunde liegt.[192]

Ein effektiver Grundrechtsschutz gegen grundrechtliche Gesamtbelastungen kann darüber hinaus nur auf der Ebene des Eingriffs gewährleistet werden, weil nur dann der additive Grundrechtseingriff im Rahmen einer Individualverfassungsbeschwerde überhaupt überprüft werden könnte.[193] Entscheidend dafür ist die Betroffenheit des Grundrechtsträgers in einem Akt der öffentlichen Gewalt und die Möglichkeit einer Grundrechtsverletzung, diese Punkte können sich nur aus Grundrechtseingriffen – wie auch immer sie ausgestaltet sein mögen – ergeben. Auf Erwägungen im Rahmen der Rechtfertigung, wie den Grundsatz der Verhältnismäßigkeit, kann sich ein Grundrechtsträger hier nicht berufen.

Schließlich kann die Effektivität des Grundrechtsschutzes nicht von anderen Verfassungsbelangen isoliert Argumentationskraft entfalten. Zu berücksichtigen ist insbesondere auch der Entscheidungs- und Gestaltungsspielraum des Gesetzgebers. Bei einer Erfassung auf Eingriffsebene besteht die Rechtfertigungsmöglichkeit des additiven Grundrechtseingriffs und wahrt daher den Entscheidungsspielraum der Legislative.[194]

Mit der Grundannahme der Erfassung von Gesamtbelastungen auf der Prüfungsebene des Grundrechtseingriffs, sind diese aber noch nicht fassbar gemacht. Entscheidende Voraussetzung ist die Schutzbereichsakzessorietät des erweiterten Eingriffsbegriffs. Das soll und muss nicht bedeuten, dass andere Eingriffsverständnisse, die teilweise auf andere Kriterien zurückgreifen, abzulehnen sind, da sie bei der Prüfung von Einzelmaßnahmen weiterhin praktisch und dogmatisch sinnvolle Ergebnisse erzielen lassen. Ob der additive Grundrechtseingriff damit eine eigene „Eingriffsart" oder einen Unterfall des modernen Eingriffsbegriffs darstellt, ist letztlich eine begriffliche Streitigkeit.

Die vielfach geführte Diskussion[195] um die Auslegung der grundrechtlichen Schutzbereiche ist daher unabhängig von der Frage der verfassungsrechtlichen

[190] Dazu unten Fünftes Kapitel B. IV.

[191] Dazu oben Zweites Kapitel A. VI., zu den Kriterien des additiven Grundrechtseingriffs sogleich das vierte Kapitel.

[192] Dazu sogleich Viertes Kapitel A. IV.

[193] Dazu ausführlich unten Siebtes Kapitel A.

[194] Warum dies im bei einer Erfassung erst auf Ebene der Rechtfertigung problematisch ist, dazu unten, Fünftes Kapitel B. V.

[195] *Böckenförde*, Der Staat 42 (2003), 165; *Hoffmann-Riem*, Der Staat 43 (2004), 203; kritisch: *Kahl*, Der Staat 43 (2004), 167.

Einordnung von Gesamtbelastungen zu führen, da diese nicht auf der Ebene des Schutzbereichs, sondern des Grundrechtseingriffs zu verorten sind.[196] Allerdings ist der moderne Eingriffsbegriff in „der Gestalt des additiven Grundrechtseingriffs" dahingehend weiterzuentwickeln, dass Kriterien für die Einbeziehung der Gesamtbelastungen ermittelt werden, die über die Verkürzung des grundrechtlich geschützten Verhaltens hinausgehen. Dies erfolgt im nächsten Kapitel.

In Bezug auf Grundrechte mit weitem Schutzbereich, die viele Lebensbereiche tangieren, wie Art. 12 GG, stellen sich dieselben Probleme wie bei Einzeleingriffen auch.[197] Die entsprechenden Lösungskonzepte sind auf den additiven Grundrechtseingriff übertragbar, es spricht nichts dagegen, dass auch dieser im Rahmen von Art. 12 Abs. 1 GG eine „objektiv berufsregelnde Tendenz"[198] aufweisen sollte, wenn man dieses Konzept zugrunde legen möchte. Gegen die Annahme einer subjektiven oder objektiven berufsregelnden Tendenz spricht nicht nur der Einwand einer „Sondereingriffsdogmatik" für das Grundrecht des Art. 12 GG, sondern auch die im Ergebnis bestehende Anknüpfung an das, wie auch immer zu bestimmende, Kriterium der Finalität.[199] Unabhängig davon, kann aber auch das objektiv verstandene Kriterium der berufsregelnden Tendenz in Bezug auf additive Grundrechtseingriffe weiter entwickelt werden.

Die berufsregelnde Tendenz als Kriterium für die Identifikation von Eingriffen in die Berufsfreiheit ist nicht auf Einzeleingriffe beschränkt, da sie ergebnisbezogen bestimmt wird. Das Bundesverfassungsgericht stellt darauf ab, ob der

> „besondere Freiheitsraum, den Art. 12 Abs. 1 GG sichern will, [kann] auch durch Vorschriften berührt werden, die infolge ihrer tatsächlichen Auswirkungen geeignet sind, die Freiheit der Berufswahl mittelbar zu beeinträchtigen".[200]

Diese Beeinträchtigung kann sich dann aus der Gesamtbetrachtung der Einzeleingriffe ergeben, die zusammen erheblich auf die Berufsfreiheit des Grundrechtsträgers einwirken können. Um dies zu ermöglichen, müssten allerdings auch Eingriffe in die Prüfung des additiven Grundrechtseingriffs einbezogen werden, die isoliert betrachtet keine subjektiv oder objektiv berufsregelnde Tendenz aufweisen, nur zusammen aber objektiv berufsregelnd *wirken.*[201] Die berufsregelnde Tendenz ist kein spezielles Kriterium des additiven Grundrechtseingriffs, aber nach überwie-

---

[196] A.A. *Winkler*, JA 2014, 881, 884; die die Frage auf der Ebene der grundrechtlichen Schutzgüter bewältigen möchte, der weitere Prüfungsaufbau aber unklar bleibt.

[197] Grundlegend zur Eingriffsdogmatik von Art. 12 GG: *Dietlein*, in: Stern, Staatsrecht IV/1, S. 1841 ff.

[198] *Scholz*, in: Maunz/Dürig, GG, Art. 12, Rn. 300 ff.

[199] So *Dietlein*, in: Stern, Staatsrecht IV/1, S. 1845.

[200] BVerfGE 13, 181, 185 f.; 110, 226, 254.

[201] So deutlich *Hohmann*, DÖV 2000, 406, 409. *F. Hufen*, Die Grundrechte und der Vorbehalt des Gesetzes, in: Grimm, Wachsende Staatsaufgaben – sinkende Steuerungsfähigkeit des Rechts, S. 273, 278, explizit zu den Gefahren für die Berufsfreiheit durch Belastungskumulationen.

gender Ansicht[202] entscheidend für einen Eingriff in Art. 12 Abs. 1 GG. Daher ist bei Vorliegen eines additiven Grundrechtseingriffs auch zu prüfen, ob dieser in seiner Gesamtheit objektiv berufsregelnd wirkt. Denn die objektiv berufsregelnde Tendenz im Rahmen des Art. 12 Abs. 1 GG kann dadurch erfüllt sein, dass sich die Gesamtbelastung entweder unmittelbar auf den Berufsausübenden auswirkt oder in ihrer Gesamtschau von einigem Gewicht ist. Diese Interpretation ist auch eine konsequente Weiterentwicklung der Rechtsprechung des Bundesverfassungsgerichts. Zunächst waren nur finale, auf die Regelungsintention bezogene Eingriffe in Art. 12 Abs. 1 GG, also mit subjektiv berufsregelnder Tendenz, anerkannt.[203] Als Konsequenz der Öffnung des Eingriffsbegriffs, bejahte das Bundesverfassungsgericht nunmehr auch einen Schutz gegenüber solchen Vorschriften, die nur aufgrund ihrer tatsächlichen Auswirkungen die Freiheitssphäre des Einzelnen beeinträchtigen und in einem engen Zusammenhang mit der Ausübung des Berufes stehen.[204] Dieser enge Zusammenhang kann sich beim additiven Grundrechtseingriff durch die Gesamtschau der Beeinträchtigungen begründen lassen. Die rote Ampel allein ist kein Eingriff in die Berufsfreiheit des Taxifahrers; führen aber mehrere verkehrsrechtliche Regelungen zu einer faktischen Nichtbefahrbarkeit der Innenstädte durch Taxen, lassen sich die Auswirkungen auf die Berufsfreiheit nicht mehr plausibel verneinen.

Hier ergeben sich im Hinblick auf den additiven Grundrechtseingriff keine Besonderheiten. Deshalb ist die berufsregelnde Tendenz auch kein spezifisches Kriterium des additiven Grundrechtseingriffs oder von Belastungskumulationen im Allgemeinen. Die berufsregelnde Tendenz wird im Hinblick auf den additiven Grundrechtseingriff, wie in Bezug auf die Prüfung von Einzeleingriffen auch, wohl auch in Zukunft weniger entscheidend sein.[205]

III. „Grundrechtswidriger Effekt“

Die unter dem Stichwort des „grundrechtswidrigen Effekts“ diskutierte Erweiterung der zweiten Stufe der Grundrechtsprüfung entspricht in seiner Konsequenz dem Konzept des erweiterten Eingriffsbegriffs.[206]

---

[202] Überblick bei *Scholz*, in: Maunz/Dürig, GG, Art. 12, Rn. 300 ff.

[203] Zur Entwicklung eingehend: *Dietlein*, in: Stern, Staatsrecht IV/1, S. 1842 f.

[204] Vgl. BVerfGE 13, 181, 185; *Dietlein*, in: Stern, Staatsrecht IV/1, S. 1842.

[205] Keine explizite Erwähnung mehr in der jüngeren Rspr, vgl. BVerfG NVwZ 2017, 1111; kein zwingendes Erfordernis für Eingriffe in Art. 12 Abs. 1 GG: BVerfGE 61, 291, 308 zum Verzicht auf die berufsregelnde Tendenz bei Eingriffen in Art. 12 Abs. 1 GG; BVerfGE 46, 120, 137 f.; 47, 1, 21 ff.

[206] Im Ergebnis wohl auch *Lindner*, DÖV 2004, 765, 773.

Die Figur des Grundrechtseingriffs soll durch eine Prüfung des „grundrechtswidrigen Effekts“ ersetzt werden.[207] Zu prüfen ist danach im Rahmen des „effektbezogenen Grundrechtsschutzes“ nur, ob der durch die staatliche Maßnahme tangierte Lebensbereich von einem Grundrecht thematisch erfasst wird. Somit kommt es danach nicht auf die Kategorisierung und Qualifikation der staatlichen Handlung an, sondern allein auf deren kausalen Effekt im Hinblick auf das betroffene Grundrecht, sozusagen eine „rechtsfolgenbezogene“ Betrachtungsweise. Art, Intensität und rechtliche Form der Freiheitsverkürzung bleiben damit außer Betracht.[208]

Durch das Zugrundelegen eines grundrechtswidrigen Effekts, anstelle des Eingriffsbegriffs, wäre die Prüfung auch nicht zwangsläufig auf eine Einzelmaßnahme beschränkt. Der grundrechtswidrige Effekt könnte in Abkehr der klassischen Eingriffsmerkmale allgemein als Verkürzung des Grundrechtsschutzes durch eine Einzelmaßnahme ausgelöst werden. Im Fall staatlicher Gesamtbelastungen können diese allerdings auch einen grundrechtswidrigen Effekt darstellen, da diese Figur auf das Ergebnis – die Verkürzung des Grundrechtsschutzes – abstellt und damit nicht auf die Art der Beeinträchtigung, sondern auf das Resultat. Es soll darum gehen, was vom Schutzgehalt des Grundrechts nach Einbeziehung des grundrechtwidrigen Effekts „übrig bleibt“.[209] Diese Betrachtung lässt sich auch bei mehr als einer staatlichen Maßnahme vornehmen.

Dem grundrechtswidrigen Effekt im Speziellen und allgemein dem Ausgangspunkt der Grundrechtsdogmatik an der Figur des Schutzbereiches wird entgegengehalten, dass auch Grundrechtseingriffe ein faktisch-deskriptives und ein normatives Element enthalten.[210] Das faktisch-deskriptive Element bezeichnet das Handeln[211] des Staates, das normative Element die Beeinträchtigung des grundrechtlichen Schutzbereiches. Geprüft wird allerdings zuerst, oder beim effektbezogenen Grundrechtsschutz ausschließlich, ob das normative Element, die Eröffnung des Schutzbereiches gegeben ist. Diese Frage spielt aber in der subjektiven Dimension der Grundrechte ohne das Vorliegen eines staatlichen Handelns gar keine Rolle. Ausgangspunkt der Grundrechtsprüfung ist bisher eine Auslegung der Verfassungsnorm, respektive des Schutzbereiches, und nicht zuerst die Analyse des Adressatenhandelns. Plädiert wird daher dafür, die Prüfung des faktisch-deskriptiven Elements, des Eingriffs, zu Beginn der Grundrechtsprüfung vorzunehmen.[212] Begrenzt werden soll das Element des grundrechtswidrigen Effekts durch den Bezug

[207] *Lindner*, DÖV 2004, 765, 770 f. folgt den Vorschlägen von *Gallwas*, Grundrechtsbeeinträchtigungen, insbs. S. 25 ff.

[208] *Peine*, HGR III, § 57 Rn. 18; *Lindner*, DÖV 2004, 765, 770 f.

[209] *Lindner*, DÖV 2004, 765, 771.

[210] *Perez Barbera*, Die Dogmatik des Grundrechtseingriffs aus strafrechtlicher Sicht, in: Lorenz/Reinhart/Sahan, Festschrift für Imme Roxin, 2012, S. 29, 35.

[211] Oder ggf. Unterlassen in nicht-abwehrrechtlicher Perspektive; zu Gesamtbelastungen in anderen Grundrechtsdimensionen, sogleich B.

[212] *Perez Barbera*, Die Dogmatik des Grundrechtseingriffs aus strafrechtlicher Sicht, in: Lorenz/Reinhart/Sahan Festschrift für Imme Roxin, 2012, S. 29, 36.

zum Grundrechtsträger. Die Feststellung der Art des staatlichen Handelns, z. B. der Rechtsförmlichkeit sei immer deskriptiv, da es sich auf faktisches Handeln beziehe, auch wenn sich in der Kategorisierung normative Begriffe finden. Letztlich handele es sich um den beschreibenden Vorgang eines faktischen Geschehens.[213]

An der Konzeption des grundrechtswidrigen Effekts kann vor allem kritisiert werden, dass die eingrenzende Ebene der „konkreten Reaktionsbedürftigkeit", die zusammen mit dem grundrechtswidrigen Effekt definieren soll, welches staatliche Verhalten rechtfertigungsbedürftig ist, absolut unklar bleibt.[214] Sie soll die Voraussetzungen beschreiben, unter denen „die Verkürzung eines grundrechtlich geschützten Interesses rechtfertigungsbedürftig sein kann". Wohingegen Unterschied oder Vorteil gegenüber der Rechtsfigur des *Eingriffs* liegen, bleibt offen.

Die Zielrichtung des grundrechtswidrigen Effekts ist mit der Intention der Erweiterung des Eingriffsbegriffs deckungsgleich: Unabhängig von der Handlungsform sollen nicht nur „klassische", finale und imperative Maßnahmen, sondern auch mittelbare und faktische Handlungen den Grundrechtsschutz auslösen.[215] Abgestellt wird auf eine vom staatlichen Regelungswillen umfasste Interessenverkürzung beim Grundrechtsträger, die auch als „Eingriff" bezeichnet werden könne.[216] Letztlich divergieren vor allem die Begrifflichkeiten, weshalb im Hinblick auf Gesamtbelastungen das bereits ausgeführte gilt.

IV. Grundrechtliche Gesamtbelastungen als Grundrechtsgefährdungen

Das Bundesverfassungsgericht hat Grundrechtsgefährdungen als „noch im Vorfeld verfassungsrechtlicher Grundrechtsbeeinträchtigungen" zu verortende Auswirkungen angesehen, sie können aber unter besonderen Voraussetzungen „Grundrechtsverletzungen" gleichzusetzen sein.[217] Kumulative staatliche Belastungen könnten als Grundrechtsgefährdungen eingestuft werden, die in ihrer Gesamtschau zu einer Grundrechtsverletzung führen können.[218]

---

[213] *Perez Barbera,* Die Dogmatik des Grundrechtseingriffs aus strafrechtlicher Sicht, in: Lorenz/Reinhart/Sahan, Festschrift für Imme Roxin, 2012, S. 29, 36.

[214] Bemerkenswert kurze Erwähnung: *Lindner*, DÖV 2004, 765, 769 f., der dann ausführt, dass die „Figur des grundrechtswidrigen Effekts [..] im Rahmen der Beeinträchtigungsanalyse [ihre Hauptrolle spiele]."

[215] *Perez Barbera,* Die Dogmatik des Grundrechtseingriffs aus strafrechtlicher Sicht, in: Lorenz/Reinhart/Sahan, Festschrift für Imme Roxin, 2012, S. 29, 34.

[216] *Lindner*, DÖV 2004, 765, 773.

[217] BVerfGE 51, 324, 346 f.

[218] Allerdings werden die Einzelelemente in der Regel bereits Eingriffscharakter haben, wenn wie hier eine Bagatellgrenze von Grundrechtseingriffen abgelehnt wird. Zur Eingriffseigenschaft als Voraussetzung eines Prüfungselements des additiven Grundrechtseingriffs, unten Viertes Kapitel A. I.

Um die „Relevanzschwelle" zu überschreiten, sind Prognoseentscheidungen wie im Gefahrenabwehrrecht erforderlich, womit letztlich das Kriterium der Intensität zur Bestimmung einer relevanten Grundrechtsgefährdung herangezogen wird.[219] Im Rahmen der Debatte um die Erweiterung des klassischen Eingriffsbegriffs entwickelte sich eine Diskussion um die Ersetzung des – konturenlos zu werden drohenden – Eingriffs durch eine grundrechtliche Gefährdungslage. Die Zurechnung zum Staat und Auslösung der Rechtfertigungsbedürftigkeit würde immer weiter vorverlagert. Schließlich würden sich im Zuge der Durchnormierung fast aller Lebensreiche wohl überall grundrechtliche „Gefährdungslagen" aufzeigen lassen. Im Hinblick auf kumulative Belastungen müsste wohl schon die „dazu kommende" Maßnahme in einem Bereich, der bereits anderweitig staatlich durchdrungen ist, bereits zu einer grundrechtlichen Gefährdungslage führen – sie könnte kumulativ zu einem verfassungswidrigen Zustand führen. Relevant wird die Grundrechtsgefährdung im Hinblick auf Schutzpflichten,[220] im Rahmen des additiven Grundrechtseingriffs entfaltet das Konzept aufgrund der Eingriffseigenschaft der jeweiligen Einzeleingriffe allerdings keine Relevanz.

V. Kompensationsprinzip und additiver Grundrechtseingriff

Diskussionswürdig ist, ob dem additiven Grundrechtseingriffs, beispielsweise in Form von mehreren legislativen Eingriffen, mit der Figur der „Grundrechtskompensation" oder „Grundrechtssaldierung" begegnet werden kann.[221] Dabei geht es um eine Verrechnung bzw. die Saldierung von Vor- und Nachteilen, die eine Belastung oder mehrere Belastungen im Ergebnis ausgleichen.[222] In Abgrenzung zur Abwägung wird also bereits der Eingriff selbst ausgeglichen, es findet ein konkreter Ausgleich der Belastungswirkung anstelle eines Nutzenvergleichs statt.[223] Hintergrund dieser Überlegung ist, dass durch die unterbleibende Abwägung im Rahmen der Verhältnismäßigkeitsprüfung [224] dem Grundrechtsträger durch die Betroffenheit durch mehrere Maßnahmen unter Umständen nicht nur Belastungen, sondern auch Vorteile iSv. Freiheitsgewährungen zuteilwerden.

Der verfassungswidrigen Gesamtbelastung durch die additiv wirkenden staatlichen Einzelmaßnahmen könnte durch einen Ausgleich, z. B. eine Begünstigung, an

[219] *Lübbe-Wolff*, Die Grundrechte als Eingriffsabwehrrechte, S. 57.

[220] Dazu sogleich B.

[221] Vor allem im Steuerrecht diskutiert: *Hey*, AöR 128 (2003), 226 ff.; *P. Kirchhof*, Besteuerung im Verfassungsstaat, S. 58; umfassend: *Haller*, Die Verrechnung von Vor- und Nachteilen im Rahmen von Art. 3 Abs. 1 GG, zur dogmatischen Struktur ab S. 113 ff.

[222] *Voßkuhle,* Das Kompensationsprinzip, S.172.

[223] *Voßkuhle,* Das Kompensationsprinzip, S.48.

[224] Die nach der hier vertretenden Ansicht Gesamtbelastungen nicht hinreichend erfassen kann. Eingehend dazu unten Fünftes Kapitel B. V.

anderer Stelle abgeholfen werden. Grundsätzlich ergibt sich diese Möglichkeit schon aus der Gestaltungsfreiheit des Gesetzgebers und kann daher nicht auf die Grenzen einzelner Rechtsgebiete beschränkt sein. Allerdings stellt sich die Frage, wie der Zusammenhang zwischen additivem Grundrechtseingriff, also der Gesamtbelastung einerseits und Entlastungsregelung andererseits, ausgestaltet sein muss, damit sich die Entlastung auch aus verfassungsrechtlicher Sicht in der kumulativen Belastungssituation berücksichtigen lässt. Fakt ist, dass nicht jede Ausgleichsregelung, die zwar unter Umständen als politisches Rechtfertigungsargument herangezogen wird, einen additiven Grundrechtseingriff ausgleichen kann. Dies würde jedes Mal zu einer Gesamtbetrachtung aller Be- und Entlastungen des Individuums in einem thematischen Bereich führen, was praktisch unmöglich ist und verfassungsrechtlich systematisch keine Anhaltspunkte findet.[225]

Also können Entlastungsregelungen nicht zum „Ausgleich“ einer kumulativen Belastungssituation herangezogen werden, die mit dieser in keinem Zusammenhang stehen. Es fragt sich aber, wie dieser Zusammenhang, der praktisch zwingend erscheint, ausgestaltet sein muss. Soll auf formale Kriterien wie das gleiche Gesetz, das gleiche Rechtsgebiet oder der gleiche Normgeber abgestellt werden? Oder führen materiell-rechtliche Gesichtspunkte zu einem überzeugenden Ausgleich? An welche Belastungen soll dabei genau angeknüpft werden? Ist der zu untersuchende Zusammenhang zu einer einzigen Norm, die zu der kumulativen Belastung führt ausreichend, oder muss diese zu allen bestehen?

Ihren Anknüpfungspunkt findet die Saldierung im Gedanken der Kompensation im Recht der staatlichen Ersatzleistungen zur Enteignung, Art. 14 Abs. 3 S.2 GG. Ausgleichspflichtige Inhalts- und Schrankenbestimmungen, sehen ebenfalls eine Entschädigung bei staatlicher Inanspruchnahme vor.[226] Dabei handelt es sich aber um Kompensationen auf Sekundärebene. Das Saldierungsprinzip entwickelt diesen Gedanken dahingehend weiter, dass von vorneherein mehrere Beeinträchtigungsquellen bestehen, die im Wege der Verrechnung von Vor- und Nachteilen zueinander in Beziehung gesetzt werden und dadurch die Belastungen auflösen.[227] Dieses Prinzip erscheint auf den ersten Blick tragfähig, die besondere Belastungssituation des additiven Grundrechtseingriffs zu bewältigen. Hier bestehen mehrere Belastungen durch legislative staatliche Maßnahmen, die zusammen betrachtet zu einer verfassungswidrigen Gesamtbelastung führen. Um die Schwelle der Verfassungswidrigkeit zu unterschreiten und auch im Sinne einer „spiegelbildlichen“ Gesamtbetrachtung entlastender Aspekte könnte damit das Saldierungsmodell unter Berücksichtigung von Vorteilen die besondere Belastung des additiven Grundrechtseingriffs kompensieren. Es würde also eine Gesamtbetrachtung der Be- und Ent-

---

[225] Schon wegen der Entscheidung des Verfassungsgesetzgebers gegen Verbundsgrundrechte; zu den Kombinationsmöglichkeiten der Grundrechte untereinander: *Breckwoldt*, Grundrechtskombinationen, S. 58 ff.

[226] Zur Entwicklung: *Papier*, in: Maunz/Düring, GG, Art. 14 Abs. 1, Rn. 378b ff.; *Voßkuhle,* Das Kompensationsprinzip, S. 270; BVerfGE 58, 137, 50 ff.; 100, 226, 244.

[227] *Voßkuhle,* Das Kompensationsprinzip, S. 172.

lastungen erfolgen. Ausgangsproblematik ist, ob eine Gesamtsaldierung im Bereich der Freiheitsrechte überhaupt möglich sein kann.

Im Bereich der Gleichheitsrechte ist das Saldierungsprinzip in Literatur[228] und verfassungsrechtlicher Rechtsprechung[229] insbesondere im steuerrechtlichen Zusammenhang anerkannt. Als Beispiel für das Saldierungsprinzip im Steuerrecht sei § 15 UStG genannt, welcher den Vorsteuerabzug für Unternehmer normiert. Die Verbindung zum Saldierungsprinzip begründet sich einerseits in der speziellen Struktur der Gleichheitsrechte[230] und an der unkomplizierten Verrechenbarkeit von Geldleistungen im Bereich des Steuerrechts. Von einer invarianten Übertragbarkeit auf die abwehrrechtliche Konstellation des additiven Grundrechtseingriffs kann nicht ohne weiteres ausgegangen werden.[231]

Es stellt sich die Frage, ob allein die grundlegende Differenzierung zwischen Freiheits- und Gleichheitsrechten gegen die Prüfung des additiven Grundrechtseingriffs anhand des Saldierungsmodells streitet.

Einer Gesamtbelastungskonstellation könnte möglicherweise schon in dem Sinne ausreichend Rechnung getragen werden, dass sich diese als verfassungsmäßig erweisen könnte, wenn die Eingriffsschwere durch eine Ausgleichsregelung reduziert wird. Grundsätzlich fügt sich dieser Gedanke einer Abschwächung schon des Grundrechtseingriffs durch gewährte Vorteile in die hier entwickelte Systematik des additiven Grundrechtseingriffs ein: Die Belastungskumulation soll auf Eingriffsebene erfasst werden; gleiches könnte für die Aspekte der Vorteilsgewährung gelten. Gegen die grundsätzliche Ablehnung einer Aufhebung oder Abschwächung schon des Eingriffs durch die Saldierung spricht die verfassungsrechtliche Verankerung der Enteignung in Art. 14 GG, welche von vorneherein ausgeglichen wird und nicht erst durch die „nachträgliche Rechtfertigung“ verfassungsmäßig wird.[232]

Letztlich führt diese Annahme aber zur entscheidenden Grundfrage, ob Freiheitsbeeinträchtigungen überhaupt saldiert werden können. Eine grundrechtliche Freiheitseinschränkung durch finanziellen Ausgleich bereits im Vorfeld zu eliminieren, scheidet aufgrund der zwingenden Vermeidung eines „Ausverkaufs des Grundrechtsschutzes“ aus.[233] Eine Saldierung im Sinne eines Eingriffsausgleichs könnte also nur durch eine Freiheitsgewährung an anderer Stelle erfolgen. Hier stellt sich aber das Problem, dass der Ausgleich einer Freiheitsbeeinträchtigung nie durch die Gewährleistung einer anderen exakt ausgeglichen werden kann. Die Freiheitsbeeinträchtigung wird nicht ungeschehen, sondern kann höchstens aufgewogen

---

228 Grundlegend: *Hey*, AöR 128 (2003), 226 ff.

229 BVerfGE 123, 1, 34. 96, 1, 8.

230 Zum allgemeinen Gleichheitssatz in der Rechtsprechung des Bundesverfassungsgerichts: *Britz*, NJW 2014, 346; für die Prüfung von Art. 3 Abs. 1 GG im abwehrrechtlichen Schema: *Sachs/Jasper*, JuS 2016, 769 ff.; 775.

231 Dafür aber: *Bronkars*, Kumulative Eigentumseingriffe, S. 102.

232 Statt aller: BVerfGE 134, 242, 290 ff.

233 *Voßkuhle,* Das Kompensationsprinzip, S. 282.

werden. Freiheitsentzug im Sinne der Einschränkung der Bewegungsfreiheit der Person beispielsweise bleibt immer irreversibel. Für einen Ausgleich im Sinne einer „Neutralisierung“ der Belastung müssen sich aber gleichwertige Positionen gegenüberstehen. Dies kann außer bei Grundrechtseingriffen durch finanzielle Zahlungspflichten aber nie angenommen werden. Eine Kompensation mag die Beeinträchtigung abmildern, kann aber immer nur an andere Stelle einer geschützten Position des Grundrechtsträgers erfolgen. Freiheitsgewährungen anderer Art könnten, wenn überhaupt, nur im Rahmen einer Abwägung einbezogen werden.[234]

Der „Ausgleich“ einer Grundrechtsbeeinträchtigung im Bereich der Freiheitsrechte im Rahmen eines additiven Grundrechtseingriffs kann daher nur durch die Rücknahme der entsprechenden Grundrechtseingriffe erfolgen. Eine Saldierung mit anderen Vorteilen beispielsweise im Bereich anderer grundrechtlicher Schutzbereiche würde wiederum die Schrankensystematik der Grundrechte unterlaufen, da die Konzeption von Verbundsgrundrechten abzulehnen ist. Daher ist die Anwendung des Saldierungsgedankens im Bereich der Freiheitsgrundrechte im Sinne eines Ausgleichs auf Tatbestandsebene abzulehnen. Davon zu differenzieren ist die Frage, ob eine Saldierung im Rahmen der Rechtfertigung des additiven Grundrechtseingriffs in Betracht kommt.[235]

VI. Eingriffsunabhängige Grundrechtsdogmatik und Gesamtbelastungen

Der Grundvorwurf, dem sich der Eingriffsbegriff ausgesetzt sieht, ist, dass den konturenbildenden Kategorien wie der Finalität die Absicherung im Normativen fehle. Von Rechts wegen gäbe es schließlich keine Anhaltspunkte für Differenzierungen nach Gesichtspunkten des wirklichen Lebens.[236] Die Kritik lautet:

> „die Grundrechte schützen nur vor Eingriffen im Sinne eines formal zu definierenden Eingriffsbegriffs“.[237]

Der Ansatz einer eingriffsunabhängigen Grundrechtsdogmatik bietet möglicherweise auch eine Chance, kumulative Belastungen zu erfassen. Der Diskussion um eine Grundrechtsdogmatik ohne Eingriffe sind die Annahmen der „Innentheorie“ bzw. „Außentheorie“ über die Funktion der Rechte, in diesem Fall Grundrechte, vorgeschaltet.

---

[234] Zur Kompensation von additiven Grundrechtseingriffen auf der Ebene der Rechtfertigung unten Fünftes Kapitel C.

[235] Dazu unten Fünftes Kapitel C.

[236] Grundlegend: *Gallwas*, Grundrechtsbeeinträchtigungen, S. 43.

[237] *Gallwas*, Grundrechtsbeeinträchtigungen, S. 43.

Nach der Außentheorie[238] bestehen *prima-facie* Rechte und sie begrenzende Schranken. Bei einer nicht existierenden rechtlichen Schranke oder einer rechtmäßigen Beschränkung erstarkt das verbleibende Recht in seinem Ganzen, bzw. bei letzteren in einem Teilgehalt zum definitiven Recht.[239] Es ist folglich zwischen dem *prima-facie* Recht und dem definitiven Recht, welches den sich tatsächlich realisierenden Schutzgehalt bezeichnet, zu unterscheiden.

Die Innentheorie fußt auf der Prämisse, dass es keine Differenzierung gibt und Rechte von vorneherein durch die ihnen immanenten Grenzen beschränkt sind.[240] Daraus ergibt sich die Konsequenz, dass die Prüfung eines Eingriffs, der gerechtfertigt sein kann, obsolet wird, diese Einschränkung soll den Grundrechten ja bereits von vorneherein inhärent sein. Anders gesagt: bereits der Schutzbereich wird so eingegrenzt, dass nur noch der Bereich des definitiven Grundrechtsschutzes verbleibt.[241]

Bestrebungen, die eine eingriffsunabhängige Grundrechtsdogmatik vertreten, haben sich, trotz einiger aus dogmatischer Sicht für sie sprechenden Argumenten, aber zu recht, wohl auch aufgrund der schwierigen Praxisanwendung, nicht durchsetzen können. Stellenweise wurden sie als Begriffskritik eingeordnet, die das dogmatische Konzept des Grundrechtseingriffs nicht tangieren.[242] Der institutionelle Aspekt der Grundrechte tritt danach anstelle des individualrechtlichen; geschützt ist nur ein Bereich des definitiven Grundrechtsschutzes, wonach „Eingriffe" in diesen immer rechtswidrig sind. Außerhalb dieses Bereiches gelten staatliche Maßnahmen als nicht rechtfertigungsbedürftige Ausgestaltungen der bürgerlichen Freiheit. Die grundrechtlichen Freiheitsgehalte sollen von vorneherein durch Verfassungsgüter gleichen oder höherrangigen Ranges begrenzt sein. Schon die Annahme von „höherrangigen" Verfassungsgütern erscheint problematisch. Auch die Grundrechtsbindung des Art. 1 Abs. 3 GG würde bei einer konsequenten Anwendung der weitreichenden Möglichkeit staatlicher „Freiheitsausgestaltung" weitestgehend leer laufen. Konsequenz dieses Ansatzes ist die Reduzierung der grundrechtlichen Schutzgehalte auf den des definitiven Grundrechtsschutzes, welcher nach Art. 19 Abs. 2 GG zumindest dem Wesensgehalt entsprechen muss. Somit sind „Eingriffe" in diesem Bereich immer rechtswidrig, die Einschränkung eines Grundrechts immer Verletzung des Wesensgehalts und damit Verfassungsverstoß.[243]

---

[238] Ausführlich dazu: *Borowski*, Grundrechte als Prinzipien, S. 34 ff.; *Teifke*, Das Prinzip Menschenwürde, S. 91.

[239] *Alexy*, Theorie der Grundrechte, S. 273, 275 ff.

[240] Statt aller: *Alexy*, Theorie der Grundrechte, S. 250 f.

[241] Vgl. auch *Eckhoff*, Der Grundrechtseingriff, S. 26.

[242] Prominentester Vertreter ist wohl *Häberle*, Die Wesensgehaltsgarantie des Art. 19 Abs. 2 GG, S. 222 ff.; *Lübbe-Wolff* plädiert dafür, Häberles Vorschläge als Beitrag zur Grundrechtstheorie einzuordnen, die die Eingriffsdogmatik nicht tangiert; Die Grundrechte als Abwehrrechte, S. 63 ff.

[243] *Häberle*, Die Wesensgehaltsgarantie des Art. 19 Abs. 2 GG, S. 223.

Gegen diese Auffassung spricht der unbefangene Blick in den Verfassungstext des Grundgesetzes. Der Wortlaut des Art. 2 Abs. 2 S. 3 GG spricht ausdrücklich von einem Eingriff. Die Art. 5 Abs. 2, 8 Abs. 2, 10 Abs. 2 S. 1, 11 Abs. 2 S. 1 GG formulieren Anforderungen an Beschränkungen. Diese Strukturen machen nur Sinn, wenn man einen Grundrechtseingriff oder eine Grundrechtsbeschränkung als möglich ansieht. Durch die Formulierung von Anforderungen an Beschränkungen und Eingriffe ist aber impliziert, dass diese rechtmäßig sein können müssen. Systematisch gesehen normieren Art. 19 Abs. 1 und Abs. 2 GG weitere „allgemeine“[244] Anforderungen an die Einschränkung von Grundrechten, sodass man diese Indikatoren nicht als Formulierungsfrage, sondern als Systementscheidung des Verfassungsgebers ansehen muss. Systematisch gesehen kann auch der im Grundgesetz statuierte Schutzauftrag dazu angeführt werden, dass der Grundrechtsschutz – in diesem Fall durch die staatliche Schutzpflicht – unabhängig von der Art der Beeinträchtigung gewährt werden soll.[245]

Ein weiterer entscheidender Aspekt muss die mangelnde Praktikabilität in der Rechtsanwendung sein. Die Grundrechtsprüfung spielt sich nicht in einem fiktiven akademischen Raum ab, sondern in der Realität der Verfassungsgerichtsbarkeit. Wie vor dem Hintergrund der widersprechenden Grundrechtskonzeption des Grundgesetzes das institutionelle Grundrechtsverständnis angewendet werden soll, um schon auf Schutzbereichsebene definitive Schutzräume zu bestimmen, bleibt größtenteils offen. Wie in der richterlichen Entscheidungssituation „behutsam an überkommene Begriffe“ wie das Eingriffsbild[246] angeknüpft werden soll, wird nicht präzisiert.

In Bezug auf die Erfassung kumulativer staatlicher Belastungen darf deshalb die Handhabbarkeit eines Lösungsmodells nicht aus dem Blickfeld geraten. Möglicherweise würden sich Probleme der kumulativen staatlichen Belastungen nicht mehr stellen, wenn man unabhängig von einem Eingriffsbegriff auf einen Bereich des definitiven Grundrechtsschutzes abstellt, der unabhängig von der Anzahl der Maßnahmen nicht berührt werden darf. Nach hier vertretener Auffassung sind solche Erwägungen aber nicht im Rahmen eines innenrechtlichen Grundrechtsmodells, sondern in Anknüpfung an die Verfassungsnorm des Art. 19 Abs. 2 GG zu diskutieren.[247] Auch wenn eine eingriffsunabhängige Grundrechtsdogmatik aus theoretischer Sicht ein „Prüfungsschema“ für den additiven Grundrechtseingriff bieten könnte, sind ihre Prämissen aufgrund der widersprechenden Grundrechtskonzeption der Verfassung, mangelnder Praktikabilität und des Überwiegens sozialwissenschaftlicher Argumentation gegenüber rechtlichen Ansätzen abzulehnen.

---

[244] Zur Problematik ob Art.19 GG auf die Gleichheitsrechte anzuwenden ist: *Drews*, Die Wesensgehaltsgarantie des Art. 19 II GG, S. 57 ff.

[245] *Gallwas*, Grundrechtsbeeinträchtigungen, S. 58.

[246] *Häberle*, VVDStRL 30 (1972), 44, 123.

[247] Dazu unten Fünftes Kapitel B. VII.

Heß hat sich ebenfalls dafür ausgesprochen, dass der Eingriff keine tatbestandliche Voraussetzung für den Eintritt einer primären grundrechtlichen Rechtsfolge sein soll.[248] Die Rechtsfolge sei die Entstehung eines Abwehrrechts, welches als

> „subjektive Rechtsposition, die durch eine Grundrechtsbestimmung gewährt wird und deren Beeinträchtigung der Staatsgewalt verboten ist".

Die Entstehung eines Abwehrrechts bedürfe daher keines Eingriffs.[249] Unklar bleibt hierbei inwieweit sich die „Beeinträchtigung" des jeweiligen Grundrechts von der Rechtsfigur des Eingriffs unterscheidet. Reßing ist der Auffassung, dass die Konsequenz darauf ein abstraktes *prima-facie* Abwehrrecht sei, welches dem Grundrechtsträger das Recht auf Nichtvornahme jeder potenziellen Eingriffshandlung gibt, ohne auf eine konkrete Rechtsfolge abzuzielen.[250] Das Modell von Heß kann sicherlich durch den Verzicht auf die Komponente des Eingriffs auch mehrere staatliche Belastungen umfassen, gegen die das Grundrecht dann abstrakt – auch in einer Gesamtschau – seine abwehrrechtliche Komponente entfalten könnte. Das Grundproblem dabei bleibt allerdings die Abstraktheit dieses Modells, welches ohne weitere Konkretisierung in der rechtlichen Praxis nicht zur Anwendung kommen kann. Ein abstraktes Abwehrrecht ohne konkrete Rechtsfolge wird den Grundrechtsträger der Freiheitsverwirklichung nicht näherbringen oder den Staat handlungsunfähig werden lassen.

VII. Objektive Grundrechtsfunktion und Schutzpflichten als Grenze des additiven Grundrechtseingriffs

Vereinzelt wird vertreten, dass sich die Erfassung kumulativer Beeinträchtigungen von staatlichen Akteuren aus der Schutzpflichtendogmatik[251] ergeben soll. Nach dieser Auffassung soll die verfassungsrechtliche Grenze von Belastungskumulationen wiederum der Grundsatz der Verhältnismäßigkeit sein.[252] Die Verantwortlichkeit des Zurechnungsverpflichteten bei mehreren Eingriffen soll sich nicht aus der Eingriffsdogmatik ergeben können.[253] Der präferierte Ansatz soll demnach die Schutzpflichtendogmatik sein, die

---

[248] *Heß*, Grundrechtskonkurrenzen, S. 100.

[249] *Heß*, Grundrechtskonkurrenzen, S. 103 f.

[250] *Reßing*, Die Grundrechtskonkurrenz, S. 40.

[251] Grundlegend zu den Schutzpflichten: *Dietlein*, Die Lehre von den grundrechtlichen Schutzpflichten, passim; *Unruh*, Zur Dogmatik der grundrechtlichen Schutzpflichten, passim; *Krings*, Grund und Grenzen grundrechtlicher Schutzpflichten, passim; dazu auch: *Störring*, Das Untermaßverbot in der Diskussion, S. 27 ff.; *Scherzberg*, Grundrechtsschutz und „Eingriffsintensität", S. 194 ff.; *Mayer*, Untermaß, Übermaß und Wesensgehaltsgarantie, S. 20 ff.; *Wahl/Masing*, JZ 1990, 553.

[252] *Michael/Morlok*, Grundrechte, Rn. 519.

[253] *Michael/Morlok*, Grundrechte, Rn. 519.

„daran ansetzt, ob nach den Gesamtumständen ein Grundrechtsträger besonders schonend zu behandeln ist".[254]

Damit würde eine Rechtsfigur wie der additive Grundrechtseingriff ausscheiden. Das erscheint jedenfalls für den Fall, dass es sich um Eingriffe desselben Hoheitsträgers handelt, nicht überzeugend. Dieser würde dann eine „Schutzpflicht gegen sich selbst" auslösen, was widersprüchlich ist. Warum dieser relevante Anwendungsfall des additiven Grundrechtseingriffs daher nicht berücksichtigt werden sollte, sondern nur der Fall unterschiedlicher Hoheitsträger,[255] ist nicht ersichtlich.

Darüber hinaus ist Konsequenz der grundsätzlichen Anerkennung einer verfassungsrechtlichen Grenze staatlicher Belastungen – sei es wie auch von den Vertretern der Schutzpflichtenlehre als Grenze von Belastungskumulationen im Rahmen der Verhältnismäßigkeit – dass sich alle an die Grundrechte gebundenen Staatsgewalten, Art. 1 Abs. 3 GG, an diese verfassungsrechtliche Vorgabe halten müssen. Selbst wenn man die Zurechnung der Handlungen eines anderen Hoheitsträgers auf Eingriffsebene ablehnen möchte,[256] kann diese Zurechnung auch nicht über die Schutzpflichten begründet werden. Denn dann müsste ein Hoheitsträger „gegen" einen anderen tätig werden, was sich z. B. vor dem Hintergrund einer differenzierten Kompetenzverteilung bei der Gesetzgebung als problematisch darstellt. Unklar ist auch, warum aktive staatliche Handlungen mit dem Erfordernis eines Einschreitens gegenüber Dritten oder einem rechtswidrigen Unterlassen gleichgesetzt werden sollen.

Kriterien für die Erfassung einer Gesamtbelastung soll nach der Auffassung die parallele Betroffenheit verwandter Grundrechte desselben Grundrechtsträgers sein.[257] Was unter „verwandten" Grundrechten zu verstehen ist, bleibt offen. Die Gemeinsamkeit von Belastungskumulationen und Schutzpflichten wird darüber hinaus mit der Ergebnisoffenheit begründet. Es gehe darum, den Staat insgesamt zum Freiheitsschutz zu verpflichten, ohne einen bestimmten Eingriff zu verwerfen.[258] Diese Struktur ist auch aus der verfassungsrechtlichen Rechtsprechung zu den Gleichheitsrechten bekannt und damit schon kein exklusives Merkmal der Schutzpflichtendogmatik.[259] Auch ist zweifelhaft, ob die prozessuale Entscheidung zu verfassungswidrigen Gesamtbelastungen wirklich so ergebnisoffen ergehen sollte.[260]

---

[254] *Michael/Morlok*, Grundrechte, Rn. 519.

[255] *Michael/Morlok*, Grundrechte, Rn. 519.

[256] Dazu sogleich Viertes Kapitel A. VI. Im Ergebnis ist eine solche Ablehnung nicht überzeugend. Das BVerfG hat bereits im grundlegenden *Fraport*-Urteil festgestellt, dass erst die gemeinsame Beteiligung der Stadt Frankfurt, des Landes Hessen und der Bundesrepublik Deutschland an der Fraport Aktiengesellschaft die Grundrechtsbindung und damit die Einordnung als „Staat" iSd. Art. 1 Abs. 3 GG begründete. BVerfGE 128, 226, 228, 244 f.

[257] *Michael/Morlok*, Grundrechte, Rn. 519.

[258] *Michael/Morlok*, Grundrechte, Rn. 519.

[259] BVerfGE 22, 349, 361; 93, 121, 148; 107, 133, 149;127, 293, 334; ausführlich auch dazu: *Schlaich/Korioth*, Das Bundesverfassungsgericht, Rn. 401 ff.; zur Problematik einer Unvereinbarkeitserklärung beim additiven Grundrechtseingriff: unten Siebtes Kapitel A. II. 1.

Als entwickelte Grenzen lassen sich im Bereich der grundrechtlichen Schutzpflichten die Evidenzkontrolle des Bundesverfassungsgerichts und das daraus entwickelte Untermaßverbot[261] nennen, im Bereich der Abwehrfunktion der Grundrechte der Wesensgehalt Art. 19 Abs. 2 GG und Art. 1 Abs. 1 GG.

Parallelen zum additiven Grundrechtseingriff ergeben sich im Bereich der Schutzpflichten aus der Überlegung, das Erforderlichkeitskriterium des Übermaßverbots und das Untermaßverbot gleich zu stellen. Erforderlichkeit bezieht sich aber ebenso wie der Verhältnismäßigkeitsgrundsatz auf den „Innenbereich" eines konkreten Gesetzes, wobei das Untermaßverbot eine das

> „konkrete Gesetz transzendierende, von dessen Zielkonzeption grundsätzlich unbeeinflusste und unmittelbar auf das Verfassungsrecht bezogene Größe dar[stellt]".[262]

Dies allein begründet schließlich noch nicht die Erfassung von grundrechtlichen Gesamtbelastungen durch die Schutzpflichten. Der additive Grundrechtseingriff soll nach dieser Auffassung an verfassungsrechtliche Grenzen, außerhalb der Einzelfallbetrachtung eines Eingriffs stoßen, indem er in seiner Gesamtbetrachtung der belastenden Maßnahmen die Grenze der Verfassungsmäßigkeit überschreitet.[263]

Gegen die Berücksichtigung von Gesamtbelastungen allein aus der Schutzpflichtenperspektive spricht auch die fehlende Vergleichbarkeit beider Konstellationen. Es ist mithin ein entscheidender Unterschied, ob sich der Staat Handlungen Privater – wie im Bereich der Schutzpflichten – oder grundrechtsgebundener anderer Hoheitsträger, die im Rahmen seines Gewaltmonopols tätig werden – beim additiven Grundrechtseingriff – im Sinne eines Eingriffs zurechnen lassen muss. Denn die Schutzpflichtenlehre würde nicht nur die Verantwortlichkeit für die Gesamtbelastung fordern mit der Konsequenz, dass diese möglicherweise bei Verfassungswidrigkeit aufgehoben wird,[264] sondern ein aktives Tätigwerden eines Hoheitsträgers gegen sich selbst oder andere Hoheitsträger fordern.[265] Darüber hinaus geht es im Rahmen des additiven Grundrechtseingriffs um die Abwehr mehrerer staatlicher Beeinträchtigungen, damit klar um eine abwehrrechtliche Perspektive. Im Rahmen der grundrechtlichen Schutzpflichten ist ein Tätigwerden des Staates erforderlich, um von Privaten ausgehende Gefahren abzuwehren. In der Konstellation des additiven Grundrechtseingriffs geht es nicht darum, dass die staatliche Seite zusätzlich zu den von ihr erlassenen Grundrechtsbeeinträchtigungen schützend tätig werden soll. Vielmehr soll eine Mehrzahl staatlicher Eingriffe in der Form des additiven

---

[260] Dazu unten Siebtes Kapitel.

[261] Dazu: *Dietlein,* ZG 1995, 131.

[262] *Dietlein,* ZG 1995, 131, 136.

[263] *Michael/Morlok*, Grundrechte, Rn. 519.

[264] Dazu unten Siebtes Kapitel A. II.

[265] Dies ist, wie eben erläutert, bereits im Hinblick auf die staatliche Kompetenzordnung problematisch.

Grundrechtseingriffs abgewehrt werden können. Es handelt sich um eine klassische Eingriffsabwehrsituation.

Der Ansatzpunkt, Belastungskumulationen über die Schutzpflichtendogmatik zu erfassen, ist auch dahingehend nicht überzeugend, dass eine „Staat-gegen-Staat-Konstellation“ entstehen würde. Der Staat müsste den jeweiligen Grundrechtsträger dann vor bereits ggf. von ihm selbst erlassenen Grundrechtseingriffen schützen um der Gesamtbelastung abzuhelfen. Dadurch würde eine Verpflichtung konstruiert, sich gegen die eigene vorausgegangene Entscheidung infolge der Schutzpflicht wenden zu müssen. Dies ist widersprüchlich und keinesfalls Intention der Schutzpflichtenfunktion der Grundrechte. Letztlich kommt es bei den Schutzpflichten nicht darauf an, ob diese von einem staatlichen Unterlassen oder durch eine „Mehrzahl“ staatlichen Unterlassens ausgelöst wird. Entscheidend ist, dass aufgrund eines Verstoßes gegen das Untermaßverbot, von staatlicher Seite eingeschritten werden muss. Die „Singularität“ der Schutzpflichten gibt es im Gegensatz zur Diskussion im Rahmen des Eingriffsbegriffs, nicht.

Letztlich ist die jeweilige Grundrechtsfunktion zu beachten. Die Lösung, welche staatliche Gesamtbelastungen über die Schutzpflichtenlehre erfassen möchte, übersieht, dass sie dadurch das Einstehen für staatliche Ingerenz begründet, nämlich für die Belastungen, die zum Einzeleingriff hinzutreten. Diese Einstandspflicht liegt allerdings in der Freiheit von staatlicher Ingerenz, dem *status negativus* der Grundrechte begründet.[266] Das Problem des additiven Grundrechtseingriffs ist ein rein abwehrrechtliches, denn der Staat tritt einseitig als möglicher „Widerpart der Grundrechte in Erscheinung“.[267]

B. Andere Grundrechtsdimensionen und Gesamtbelastungen

Von der Begründung des additiven Grundrechtseingriffs aus den Schutzpflichten ist die Konstellation der kumulierenden Auslösung von Schutz- und Leistungspflichten zu differenzieren. Möglich sind mehrere zusammenwirkende nicht-staatliche Handlungen, die ein verfassungswidriges Unterlassen des Staates aufgrund eines Schutzpflichtenverstoßes begründen können.

I. Schutzpflichten

Grundrechtsrelevante Gesamtbelastungen können nicht nur durch aktives Handeln von staatlicher Seite die grundrechtlichen Gewährleistungen gefährden. Auch in

---

[266] *Isensee*, in: HStR IX, § 191, Rn. 2.

[267] *Isensee*, in: HStR IX, § 191, Rn. 2.

der Dimension der Grundrechte als Schutzpflichten des Staates zur Abwehr grundrechtlicher Gefahren sind kumulierende Wirkungen denkbar. Der Grundrechtsträger kann durch eine Vielzahl zusammenwirkender Belastungen beeinträchtigt werden, die aus dem Handeln nicht staatlicher Akteure oder einem schlichten Unterlassen des Staates resultieren können.[268]

Die Konstellationen kumulierender belastend wirkender Handlungen privater Akteure oder die Annahme einer staatlichen Handlungspflicht, die sich erst aufgrund einer Mehrzahl von Unterlassungstatbeständen begründen soll,[269] sind kein Fall des additiven Grundrechtseingriffs. Dieser beschränkt sich auf die abwehrrechtliche Perspektive der Grundrechte und setzt eine Mehrzahl staatlicher *Eingriffe* im Sinne eines aktiven Handelns voraus.[270] Die grundrechtlichen Schutzpflichten lassen sich nicht aus der Abwehrperspektive der Grundrechte begründen.[271] Alle Szenarien hängen aber eng mit der allgemeinen Problemstellung zusammen: Der Erfassung von Belastungskumulationen im Grundrechtsschutz.

Es stellt sich die Frage, ob die Maßstäbe zur Behandlung additiver Grundrechtseingriffe in Bezug auf eine Gesamtbetrachtung auch außerhalb der Abwehrdimension der Grundrechte für andere Situationen von Gesamtbelastungen zum Tragen kommen können. Hier ergeben sich allerdings ähnliche Zurechnungsprobleme wie bei Grundrechtseingriffen durch verschiedene Hoheitsträger im Rahmen einer Gesamtbelastung.[272] Das Bündel von Maßnahmen kann sich aus einer „Gemengenlage“[273] an staatlichen oder privaten oder staatlichen und privaten Beeinträchtigungen mit Grundrechtsrelevanz zusammensetzen. Am Beispiel der Videoüberwachung im öffentlichen Raum zeigt sich, dass sich durch das Zusammenwirken von staatlicher und privater Überwachung ein umfassendes Bewegungsprofil der Betroffenen erstellen ließe.[274] Durch die fortschreitenden technischen Möglichkeiten kommen weitere Möglichkeiten durch „Smart Cams“[275] wie Drohnen, Datenbrillen,

---

[268] Beispielsweise durch eine Kumulation belastender Emissionen an unterschiedlichen Arbeitsplätzen, *G. Kirchhof*, Grundrechte und Wirklichkeit, S. 40. Inzwischen wird auch davon ausgegangen, dass die Gewährleistung des Wesensgehalts des Art. 19 Abs. 2 GG in jeder Grundrechtsdimension gilt und damit ebenfalls für Schutz- und Leistungspflichten des Staates, vgl. *Störring*, Das Untermaßverbot in der Diskussion, S. 163.

[269] Eine solche Konstellation betraf wohl die nicht zur Entscheidung angenommene Verfassungsbeschwerde gegen den „Pflegenotstand“, die ein grundrechtswidriges Unterlassen des Gesetzgebers zum Schutz der Grundrechte von Pflegeheimbewohnern rügte. BVerfG, Beschl. v. 11.01.2016 – 1 BvR 2980/14.

[270] *Lübbe-Wolff*, Die Grundrechte als Eingriffsabwehrrechte, S. 34; *Eckhoff*, Der Grundrechtseingriff, S. 278; detailliert zur Unterscheidung zwischen Abwehr- und Leistungsrechten, *Borowski*, Grundrechte als Prinzipien, S. 210 ff.

[271] Umfassend: *Dietlein*, Die Lehre von den grundrechtlichen Schutzpflichten, S. 43 ff, 50.

[272] Dazu Viertes Kapitel A. VI.

[273] Begriff bei *Dolderer*, Objektive Grundrechtsgehalte, S. 206 ff. dort auch ausführlich zu Schutzpflichten und Drittwirkungsfällen.

[274] *Klar*, Datenschutz und die Visualisierung des öffentlichen Raumes, S. 97.

[275] Begriff bei *E. Rose*, ZD 2017, 64.

Dash- oder Bodycams dazu, die auch von staatlicher Seite genutzt werden können.[276] Aus Sicht des betroffenen Grundrechtsträgers des Rechts auf informationelle Selbstbestimmung erscheint es unerheblich, ob sich die Erstellung eines umfassenden Profils allein auf staatliche oder auf private und staatliche Überwachungen stützt. Auch in diesem Fall muss der Staat ein angemessenes Schutzniveau sicherstellen.[277]

Bei detaillierter Betrachtung ist allerdings fraglich, ob es für die verfassungsrechtliche Einordnung staatlicher Schutzpflichten, die durch eine Mehrzahl von Handlungen Privater ausgelöst werden soll, die besonderen Grundsätze zur Behandlung von additiven Grundrechtseingriffen bedarf. Insbesondere erscheint es nicht nachvollziehbar, dass die Schutzpflichten auslösenden Handlungen Privater bestimmte Kriterien erfüllen sollten um die jeweilige Schutzpflicht des Staates auszulösen. Es kommt vielmehr für die Annahme einer Schutzpflicht nicht darauf an, durch welche Anzahl an Handlungen diese ausgelöst wird. Auch stellt sich hier wiederum das Problem bei der Annahme einer Handlungspflicht verschiedener Hoheitsträger und damit einer staatlichen Schutzpflicht des einen gegen den anderen Hoheitsträger.[278] Die Grundsätze des additiven Grundrechtseingriffs sind daher nicht anwendbar, denn die Annahme einer Schutzpflicht durch eine Kumulation bedarf keiner besonderen Kriterien.

II. Leistungspflichten

Leistungsansprüche aus Grundrechten können sich daraus ergeben, dass die jeweilige Verweigerung einer Einzelleistung von staatlicher Seite verfassungsrechtlich zulässig ist, im Zusammentreffen mit der Verweigerung anderer Leistungen aber verfassungswidrig sein kann.[279] In dieser Konstellation ergibt sich ein Leistungsanspruch erst durch die Gesamtschau mehrerer unterlassener Handlungen. Es handelt sich auch hier nicht um eine Konstellation des additiven Grundrechtseingriffs, da dieser nur auf den Grundrechtsschutz aus abwehrrechtlicher Perspektive anwendbar ist.

Problematisch im Hinblick auf durch Kumulation entstehende Leistungspflichten ist der daraus folgende Handlungsauftrag an den verpflichteten Hoheitsträger. Sollte durch die Gesamtbelastung von unterlassenen Leistungspflichten eine grundrechtswidrige Situation entstehen, muss priorisiert werden, welcher Handlungs-

---

[276] Zu den rechtlichen Fragen insbesondere auch im Hinblick auf Summationseffekte: *E. Rose*, ZD 2017, 64, 66.

[277] *Klar*, Datenschutz und die Visualisierung des öffentlichen Raumes, S. 97.

[278] Dazu oben Fünftes Kapitel X.

[279] *G. Kirchhof*, Grundrechte und Wirklichkeit, S. 41 mit dem Beispiel der Gewährung von Leistungen an Inhaftierte; dieser Grundgedanke liegt auch der Entscheidung zum Existenzminimum zugrunde: BVerfGE 82, 60, 81 ff., dazu oben Zweites Kapitel A. III. 2.

verpflichtung nachgekommen werden muss. Im Gegensatz zum additiven Grundrechtseingriff stellt sich bei Leistungspflichten die Gefahr einer „Überkompensation“ des Grundrechtsträgers. Durch die Abwehr einer Gesamtbelastung in der Eingriffsform des additiven Grundrechtseingriffs kann durch die Aufhebung einzelner oder aller Grundrechtseingriffe die freiheitsrechtliche Position des Grundrechtsträgers gewährleistet werden, ohne dass ihm ein „Zuviel“ an Grundrechtsschutz gewährt wird. Die Grundrechte als Abwehrrechte sind darauf ausgerichtet, Beeinträchtigungen ihrer Schutzbereiche abzuwehren, weshalb jeder staatliche Eingriff rechtfertigungsbedürftig ist. Nicht rechtfertigungsbedürftig ist dagegen die Gewährung grundrechtlich geschützten Verhaltens. Eine überschießende Gewährleistung durch die Aufhebung aller Eingriffe einer Belastungskumulation ist also nicht möglich, da durch nur das vom Grundrecht geschützte Freiheitsniveau als Regelfall wiederhergestellt wird.[280] Im Rahmen von Leistungspflichten hingegen kann das von den Grundrechten geforderte Schutzniveau möglicherweise bereits durch die Vornahme einer oder zumindest nicht aller Leistungspflichten erreicht werden. Daran schließt sich die Frage nach den Kriterien an, nach denen bestimmt werden soll, welche Leistungspflichten Priorität vor anderen haben. Darüber hinaus ist bei Leistungsansprüchen aus Grundrechten der Gestaltungsspielraums des Gesetzgebers besonders und immer der Vorbehalt des Möglichen zu beachten sowie bei derivativen Ansprüchen der Rahmen der rechtlich zur Verfügung stehenden Dispositionsmasse.[281]

Im Regelfall wird sich der jeweilige Leistungsanspruch, wie z. B. der des Rechts auf ein Existenzminimun aus Art. 1 Abs. 1 i.V.m. Art. 2 Abs. 1 GG[282] aus mehreren staatlichen „Leistungen“ zusammensetzen. Anspruchsgegenstand ist das jeweilige vom Grundrecht geforderte Schutzniveau. Aus welchen und wie vielen Komponente sich dies zusammensetzt ist dafür grundsätzlich irrelevant. Anders als bei einer Mehrzahl von Grundrechtseingriffen bietet die Grundrechtssystematik keine Anhaltspunkte für eine klare Differenzierung zwischen positiven Leistungspositionen, sodass die Problematik einer auf Einzelmaßnahmen ausgerichtet Prüfung in diesem Fall nicht gegeben ist. Die Grundsätze des additiven Grundrechtseingriffs sind daher auf Leistungspflichten nicht zu übertragen.

C. Ergebnis

Gezeigt hat dieses Kapitel zweierlei: Zunächst, dass die Behauptung, die dreistufige Grundrechtsprüfung sei zwingend auf singuläre Maßnahmen ausgerichtet[283],

---

[280] Zu den prozessualen Konsequenzen, insbesondere den Urteilsfolgen eines verfassungsgerichtlichen Verfahrens: Siebtes Kapitel A. II.

[281] BVerfGE 82, 60, 82.

[282] BVerfGE 125, 175.

[283] Dazu oben A. I.

vor dem Hintergrund der Entwicklung des erweiterten Eingriffsbegriffs nicht (mehr) tragfähig ist und zweitens, dass das Ziel, den Grundrechtsschutz effektiv abzusichern, über die Einbeziehung von Mehrbelastungen auf Eingriffsebene erfolgt.

Mehrere hoheitliche Belastungen, die ihrerseits Grundrechtseingriffe im Sinne des erweiterten Eingriffsbegriffs darstellen, können unter dem Aspekt ihrer Grundrechtsbezogenheit auf der zweiten Ebene der Grundrechtsprüfung erfasst werden. Die prognostizierte Auflösung[284] des Grundrechtseingriffs durch die Erweiterung auf staatliche Maßnahmen jenseits der klassischen Kriterien ist ausgeblieben. Wie bereits die Diskussion um die grundrechtliche Schutzpflichtenlehre gezeigt hat – hier finden sich ebenfalls einige Parallelen, die Begründung aus der Abwehrfunktion der Grundrechte sollte den Eingriffsbegriff ebenfalls ausufernd auslösen[285] – ist die Grundrechtslehre gegenüber begründeten Weiterentwicklungen und Öffnungen zugänglich, ohne dass jegliche Rechtssicherheit abhandenkommt.

Der moderne Eingriffsbegriff ist dafür geeignet so ausgelegt zu werden, dass nicht nur eine Einzelmaßnahme, sondern auch Gesamtbelastungen erfasst werden. Ergänzt werden muss dieser allerdings, um die Prüfung der Rechtfertigung handhabbar zu halten, um Kriterien, durch welche die hoheitlichen Belastungen, die ein grundrechtlich geschütztes Verhalten des Grundrechtsträgers verkürzen, in den additiven Grundrechtseingriff einbezogen werden sollen. Die Entwicklung dieser Kriterien erfolgt im nächsten Kapitel.

---

[284] *Hoffmann-Riem*, Enge oder weite Gewährleistungshalte der Grundrechte, in: Haben wir wirklich Recht?, S. 53 ff.; bei nicht zielgerichteten Eingriffen soll das Zitiergebot nicht gelten: BVerfG NJW 1999, 3399, 3400; „zweifelhaft" *Wahl/Masing*, JZ 1990, 553, 553; sehr kritisch insbesondere zur Rspr. des BVerfG: *Würsig*, Die Steuerung von Summenbelastungen im öffentlichen Immissionsschutzrecht, 31 f.; *Murswiek*, NVwZ 2003, 1 ff.

[285] Zutreffend dagegen: *Dietlein*, Die Lehre von den grundrechtlichen Schutzpflichten, S. 43.

Viertes Kapitel

Kriterien und Varianten

Nach dem dieser Arbeit zu Grunde gelegten Verständnis hat die Entwicklung des Eingriffsbegriffs zu einer Öffnung der Grundrechtslehre geführt, sodass die verfassungsrechtliche Prüfung einer Gesamtbelastung auf Eingriffsebene angesiedelt werden kann. Dies entspricht auch Funktion dieser Prüfungsstufe, das einschränkende Element des Grundrechts abzubilden.

Entscheidend ist nun, aus welchen Eingriffen sich der additive Grundrechtseingriff konkret zusammensetzen kann. Im folgenden Teil der Arbeit werden die Konturen entwickelt, unter welchen Voraussetzungen mehrere hoheitliche Belastungen gesamtheitlich im additiven Grundrechtseingriff zu berücksichtigen sind.

A. Kriterien des additiven Grundrechtseingriffs

I. Mehrere Eingriffe

Der Problemstellung der Arbeit ist immanent, dass es sich um Belastungskumulationen bzw. Gesamtbelastungen handeln muss, also mehr als eine grundrechtlich relevante Maßnahme des Staates vorliegen muss. Falls schon keine Eingriffe vorliegen, da der Schutzbereich eines Grundrechts in keiner Weise tangiert sein kann, ergibt sich kein Erfordernis einer Berücksichtigung zur Sicherung des Grundrechtsschutzes. Entscheidend ist, dass durch das Eingriffserfordernis der Einzelmaßnahmen die Schutzbereichsbezogenheit zum jeweiligen Grundrecht hergestellt wird.

Der Hauptanwendungsfall sind die Konstellationen, in denen die Belastungselemente jeweils für sich einen grundrechtlichen Eingriff darstellen.[1] Diese Annahme des additiven Grundrechtseingriffs wurde hinsichtlich der Eingriffseigenschaft der Einzelmaßnahmen kritisiert: Die Gesamtschau von *Eingriffen* erschwere die praktische Rechtsanwendung und reichere das dogmatische Schema mit systemfremden Kriterien an.[2] Die Kritik zielt aber bei genauer Betrachtung nicht auf das Konzept einer grundrechtlichen Betrachtung der Gesamtbelastung an sich, sondern

---

[1] Zu mehreren Maßnahmen, die erst zusammen genommen einen Eingriff darstellen solle, sogleich unter 2.

[2] *Klement*, AöR 134 (2009), 35, 64; zur Kritik bereits oben Drittes Kapitel A. I. 3.

vor allem auf das vorgeschlagene Kriterium des gemeinsamen Zwecks[3] zur Einbeziehung der Eingriffsaddition.[4] Vielmehr werden auch hier die Belastungskumulationen berücksichtigt, Klement schreibt zur Geeignetheit:

> „Wirkt parallel zu einem Eingriff ein weiterer Eingriff oder gibt es sogar mehrere Eingriffe in seinem Umfeld, so ist die Geeignetheit nur unter Berücksichtigung der Interaktion zwischen den Eingriffen zu bestimmen. Die anderen Eingriffe können die Wirkung des zu beurteilenden Eingriffs verändern."[5]

Im Ergebnis erfolgt damit auch nach Klements Ansatz sehr wohl eine Berücksichtigung anderer Eingriffe im Rahmen der grundrechtlichen Prüfung, es ist keine Ablehnung, sondern eine Modifikation der in der Literatur vertretenden Gesamtverhältnismäßigkeitsprüfung.[6] Eine Ablehnung des additiven Grundrechtsrechtseingriffs in der Form der Einbeziehung mehrerer Grundrechtseingriffe in die grundrechtliche Prüfung ist darin nicht zu sehen und auch nicht überzeugend.

Als Kriterium zur Prüfung des additiven Grundrechtseingriffs müssen die staatlichen Einzelmaßnahmen selbst Eingriffe darstellen. Bei Maßnahmen der Legislative können sich diese zumindest aus einem Gesetz und den erfolgenden Änderungsgesetzen ergeben,[7] wenn diese weitere Beeinträchtigungen des Grundrechtsträgers darstellen. Dass sich die Belastungskumulation dann formell einem Gesetz in Gänze zuordnen lässt, ist nicht relevant; auch bisher werden Gesetze schließlich verfassungsrechtlich nicht „als Ganzes", sondern in ihren Einzelregelungen überprüft.

Aufgrund der Weite des Eingriffsbegriffs[8] stellen sich im Hinblick darauf, welches staatliche Handeln als Eingriff gewertet wird, weniger Probleme, als ob schlicht mehrere Eingriffe auf dieser Ebene erfasst werden können. Der Bezugspunkt der Mehrzahl an Eingriffen wirft aber auch im Hinblick auf die Bestimmung der Quantität Fragen auf: Wann liegen überhaupt „mehrere Eingriffe" vor oder wann wird ein „Ausgangsgrundrechtseingriff" nur wiederholt, oder fortgesetzt?[9] Gibt es in Differenzierung zum additiven Grundrechtseingriff einen „iterativen Grundrechtseingriff"?

Die Identifikation von mehreren Grundrechtseingriffen wird in der Regel keine Probleme bereiten, wenn sich staatliche Maßnahmen auf unterschiedliche Ermächtigungsgrundlagen stützen oder unterschiedliche Hoheitsträger handeln.

---

[3] Wie von *Lücke* gefordert, DVBl. 2011, 1469 ff.; dazu sogleich.

[4] *Klement*, AöR 134 (2009), 35, 64.

[5] *Klement*, AöR 134 (2009), 35, 66.

[6] Zu dem Vorschlag auch oben Drittes Kapitel A. I. 3. Und zur Gesamtverhältnismäßigkeitsprüfung unten Fünftes Kapitel B. IV. 2.

[7] Dazu auch unten: Handlungsverantwortlichkeit und *Lucke*, DVBl. 2001, 1469, 1474.

[8] Dazu oben Drittes Kapitel A. I.

[9] Zur Abgrenzung zu Folgewirkungen von Grundrechtseingriffen oben Erstes Kapitel C. II. 3.

Schwieriger erscheint eher eine Abgrenzung zwischen mehreren Eingriffen und der möglichen Intensivierung eines Grundrechtseingriffs eines Hoheitsträgers.

1. Der iterative Grundrechtseingriff

Im Kontext des Urteils[10] des Bundesverfassungsgerichts zum neuen „BKA Gesetz"[11] aus dem Jahr 2016 entwickelte sich eine erneute Diskussion um die zulässige Reichweite von Datenerhebung und Datenverwendung, insbesondere in Bezug auf die verfahrensexterne Verwendung von personenbezogenen Daten.[12] Hier stellt sich die Frage, ob neben dem unstreitigen Grundrechtseingriff der „Ersterhebung" der Daten, die mehrfache Verwendung – jeweils für divergierende Zwecke – eine Mehrzahl an Grundrechtseingriffen darstellt oder ob sich der Eingriff der Erhebung lediglich fortsetzt und intensiviert. Vor dem Hintergrund der zum Allgemeinen Persönlichkeitsrecht entwickelten Rechtsprechung durch das Bundesverfassungsgericht stellt sich die Frage, ob es einen Unterschied machen kann, die jeweilige Zweckverwendung einzeln zu rügen oder sie im Rahmen des additiven Grundrechtseingriffs in Gänze bezüglich aller Zweckverwendungen zu erfassen. Die Gefahr, wie im GPS-Urteil,[13] eine erst durch die Gesamtschau der Daten ermöglichte Erstellung eines Persönlichkeitsprofils in der Einzelbetrachtung zu übersehen, erscheint nicht abwegig.[14]

Letztlich ist aber die anschließende Verwendung der Daten ohne den vorausgehenden Grundrechtseingriff nicht möglich, wohingegen die Eingriffe des additiven Grundrechtseingriffs unabhängig voneinander bestehen. Auch im GPS-Urteil[15] ging es um unterschiedliche Datenerhebungen, nicht um die Verwendungen. Es liegt daher die Interpretation nahe, dass es sich um bei der erstmaligen Datenerhebung um einen Grundrechtseingriff handelt, der durch die anschließende Verwendung „intensiviert" wird. Hier ist allerdings zu differenzieren: Nicht durch jede erneute Verwendung muss sich die Beeinträchtigung des Grundrechts im Sinne einer linearen Steigerung erhöhen. Bei mehrmaliger Verwendung durch beispielsweise dieselbe Behörde in demselben Verfahren liegt nicht zwingend eine weitere Beeinträchtigung des Rechts auf informationelle Selbstbestimmung vor, sondern wohlmöglich eine

[10] BVerfGE 141, 220, dazu oben Zweiter Teil A. I. 2.

[11] Gesetz über das Bundeskriminalamt und die Zusammenarbeit des Bundes und der Länder in kriminalpolizeilichen Angelegenheiten, BGBl I S. 3083.

[12] Dazu *Buchholtz*, NVwZ 2016, 906, 908 f.; insbesondere zum Kernbereichsschutz. *Bäcker*, Transparenz von Datensammlungen der Sicherheitsbehörden, in: Dreier/Fischer/van Raay/Spiecker gen. Döhmann, Informationen der öffentlichen Hand – Zugang und Nutzung, S. 229; *Bieresborn*, NZS 2017, 926, 929 zum Zweckbindungsgrundsatz; *Roggan*, ZRP 2017, 208, 211 zum im Urteil aufgeworfenen Grenze der Menschenwürde bei umfassenden Datensammlungen.

[13] BVerfGE 112, 304.

[14] Dazu auch: *Klar*, Datenschutz und die Visualisierung des öffentlichen Raumes, S. 97.

[15] BVerfGE 112, 304.

bloße Wiederholung. Entscheidend für eine Differenzierung zwischen einem Einzeleingriff, der sich „iterativ" fortsetzt, und einem additiven Grundrechtseingriff ist also, ob diese unabhängig voneinander bestehen und damit den Grundrechtsträger belasten können.

Ähnliche Probleme stellen sich auch bei presserechtlichen Auskunftsansprüchen gegenüber Behörden und anderen staatlichen Einrichtungen, die personenbezogene Daten betreffen. Die Weitergabe der Daten allein an Dritte kann einen Grundrechtseingriff in das allgemeine Persönlichkeitsrecht darstellen, der möglicherweise durch die anschließende Veröffentlichung in der Presse intensiviert wird. Letzteres könnte aber auch einen neuen Eingriff darstellen, den sich der Staat gegebenenfalls zurechnen lassen muss. Unabhängig von der Einordnung als einen oder mehrere Grundrechtseingriffe ist die verfassungsrechtliche Überprüfung der Belastungssituation des Grundrechtsträgers geboten. Die Verneinung einer Mehrzahl an Eingriffen darf nicht dazu führen, dass sich die größere Belastung des Grundrechtsträgers in der Grundrechtsprüfung nicht berücksichtigt wird. Bei unterschiedlichen gefahrenabwehrrechtlichen Maßnahmen ist von einer Belastungskumulation durch mehrere Maßnahmen auszugehen, da jede für sich betrachtet einen Grundrechtseingriff darstellt wenn sie getrennt angeordnet oder auch nur benannt würden – sich die einzelne Handlung, z. B. Überwachung, aus der Gesamtbetrachtung für eine rechtliche Bewertung herauslösen lässt.

Bei der Intensivierung einer Grundrechtsbeeinträchtigung, insbesondere durch Private, ist zunächst entscheidend, ob sich der Staat diese zurechnen lassen muss. Wird die Veröffentlichung durch die Presse als „zweiter" Grundrechtseingriff neben der eigentlichen Datenweitergabe eingeordnet, würde der Staat „doppelt" sanktioniert. Möchte man die Veröffentlichung zurechnen, würde sich in diesem Fall die ursprüngliche Weitergabe der Daten intensivieren, da die Veröffentlichung auf dieselbe Beeinträchtigungshandlung von staatlicher Seite zurückzuführen ist. Es läge in dieser letzten Konstellation kein additiver Grundrechtseingriff vor.

Probleme können sich dort stellen, wo erst die Veröffentlichung durch die Presse eine Persönlichkeitsrechtsverletzung des Grundrechtsträgers begründet, sich diese aber beispielsweise auf Informationen unterschiedlicher Hoheitsträger stützt. Die Situation ist nicht mit einem additiven Grundrechtseingriff, der sich aus Maßnahmen verschiedener staatlicher Hoheitsträger zusammensetzt,[16] vergleichbar. Hier geht es um die Zurechnung des Verhaltens von Dritten, das sich ggf. als Grundrechtsausübung darstellt, welche aber auf einer Persönlichkeitsverletzung fußt, die durch mehrere staatliche Handlungen verursacht wurde.[17]

Für den Betroffenen dürfte dies hingehen keinen Unterschied machen, ob die Informationen möglicherweise zufällig durch nur einen oder mehrerer Hoheitsträger

[16] Dazu sogleich VI.

[17] Das Oberlandesgericht Düsseldorf hat in einem solchen Fall einen Amtshaftungsanspruch aufgrund der Gesamtbetrachtung abgelehnt, da sich kein verantwortlicher Amtsträger identifizieren ließ, OLG Düsseldorf, NJW 2005, 1791, 1800, oben Zweites Kapitel C.

weitergegeben wurden. Die Konstellation wird lösbar, wenn man sich vor Augen führt, dass Weitergabe der Daten, aufgrund presserechtlicher Auskunftsansprüche o. ä., und die spätere Veröffentlichung – sei es durch Dritte oder einen anderen Hoheitsträger – untrennbar zusammenhängen. Der auskunftsgebende Hoheitsträger muss bereits bei Erteilung die entsprechenden Folgen, welche sich für das Allgemeine Persönlichkeitsrecht betroffener Dritter ergeben können, in seine Entscheidung mit einbeziehen. Die nachfolgende Verwertung ist ihm damit auch als Intensivierung des Grundrechtseingriffs zurechenbar. Dies kann allerdings zu verneinen sein, soweit ein Zusammenwirken mit anderen Informationen, auf die der entsprechende auskunftsgebende Hoheitsträger keinen Zugriff hatte, nicht vorhersehbar ist. Häufig dürfte eine Differenzierung zwischen Auskunftserteilung und nachfolgender Veröffentlichung keine Rolle spielen; ohne die entsprechende Verwertung oder Intention der Verwertung wird der Grundrechtsträger nicht dagegen vorgehen können. Es handelt sich auch in dieser Konstellation um einen iterativen und nicht um einen additiven Grundrechtseingriff.

Im Hinblick auf das Grundrecht der informationellen Selbstbestimmung Art. 2 Abs. 1 i.V.m. Art. 1 Abs. 1 GG, welches einer Sphären- und Kernbereichsprüfung[18] sehr zugänglich ist, liefert das Datenschutzrecht ein hoch relevantes Anwendungsfeld für grundrechtsrelevante Gesamtbelastungen. Am Beispiel dieses Referenzgebietes wird klar deutlich, dass je mehr Daten durch eine Vielzahl an Eingriffen über den jeweiligen Grundrechtsträger gesammelt werden, sich daraus nicht nur eine andere Quantität, sondern eine andere Qualität der Grundrechtsbeeinträchtigung ergeben kann, bis hin zum „gläsernen Bürger".[19] Je mehr Daten gesammelt werden, desto wahrscheinlicher wird die Möglichkeit der Erstellung eines Persönlichkeitsprofils. Die Gefahr additiver Grundrechtseingriffe besteht auch durch die Datensammlung verschiedener Behörden, die sich hinsichtlich des Ausmaßes der Datenerhebung nicht untereinander koordinieren müssen. Wenn auch die bisherigen Videoüberwachungsmaßnahmen im öffentlichen Raum die Anonymität des Einzelnen in der Regel nicht durchbrechen, kann eine Biometrie-basierte Überwachung[20] im Zusammenspiel mit weiteren Datenerhebungen seitens der Sicherheitsbehörden, z. B. erkennungsdienstliche Maßnahmen und damit einhergehende Möglichkeiten einer Zuordnung beider Informationen zum selben Grundrechtsträger, ein erhebliches Gefährdungspotenzial für das Recht der informationellen

---

[18] BVerfGE 6, 32, 41; 90, 255, 260 ff.

[19] Zum „Gläsernen Mensch 2.0" und den rechtlichen Bewertungen der Google Glass Technologie, die mit einer Vielzahl an Einschränkungen von Datenschutz- und Persönlichkeitsrechten einhergeht: *Solmecke/Kotcatepe*, ZD 2014, 22 23. Dieses Problemfeld betrifft in dogmatischer Hinsicht aber die Schutzpflichtenfunktion der Grundrechte, da die Eingriffe nicht von staatlicher Seite ausgehen, sondern von einem privaten Unternehmen. Dennoch kann, wie oben im Zehnten Kapitel erläutert, die staatliche Schutzplicht auch erst durch eine Vielzahl von Beeinträchtigungen Dritter ausgelöst werden kann.

[20] Dazu *Klar*, Datenschutzrecht und die Visualisierung des öffentlichen Raumes, S. 97.

Selbstbestimmung mit sich bringen.[21] Wenn mangels Vorhersehbarkeit der Folgen und Zwecke einer Datenverarbeitung kein Raum mehr für eine eigenverantwortliche Entscheidung bleibt, ist der Wesensgehalt des Rechts auf informationelle Selbstbestimmung verletzt.[22] Weitere Fragen, auch im Zusammenhang mit additiven Grundrechtseingriffen, stellen sich dahingehend, ob die Entwicklung eines von dem Schutz der Privatsphäre entkoppeltem „Grundrecht auf Datenschutz" über das Recht auf Gewährleistung der Vertraulichkeit und Integrität informationstechnischer Systeme hinaus vonnöten ist.[23]

2. Der inkrementelle Grundrechtseingriff

Möglicherweise kann man den additiven Grundrechtseingriff auch „umgekehrt" verstehen: Erst durch die Gesamtbetrachtung im Sinne einer Addition verschiedener Maßnahmen wird das staatliche Handeln zum Eingriff. Mehrere staatliche Akte unterhalb einer zu bestimmenden „Eingriffsschwelle" könnten sich zusammen als rechtfertigungsauslösender Grundrechtseingriff in der Gesamtbetrachtung darstellen. Dazu müsste man allerdings eine „Erheblichkeitsschwelle" für Grundrechtseingriffe anerkennen, was nach der hier vertretenen Auffassung abzulehnen ist.[24]

Festzuhalten ist, dass sich klare Grenzen einer grundrechtlich nicht relevanten Beeinträchtigung im Vergleich zu einem Eingriff wohl kaum allgemeingültig und klar ziehen lassen. Die möglichen wenigen Fälle, in denen mehrere Belästigungen zusammen zu einem Grundrechtseingriff erwachsen, sollen daher nicht anders behandelt werden als die in denen mehrere Grundrechtseingriffe vorliegen. Sie können unter den erweiterten Eingriffsbegriff subsumiert werden. Es handelt sich hierbei um Belastungskumulationen, die aber keinen additiven Grundrechtseingriff darstellen.

Probleme ergeben sich bei einem solchen Konzept schließlich spätestens auf der Ebene der Rechtfertigung. Fraglich ist, ob sich alle Maßnahmen, aus denen sich der Grundrechtseingriff zusammensetzt, am jeweiligen Gesetzesvorbehalt des betroffenen Grundrechts messen lassen müssen. Dies wäre bei der Verneinung der Eingriffseigenschaft der Einzelakte grundsätzlich nicht der Fall. Bei der Prüfung vorbehaltsloser Freiheitsrechte hingegen wäre zu klären, ob alle Maßnahmen sich auf das gleiche kollidierende Verfassungsrecht zurückführen lassen müssten oder ob sie

---

[21] Keine Konstellation des additiven Grundrechtseingriffs, aber ein aus der Schutzpflichtenperspektive drängendes Problem ist die zunehmende Datensammlung privater Großkonzerne und die damit einhergehende Durchdringung des tägliches Lebens, wie beispielsweise die neue Technologie der Smartphoneentsperrung per Gesichtserkennung.

[22] „Seiner Selbstbestimmung kann sich niemand selbstbestimmt entledigen", *Bock/Engeler*, DVBl. 2016, 593, 597; a.A.: EuGH, Urt. v. 21. 12. 2016 – C-203/15, C-698/15 = NJW 2017, 717, 721, Rn. 101 zur Vorratsdatenspeicherung.

[23] Dafür *Bock/Engeler*, DVBl. 2016, 593, 597; die dies insbesondere mit einem Vergleich zu Art. 8 GRCh begründen, der umfassender den Einzelnen vor Datenverarbeitungen ohne unmittelbare Auswirkungen auf die Privatsphäre schützt.

[24] Dazu bereits oben Drittes Kapitel A. I. 2. b).

verschiedene kollidierende Verfassungsgüter verwirklichen können. Falls man Letzteres bejaht, hätte dies erhebliche Auswirkungen auf die Prüfung der Verhältnismäßigkeit, die sich sodann in die Verfolgung verschiedener Zwecke aufspalten würde, womit nicht mehr nachvollziehbar wäre, welche Beeinträchtigung zu welcher Zweckerreichung in Verhältnis gesetzt werden sollte. Letztlich werden sich durch die Erweiterung des Eingriffsbegriffs schwer Anwendungsfälle für staatliche Maßnahmen finden, die dem Staat zwar zurechenbar sind, aber sich erst in der Gesamtschau zu einem Eingriff summieren.

II. Gleiches Grundrecht

Bei der grundrechtsdogmatischen Einordnung von staatlichen Belastungskumulationen ging es in dieser Arbeit im Rahmen der Erfassung durch den additiven Grundrechtseingriff bisher um Einzeleingriffe, die sich auf ein und dasselbe Grundrecht beziehen. Die besondere Gefahr, die additiven Eingriffen für die Sicherung der grundrechtlichen Freiheiten durch die die bisherige, einzelfallbezogene Grundrechtsdogmatik ausgeht, ist, dass durch die Vielzahl der Belastungen eine verfassungswidrige Schutzgutverkürzung entsteht, die durch die Einzelprüfung der jeweiligen Eingriffe nicht adäquat erfasst wird. Diese Gefahr stellt sich bei verschiedenen[25] Eingriffen in verschiedene Grundrechte nicht: Jede freiheitsspezifische Belastung wird unter dem Vorbehalt der grundrechtlichen Konkurrenzregeln erfasst. Zudem sind verschiedene Eingriffe in verschiedene Grundrechte ohne weiteres nach dem bisherigen Grundrechtsverständnis überprüfbar. Eine Gesamtbelastung könnte nicht im Hinblick auf die Freiheitsgarantie eines speziellen Freiheitsrechts, sondern nur in Bezug auf eine „Verfassungsgesamtbilanz“ erfasst werden. Dies widerspricht neben der individualrechtlich ausgerichteten Konzeption der Grundrechte allgemein, auch grundlegend der Systematik des Grundgesetzes. Durch die Normierung unterschiedlicher spezieller Freiheitsrechte neben Art. 2 Abs. 1 GG, sollte ja keine „Gesamtbilanz“ aller Freiheitsbeeinträchtigungen des Bürgers an einem Maßstab, wie der allgemeinen Handlungsfreiheit, gemessen werden, sondern anhand des differenziert gestalteten Systems der unterschiedlichen grundrechtlichen Gewährleistungen. Diese können daher nur durch „vertikale“ Belastungskumulationen[26] gefährdet werden.

Darüber hinaus besteht eine Konnexität zwischen Eingriff und Schutzbereich eines Grundrechts. Der Eingriffscharakter kann nicht „universell“ bestimmt werden, sondern entsteht mit der jeweiligen abwehrrechtlichen Schutzrichtung.[27] Unter Anwendung der Konkurrenzregeln ist dieser nicht allgemein gültig, sondern auf das

[25] Die Konstellation, dass eine staatliche Maßnahme in verschiedene Grundrechte eingreift ist nach den Regeln der Grundrechtskonkurrenz zu lösen, dazu oben Erstes Kapitel C. II. b).

[26] Diese Formulierung verwendet auch *Lee*, Umweltrechtlicher Instrumentenmix und kumulative Grundrechtseinwirkungen, S. 98 f.

[27] *Hillgruber*, in: HStR IX, § 200, R. 77.

entsprechende Freiheitsrecht bezogen.[28] Wenn man nun annimmt, dass der erweiterte Eingriffsbegriff mehrere Maßnahmen umfassen kann, bezieht man diese ja bereits auf den entsprechenden Schutzbereich desselben Grundrechts. Der additive Grundrechtseingriff erfolgt daher immer in dasselbe Grundrecht. Dies entspricht auch Forderungen im Kontext der Erweiterung des klassischen Eingriffsbegriffs, das Vorliegen eines Grundrechtseingriffs anhand grundrechtsspezifischer Argumente zu bestimmen.[29]

Die verfassungsrechtliche Prüfung, ausgerichtet an den differenzierten Schutzbereichen der Grundrechte, wird (auch) für die Abbildung von Belastungskumulationen für nicht tauglich erachtet. Vielmehr müsse die Grundrechtsdogmatik für die Wirklichkeit[30] geöffnet werden, um so nicht Schutzbereiche, sondern Freiheitsräume[31] oder Lebenssachverhalte[32] zu bestimmen, an denen Belastungskumulationen zu messen sind. Damit geht einher, dass die Grenze des grundrechtlich geschützten Verhaltens nicht entlang der Auslegung der Schutzbereiche verlaufen soll.[33] Voraussetzung der Erfassung von Belastungskumulationen soll danach nicht die Betroffenheit desselben Grundrechts sein. Vorgeschlagen wird eine wirklichkeitsoffene Interpretation der Grundrechte.[34] G. Kirchhof erörtert:

> „Die Rechtsfragen, die aus der Wirklichkeit entspringen und grundrechtlichen Schutz fordern, können regelmäßig nicht trennscharf in verschiedene Abschnitte geteilt werden, wie es der Begriff Schutz*bereich* suggeriert".[35]

Das mag zutreffen, wird aber durch das differenzierte System der Grundrechtskonkurrenz auch nicht bestritten und ist nicht gleichbedeutend mit einem Verlust an grundrechtlicher Freiheit. In einem vorgeschalteten Schritt soll die „Normwirklichkeit" analysiert werden um diesen dann vom Norminhalt abzugrenzen und diesen eigenständig zu definieren.[36]

Schwierigkeiten bereitet bereits der Begriff der „Wirklichkeit". Es handelt sich nicht um einen Rechtsbegriff und auch im Text des Grundgesetzes finden sich keinerlei Bezugspunkte. Dasselbe gilt für den Begriff des Lebenssachverhalts in diesem Kontext. Dies allein kann dem Terminus des additiven Grundrechtseingriffs allerdings ebenfalls vorgeworfen werden. Unabhängig von der konkreten Bezeichnung bleibt aber unklar, was in Bezug auf die Grundrechte mit der Kategorie der

---

[28] *Holoubek*, Der Grundrechtseingriff – Überlegungen zu einer grundrechtsdogmatischen Figur im Wandeln, in: Merten/Papier, Grundfragen der Grundrechtsdogmatik, S. 24.

[29] *Hoffmann-Riem*, Der Staat 43 (2004), 203, 222; zum Gleichlauf der Problematik beider grundrechtsdogmatischen Entwicklungen oben Drittes Kapitel A. I. 2.

[30] *G. Kirchhof*, Grundrechte und Wirklichkeit, S. 7 ff.

[31] *Winkler*, JA 2014, 881, 884 f.

[32] *Bronkars*, Kumulative Eigentumseingriffe, S. 89.

[33] *G. Kirchhof*, Grundrechte und Wirklichkeit, S. 24.

[34] *G. Kirchhof*, Grundrechte und Wirklichkeit, S. 16.

[35] *G. Kirchhof*, Grundrechte und Wirklichkeit, S. 16, Hervorhebung im Original.

[36] *G. Kirchhof*, Grundrechte und Wirklichkeit, S. 16.

„Wirklichkeit" abgebildet werden soll und worin der Gewinn gegenüber einer an der Verfassung orientierten Auslegung und Differenzierung der Schutzbereiche liegt. Die Argumentation, dass die Verhältnismäßigkeit einer Maßnahme durch die Wirklichkeit ausgewiesen werde und nicht durch Rechtsanwendung, kann in dieser Absolutheit nicht überzeugen. Selbstverständlich bezieht sich die Prüfung der Verhältnismäßigkeit auf den zugrundeliegenden Lebenssachverhalt, der sich u. U. mit der hinter der Grundrechtsprüfung liegenden „Wirklichkeit" deckt, letztlich handelt es sich aber beim Grundsatz der Verhältnismäßigkeit um einen aus dem Rechtsstaatsprinzip[37] entwickelten Rechtssatz, dessen Einzelkomponenten rechtliche Kategorien sind.

Speziell in Bezug auf Belastungskumulationen soll die Prüfung nur eines Grundrechts des Betroffenen den umfassenden „realitätsgerechten" Blick auf die Betroffenheit versperren.[38] Wenn Gregor Kirchhof ausführt, dass das allgemeine Persönlichkeitsrecht, das Postgeheimnis und die Freiheit der Wohnung allesamt den privaten Bereich des Bürgers betreffen,[39] ist dies absolut nachvollziehbar und schlüssig. Nur: die „Normwirklichkeit" des privaten Bereichs ist im Gegensatz zum Schutzbereich der genannten Grundrechte keine verfassungsrechtliche Kategorie. Es gibt kein allgemeines Freiheitsrecht des Bürgers, welches sich einheitlich über eine Vielzahl von Lebensbereichen erstreckt.[40] Vielmehr kann das Konzept der Normwirklichkeit im Vergleich mit den Schutzbereichen der Freiheitsgrundrechte nicht überzeugen. Es suggeriert eine klare Abgrenzung, die ohne normative Anknüpfung schon gar nicht gegeben sein kann.

Darüber hinaus erscheint das Kriterium des „vergleichbaren Gegenstandes" oder der „gleichen Normwirklichkeit" äußert beliebig. Möglicherweise ließe sich argumentieren, dass Grundrechte von Sinn und Zweck her, historischer Entstehung oder sogar systematischer Anordnung im Grundgesetz so etwas wie „Normwirklichkeiten" bilden[41] – es besteht aber weiterhin kein Anhaltspunkt dafür, inwieweit diese neben der Grundrechtskonkurrenz Einfluss auf die Auslegung der grundrechtlichen Schutzbereiche haben könnten.

Die Betroffenheit des einzelnen Grundrechtsträgers durch mehrere Maßnahmen in verschiedenen Grundrechten ist keine Fallkonstellation des additiven Grundrechtseingriffs. Eine gemeinsame Prüfung verschiedener betroffener Grundrechte ist

---

[37] BVerfGE 19, 342, 348 f.; 56, 248, 315; *Schulze-Fielitz*, in: Dreier, GG, Bd. 2, Art. 20 (Rechtsstaat), Rn. 179; *Sommermann*, in: v. Mangoldt/Klein/Starck, GG Bd: 2, Art. 20 Abs. 3, Rn. 309; *Sachs*, in: Sachs, GG, Art. 20, Rn. 146; *Stern*, Staatsrecht I, S. 861; *Frankenberg*, in: AK-GG, Art. 20 IV, Rn. 52, 55; Kritisch: *v. Arnauld*, JZ 2000, 276, 277, der den Verhältnismäßigkeitsgrundsatz aus dem Regel-Ausnahme-Verhältnis der Einschränkungsmöglichkeiten der Freiheitsrechte herleitet.

[38] *G. Kirchhof*, Grundrechte und Wirklichkeit, S. 27.

[39] *G. Kirchhof*, Grundrechte und Wirklichkeit, S. 28 f.

[40] *Klement*, AöR 134 (2009), 35, 43.

[41] Wie z. B. die Kommunikationsgrundrechte des Art. 5 Abs. 1, Art. 8 GG.

über den Fall einer Schutzbereichskombination[42] hinaus nicht möglich. Die Besonderheit einer grundrechtlichen Gesamtbelastung erwächst aus der Beziehung der verschiedenen Eingriffe zum Schutzbereich des jeweiligen Grundrechts. Eine Rechtfertigungsmöglichkeit einer Gesamtbelastung in mehreren Grundrechten erscheint nicht handhabbar. Wie sollen Gesetzesvorbehalte, formelle Anforderungen oder gar Verhältnismäßigkeitsprüfungen verschiedener Grundrechte kombiniert werden? Darüber hinaus findet sich in der Verfassung kein Anhaltspunkt dafür, dass die Betroffenheit in *mehreren* Grundrechten problematisch ist. Sowohl die Verhältnismäßigkeitsprüfung als Relation zwischen Zweckerreichung und Eingriff (in das jeweilige Grundrecht), als auch die Wesensgehaltsgarantie, Art. 19 Abs. 2 GG, beziehen sich auf ein Grundrecht. Gregor Kirchhof sieht im Ergebnis keinen Anhaltspunkt in der Verfassung und den Gesetzgeber in der Pflicht.[43] Das ist eine legitime Lösungsmöglichkeit, woraus sich die Pflicht des Gesetzgebers begründen soll, wenn nicht aus der Verfassung, bleibt aber unklar.

Das Konzept der „Normwirklichkeit" kann in der Hinsicht, dass Belastungskumulationen sich nicht auf einzelne Grundrechte, sondern auf „Normwirklichkeiten" beziehen können, nicht zuletzt deswegen nicht überzeugen, da Ausgangspunkt, Analyseziel und Einbindung in die verfassungsrechtliche Prüfung weitgehend undefiniert bleiben. Der additive Grundrechtseingriff muss daher auf die Prüfung mehrerer Eingriffe in dasselbe Grundrecht beschränkt bleiben. Dies ist keinesfalls zu eng gefasst. Die Abbildung desselben „Lebenssachverhalts" ergibt sich schon aus der Schutzbereichsbezogenheit des additiven Grundrechtseingriffs, der faktisch dann auch einen „Lebenssachverhalt" abbildet.

Allerdings kann der Grundgedanke der „Normwirklichkeit" an anderer Stelle überzeugen. Als verfahrensrechtlicher[44] Parameter im Gesetzgebungs- oder Verwaltungsverfahren erscheint es durchaus sinnvoll, im Vorfeld zu analysieren welche unterschiedlichen staatlichen Maßnahmen in welchen Lebensbereichen auf den Bürger einwirken um dadurch ggf. eine verfassungswidrige Gesamtbelastung des *jeweiligen* Grundrechts zu verhindern. Für diesen Fall eines präventiven Grundrechtsschutzes sind allerdings Koordinations- und Dokumentationspflichten verschiedener hoheitlicher Stellen unerlässlich.[45]

---

[42] Dazu oben Erstes Kapitel C. II. 2.

[43] *G. Kirchhof*, Grundrechte und Wirklichkeit, S. 29. Die Beispiele, dass ein Eingriff in die Berufsfreiheit schwerer wiege als eine Berufsausübungsregel und dass Zumutbarkeitsgrenzen zu weiten sind, wenn der Grundrechtsträger entsprechendes staatliches Verhalten provoziert hat, sind jedenfalls nicht verallgemeinerungsfähig.

[44] Zu den Möglichkeiten in Gesetzgebungs- und Verwaltungsverfahren, unten, 4.

[45] *G. Kirchhof*, Grundrechte und Wirklichkeit, S. 29 ff.

III. Gleicher Grundrechtsträger

Ausgehend von der vertikalen Gesamtbelastung sind Konstellationen denkbar, in denen eine staatliche Maßnahme in dasselbe Grundrecht eingreift, dies aber eine Vielzahl von Grundrechtsträgern betrifft. Dieser Sachverhalt, dass eine Vielzahl von Grundrechtsträgern betroffen ist, wird unter der Bezeichnung „Streubreite“[46] oder „Breitenwirkung“[47] im Hinblick auf Einzeleingriffe diskutiert. Demnach sollen Gesetze, die besonders viele Bürger betreffen, aufgrund der Betroffenheit hinsichtlich der Quantität, in Ausnahmefällen verfassungswidrig sein.[48]

Für einen effektiven Grundrechtsschutz macht es allerdings keinen Unterschied, wie viele Bürger von einer staatlichen Maßnahme betroffen sind, da eine „Gesamtfreiheitsbilanz“ in Bezug auf die Quantität der Betroffenen keine verfassungsrechtliche Kategorie ist, sondern vielmehr politischen Entscheidungen vorbehalten sein sollte. Das Bundesverfassungsgericht verwendet den Begriff der „Streubreite“ zwar im Kontext der Schwere eines Grundrechtseingriffs, im Ergebnis wird diese aber durch die Anlasslosigkeit des Grundrechtseingriffs bei einer Vielzahl zufällig ausgewählter Personen begründet und nicht mit der bloßen Anzahl der Betroffenen.[49] Anders formuliert: In welches Individualrechtsgut greift der Staat ein, wenn besonders viele Personen belastet werden?[50] Des Weiteren schließen sich bei der Anerkennung einer anderen Qualität von Grundrechtseingriffen mit großer „Streubreite“ schwierige Fragen nach dem Minderheitenschutz[51] als Grundausrichtung des Grundgesetzes und dem Problem der Entleerung einer Grundrechtsposition von nur wenigen Betroffenen an. Wenn im Wege eines *actus-contrarius* nicht nur davon ausgegangen wird, dass Grundrechtseingriffe mit besonders vielen Betroffenen besonders relevant sind und folglich Grundrechtseingriffe mit nur sehr wenigen Betroffenen daher weniger rechtfertigungsbedürftig erscheinen könnten, führt dies dazu, dass der Individualschutz grundlegend entwertet werden könnte.[52]

---

[46] Vgl. *Schwabenbauer*, Heimliche Grundrechtseingriffe, S. 157, S. 176; *Durner*, in: Maunz/Dürig, GG, Art. 10, Rn. 148, wonach die Streubreite in der Angemessenheit des Grundrechtseingriffs berücksichtigt werden soll.

[47] *G. Kirchhof*, Grundrechte und Wirklichkeit, S. 32.

[48] *G. Kirchhof*, Grundrechte und Wirklichkeit, S. 32.

[49] Vgl. BVerfGE 115, 320, 347; 100, 313, 376. Dazu auch sogleich.

[50] *Waechter*, NdsVBl. 2001, 77, 83.

[51] Zur Verwurzelung des Minderheitenschutzes im Bundesstaatsprinzip: *Grzeszick*, in: Maunz/Dürig, GG, Art. 20, IV, Rn. 26 f.; umfassend im Hinblick auf den Individualschutz: *Faisst*, Minderheitenschutz im Grundgesetz und den Landesverfassungen, S. 84 ff., die den Minderheitenschutz vor allem im Grundsatz der Gleichbehandlung und den Freiheitsrechten begründet sieht; Defizite sieht *Faisst* vor allem in dem fehlenden Förderungsauftrag zum Schutz von Minderheiten, S. 164.

[52] Im Glücksspielrecht zeigen sich derzeit argumentative Tendenzen in diese Richtung, durch den Hinweis, dass Spielsüchtige nur einen sehr geringen Anteil an der Bevölkerung ausmachen, sehr deutlich: *H.-P. Schneider*, NVwZ 2017, 1073, 1077 „Ohne Zweifel ist jeder Einzelfall von krankhaftem Spielverhalten höchst beklagenswert. Ist es aber angemessen, mit

Die Frage, die im Problemkreis der „Streubreite“ von Grundrechtseingriffen ebenso wie bei den Belastungskumulationen auftaucht, ist die, ob ein Grundrechtseingriff durch das Zusammenwirken mit anderen staatlichen Maßnahmen Auswirkungen auf den Freiheitsschutz des individuellen Grundrechtsträgers haben kann. Im Fall des additiven Grundrechtseingriffs beruht dieses Zusammenwirken auf mehreren staatlichen Maßnahmen zu Lasten des gleichen Grundrechtsträgers, bei der „Streubreite“ kann sich das Zusammenwirken nur aus den Auswirkungen dieses Eingriffs auf andere Grundrechtsträger ergeben. Die Intensität eines Eingriffs mit großer „Streubreite“ soll sich durch die Zahl der Betroffenen erhöhen.[53] Die Anzahl der Betroffenen ist indes ein ungenaues bzw. falsch formuliertes Kriterium zur Begründung der Erhöhung einer Eingriffsintensität. Für den einzelnen Grundrechtsträger ist es in seiner Individualrechtsposition zunächst irrelevant, wie viele andere mit ihm durch die staatliche Maßnahme betroffen sind. Entscheidend für eine gesteigerte Eingriffsintensität für Konstellationen die im Rahmen der „Streubreite“ diskutiert werden, ist die mögliche Anlasslosigkeit des Eingriffs in Bezug auf den durch die „Streubreite“ mitbetroffenen Grundrechtsträger. Die erhöhte Intensität des Eingriffs in die Grundrechte des einzelnen, der durch sein Verhalten möglicherweise dafür keinerlei Anlass geboten hat, korrespondiert also streng genommen nicht mit der Anzahl der ebenfalls Betroffenen. Freilich sind die Beispiele der Praxis, wie das der Rasterfandung,[54] solche in denen beide Kriterien – Anlasslosigkeit und große Anzahl der Betroffenen – zusammenfallen. Dies ist aber keinesfalls zwingend. Deshalb soll die „Streubreite“ eines Eingriffs im Rahmen des additiven Grundrechtseingriffs keine Rolle spielen, natürlich können aber anlasslose Grundrechtseingriffe, zusammen mit anderen einen additiven Grundrechtseingriff bilden.[55]

IV. Gleiche Zielrichtung/gleicher Zweck/ gleich ausgerichtete Finalität

Der additive Grundrechtseingriff als grundrechtliche Erfassung von staatlichen Gesamtbelastungen wird nicht nur im Hinblick auf den Terminus, sondern auch bezüglich der Definition mit dem von Lücke vorgeschlagenen Konzept der gleich-

Blick auf die auch im internationalen Vergleich eher geringen Quoten gleich einen ganzen Gewerbezweig zu zerschlagen?“.

[53] BVerfGE 115, 320, 347; 100, 313, 376.

[54] Dazu BVerfGE 115, 320.

[55] Ob mögliche „Abschreckungseffekte“ durch breit angelegte hoheitliche Freiheitsbeschränkungen ihrerseits selbst Grundrechtseingriffe darstellen können, ist im Rahmen der Frage, warum sich der additive Grundrechtseingriff auf einen Grundrechtsträger begrenzt, nicht relevant. Diskutiert wird dies auch unter dem Terminus „chilling effects“; umfassend: *Staben*, Der Abschreckungseffekt auf die Grundrechtsausübung; *Schwabenbauer*, Heimliche Grundrechtseingriffe, S. 140ff.; im Zusammenhang mit Datenerhebung: *Martini/Nink/Wenzel*, NVwZ Extra 2016 (24), 1, 10. Dazu auch bereits oben Erstes Kapitel C. III. 4.

zeitig auftretenden Eingriffe, die denselben Zweck verfolgen, gleichgesetzt.[56] Dieser wichtige und grundlegende Vorschlag bedarf allerdings der dogmatischen Weiterentwicklung.

Lücke setzt als zwingendes Kriterium des additiven Grundrechtseingriffs die Verfolgung desselben Zwecks voraus.[57] Bei der hier vertretenen Lösung der Prüfung von Gesamtbelastungen auf der Ebene des Grundrechtseingriffs kann dieses Kriterium schon deshalb nicht überzeugen, weil auf *Eingriffs*ebene die Zweckverfolgung die Zielgerichtetheit der Beeinträchtigung des grundrechtlichen Schutzgehalts bedeutet.[58] Damit würde wiederum das Kriterium der Finalität zugrunde gelegt, welches im Rahmen einer erweiterten Eingriffsdogmatik keine Rolle mehr spielen kann, ohne ihrer Zielrichtung entgegen zu wirken.[59] Vor dem Hintergrund der Annahme, dass der additive Grundrechtseingriff sich überhaupt nur auf dem Boden der erweiterten, „modernen" Eingriffsdogmatik entwickeln konnte,[60] der Finalität nicht als Voraussetzung der grundrechtlich zu überprüfenden Maßnahme ansieht, wäre die Rückeinschränkung inkonsequent.

Die Forderung derselben Zweckverfolgung der Einzelkomponenten des additiven Grundrechtseingriffs hängt eng mit der Annahme zusammen, dass die verfassungsrechtliche Grenze von Belastungskumulationen im Grundsatz der Verhältnismäßigkeit begründet liegen soll,[61] weshalb an dieser Stelle vorgegriffen werden muss.[62] Selbst unterstellt, der Verhältnismäßigkeitsgrundsatz wäre taugliche verfassungsrechtliche Begründung und Grenze von Belastungskumulationen, begegnet das Kriterium des übereinstimmenden Zwecks dennoch erheblichen Bedenken. Es mutet an, durch „die Hintertür" der Verhältnismäßigkeit die Kriterien des klassischen Eingriffsbegriffs wieder einführen zu wollen um damit die Ausweitung von Schutzbereichen und Eingriffsverständnis wieder einzugrenzen.

Auf den ersten Blick erscheint diese Abgrenzung von „einzubeziehenden" gegenüber „nicht einzubeziehenden" Maßnahmen zwar schlüssig, da die Prüfung der

---

[56] DVBl. 2001, 1469; Übernahme dieser Kriterien bei: *Jarass*, in: Jarass/Pieroth, GG, Vorb. vor Art. 1, Rn. 46a; *Peine,* HGR III, § 57, Rn. 53; *Hillgruber*, in: HStR IX, § 200, Rn. 97 f. der von „gleichen Regelungszielen" spricht.

[57] DVBl. 2001, 1469, 1470.

[58] Dazu bereits oben Drittes Kapitel A. I. 1. c).

[59] Dazu bereits oben Drittes Kapitel A. I. 1. e).

[60] Dazu oben Drittes Kapitel A. I. 2.

[61] *Lücke*, DVBl. 2001, 1469, 1476; *Reimer*, Qualitätssicherung, S. 276; *Lee*, Umweltrechtlicher Instrumentenmix und kumulative Grundrechtseinwirkungen, S. 143 f.; *Jesse*, Instrumentenverbund als Rechtsproblem am Beispiel effektiver Energienutzung, S. 182 ff.; *Sellmann*, Belastungskumulationen und Subventionen in der Verhältnismäßigkeitsprüfung – Zu Ausgleichsansprüchen von betroffenen Landwirten nach Art. 14 Abs. 1 S. 2 GG, in: Hogenmüller, Landwirtschaft im Spektrum der Umweltwissenschaften, S. 153 ff.; *Kluth*, ZHR 1998, 657, 673.

[62] Zur Kritik des Grundsatzes der Verhältnismäßigkeit als verfassungsrechtliche Grenze von Belastungskumulationen, ausführlich unten Fünftes Kapitel B. V.

Verhältnismäßigkeit eine Abwägung zwischen Zweck und Mittel voraussetzt. Um Gemeinsamkeiten des Zwecks zu identifizieren, scheint dieselbe Zielrichtung der belastenden Maßnahmen notwendig, wozu sollte man sie sonst in Beziehung setzen?

Selbstverständlich setzt die Prüfung der Verhältnismäßigkeit eine bestimmte Zweckverfolgung voraus.[63] Allerdings ist nicht ersichtlich, warum die Zweckidentität von Maßnahmen zwingende Voraussetzung einer verfassungsrechtlichen Überprüfung einer Gesamtbelastung sein sollte. Dieselbe Zweckverfolgung suggeriert sich als rechtssicheres Abgrenzungskriterium, was allerdings keineswegs der Fall ist. Zunächst bleiben alle bisherigen Abhandlungen die Definition dafür schuldig, auf wessen Perspektive bei der Zweckverfolgung von Belastungskumulationen abgestellt werden soll: die des Staates, des jeweilige Grundrechtsträgers, objektiver Dritter? Das Bundesverfassungsgericht möchte wohl inzwischen auf eine objektive Bestimmung des jeweiligen Zwecks abstellen.[64] Jedenfalls sollen alle Gesichtspunkte, auch wenn sie im Gesetzgebungsverfahren keinen Niederschlag gefunden haben, berücksichtigt werden.[65] Nach diesem objektiven Verständnis kann der Zweck oder das Ziel einer Maßnahme beliebig auf unterschiedlichen Abstraktionshöhen formuliert werden.[66] Von dieser Formulierung soll es dann abhängen, ab staatliche Maßnahmen grundrechtsrelevant kumulieren oder nicht. Je enger der konkrete Zweck formuliert wird, desto kleiner wird der Raum für mögliche Belastungskumulationen.

Im Abgabenrecht verdeutlich sich dieses Problem sehr anschaulich. Grundsätzlich sind alle Steuertatbestände dazu da, staatliche Einnahmen zu erzielen und zwar nicht zweckgebunden und ohne Gegenleistung, § 3 Abs. 1 AO. Dementsprechend gäbe es die Möglichkeit, alle steuerlichen Belastungen eines Grundrechtsträgers, der dann in seinem Grundrecht aus Art. 2 Abs. 1 GG, u. U. auch in Art. 12 GG oder sogar Art. 14 GG[67] betroffen sein kann, im Rahmen des additiven Grundrechtseingriffs zu überprüfen.[68] Es ginge um staatliche Maßnahmen die in das jeweils gleiche Grundrecht desselben Grundrechtsträgers eingreifen. Das Bundesverfassungsgericht hat zumindest den Halbteilungsgrundsatz als allgemeine Grenze steuerlicher Gesamtbetrachtungen wieder verworfen.[69] Die andere Möglichkeit ist, die Zwecke der Maßnahmen sehr eng zu definieren. Steuertatbestände, die auch Lenkungscharakter

---

[63] Zu diesem oft vernachlässigten Prüfungspunkt: *Hohnerlein*, Der Staat 56 (2017), 227 ff.

[64] Für eine subjektive Bestimmung noch: BVerfGE 93, 121, 147, „erkennbare Entscheidung des Gesetzgebers als Voraussetzung".

[65] BVerfGE 33, 171, 186 f.; BVerfG, Urt. Beschl. v. 31.03.1998 – 1 BvR 2167–93 u. a. = NJW 1998, 1776, 1777; Beschl. v. 24.01.2012 – 1 BvL 21/11 = NVwZ-RR 2012, 257, 259.

[66] Überzeugend: *Klement*, AöR 134 (2009), 35, 64.

[67] Zur Möglichkeit der Eigentumsbeeinträchtigung durch Steuern: *Wernsmann*, NJW 2006, 1169; befürwortend: *Roller/Hendel*, VuR 2006, 14, 15; ablehnend in Bezug auf die Grundsteuer: BVerfGK 15, 89.

[68] Für die Anwendung des Halbteilungsgrundsatzes auf die Summe aller Steuerlasten: *Pausenberger*, Eigentum und Steuern in der Republik, S. 390 f.

[69] BVerfGE 115, 97.

haben, können auf diesen reduziert werden, sodass eine Gesamtbetrachtung mit anderen, nur der Finanzierung dienenden Abgabetatbeständen von vorneherein ausscheidet. Die Verwaltungsgerichte[70] haben das subjektive Kriterium des „gleichen Zwecks“ bisher sehr eng ausgelegt, in Richtung einer Zweckidentität. Als Voraussetzung des additiven Grundrechtseingriffs wurde der gleiche Regelungszweck vorausgesetzt.

Im konkreten Fall ging es um Spielhallenbetreiber, die sich gegen die Gesamtbelastung aus Vergnügungssteuer, den Ausführungsgesetzen zum Glücksspielstaatsvertrag und den gewerberechtlichen Regelungen, gewandt hatten. Das Gericht verneinte die Verfolgung desselben Zwecks schon deshalb, weil zwar die Vergnügungssteuer auch den Zweck der Reduzierung der Anzahl von Spielgeräten und damit der Glücksspielprävention habe, aber in erster Linie der Einnahmenerzielung diene und damit nicht in eine Gesamtbetrachtung mit den landesrechtlichen Restriktionen zur Ausführung der Vorgaben des Glücksspielstaatsvertrages einfließen dürfe.[71] An diesem Beispiel zeigt sich deutlich, welcher Beliebigkeit die Definition eines gemeinsamen Zwecks von Belastungskumulationen ausgesetzt ist. Darüber hinaus besteht neben der unterschiedlichen Abstraktionshöhe die Gefahr der Auswechselbarkeit der Zweckausrichtung; es kann möglicherweise auf dahinterliegende andere Zwecke rekurriert werden um diese so unbestimmt zu formulieren,[72] dass eine möglichst große Anzahl an staatlichen Maßnahmen in die Prüfung der Belastungskumulation miteinbezogen werden kann.

Die Rechtsprechung des Bundesverfassungsgerichts zum additiven Grundrechtseingriff sieht die Verfolgung desselben Zwecks nicht als Voraussetzung eines additiven Grundrechtseingriffs an,[73] sodass sich das Problem stellt, welche Güter – wenn nicht der Grad der Zweckerreichung der unterschiedlichen Maßnahmen – in der Verhältnismäßigkeit mangels Einheitlichkeit eines Zwecks geprüft werden soll. Dieses Dilemma bleibt in der verfassungsgerichtlichen Rechtsprechung ebenfalls bisher ungelöst.[74]

Auch andere Vorschläge, welche das „Eingriffsumfeld“[75] oder die gleiche „Normwirklichkeit“[76] als Kriterium zur Einbeziehung von Grundrechtseingriffen in eine Gesamtbetrachtung zugrunde legen möchten, kämen hier zu dem Ergebnis, dass es sich um eine Belastungskumulation handelt: Nämlich diverse Restriktionen, die

---

[70] OVG Münster, Beschl. v. 26.11.2013 – 14 A 2401/13; Rn. 19f.; dazu bereits oben Zweites Kapitel B.

[71] OVG Münster, Beschl. v. 26.11.2013 – 14 A 2401/13; Rn. 19f.

[72] *Schlink*, Abwägung im Verfassungsrecht, S. 204.

[73] BVerfGE 130, 372, 392f.; BVerfGE 99, 202, 210.

[74] Zu diesem nicht zu lösenden Problem einer „Gesamtverhältnismäßigkeitsprüfung“, unten Fünftes Kapitel, B. V. 2.

[75] *Klement*, AöR 134 (2009), 35, 66.

[76] *G. Kirchhof*, Grundrechte und Wirklichkeit, S. 7ff.; S. 28, der sich gegen das Kriterium desselben Zwecks wendet.

sich unzweifelhaft auf den Betrieb einer Spielhalle und damit auf Art. 12 GG auswirken und zwar unabhängig von etwaigen Nebenzwecken

Der kritische Argumentationspunkt gegen das Kriterium der Zweckidentität führt den der Beliebigkeit des Abstraktionsgrades der Zweckverfolgung weiter. Die Verfolgung des gleichen Zwecks als Verklammerung von Belastungskumulationen führt zwangsläufig dazu, dass die Gesamtbetrachtung auf einen Zweck reduziert wird. Nebenzwecke, je nach Definition des gemeinsamen Zwecks auch Hauptzwecke, werden bei dieser Betrachtungsweise nicht verfassungsrechtlich berücksichtigt. Dies ist bei Einzeleingriffen im Rahmen der Angemessenheit und des dort nicht akut auftretenden Problems, auf welcher Abstraktionshöhe die Zweckverfolgung im Rahmen der Verhältnismäßigkeit definiert werden kann, nicht der Fall.

Die Motivation der Handhabbarkeit des Phänomens der additiven Belastungen ersetzt noch nicht die dogmatische Begründung. Sieht man den additiven Grundrechtseingriff als eigene Eingriffsform an, in die alle Maßnahmen aufgenommen werden, die in der Finalität übereinstimmen, bräuchte es auch nur eine Verhältnismäßigkeitsprüfung – bezogen auf den Zweck des Eingriffs, der bereits vorher identifiziert wurde. Konsequenz dieses Weges wäre, den klassischen Eingriffsbegriff, zumindest im Hinblick auf additive Grundrechtseingriffe wiedereinzuführen. Die Argumente, warum Einzeleingriffe gegenüber Gesamtbelastungen einer anderen Eingriffsdogmatik unterliegen, müssen aber über den bloßen Hinweis eines erhöhten Gefährdungspotenzials hinausgehen.

Der „Wiedereinführung“ des Kriteriums der Finalität als Merkmal eines Eingriffs, in diesem Fall des additiven Grundrechtseingriffs, stehen gewichtige Argumente entgegen. Wie oben bereits erläutert, kann das Kriterium der Finalität nicht ohne präzisere Definition handhabbar gemacht werden. Wenn man es in Sinne einer „subjektiven“ Ausrichtung versteht, also sich die Zielgerichtetheit danach bestimmt, worauf es der Behörde ankam, führt dies u. U. allerdings dazu, dass die Grundrechtsbetätigung zwar nicht von dieser Zielgerichtetheit erfasst war, im Ergebnis aber trotzdem beeinträchtigt wird. Schwabe bringt das anschauliche Beispiel einer verkehrsbehindernden Predigt an: deren Verbot zielt zweifelsohne nicht direkt auf eine Beeinträchtigung der Religionsfreiheit, da es der Behörde wohl auf den Grund der Verkehrsbehinderung nicht ankommt und auch u. U. eine politische Rede untersagt hätte, die Maßnahme aber notwendigerweise und damit auch gewollt die Glaubensbetätigung betrifft.[77] Damit kann die Zielgerichtetheit nicht spezifisch sein.[78] Auch das Verhältnis der Grundrechte untereinander, wie der anerkannte Fall der „Idealkonkurrenz“, sprechen gegen eine Ausrichtung anhand des Merkmals der Finalität. Die Beeinträchtigung von anderen Rechtsgütern infolge eines staatlichen Zugriffs auf ein anderes Rechtsgut desselben Grundrechtsträgers, ist nicht vermeidbar. Durch die Beeinträchtigung beispielsweise der Freiheit der Person, die Basis für die Ausübung anderer grundrechtlicher Freiheiten ist, werden ebenfalls die

---

[77] *Schwabe*, Probleme der Grundrechtsdogmatik, S. 174.

[78] *Schwabe*, Probleme der Grundrechtsdogmatik, S. 174.

anderen grundrechtlich geschützten Rechtsgüter tangiert. Dass die anderen Grundrechte dabei nicht beabsichtigt gemindert werden sollten, ändert nichts daran, dass sie trotzdem Maßstab des staatlichen Handelns sind.[79] Ein grundrechtlich relevanter Eingriff kann nicht davon abhängen, ob „die Staatsgewalt es auf ein bestimmtes Rechtsgut abgesehen hat".[80]

Unabhängig von der Verortung in der Grundrechtsprüfung, sei es im Rahmen einer „Gesamtverhältnismäßigkeitsprüfung" oder als klassisches Kriterium eines (eigentlich) erweiterten Eingriffsbegriffs, kann die Voraussetzung der gleichen Zweckverfolgung für die verfassungsrechtliche Prüfung von Belastungskumulationen nicht überzeugen. Durch das Kriterium desselben Zwecks als Voraussetzung des additiven Grundrechtseingriffs wird der Grundrechtsschutz nicht gestärkt. Das subjektive Kriterium des gleichen Zwecks passt nicht zu der objektiv geprägten Struktur des Eingriffsbegriffs.[81] Die erforderliche Begrenzung, um eine Verwässerung des Grundrechtsschutzes zu verhindern, ergibt sich aus der konsequenten Erweiterung, aber weiter bestehenden Anwendung der Grundrechtsdogmatik. Einfließen können nur solche staatlichen Maßnahmen im Rahmen des additiven Grundrechtseingriffs, die eine hinreichende Beziehung zum Schutzbereich des betroffenen Grundrechts haben, was wiederum durch die vorherige Prüfung ihrer eigenen Eingriffseigenschaft festgestellt wurde.

In eine ähnliche Richtung geht die Diskussion um „gewollte" und „ungewollte" Belastungskumulationen. Differenziert wird in der Literatur zwischen gewollten und ungewollten Belastungskumulationen.[82] Danach sollen ungewollte Belastungskumulationen Ausdruck des möglichen Unvermögens des Gesetzgebers sein

> „das Geflecht der bestehenden Normen durch neue Rechtstexte im Dienste bestimmter Zwecke und ohne vermeidbare Nebenfolgen zu verändern".[83]

Bezugspunkt soll bei der ungewollten Belastungskumulation damit der Wille des Gesetzgebers sein. Allein gewollte Belastungskumulationen sind danach im Bereich des Grundrechtsschutzes relevant.[84]

Bereits im Ausgangspunkt stellt sich die Frage, inwieweit in einem Rechtsstaat staatliche Maßnahmen von ihrer Seite aus überhaupt „ungewollt" sein können, oder ob nicht eher davon auszugehen ist, dass sich der handelnde Staat in Bezug auf jede Maßnahme, die er erlässt, zumindest theoretisch der rechtlichen Legitimation bewusst machen muss.[85] Zudem erscheint der Terminus des „ungewollten" in diesem Kontext unglücklich; eine „grundsätzliche" Exkulpationsmöglichkeit des Staates für

---

79 *Schwabe,* Probleme der Grundrechtsdogmatik, S. 179.

80 *Schwabe*, Probleme der Grundrechtsdogmatik, S. 178 f.

81 *Klement*, AöR 134 (2009), 35, 64.

82 *Klement*, AöR 134 (2009), 35, 54; unklarer bei *Winkler*, JA 2014, 881, 882.

83 *Klement*, AöR 134 (2009), 35, 56.

84 *Winkler*, JA 2014, 881, 882.

85 *Lindner*, DÖV 2004, 765, 771, gegen jegliches ungewolltes staatliches Handeln.

Rechtfertigungs- oder sogar Haftungsfragen[86] kann sich daraus jedenfalls nicht ergeben.

Darüber hinaus müsste sich die Relevanz der Differenzierung zwischen ungewollten und gewollten Belastungen begründen lassen. Zusammentreffende Normen, die sich u. U. sogar überschneiden, können auch ohne Intention des Normsetzers zu einer erheblichen Gesamtbelastung führen, für den Grundrechtsschutz kann es aber nicht darauf ankommen, ob der Gesetzgeber nicht willens oder nicht in der Lage war, die Gesamtbelastung beim Grundrechtsträger zu berücksichtigen. Das von Winkler[87] angeführte Beispiel des Nebeneinanders von wehrdisziplinarischer und strafrechtlicher Arreststrafe[88] ist ebenfalls kein Beispiel ungewollter Belastungskumulationen. Selbstverständlich waren beide Rechtsfolgen vom Gesetzgeber gewollt; sowohl die strafrechtliche als auch die wehrdisziplinarische Sanktion. Dass ein mögliches Zusammenwirken noch nicht durch eine Anrechnungsregel oder Berücksichtigungspflicht normiert wurde, muss aber keinesfalls heißen, dass die Belastungskumulation ungewollt war. In beiden Sanktionssystemen war das Zusammenwirken mit anderen nicht ausdrücklich ausgeschlossen, ob dies „gewollt" oder „billigend in Kauf" genommen wurde, macht für die Freiheitsverkürzung des Grundrechtsträgers keinen Unterschied. Schon aus diesem Grund ist die Kategorie der ungewollten Belastungskumulation kein Abgrenzungskriterium. Darüber hinaus wirken durch vielfältige gesetzliche Regelungen und Regelungssysteme stets eine Vielzahl an Normen in die Freiheitsbereiche des Grundrechtsträgers ein. Es würde sich dann bei der Gesamtheit der Normen die nicht Gegenstand der aktuellen Prüfung sind um „ungewollte kumulative Belastungen" handeln, sprich: die gesamte sonstige Rechtsordnung.

Auch Lücke geht davon aus, dass eine Belastungskumulation auch eine „zufällige Koinzidenz" sein kann, die in der Konsequenz grundrechtlich irrelevant bleiben müsse.[89] Unklar bleibt auch hier, worauf sich die „Zufälligkeit" exakt beziehen soll; das Auftreten eines Grundrechtseingriffs, ausgelöst durch staatliches aktives Handeln, kann nie zufällig sein. Möglicherweise soll in diesem Zusammenhang auf das Kriterium der Vorhersehbarkeit abgestellt werden. Die Zufälligkeit kann sich nur auf das Zusammentreffen mit anderen Belastungen beziehen. Andererseits erscheint es fernliegend, dass der Staat zwar die einzelnen Grundrechtseingriffe an sich „gewollt" haben soll, nicht aber die Belastungskumulation. Diese soll nach Lücke allerdings nur dann von staatlicher Seite verantwortet werden, wenn die Eingriffe demselben Zweck dienen. Damit deckt sich die Abgrenzung von gewollter und ungewollter

---

[86] Zur verschuldensunabhängigen Haftung im Staatshaftungsrecht *Papier*, in: Maunz/Dürig, GG, Art. 34, Rn. 217 ff.; wobei zu beachten ist, dass die verschuldensunabhängige Haftung die spezialgesetzliche Ausnahme darstellt.

[87] JA 2014, 881, 882.

[88] BVerfGE 21, 378; dazu oben Zweites Kapitel A. II.

[89] DVBl. 2001, 1469, 1470.

Belastungskumulation mit der Ansicht, die eine Verfolgung desselben Zwecks[90] im Sinne einer Finalität als Voraussetzung für den additiven Grundrechtseingriff fordert. Wie dargestellt, kann es für einen effektiven Grundrechtsschutz darauf nicht ankommen.

V. Gleichzeitig auftretende Belastungswirkung

1. Zeitspanne

Die Erstreckung des erweiterten Eingriffsbegriffs auf grundrechtliche Gesamtbelastungen bezieht sich auf die Quantität der staatlichen Handlungen. Nichtautomatisch einher geht damit eine Erstreckung in zeitlicher Hinsicht.

Die Belastungswirkungen der verschiedenen Eingriffe des additiven Grundrechtseigriffs müssen in dem Sinne gleichzeitig auftreten, dass sie den Grundrechtsträger aktuell, schon oder noch betreffen – parallel zur „gegenwärtigen Betroffenheit" des Verständnisses des § 90 Abs. 1 BVerfGG. Entscheidend ist nicht, wann die entsprechenden Akte erlassen oder aufgehoben wurden, sondern ob sie noch gleichzeitig auf den Grundrechtsträger wirken.[91] Entfaltet eine Maßnahme keine grundrechtsbeeinträchtigenden Folgen mehr, sodass der Schutzbereich des jeweiligen Grundrechts durch sie verkürzt wird, ist es nicht gerechtfertigt, sie in eine Gesamtbetrachtung mit einzubeziehen. Das Ziel eines effektiven Grundrechtsschutzes, unabhängig von Handlungsform und Handlungsanzahl staatlicher Maßnahmen, wird nicht dadurch verwirklicht, dass nicht mehr oder noch nicht wirkende potenzielle Eingriffe in die Grundrechtsprüfung mit aufgenommen werden. Wurde das belastende Gesetz beispielsweise aufgehoben, kann es für eine Gesamtbelastung keine Rolle mehr spielen, auch wenn der Grundrechtsträger in der Vergangenheit davon betroffen war.[92] Etwaige „Vorwirkungen" von zukünftigen Grundrechtseingriffen oder „Nachwirkungen" vergangener Grundrechtseingriffe[93] können weder im Rahmen des klassischen oder erweiterten Eingriffsbegriffs in Bezug auf Einzeleingriffe, noch im Rahmen des additiven Grundrechtseingriffs berücksichtigt werden, wenn diese außerhalb der gegenwärtigen Betroffenheit liegen. Dafür streitet, dass neben der gegenwärtigen Betroffenheit keine handhabbaren Kriterien ersichtlich sind, Grundrechtseingriffe in einer größeren Zeitspanne einzubeziehen und auch

[90] Im Ergebnis auch: *Lücke,* DVBl. 2001, 1469, 1470.

[91] *Lücke*, DVBl. 2001, 1469, 1470 f.; *Reimer*, Qualitätssicherung, S. 275; *F. Kirchhof*, NZS 2015, 1, 7.

[92] Dazu sogleich „fortgesetzter additiver Eingriff".

[93] Davon zu differenzieren sind Fragen des pränatalen oder postmortalen Grundrechtsschutzes, diese betreffen die Grundrechtsfähigkeit des jeweiligen Grundrechtsträgers, nicht die zeitliche Dimension des Eingriffs. Zu ersterem: *H. Bethge*, in: Maunz/Schmidt-Bleibtreu/Klein/Bethge, BVerfGG, § 90, Rn. 130 m.w.N.

die fehlende Notwendigkeit im Hinblick auf einen effektiven Grundrechtsschutz.[94] In Bezug auf vergangene Grundrechtseingriffe ist der Grundrechtsträger zumindest in Bezug auf Handlungen der Exekutive durch die Fortsetzungsfeststellungsklage auch nicht rechtsschutzlos gestellt.[95]

2. Variante: Fortgesetzter additiver Eingriff

Unter der Bezeichnung des fortgesetzten additiven Grundrechtseingriffs wird von Lücke der Ausschluss der Konstellation diskutiert, dass zwar mehrere denselben Grundrechtsträger in demselben Grundrecht betreffende Eingriffe vorliegen, diese aber nicht alle weitgehend zeitgleich zu einer Erstbeeinträchtigung führen, sondern teilweise schon früher auf ihn eingewirkt haben.[96] Keine Berücksichtigung sollen „bereits abgeschlossene" Beeinträchtigungen finden. Entscheidend für eine Einbeziehung von hoheitlichen Belastungen in zeitlicher Hinsicht ist also, ob vom Grundrechtseingriff eine anhaltende Freiheitsbeschränkung ausgeht. Definiert werden soll eine zeitliche Grenze der Einbeziehung, die sich aber nach den materiellrechtlichen Auswirkungen der Maßnahme auf den Grundrechtsträger bestimmt.

Dies deckt sich mit den prozessualen Voraussetzungen der gegenwärtigen Betroffenheit im Rahmen der Antragsbefugnis der Individualverfassungsbeschwerde, vgl. § 90 Abs. 1 BVerfGG.[97] Darüber hinaus ist davon auszugehen, dass kein Grundrechtseingriff mehr vorliegt, sondern vorlag, wenn dieser an abgeschlossene Sachverhalte in der Vergangenheit anknüpft. Das nicht nur exakt gleichzeitig auftretende Grundrechtseingriffe erfasst werden sollten, liegt auf der Hand: die freiheitssichernde Funktion des additiven Grundrechtseingriffs würde entweder vom zeitlichen Zufall abhängen, oder der Staat könnte den Schutzzweck durch zeitversetztes Erlassen der entsprechenden Maßnahmen aushöhlen. Lücke beschreibt, dass die Gesamtbeeinträchtigung bei einem Aufeinandertreffen „neuer Grundrechtseingriffe" mit „alten, aber fortwirkenden" geringer sein kann, als wenn die Gesamtbelastung zeitgleich auftritt, da sich der Bürger aufgrund einer zeitlichen Spanne besser auf die Belastungen einstellen könne und diese dementsprechend milder ausfallen würden.[98] Ob dies der Fall ist, bleibt zweifelhaft. Abgesehen von Grundrechtseingriffen, die sich in der Zukunft erst auswirken und daraufhin entsprechende Dispositionen getroffen werden können, ändert sich an den Auswirkungen eines

---

[94] Für eine großzügigere Anwendung *Hufen*, VVDStRL 57 (1998), Diskussionsbeitrag, 131 f.; wie hier: *Lücke*, DVBl. 2001, 1469, 1471.

[95] Speziell zu dieser „Kompensationsfunktion": *Lindner*, NVwZ 2014, 180.

[96] DVBl. 2001, 1469, 1470 f.

[97] Zur gegenwärtigen Betroffenheit bei additiven Grundrechtseingriffen im prozessualen Sinne, unten Siebtes Kapitel A. I. 2.

[98] DVBl. 2001, 1469, 1471; es wird eine Parallele zur fortgesetzten strafbaren Handlung aufgezeigt, bei der die Einzelakte zwar zu einer rechtlichen Einheit zusammengefasst werden, ihnen aber z. B. in Bezug auf den Fristbeginn der Verfolgungsverjährung nicht jede Selbstständigkeit abzusprechen ist.

Eingriffs nichts, wenn sich der Bürger „darauf einstellen kann". Entscheidend ist vielmehr, dass der Bürger bezüglich Art und Ausmaß der Einschränkungen seiner Freiheitsposition keine Einflussmöglichkeiten hat. Demnach ist der fortgesetzte additive Eingriff keine besondere Variante des additiven Grundrechtseingriffs, sondern eher sein Regelfall.

VI. Handlungsverantwortlichkeit

Das Eingriffsverständnis – klassisch, erweitert oder additiv – setzt in allen Spielarten aus der abwehrrechtlichen Perspektive das Handeln eines nach Art. 1 Abs. 3, 20 Abs. 3 GG grundrechtsverpflichteten Akteurs voraus, folglich ein Verhalten deutscher öffentlicher Gewalt.[99] In den meisten Ausführungen zu Belastungskumulationen wird schlicht davon ausgegangen, dass die eine Gesamtbelastung durch unterschiedliche staatliche Gewalten und Hoheitsträger erfolgen kann.[100] Die weit problematischere Frage der Zurechnung des Verhaltens von unterschiedlichen Hoheitsträgern zueinander, blieb bisher ungeklärt. Diese Frage stellt sich auch unabhängig davon, auf welcher Ebene der Grundrechtsprüfung die Erfassung von Belastungskumulationen erfolgen soll.[101]

1. Additiver Grundrechtseingriff durch den gleichen Hoheitsträger

Die Erfassung von grundrechtlichen Gesamtbelastungen aus der abwehrrechtlichen Perspektive auf der Ebene des Grundrechtseingriffs fordert staatliches Handeln.[102] Da sich der additive Grundrechtseingriff durch mehrere Einzeleingriffe zusammensetzt, ist das erforderliche Zurechnungselement zum Staat bereits durch die Prüfung der Eingriffseigenschaft gesichert.[103] Dies erscheint bei mehreren Grundrechtseingriffen durch ein Gesetz in Bezug auf die Verantwortlichkeit des Gesetzgebers für die Gesamtbelastung schlüssig. Der Hauptanwendungsfall des additiven Grundrechtseingriffs, die Gesamtbelastung durch mehrere gesetzliche

---

[99] *Peine,* HGR III, 3 57; Rn: 36; *Jarass*, in: Jarass/Pieroth, GG, Vorb. vor Art. 1, Rn. 24; *Eckhoff*, Der Grundrechtseingriff, S. 273.

[100] Vgl. *Lee*, Umweltrechtlicher Instrumentenmix und kumulative Grundrechtseinwirkungen, S. 100 ff.; *Reimer*, Qualitätssicherung, S. 275; *Kluth*, ZHR 1998, 657, 673 f.; *Winkler*, JA 2014, 881, 882; differenzierter: *Jesse*, Instrumentenverbund als Rechtsproblem am Beispiel effizienter Energienutzung, S. 195, allerdings nur im Hinblick auf das Europarecht.

[101] Selbst wenn man entgegen der hier vertretenen Ansicht, den additiven Grundrechtseingriff auf Verhältnismäßigkeitsebene verorten möchte, müssten diese Zurechnungsfragen diskutiert werden. Dies erfolgt überwiegend nicht. Dazu unten Fünftes Kapitel B. IV.

[102] Zu Belastungskumulationen und Schutzpflichten, oben Drittes Kapitel B.

[103] Vgl. zum Einzeleingriff statt aller: *Jarass*, in: Jarass/Pieroth, GG, Vorb. vor Art. 1, Rn. 26.

Maßnahmen,[104] wirft keine besonderen Zurechnungsfragen auf, wenn sich die Gesamtbelastung aus demselben Gesetz ergibt oder durch entsprechende Änderungsgesetze.[105] Durch Änderungsgesetze[106] können sich dann weitere Belastungen ergeben, wenn sie bereits vorhandenen Beeinträchtigungen ergänzen.

Auch darüber hinaus bereiten additive Grundrechtseingriffe durch denselben Hoheitsträger im Hinblick auf die Frage der Zurechnung keine Probleme. Jedoch sind die Kompetenzverteilungen des Föderalstaates zu berücksichtigen: Der Bundesstaat zeichnet sich durch das Nebeneinander der Ebenen der Staatlichkeit aus.[107] Der Bürger und Grundrechtsträger ist Adressat aller staatlichen Ebenen. Durch die eigene Staatlichkeit der Länder, ist bei Belastungskumulationen aus Maßnahmen des Bundes und der Länder daher nicht von einem Hoheitsträger auszugehen, die Abgrenzung verläuft entlang der Grenzen der Zuständigkeiten.[108] Der Bundes- und die jeweiligen Landesgesetzgeber, die verschiedenen Gerichtsbarkeiten, die unmittelbare und mittelbare Staatsverwaltung von Bund oder der Länder lassen sich „intern" unter der Bezeichnung desselben Hoheitsträgers zusammenfassen. Ebenfalls eigene Hoheitsträger sind die juristischen Personen des öffentlichen Rechts in ihrem jeweiligen Bereich der Selbstverwaltung.

Die Zurechnung eines aus mehreren Belastungen eines Gesetzes oder mehrerer Gesetze bestehenden additiven Grundrechtseingriffs zu derselben zuständigen Gesetzgebungskörperschaft bereitet daher keine besonderen rechtlichen Probleme. Auch können Gesamtbelastungen durch den jeweils in seinem Kompetenzbereich handelnden Hoheitsträger der Exekutive zugerechnet werden.

2. Additiver Grundrechtseingriff durch verschiedene Hoheitsträger

Die entscheidende Frage ist, ob im Rahmen des additiven Grundrechtseingriffs Eingriffe unterschiedlicher Hoheitsträger berücksichtigt werden können und damit, ob sich für verschiedene Hoheitsträger Konsequenzen aus Grundrechtseingriffen ergeben können, die sie selbst nicht erlassen haben.[109]

---

[104] Zu den konkreten Anwendungsbereichen auch oben Erstes Kapitel C. III. Ein klassisches Beispiel des additiven Grundrechtseingriffs durch ein Gesetz ist das dort diskutierte Ökologische Jagdgesetz NRW.

[105] *Lücke* möchte zwischen „Stammgesetz" und Änderungsgesetzen unterscheiden, was im Ergebnis nicht divergiert; DVBl. 2001, 1469, 1474.

[106] *Lücke*, DVBl. 2001, 1469, 1474; zu den Anforderungen an grundrechtseinschränkende Änderungsgesetze: *Kluth/Krings*, Gesetzgebung, § 10, Rn. 80.

[107] *Greszick*, in: Maunz/Dürig, GG, Art. 20 IV, Rn. 33.

[108] Zu den historischen Hintergründen der „Einheit des Staates": *Waechter*, Studien zum Gedanken der Einheit des Staates, S. 15–137.

[109] Damit eng verknüpft sind die prozessualen Folgen der Rüge einer Belastungskumulation dazu unten Siebtes Kapitel A. II.

Fraglich ist daher, wie rechtlich mit grundrechtlichen Gesamtbelastungen zu verfahren ist, die von verschiedenen Hoheitsträgern ausgehen, die in ihrem jeweiligen Kompetenzbereich tätig werden. Die bloße Annahme der Literatur, dass ein additiver Grundrechtseingriff von einer oder mehreren der staatlichen Gewalten ausgehen kann, ohne sich mit Problemen der Zurechenbarkeit auseinander zu setzen,[110] greift zu kurz. Die Rechtsprechung des Bundesverfassungsgerichts geht von der Möglichkeit einer Gesamtbelastung durch unterschiedliche Hoheitsträger ausdrücklich aus, hat dafür aber noch keine näheren Voraussetzungen formuliert.[111]

Der Vorteil der Rechtsfigur eines additiven Grundrechtseingriffs, der sich auf mehrere Eingriffe nur eines Hoheitsträgers beschränken würden, wäre die Identifizierbarkeit eines Adressaten und damit eine klare Verantwortlichkeitszuteilung für die Verursachung einer verfassungswidrigen Gesamtbelastung. Vereinzelt wird daher dafür plädiert, die Beachtung von Gesamtbelastungen in der Grundrechtsprüfung auf Akte derselben Gesetzgebungskörperschaft zu begrenzen.[112] Die Folgen einer bestehenden Vorbelastung eines Grundrechtsträgers könne einem anderen Hoheitsträger in keinem Fall zugerechnet werden.[113]

Aus der Sicht des Grundrechtsträgers und im Hinblick auf einen effektiven Grundrechtsschutz macht es schließlich aber keinen Unterschied, von welchem grundrechtsverpflichteten Hoheitsträger die Grundrechtseingriffe ausgehen, welche ggf. in der Gesamtbetrachtung verfassungswidrig sind. Erkennt man eine verfassungsrechtliche Grenze für Belastungskumulationen an, kann die Konsequenz aus Art. 1 Abs. 3 GG, Art. 20 Abs. 3 GG nur sein, dass alle Hoheitsträger daran gebunden sind.

Problematisch erscheint der Aspekt, dass in diesem Fall ein Hoheitsträger für die Handlungen eines anderen – also außerhalb seines eigenen Kompetenzbereiches – verantwortlich gemacht werden könnte, sodass die von ihm erlassene Maßnahme als Teil der grundrechtlichen Gesamtbelastung für verfassungswidrig erklärt wird.[114] Zu beachten ist zunächst, dass die Prüfung der kompetenzrechtlichen Regelungen keinesfalls außer Acht gelassen wird, sondern dem additiven Grundrechtseingriff in dem Sinne vorgeschaltet ist, dass kompetenzwidrig erlassene Maßnahmen selbstverständlich nicht wirksam sind und daher nicht in die Gesamtbetrachtung einzubeziehen sind.[115] Darüber hinaus will die Kompetenzordnung nur Befugnisse, aber

---

[110] *Lücke*, DVBl. 2001, 1469, 1471 „ein additiver Grundrechtseingriff kann von einer oder mehreren der staatlichen Gewalten ausgehen“; *G. Kirchhof*, Grundrechte und Wirklichkeit, S. 56 ff; wobei an keiner Stelle Zurechnungsfragen thematisiert werden, s.a. Fn. 111.

[111] Dazu oben, zweites Kapitel, A.VI., BVerfGE 136, 64, 124, 136; BVerfG, NVwZ 2017, 1111.

[112] *Bronkars*, Kumulative Eigentumseingriffe, S. 92.

[113] *Bronkars*, Kumulative Eigentumseingriffe, S. 92.

[114] Zum Urteilstenor einer gegen einen additiven Grundrechtseingriff gerichteten Individualverfassungsbeschwerde, unten Siebtes Kapitel A. II.

[115] Dazu oben Erstes Kapitel C. II. 1. a).

keine Verpflichtungen im Hinblick auf eine „Passivlegitimation" des Staates für Grundrechtseingriffe schaffen.[116] Auch weitere Kollisionsregeln und das Gebot der Widerspruchsfreiheit der Rechtsordnung sind der Prüfung, ob staatliche Maßnahmen in den additiven Grundrechtseingriff einzubeziehen sind, vorgeschaltet.[117] Bei einem Zusammenwirken kompetenzgemäß erlassener Grundrechtseingriffe stellt sich die Frage der Zurechnung im besonderen Maße: Die Anerkennung des additiven Grundrechtseingriffs als Teil des erweiterten Eingriffsbegriffs entbindet nicht von der Prüfung der Zurechenbarkeit des grundrechtsbeeinträchtigenden Verhaltens zum Staat. Können verschiedene Hoheitsträger für Belastungskumulationen als „Gesamtschuldner" haften?[118] Kann ein Hoheitsträger für die Verursachung einer Gesamtbelastung durch andere Hoheitsträger als „mittelbarer Störer" in Anspruch genommen werden?[119]

Gegen die Zurechenbarkeit der Maßnahmen eines anderen Hoheitsträgers wird vorgebracht, dass die Eingriffsdogmatik dies nicht zulasse.[120] Dies erscheint vor dem Hintergrund der differenzierten Kompetenzverteilung eines Rechtsstaates zunächst schlüssig, anders gefragt: Weshalb sollte ein Hoheitsträger für Auswirkungen der Handlung anderer haften, wenn ihm für die zugrundeliegenden Sachverhalte nicht einmal eine Regelungskompetenz zusteht, ein verfassungsgemäßes „Alternativhandeln" seinerseits in diesem Bereich also von vorneherein ausscheidet?

Allgemein spricht für eine Berücksichtigung der Grundrechtseingriffe verschiedener Hoheitsträger der Grundgedanke, welcher der gesamten Diskussion um die verfassungsrechtliche Berücksichtigung von Gesamtbelastungen zugrunde liegt: der effektive Grundrechtsschutz. Das erweiterte Verständnis des Grundrechtseingriffs hat zum Ziel, staatliche Freiheitsbeeinträchtigungen, unabhängig von ihrer Handlungsform, zu erfassen. Aus Sicht des Grundrechtsträgers ist „der Staat" im Falle von Belastungskumulationen dahingehend als „Einheit" anzusehen, wenn man eine verfassungsrechtliche Grenze von grundrechtlichen Gesamtbelastungen anerkennt und wenn die Belastungen kompetenzgemäß erlassen wurden, da dies für die bestehende Gesamtbelastung keinen Unterschied macht.[121] Wenn die grundrechtlichen Schutzgehalte durch eine Vielzahl an Eingriffen ausgehöhlt werden, bleibt diese Einschränkung des Freiheitsschutzes unabhängig von Zurechnungsfragen bestehen. Daraus könnte sich beispielsweise eine Prüfungsobliegenheit des Gesetzgebers im Hinblick auf die bereits bestehenden gesetzlichen Belastungen er-

---

[116] Vgl. *Hößlein*, JZ, 2007, 271, 275, der sich kritisch mit der Kompetenzordnung als Zurechnungskriterium auseinandersetzt.

[117] Dazu oben Erstes Kapitel C. II. 1. c).

[118] Zu der vergleichbaren Konstellation einer Doppelbelastung durch verschiedene Mitgliedstaaten im Europarecht, unten Sechstes Kapitel A.

[119] Begriff und Problematik bei *Hößlein*, JZ, 2007, 271, 275.

[120] *Michael/Morlok*, Grundrechte, Rn. 519; zum Vorschlag diese Konstellation nach der Schutzpflichtenlehre zu lösen Drittes Kapitel B. I.

[121] Auch *Bronkars* stellt fest, dass dies für das betroffene Rechtsgut keinen Unterschied macht, Kumulative Eigentumseingriffe, S. 92.

geben, was bei Anerkennung des Verbots einer Gesamtbelastung von Grundrechtsträgern aber nichts anderes ist als Ausfluss der Bindung an die Verfassung, Art. 1 Abs. 3, 20 Abs. 3 GG.[122] Die ausdifferenzierte Kompetenzordnung steht dem nicht entgegen. Die Verantwortlichkeit des Staates für grundrechtliche Abwehransprüche ergibt sich aus dem Aspekt der Zurechnung, welche sich wiederum aus der Pflicht zur Beseitigung des Grundrechtseingriffs ergibt und nicht aus der Zuständigkeit.[123] Für einen additiven Grundrechtseingriff können nach dieser Argumentation alle beitragenden Hoheitsträger in die Pflicht genommen werden. In dieselbe Richtung auf staatsorganisationsrechtlicher Ebene geht die Interpretation des Bundesstaatsprinzips, welches als materielle Pflichten die gegenseitige Information, Abstimmung, Mitwirkung und Zusammenarbeit zwischen Bund- und Ländern vorsieht.[124] Die Frage der Zurechnung einer Gesamtbelastung verschiedener Hoheitsträger zu beidem oder einem verantwortlichen Hoheitsträger kann mithin nur unter der Berücksichtigung der Besonderheiten des Bundesstaates beantwortet werden.

a) Besonderheiten bei Bund und Ländern

Die Strukturentscheidung des Grundgesetzes für den Bundesstaat dient allgemein der Begrenzung politischer Macht und damit der Freiheit des Einzelnen.[125] Diese Ausrichtung deckt sich auf den ersten Blick mit der freiheitssichernden Intention des additiven Grundrechtseingriffs.

Das Verhältnis von Bundes- und Landesrecht wird im Grundgesetz explizit ausschließlich durch Art. 31 GG geregelt. Diese Kollisionsregel ist gegenüber den kompetenzrechtlichen Regelungen nachrangig und hat nur einen begrenzten Anwendungsbereich.[126] Da es sich aber um eine Kollisionsregel handelt, ist sie der Prüfung eines additiven Grundrechtseingriffs vorgeschaltet.[127] In Bezug auf ihre Rechtsfolge könnte sie aber im Hinblick auf die Berücksichtigung von Gesamtbelastungen, die sich aus staatlichen Eingriffen des Bundes und eines oder mehrerer Länder zusammensetzt, Bedeutung erlangen. Ist durch Art. 31 GG bereits ausgeschlossen, dass Maßnahmen von Bund und Land überhaupt im Rahmen des additiven Grundrechtseingriffs berücksichtigt werden können? Eine landesrechtliche Regelung – und sei es nur im Rahmen einer Gesamtbetrachtung – dürfte dann eine bundesrechtliche nicht in ihrer Wirksamkeit beeinflussen können. Im Ergebnis ist

---

122 Im Ergebnis auch für eine Gesamtbetrachtung der Maßnahmen verschiedener Hoheitsträger, *Klement*, AöR 134 (2009), 35, 63. Zu der Ausschöpfung eines möglichen „Eingriffskontingents" durch die Vorbelastungen, unten c).

123 Zum Kriterium der Beseitigungspflicht: *Hößlein*, JZ, 2007, 271, 276.

124 Vgl. BVerfGE 104, 249, 270; *Jarass,* in: Jarass/Pieroth, GG, Art. 20, Rn. 25.

125 *Jarass,* in: Jarass/Pieroth, GG, Art. 20, Rn. 23.

126 Vgl. *Huber,* in: Sachs, GG, Art. 31, Rn. 3; *Heckmann*, Geltungskraft und Geltungsverlust von Rechtsnormen, S. 292 f.

127 Dazu oben Erstes Kapitel C. II. 1.

dies klar zu verneinen. Bereits der Wortlaut des Art. 31 GG „Bundesrecht bricht Landesrecht“ passt nicht auf den additiven Grundrechtseingriff; in diesen Fällen bricht ja allenfalls die Gesamtbelastung eine verfassungsrechtliche Grenze.[128] Es geht also nicht um das Verhältnis der Einzeleingriffe zueinander, sondern um das Verhältnis der Gesamtbelastung zum Grundrecht. Selbst wenn zu in zeitlicher Hinsicht früher erlassenen Bundesnormen, landesrechtliche Eingriffe hinzukommen, verhindert Art. 31 GG die Entstehung der Eingriffsaddition nicht per se. Denn im bipolaren Verhältnis zwischen beiden Eingriffen steht, wenn kein widersprüchlicher Normbefehl vorliegt, Art. 31 GG nicht entgegen. Scheitert das Landesrecht doch ausnahmsweise an Art. 31 GG, kann es ohnehin nicht in den additiven Grundrechtseingriff einbezogen werden. Auch Sinn und Zweck des Art. 31 GG in seiner Bedeutung für das Bundesstaatsprinzip gebietet keine andere Interpretation.[129] Art. 31 GG steht daher einer Gesamtbetrachtung von Grundrechtseingriffen durch Bund und Land nicht entgegen.

Eher könnte das aus dem Bundesstaat hergeleitete Prinzip der Bundestreue für die Berücksichtigung im Rahmen einer Gesamtbetrachtung streiten.[130] Dieser ungeschriebene Verfassungsgrundsatz verpflichtet Bund und Länder zur wechselseitigen Rücksichtnahme im Föderalstaat.[131] Im Hinblick auf bestehende Belastungen könnte der Grundsatz der Bundestreue bereits zur Rücksichtnahme verpflichten, sodass auch aus diesem Aspekt heraus keine additiven Grundrechtseingriffe entstehen dürften. Allerdings gilt der Grundsatz der Bundestreuer allein zwischen Bund und den Ländern, ihm kommt keine individualschützende Funktion im Verhältnis zum Bürger zu.[132] Des Weiteren regelt das Prinzip der Bundestreue keine Zurechnungsfragen.

Dass das Prinzip der Bundestreue keinen tauglichen Anhaltspunkt für eine wechselseitige Zurechnung der Belastungen von Bund und Ländern im Rahmen des additiven Grundrechtseingriffs bietet, ist noch kein Hindernis für eine solche Berücksichtigung. Das spezifische Gefahrenpotenzial des additiven Grundrechtseingriffs entfaltet sich insbesondere in Situationen der Überlagerung nicht vollständig

---

[128] Anders: *Jesse*, Instrumentenverbund als Rechtsproblem am Beispiel effektiver Energienutzung, S. 198.

[129] Vgl. *Hellermann*, in: Epping/Hillgruber, GG, Art. 31, Rn. 2; BVerfGE 36, 342, 362 ff. Art. 31 GG meint keine konkreten Sachverhaltsregelungen.

[130] Statt aller: *Schnapp*, in: v. Münch/Kunig, GG, Bd. 1, Art. 20, Rn. 14.

[131] Der Grundsatz der Bundestreue „konstituiert oder begrenzt Rechte und Pflichten innerhalb eines bestehenden Rechtsverhältnisses zwischen Bund und Ländern, begründet aber nicht selbständig ein Rechtsverhältnis zwischen ihnen; die wechselseitigen rechtlichen Beziehungen, innerhalb deren die Treue zu wahren ist, müssen bestehen oder durch Verhandlungen begründet werden“, BVerfGE 13, 54.

[132] Vgl. *Grzeszick*, in: Maunz/Dürig, GG, Art. 20, IV, Rn. 122 ff.; im Ergebnis auch: *Bronkars*, Kumulative Eigentumseingriffe, S. 94; grundlegend: *Heitsch*, Die Ausführung der Bundesgesetze durch die Länder, S. 67 ff.; a.A. wohl *Kluth*, ZHR 1998, 657, 674.

aufeinander abgestimmter Normen,[133] wie sie in einem Föderalstaat zwangsläufig entstehen. Würde eine Möglichkeit der Gesamtbetrachtung allein aufgrund der föderalen Aufteilung verneint, hätte dies eine empfindliche Einschränkung des Grundrechtsschutzes zur Folge.

Die Zurechnung des Verhaltens eines anderen Hoheitsträgers in dem Sinne, dass sich erst durch die Eingriffe des anderen eine verfassungswidrige Gesamtbelastung ergeben kann, kann auch im Rahmen des additiven Grundrechtseingriffs nicht ohne Anknüpfungspunkt an die eigene Handlungsverantwortlichkeit erfolgen. Der jeweilige Hoheitsträger des Bundes oder des Landes muss selbst einen Grundrechtseingriff beigetragen haben, welcher den Kriterien des additiven Grundrechtseingriffs entspricht, um in die verfassungsrechtliche Gesamtbetrachtung miteinbezogen zu werden. Der Einzelbetrag des jeweiligen Hoheitsträgers stellt eine notwendige Bedingung für die Gesamtbelastung in ihrer konkreten Form dar. Im Rahmen dieser Gesamtbetrachtung muss die Zurechnungsfrage für einen additiven Grundrechtsschutz dahingehend erweitert werden, dass sowohl Maßnahmen des Bundes oder des Landes berücksichtigt werden können.

Es wird damit eine zweite Stufe der Handlungsverantwortlichkeit in die Prüfung eingezogen. Auf der ersten Stufe ist zu prüfen, ob der Hoheitsträger einen Grundrechtseingriff zu verantworten hat. Auf der zweiten Stufe ist zu prüfen, ob dieser Grundrechtseingriff zusammen mit anderen zu einem additiven Grundrechtseingriff in dasselbe Grundrecht eines Grundrechtsträgers zeitgleich kumuliert. Der eigene Beitrag zur Gesamtbelastung ist der Anknüpfungspunkt, die Kriterien des additiven Grundrechtseingriffs begrenzen die Verantwortlichkeit für die Gesamtbelastung. Bund und Länder sind in diesem Falle als „Gesamtschuldner" verantwortlich. Andernfalls könnte zumindest theoretisch durch die Möglichkeit der konkurrierenden Gesetzgebungskompetenz eine Gesamtbelastung wiederum „aufgespalten" werden und wäre nicht überprüfbar.

Vergleichbar ist dies mit der Problematik der „Eingriffsintensivierung durch Kompetenzaufteilung" bei den Grundrechten.[134] Die Rechtsprechung des Bundesverfassungsgerichts zu Art. 3 Abs. 1 GG, wonach eine grundrechtsrelevante Ungleichbehandlung nur durch denselben Hoheitsträger im Rahmen seines Kompetenzbereichs auftreten kann, lässt sich nicht auf die abwehrrechtliche Perspektive des additiven Grundrechtseingriffs übertragen.[135] Vielmehr streitet auch die gleichheitsrechtliche Rechtsprechung dafür, einen additiven Grundrechtseingriff durch verschiedene Hoheitsträger zuzulassen. Diese bezieht sich auf Regelungsmaterien, in denen die Kompetenzen auf Bund und Länder aufgeteilt sind und ein Land in seiner Kompetenz aber das Gleichheitsgerechte nicht herstellen kann. Diese Kompetenzschranke rechtfertigt aber auch nicht statt des schonenderen einen intensiveren

---

[133] Vgl. *Bronkars*, Kumulative Eigentumseingriffe, S. 94.

[134] Dazu: *P. Kirchhof*, in: Maunz/Dürig, GG, Art. 3 Abs. 1, Rn. 174.

[135] BVerfGE 33, 303, 352 – st. Rspr.

Eingriff in das Grundrecht.[136] Grundlegend für die Freiheitsrechte ist die Entscheidung des Bundesverfassungsgerichts im Apothekenurteil.[137] Das Verfassungsgericht hatte dort betont, dass für den Schutz der Berufsfreiheit des Apothekers, Einschränkungen der Berufswahlfreiheit nicht zulässig seien, wenn Einschränkungen der Berufsausübungsfreiheit durch Bundes- und Landesgesetzgeber in ihrer Kumulationswirkung nicht sachgerecht bemessen seien.[138]

Das Bundesverfassungsgericht hat dazu ausgeführt:

> „Freilich könnte dabei, weil die Gesetzgebungskompetenz auf diesem Gebiet zum Teil bei den Ländern, zum Teil konkurrierend bei Bund und Ländern liegen mag, der bayerische Gesetzgeber sich nicht etwa darauf berufen, daß die hier angedeuteten Möglichkeiten wirksame Abhilfe nur gewähren könnten, wenn der Bund von seiner Gesetzgebungskompetenz Gebrauch mache, daß aber mangels einer solchen Bundesinitiative der Landesgesetzgeber genötigt sei, in den Bereich des Grundrechts tiefer einzugreifen. Ein solcher Hinweis wäre gegenüber dem Grundrecht der Berufsfreiheit nicht zulässig. Art. 12 Abs. 1 GG unterscheidet hinsichtlich der gesetzlichen Regelung der Berufsausübung nicht zwischen Bundes- und Landesrecht. Das einheitlich geltende bundesverfassungsrechtliche Grundrecht ist gegenüber der Gesetzgebung des Bundes wie der Länder gleichermaßen geschützt. *Bund und Länder dürfen intensivere Eingriffe in das Grundrecht nicht dadurch ermöglichen, daß sie sich auf das Fehlen ihrer Kompetenz zur einen oder anderen Maßnahme berufen.* Vielmehr muß, wenn es um den Grundrechtsschutz des Staatsbürgers geht, der ja sowohl dem Bundesrecht wie dem Landesrecht untersteht, der Gesetzgeber in Bund und Ländern sich als Einheit behandeln lassen."[139]

Diese Konstellation und insbesondere die Aussage bezüglich des Grundrechtsschutzes durch Bund und Länder lässt sich auf den additiven Grundrechtseingriff durch unterschiedliche Hoheitsträger übertragen. Keiner von mehreren Hoheitsträgern soll sich durch den Verweis auf den Verursachungsbeitrag des jeweils anderen exkulpieren können. Das ist nur möglich wenn alle staatlichen Beteiligten gleichermaßen für den additiven Grundrechtseingriff zur Verantwortung gezogen werden können. Durch die vorgeschlagene zweistufige Zurechnungsprüfung wird die Anknüpfung an den eigenen Verursachungsbeitrag sichergestellt und der Staat muss sich in diesem Fall des additiven Grundrechtseingriffs als Einheit behandeln lassen, denn die Kompetenzordnung darf die Grundrechtswahrnehmung nicht erschweren.[140]

---

136 *P. Kirchhof*, in: Maunz/Dürig, GG, Art. 3 Abs. 1, Rn. 174.

137 BVerfGE 7, 377.

138 *P. Kirchhof*, in: Maunz/Dürig, GG, Art. 3 Abs. 1, Rn. 174.

139 BVerfGE 7, 377, 443; Hervorhebung durch die Verf.; bestätigt in: BVerfGE 33, 303, 356 f.; bestätigend: *Häberle*, DÖV 1972, 729, 740 „freiheitssichernde Bundesstaatlichkeit".

140 So *P. Kirchhof*, in: Maunz/Dürig, GG, Art. 3 Abs. 1, Rn. 174; kritisch: *Boysen*, Gleichheit im Bundesstaat, S. 105 f. zu den Schutzbereichen der Freiheitsrechte im Bundesstaat und die „Tendenz, die [...] für den allgemeinen Gleichheitssatz anerkannten föderativen Bindungen auf freiheitsrechtlicher Ebene zu umgehen". Das Bundesverfassungsgericht hat diese Argumentation auch auf Eingriffe in die kommunale Selbstverwaltung der Gemeinden übertragen. Auch in diesem Bereich könne der Bund nicht geltend machen, dass die Verletzung

In der Rechtsprechung des Bundesverfassungsgerichts finden sich auch weitere Beispiele für eine einheitliche Verantwortlichkeit verschiedener Hoheitsträger. Das Gericht hat auch im Fraport-Urteil festgestellt, dass erst die gemeinsame Beteiligung der Stadt Frankfurt, des Landes Hessen und der Bundesrepublik Deutschland an der Fraport Aktiengesellschaft die Grundrechtsbindung und damit die Einordnung als „Staat" iSd. Art. 1 Abs. 3 GG begründete.[141]

Gegen die Annahme einer Gesamtverantwortlichkeit spricht nicht das polizeirechtliche Gebot, Maßnahmen der Gefahrenabwehr und der Verwaltungsvollstreckung im öffentlich-rechtlichen Funktionsbereich anderer Hoheitsträger zu unterlassen.[142] Zunächst können einfach-rechtliche Normen und Grundsätze nicht zur Auslegung der Verfassung herangezogen werden, dies verbietet bereits die Normenhierarchie. Der dahinterstehende Grundgedanke im Polizeirecht ist, dass jeder Hoheitsträger in seinem Zuständigkeitsbereich selbst für die Einhaltung des geltenden Rechts verantwortlich ist und andernfalls die gesetzliche Zuständigkeitsordnung unzulässig tangiert werden könnte.[143] Die gesetzliche Zuständigkeitsordnung wird durch den additiven Grundrechtseingriff aber nicht tangiert, denn die Prüfung der Kompetenz ist ergebnisentscheidend für die Frage, ob überhaupt eine Gesamtbelastung entstehen kann. Vielmehr geht es um die Verantwortlichkeit eines Hoheitsträgers für eine Handlung, die erst im Zusammenwirken mit den Handlungen eines anderen Hoheitsträgers zu einem additiven Grundrechtseingriff erwächst.

Ein weiterer Einwand gegen diese Zurechnung könnte hier die mangelnde Vorhersehbarkeit sein.[144] In den additiven Grundrechtseingriff einzubeziehende Vorbelastungen bestehen u. U. schon sehr lange und ohne dass der Hoheitsträger Möglichkeiten hat, auf aktuelle Entwicklungen Einfluss zu nehmen. Auch gibt es keine Möglichkeit des Bundes, die Länder von ihrer kompetenzgemäßen Aufgabenwahrnehmung abzuhalten um eine Gesamtbelastung zu verhindern. Um dieses „Gefälle" gar nicht erst entstehen zu lassen, spricht viel für eine Berücksichtigung der Maßnahmen auch unterschiedlicher Hoheitsträger. Denn im Falle einer verfassungswidrigen Gesamtbelastung sind zumindest *ex-post* alle handelnden staatlichen Akteure im gleichen Maße für das konkrete Gesamtergebnis der Gesamtbelastung verantwortlich. Eine Exkulpation mit dem Hinweis auf den jeweils anderen ist daher von keiner Seite möglich. Denn letztlich trifft den Grundrechtsträger immer noch die

---

eines Anhörungsanspruchs der Gemeinden nur durch das Land als Adressat dieses Anspruchs erfolgt sei und daher die Verfassungsmäßigkeit eines darauf beruhenden Bundesgesetzes nicht berühre. Vielmehr müssten sich auch im Fall der Eingriffe in die kommunale Selbstverwaltung Bund und Länder als Einheit behandeln lassen, BVerfGE 56, 298, 322.

[141] BVerfGE 128, 226, 228, 244 f.

[142] Vgl. *Dietlein/Hellermann*, Öffentliches Recht in Nordrhein-Westfalen, S. 347; *Erbguth/Mann/Schubert*, Besonderes Verwaltungsrecht, § 15, Rn. 521 ff.

[143] *Dietlein/Hellermann*, Öffentliches Recht in Nordrhein-Westfalen, S. 346.

[144] Kritisch zum Kriterium der Vorhersehbarkeit zur Begründung staatlicher Verantwortlichkeit, *Klement*, DÖV 2005, 507, 511; *Hillgruber*, in: HStR IX, § 200; *Sachs*, in: Sachs, GG, vor Art. 1, Rn. 86.

volle Gesamtbelastung. Darüber hinaus ist natürlich zu berücksichtigen, dass es jedem Hoheitsträger jederzeit möglich ist, in seinem Kompetenzbereich die Grundrechtsbelastung entsprechend anzupassen, um eine verfassungswidrige Gesamtbelastung nicht entstehen zu lassen.

Entwicklungen auch nur in die Richtung der „dual sovereignty-Theorie" des amerikanischen Rechts, sind im Sinne eines Grundrechtsschutzes zwingend zu vermeiden. Danach sollen Schutzwirkungen der Mehrfachbestrafung oder Doppelverfolgung – welche Belastungskumulationen im allgemeinen Sinne darstellen – nicht greifen, wenn unterschiedliche Hoheitsträger tätig geworden sind.[145] Begründet wird diese mit unterschiedlichen Zuständigkeiten und Interessen.[146] Dieses, sicherlich nicht ohne weiteres verallgemeinerungsfähige, Beispiel zeigt aber, dass bei Gesamtbelastungen ein effektiver Schutz für die Betroffenen nur gewährleistet werden kann, wenn keine Exkulpationsmöglichkeit durch den Verweis auf die Handlung eines anderen Hoheitsträgers besteht.

Ein ähnlicher Ansatz[147] zur einheitlichen Haftung verschiedener Hoheitsträger findet sich im Staatshaftungsrecht. Erwägungen des einfachen Rechts können keinen Einfluss auf die verfassungsrechtliche Beurteilung haben, bieten aber möglicherweise Anhaltspunkte für eine einfach-gesetzliche Normierung für Verfahrensregeln zur Vermeidung additiver Grundrechtseingriffe. Die Begründung einer Amtshaftungspflicht gegenüber einem anderen Hoheitsträger soll regelmäßig nicht in Betracht kommen, da dieser nicht als „Dritter" zu qualifizieren sein soll, wenn beide so miteinander verzahnt sind, dass sie in Verfolgung einer einheitlichen Aufgabenstellung zusammenwirken.[148] Argumentiert wird, dass Hoheitsträger untereinander immer über die gemeinsame Aufgabenstellung der Bewahrung und Förderung des Gemeinwohls miteinander verbunden sind, auch wenn Interessenlagen und Auffassungen im konkreten Fall auseinanderfallen.[149] Wenn die Hoheitsträger aber durch die gemeinsame Aufgabenwahrnehmung so verzahnt sind, dass sich nicht einander haftungspflichtig sind, also eine „Einheit" bilden, scheint es nicht abwegig, dass sie auch in dem Sinne „gemeinsam haften", dass ihre Handlungsbeiträge im Rahmen einer Gesamtbelastung überprüfbar sind. Dabei müsste sodann das Kriterium der gemeinsamen Aufgabenwahrnehmung bei Gesamtbelastungen geprüft werden. Dies

---

145 Dazu mit Überblick über die amerikanische Rechtsprechung: *Geisler*, Die Ausgestaltung des Anklageprinzips im amerikanischen Strafverfahrens- und Verfassungsrecht, S. 178 ff.

146 Dazu mit Überblick über die amerikanische Rechtsprechung: *Geisler*, Die Ausgestaltung des Anklageprinzips im amerikanischen Strafverfahrens- und Verfassungsrecht, S. 179.

147 Ebenso wird im Bereich des Umweltstrafrechts eine Zurechnung des Gesamterfolges durch eine Mehrzahl von Kumulationseffekte unterschiedlicher Verantwortlicher diskutiert, welche sogar die jeweilige Strafbarkeit der Einzelakteure begründen können soll, die selbst nicht strafbewehrt gehandelt haben. Überblick über die verschiedenen Ansätze bei *Daxenberger*, Kumulationseffekte, S. 55 ff. Diese einfach-rechtliche Wertung kann mithin nicht bei der Auslegung von Verfassungsrecht herangezogen werden.

148 BGHZ 116, 312, 315 ff.

149 *Stein*, Die Verantwortlichkeit politischer Akteure, S. 470.

erscheint beispielsweise in der Konstellation der Glücksspielregulierung durchaus gegeben. Im Bereich der gemeinsamen Aufgabenwahrnehmung ließe sich auch eine Abstimmungspflicht der unterschiedlichen Akteure zur Vermeidung einer verfassungswidrigen Gesamtbelastung leichter begründen.

Letztlich ist das Anerkenntnis eines additiven Grundrechtseingriffs durch Bundes- und Landesgesetze zwar nicht unproblematisch, aber eine nicht vermeidbare Konsequenz aus dem bundesstaatlichen Staatsaufbau. Dies ist in den engen Grenzen des additiven Grundrechtseingriffs auch hinnehmbar.[150] Es bestehen unterschiedliche rechtliche Optionen zwischen Bund und Ländern verfassungswidrige Belastungskumulationen zu vermeiden. Gesetzliche Abstimmungspflichten oder Anrechnungsregeln sind auch aus anderen Rechtsbereichen bekannt.[151] Im Sinne des effektiven Grundrechtsschutzes muss daher eine übergreifende Gesamtbetrachtung verschiedener staatlicher Belastungen möglich sein.

b) Belastungskumulationen verschiedener Länder

Das Zusammenwirken verschiedener Gesetze unterschiedlicher Bundesländer erscheint als theoretischer Anwendungsfall des additiven Grundrechtseingriffs durchaus denkbar. Wenn im Bereich der Berufsfreiheit, Art. 12 Abs. 1 GG, die Zulassung zu einem Studiengang in allen Ländern mit einem, u. U. sehr hohen, *numerus clausus* beschränkt ist, hat dies für den Grundrechtsträger eine andere Bedeutung, als wenn dies nur in einem oder zwei Bundesländern der Fall wäre. In der Regel werden mehrere Grundrechtseingriffe durch verschiedene Landesgesetze aber die absolute Ausnahme bilden. Im Ergebnis erscheint keine andere Beurteilung als bei einer Gesamtbelastung von Normen durch Bund und Länder geboten. In die Richtung einer Koordinationspflicht der Bundesländer untereinander deutet eine die 4. Rundfunkentscheidung des Bundesverfassungsgerichts aus dem Jahr 1986.[152] Danach sollte die Entwicklung zu einem grenzüberschreitenden Rundfunk bei der rechtlichen Bewertung – der bisherigen Landeskompetenz – nicht unberücksichtigt bleiben. Denn die Veranstalter überregionaler Programme könnten sich nicht nach einem ganzen Bündel unterschiedlicher landesrechtlicher Regelungen richten und ein funktionierendes System hänge von einer Koordination der landesrechtlichen Gesetzgebung ab.[153]

Durch die Begrenzung der jeweiligen Länderkompetenz auf das Gebiet des eigenen Bundeslandes wird es im Gegensatz zur Überlagerung im Mehrebenensystem zwischen Bundes- und Landesrecht aber eher nicht zu Überschneidungen kommen. Bei der Begrenzung von Studiengängen, die zentral über einen *numerus clausus*

---

[150] Zur Grenze des additiven Grundrechtseingriffs, unten Fünftes Kapitel.

[151] § 36 BauGB; zur gesamtschuldnerischen Haftung von Hoheitsträgern BGHZ 9, 65 = NJW 1953, 785, a.A. *Ivo*, Die Folgenbeseitigungslast, S. 94.

[152] BVerfGE 73, 118.

[153] BVerfGE 73, 118, 196 f.

vergeben werden, stellt sich bereits die Frage, ob es sich hier überhaupt um mehrere Grundrechtseingriffe in Art. 12 Abs. 1 GG des Studienplatzbewerbers handelt, oder ob die landesrechtlichen Regelungen nicht als eine einheitliche subjektive Berufszulassungsbeschränkung zu interpretieren sind.[154]

c) Begrenzung der Handlungsverantwortlichkeit in zeitlicher Hinsicht: Ausschöpfung eines Eingriffskontingents

Bei einem additiven Grundrechtseingriff, insbesondere in der Konstellation, dass die Gesamtbelastung durch unterschiedliche Hoheitsträger erfolgt, können die Einzeleingriffe in einem langen Zeitraum „gestaffelt" erfolgen. Mehrere unabhängig voneinander erlassene Gesetze können „jahrelang" nebeneinander bestehen, bis ein weiterer Eingriff zu einer verfassungswidrigen Gesamtbelastung führt. Daher könnte erwogen werden, nur den Hoheitsträger als verantwortlich für die Gesamtbelastung anzusehen, der „das Fass zum Überlaufen gebracht hat", mithin den zeitlich letzten Eingriff vorgenommen hat. Als Konsequenz könnte daher auch nur der zuletzt erlassene staatliche Akt in einem verfassungsgerichtlichen Verfahren angegriffen werden.[155] In diesen Fällen würde auch die Prüfung der Kriterien des additiven Grundrechtseingriffs entfallen und letztlich wäre auch die dogmatische Begründung eines Grundrechtseingriffs, der gegenüber Mehrbelastungen offen ist, überflüssig. Denn Anknüpfungspunkt wäre allein der zuletzt ergangene Einzeleingriff.

Diese Konstellation ist von dem hier vertretenen Verständnis des additiven Grundrechtseingriffs zu differenzieren. Selbstverständlich sind Sachverhalte denkbar, in denen eine Vorbelastung des Grundrechtsträgers besteht, die durch einen dazu tretenden Eingriff verstärkt wird, und sich der Grundrechtsträger speziell gegen diesen letzten Eingriff zur Wehr setzen möchte. In der Entscheidung zur Entwicklung der Krankenkassenbeiträge stellte das Bundesverfassungsgericht in einer Gesamtschau auf die Gesamtentwicklung der wirtschaftlichen Situation der Beitragszahler ab. Entscheidend war, dass selbst wenn alle Modifikationen der Rentenanpassung seit 1957 berücksichtigt würden, Rentenbezieher bis zur angegriffenen Anpassung von der allgemeinen Einkommensentwicklung voll profitiert hätten.[156] Geprüft wurde hier aber keine Gesamtbelastung, sondern die jeweils zuletzt ergangene bzw. unterlassene Maßnahme. Dies ist keine spezielle Konstellation des additiven Grundrechtseingriffs. Denn der additive Grundrechtseingriff ermöglicht es dem Grundrechtsträger gegen die Gesamtbelastung vorzugehen.

Der additive Grundrechtseingriff ist nicht auf zeitgleich erlassene Maßnahmen beschränkt. Andernfalls würde die Intention dieser Rechtsfigur, nämlich die Si-

---

[154] In diese Richtung deutet auch das Urteil des BVerfG vom 19. 12. 2017, NJW 2018, 361, 363 ff.

[155] Zu den prozessualen Konsequenzen des additiven Grundrechtseingriffs unten Siebtes Kapitel.

[156] BVerfG NJW 2014, 3634, 3669; dazu bereits oben Zweites Kapitel A. III. 7.

cherung der Effektivität des Grundrechtsschutzes, gänzlich leer laufen. Im Ergebnis könnte sich der Staat immer darauf berufen, dass nur die zuletzt ergangene Maßnahme zu überprüfen sei, was schon die Möglichkeit der bloßen Überprüfung der Gesamtbelastung ausschließen würde. Denn der Verfassungsverstoß läge danach ja immer nur im zuletzt ergangenen Akt. Gerade in dieser Gesamtbelastung liegt aber die besondere Gefahr für den Grundrechtsschutz. Ihre Überprüfung darf nicht dahingehend versagt werden, dass nur der zuletzt ergangene Eingriff letztlich den verfassungswidrigen Zustand herbeigeführt hat. Daraus folgert sich auch, dass alle Hoheitsträger, wie oben dargelegt, für die Gesamtbelastung gleichermaßen verantwortlich sind.

Zunächst finden sich im Rahmen der Grundrechtsprüfung keine Anhaltspunkte, die Anknüpfungspunkte dafür bieten könnten, dass ein bestimmtes „Eingriffskontingent" des Staates besteht, welches ausgeschöpft werden könnte. Erkennt man den additiven Grundrechtseingriff als Konsequenz des erweiterten Eingriffsverständnisses an, bleibt für ein seitens des Staates ausschöpfbares Kontingent kein Raum. Auch bei Einzeleingriffen, die verfassungswidrig sind, prüft das Bundesverfassungsgericht zwar die Möglichkeit einer Teilverfassungswidrigkeit, aber keine „geltungserhaltende Reduktion"[157] innerhalb eines Grundrechtseingriffs. Der Eingriff wird, falls eine verfassungskonforme Auslegung nicht in Betracht kommt, schon aus Gründen der Gewaltenteilung nicht durch das Bundesverfassungsgericht auf ein Maß reduziert, dass „noch verfassungskonform" ist. Der Neuerlass einer verfassungskonformen Norm ist Aufgabe des Gesetzgebers. Nichts anderes kann für den additiven Grundrechtseingriff gelten, wenn man ihn als eigenen Eingriff anerkennt. In den engen Grenzen des additiven Grundrechtseingriffs kann daher die Gesamtbelastung angegriffen werden und dadurch Regelungen als Teil des additiven Grundrechtseingriffs verfassungswidrig „werden", die einzeln betrachtet verfassungsgemäß sind oder es auch eine längere Zeit waren. Dies ist die zwingende Konsequenz der Anerkennung der verfassungsrechtlichen Überprüfbarkeit einer Gesamtbelastung. Eine Kompensation der Vorbelastungen durch den zuletzt handelnden Hoheitsträger kommt bei Freiheitsrechten, wie oben erläutert, aus guten Gründen nicht in Betracht.[158]

Des Weiteren würde es bei einer Begrenzung auf den zuletzt ergangenen Eingriff dem Grundrechtsträger überverantwortet werden, letztlich zu identifizieren, welcher staatliche Akt die Gesamtbelastung verfassungswidrig hat „werden lassen", anstatt ihm die Möglichkeit zu geben, gegen die Gesamtbelastung in Form des additiven Grundrechtseingriffs vorzugehen.

---

[157] Kritisch zum Verbot der geltungserhaltenden Reduktion im Zivilrecht: *Hager*, JZ 1996, 175 ff.

[158] Dazu ausführlich oben Zweites Kapitel A. V.

Entscheidender Punkt gegen die Begrenzung des additiven Grundrechtseingriffs auf zeitgleich ergangene Maßnahmen ist die verfassungsprozessuale Konsequenz.[159] Das Bundesverfassungsgericht müsste in diesen Fällen allein die letzte ergangene Maßnahme für verfassungswidrig erklären. Von staatlicher Seite beständen also genug Möglichkeiten, immer neue Grundrechtseingriffe zu erlassen, um sich an das verfassungskonforme Niveau des Grundrechtsschutzes „heranzutasten". Eine grundlegende Neuregelung des grundrechtlich geschützten Lebensbereichs unter Evaluation der bestehenden weiteren Vorbelastungen, müsste allerdings nie erfolgen. Das „Risiko der Verfassungswidrigkeit" wäre auf die zuletzt ergangene Maßnahme beschränkt. Dies widerspricht der Grundintention des additiven Grundrechtseingriffs, nämlich durch die Implementation von Mehrfachbelastungen in die Grundrechtsprüfung die Effektivität des tatsächlichen Grundrechtsschutzes zu sichern.

d) Ergebnis

Die freiheitsschützende Funktion des additiven Grundrechtseingriffs würde erheblich eingeschränkt, wenn nur Maßnahmen desselben Hoheitsträgers oder derselben Gesetzgebungskörperschaft einzubeziehen wären. In vielen Bereichen vom Umweltrecht bis zur Regulierung von Spielhallen[160] setzt sich die Gesamtbelastung des Grundrechtsträgers aus einer Vielzahl von Regelungen auf der Ebene des Bundes- und des Landesrechts zusammen. Entscheidend ist die Perspektive des mehrfach belasteten Grundrechtsträgers: Aus seiner Sicht kommt es darauf an, welche Freiheitsgewährleistungen ihm noch verbleiben und nicht durch wen sie beeinträchtigt werden. Die Abstimmungspflicht bzw. das mögliche Ergebnis der Zurechnung von Handlungen eines anderen Hoheitsträgers erscheint auf den ersten Blick ungewöhnlich, lässt sich aber begründen. Ein Verbot der Gesamtbelastung durch additive Grundrechtseingriffe verhindert eine Aushöhlung des Grundrechtsschutzes. Die konkrete verfassungsrechtliche Verortung ist umstritten, dass es sie gibt, aber weitläufig unstreitig.[161] Daraus ergibt sich die Verantwortung jedes Hoheitsträgers vgl. Art. 1 Abs. 3, 20 Abs. 3 GG, diese auch zu berücksichtigen. Die damit einhergehende „Kompetenzbegrenzung", d. h. die Möglichkeit, eine Maßnahme im Rahmen der zustehenden Kompetenz nicht erlassen zu können, weil dadurch eine verfassungswidrige Gesamtbelastung herbeigeführt würde, ist Ausfluss des Vorrangs der Verfassung und nicht weitergehend als andere verfassungsrechtliche Anforderungen, wie z. B. der Vorbehalt der Erforderlichkeit im Rahmen des Verhältnismäßigkeitsprinzips.

---

[159] Deshalb muss hier vorgegriffen werden, zu den prozessualen Konsequenzen unten ausführlich Siebtes Kapitel.

[160] Zu den bereichsspezifischen Auswirkungen des additiven Grundrechtseingriffs bereits oben Erstes Kapitel C. III.

[161] Dazu eingehend das Fünfte Kapitel Grenzen; a.A. wohl nur *Wustlich*, Die Atmosphäre als globales Umweltgut, S. 310.

Die Handlungsverantwortlichkeit des jeweiligen Hoheitsträgers bleibt im Rahmen des additiven Grundrechtseingriffs unberührt, die Frage der Zurechnung wird allerdings auf die Gesamtbelastung erstreckt. Eine Gefahr der Ausweitung und Gesamtbetrachtung einer unüberschaubaren Anzahl unterschiedlicher staatlicher Maßnahmen besteht vor dem Hintergrund der engen Kriterien des additiven Grundrechtseingriffs nicht.

Eine Kooperation beispielsweise der unterschiedlichen Gesetzgeber im Vorfeld eines Gesetzeserlasses erscheint vor diesem Hintergrund wünschenswert und auch realisierbar. Das Bundesverfassungsgericht hat dies bereits durch die Forderung nach einer Kooperationspflicht im GPS-Urteil[162] untermauert.

3. Berücksichtigung von Maßnahmen der Legislative und Exekutive im Rahmen des additiven Grundrechtseingriffs

Die Einordnung von Belastungskumulationen auf der Ebene des Grundrechtseingriffs erfordert eine differenzierte Diskussion der jeweiligen Handlungsverantwortlichkeit. Nachdem soeben dargestellt wurde, dass sich additive Grundrechtseingriffe aus den Handlungen verschiedener Hoheitsträger ergeben können, ist zu prüfen, ob und inwieweit die verfassungsrechtliche Erfassung von Gesamtbelastungen auf bestimmte staatliche Handlungsformen beschränkt ist.

a) Beschränkung des additiven Grundrechtseingriffs auf Gesetze

Der Ursprung der Diskussion um die verfassungsrechtliche Einordnung von Belastungskumulationen und des additiven Grundrechtseingriffs fand im Kontext des Zusammenwirkens mehrerer legislativer Maßnahmen, insbesondere im Rahmen des Steuerrechts statt.[163] Stellenweise wird dafür plädiert, die Berücksichtigung von Belastungskumulationen auf die Handlungsformen Parlamentsgesetze und Rechtsverordnungen zu beschränken, also ausschließlich den Normgeber in die Pflicht zu nehmen, den Grundrechtsträger nicht kumulativ zu belasten.[164]

Eine solche Beschränkung kann in dieser Pauschalität nicht überzeugen. Zunächst ist zwischen der faktischen Situation des Auftretens von grundrechtlichen Gesamtbelastungen und ihrer rechtlichen Bewertung zu differenzieren. Geht man davon aus, dass das Verbot von Gesamtbelastungen sich aus der Verfassung herleiten lässt,[165] sind alle Staatsgewalten an diese verfassungsrechtliche Vorgabe gebunden, sie sind einerseits Grundrechtsverpflichtete nach Art. 1 Abs. 3, 20 Abs. 3 GG und

---

162 BVerfGE 112, 304, 313.

163 Vgl. *P. Kirchhof*, VVDStRL 39 (1981), 213, 232, zu Besteuerung und Eigentum.

164 *Bronkars*, Kumulative Eigentumseingriffe, S. 91 f.

165 So ja auch *Bronkars*, Kumulative Eigentumseingriffe, S. 86.

darüber hinaus auch aufgrund der Normenhierarchie der Beachtung verfassungsrechtlicher Vorgaben verpflichtet. Eine Differenzierung zwischen den verschiedenen Handlungsformen lässt sich nicht konsequent begründen, ohne eine verfassungsrechtliche Verortung von Belastungskumulationen abzulehnen. Zwar schafft die Legislative in einem Rechtsstaat die den Grundrechtseingriffen durch andere Gewalten[166] zugrundeliegenden Normen, allerdings erfolgen Grundrechtseingriffe zweifelsohne nicht nur durch Gesetz, sondern auch aufgrund Gesetzes.[167] Die Beachtung von Belastungskumulationen allein auf legislativer Ebene negiert damit die Eingriffseigenschaft anderer Handlungsformen. Die Grundrechtsbindung des Grundgesetzes nach dem klassischen und erweiterten Eingriffsverständnis gilt selbstverständlich für alle drei Staatsgewalten, Art. 1 Abs. 3, 20 Abs. 3 GG und nichts anderes kann für den additiven Grundrechtseingriff gelten.

In verfassungsprozessualer Hinsicht wird aufgrund des Erfordernisses der Rechtswegerschöpfung und der Subsidiarität nicht der exekutive Einzelakt, sondern das zugrundeliegende Gesetz vom Bundesverfassungsgericht geprüft werden. Dies ändert aber nichts daran, dass sich additive Grundrechtseingriffe auch durch Exekutivmaßnahmen ergeben können oder durch das Zusammenwirken der Handlungen verschiedener Staatsgewalten. Diese materielle Belastung des Grundrechtsträgers ist in jedem Falle anzuerkennen. Das Argument, die Legislative sei die einzige Instanz, welche Belastungskumulationen konstruktiv beeinflussen könne,[168] greift nicht durch. Auch Exekutive und Judikative sind grundrechtsgebunden und müssen ihre Handlungsspielräume auf den gesetzlich vorgegebenen Rahmen begrenzen. Dazu gehört aber auch die Möglichkeit bei Ermessens- oder anderen Einzelfallentscheidungen Grenzen von additiven Grundrechtseingriffen zu berücksichtigen. Eine vergleichbare Situation ergibt sich bei den grundrechtlichen Schutzpflichten, welche die Exekutive und Judikative ebenfalls unmittelbar binden.[169] Beim additiven Grundrechtseingriff wird die Bindung ebenfalls direkt über Art. 1 Abs. 3 GG vermittelt.[170]

[166] Oder diese erfolgen durch „self-executing"-Gesetze.

[167] *Lübbe-Wolff*, kritisiert die Erklärung des BVerfG zum Unmittelbarkeitserfordernis damit, dass der Gedanke, es werde erst durch den Vollzugsakt in das Grundrecht des Bürgers eingegriffen nicht tragbar sei. Dies sei allerdings unglückliche Wortwahl, da auch das BVerfG selbstverständlich davon ausgehe, dass bereits durch das zum Eingriff ermächtigende Gesetz in Grundrechte eingegriffen werden könne; *dies.*, Die Grundrechte als Eingriffsabwehrrechte, S. 51 f.

[168] *Bronkars*, Kumulative Eigentumseingriffe, S. 92.

[169] *Cremer*, Freiheitsgrundrechte und Strukturen, S. 357.

[170] Die konkrete verfassungsgerichtliche Überprüfung richtet sich wie in allen anderen Fällen von Einzeleingriffen auch, nach dem gesetzlichen Rahmen der Individualverfassungsbeschwerde, Art. 93 Abs. 1 Nr. 4a GG, §§ 90 ff. BVerfGG. Dazu ausführlich unten im Siebten Kapitel A.

b) Legislative Maßnahmen als Problemfeld

In Bezug auf Maßnahmen der Legislative[171] als abstrakt-generelle Regelungen mit Außenwirkung, die durch einen parlamentarischen Normgeber erlassen wurden, könnte bereits bezweifelt werden, ob diese überhaupt punktuell ausgerichtet sind. Im Gegensatz zu Verwaltungsakten und Urteilen betreffen Legislativakte keine Einzelfälle, sondern eine Vielzahl von Personen und Sachverhalten. Dennoch ist der Grundrechtsschutz auch gegenüber legislativen Maßnahmen punktuell gestaltet. Die grundrechtliche Prüfung bezieht sich nicht auf die durch das gesamte Gesetz hervorgerufene Gesamtbeeinträchtigung, sondern auf die von einzelnen Bestimmungen hervorgerufene Einzelbeeinträchtigung.[172] Um die Reichweite der Gesamtbelastung auch durch ein Gesetz in Gänze erfassen zu können, wird es allerdings immer noch erforderlich sein, die einzelnen Normen zu benennen, welche sich dann zu der Gesamtbelastung addieren.[173] Für das Erfordernis einer Rechtsfigur des additiven Grundrechtseingriffs spricht in dieser Konstellation, dass das Zusammenwirken der verschiedenen Normen das Gesetz verfassungswidrig macht. Unabhängig davon, wie die Erfassung kumulativer staatlicher Belastungen dogmatisch ausgestaltet werden soll, kann die bloße Benennung eines Gesetzes „als Ganzes" nicht die Prüfung des Vorliegens eines (additiven) Eingriffs ersetzen. Letztlich müssen die Regelungen, welche den grundrechtlichen Schutzbereich verkürzen, auch benannt werden. Die Überwindung der Punktualität ist hier eher darin zu sehen, dass mehrere Bestimmungen eines Gesetzes nicht nacheinander, sondern zusammen am Maßstab des Grundgesetzes geprüft werden.

Bei Parlamentsgesetzen stellt sich weiterhin die Möglichkeit einer Gesamtbelastung durch den Erlass belastender und der Aufhebung begünstigender Normen.[174] Aufhebungsgesetzen kann ebenfalls Eingriffscharakter zukommen, insbesondere bei dem Entzug von dem Bürger vormals gewährten Vorteilen.[175] In der Regel werden solche Konstellationen unter Vertrauensschutzgesichtspunkten des Rechtsstaatsprinzips diskutiert. Genau zu prüfen ist allerdings, ob es sich auch um die abwehrrechtliche Perspektive handelt, nur dann kann der additive Grundrechtseingriff zum Tragen kommen. Die Aufhebung von Eingriffsgesetzen kann sich im „Dreiecksverhältnis" dahingehend auswirken, dass dem Bürger die Schutzwirkung der Gesetze

---

[171] Und der Exekutive in Fällen der exekutiven gesetzesabhängigen Normsetzung, welche ebenfalls abstrakt-generelle Regelungen mit Außenwirkung erlässt, vgl. Art. 80 GG. Dazu *Grzeszick*, in: Maunz/Dürg, GG, Art. 20, IV, Rn. 131 ff.

[172] *Lücke*, DVBl. 2001, 1469, 1470 f.; zu den prozessualen Folgen unten Siebtes Kapitel.

[173] Im Spielhallenbeschluss wurden die einzelnen Normen jeweils in der Prüfung der Angemessenheit aufgeführt, BVerfG, NVwZ 2017, 1111, 1120, vgl. Rn. 156 ff.

[174] Ähnliche Konstellation bei BVerfG Beschl. v. 3.06.2014 = NJW 2014, 3634, wo es um das Ausbleiben einer Rentenerhöhung zusammen mit der Anhebung der beitragspflichtigen Beträge, dazu oben Zweites Kapitel A. III. 7.

[175] *Heckmann*, Geltungskraft und Geltungsverlust von Normen, S. 233 f.

gegenüber Dritten entzogen wird,[176] dies ist kein Fall des additiven Grundrechtseingriffs.

4. Durch Gesetz und aufgrund Gesetzes: Verfahrensfragen

Grundrechtseingriffe können durch und aufgrund Gesetzes erfolgen.[177] Additive Grundrechtseingriffe können sich daher auch aus verschiedenen Eingriffen durch Gesetz, aufgrund Gesetzes, oder einer Kombination aus beidem ergeben. Interessant ist hierbei vor allem, ob daraus unterschiedliche Konsequenzen zu ziehen sind. Bei Eingriffen durch Gesetz kann es sich um *self-executing* Normen oder solche Vorschriften handeln, die der Verwaltung keinen Handlungsspielraum lassen. Sie ist in diesen Fällen in ihrer Entscheidung bezüglicher der Rechtsfolge[178] gebunden. Materiell-rechtlich können aber auch noch zu vollziehende Gesetze Grundrechtseingriffe sein.[179] Adressat der Vermeidung einer kumulativen Belastung des Grundrechtsträgers, kann hier nur der Gesetzgeber sein.

Bei Eingriffen aufgrund von Gesetzen, die einen Ermessensspielraum vorsehen, hat die Exekutive einen Entscheidungsspielraum im Sinne eines Entschließungs- und Handlungsermessens. Sie ist nicht verpflichtet zu handeln und kann dementsprechend entscheiden, ob bzw. wie sie die Belastungskumulation herbeiführt.[180] In diesen Fällen kommt einerseits auch der Gesetzgeber als Adressat in Betracht um z. B. verfahrensrechtliche Voraussetzungen für die Vermeidung erheblicher kumulativer Belastungen zu schaffen. Die andere Möglichkeit ist eine Implementation einer „Berücksichtigungspflicht" von Vorbelastungen bei der Entscheidung der Behörde; dies könnte im Rahmen der Ermessensprüfung erfolgen. Die Verantwortung kann nicht allein in der Sphäre der Legislative verortet werden, wenn sie erst durch die konkrete Handlung der Verwaltung herbeigeführt wird.[181] Diese hat die bestehende Vorbelastung des Grundrechtsträgers, sei es durch Gesetze oder andere Exekutivhandlungen, bei ihrer Ermessensausübung zu berücksichtigen. Die Berücksichtigungspflicht lässt sich durch die Gesetzesbindung der Verwaltung un-

[176] *Heckmann*, Geltungskraft und Geltungsverlust von Normen, S. 233; zu additivem Grundrechtseingriff und Schutzpflichten Drittes Kapitel B.

[177] Art. 19 Abs. 1 GG; vgl. auch Art. 2 Abs. 2 S. 2, Art. 6 Abs. 3, Art. 8 Abs. 2, Art. 10 Abs. 2 S. 1, Art. 11 Abs. 2 S. 1, Art. 13 Abs. 7 GG.

[178] Kritisch zur Unterscheidung zwischen Tatbestand und Rechtsfolge im Sinne einer kohärenten europäischen Lehre des Verwaltungshandelns: *Hoffmann-Riem*, Eigenständigkeit der Verwaltung gegenüber dem Gesetzgeber, in: Hoffmann-Riem/Schmidt-Aßmann/Schmidt-Aßmann/Voßkuhle, Grundlagen des Verwaltungsrechts, Bd. I, § 10, Rn. 66.

[179] Dazu bereits oben Drittes Kapitel A. I. 1. d), zur Differenzierung des Begriffs der Unmittelbarkeit im materiell-rechtlichen und prozessualen Sinne.

[180] *Klement*, AöR 134 (2009), 35, 54.

[181] In diese Richtung auch: *Lee*, Umweltrechtlicher Instrumentenmix und kumulative Grundrechtseinwirkungen, S. 101; a.A. *Bronkars*, Kumulative Eigentumseingriffe, S. 91 f.

problematisch begründen, wenn man ein Verbot von Gesamtbelastungen des Grundrechtsträgers, wie hier, in der Verfassung begründet sieht.[182] In der Konstellation, in der eine Vorbelastung durch gesetzliche Regelungen besteht und die Exekutive zu einer Gesamtbelastung dadurch beiträgt, dass sie eine weitere, den Grundrechtsträger belastende Einzelfallentscheidung erlässt, stellen sich keine Zurechnungsprobleme. Die Verwaltung muss wie bei anderen Einzelfallentscheidungen auch, die konkreten Umstände bei ihrer Ermessensausübung berücksichtigen, dazu gehören auch bereits bestehende Vorbelastungen.

Bei mehreren exekutiven Belastungen verhält sich dies ebenso. Die bereits bestehenden Verwaltungsakte sind bei der Beurteilung einer neuen für den Bürger nachteiligen Entscheidung miteinzubeziehen. Kenntnis davon kann die Behörde beispielsweise im Rahmen des Anhörungsverfahrens erlangen, dazu wäre sie aber auf die Mitwirkungspflicht des Bürgers angewiesen. Eine effektive Absicherung der Berücksichtigungspflicht kann nur auf gesetzlicher Ebene durch entsprechende Verfahrensregeln erfolgen. Eine mögliche Durchbrechung der sich aus Art. 3 Abs. 1 GG[183] ergebenden Selbstbindung der Verwaltung, ist in diesen Fällen nicht zu befürchten. Die Selbstbindung der Verwaltung verhindert nicht eine Abweichung im bei Besonderheiten im Einzelfall, sondern fordert diese.[184] In Bezug auf die Berücksichtigung von mehreren exekutiven Belastungen besteht bei entsprechenden Vorbelastungen des Bürgers ein atypischer Fall, der dadurch eine abweichende Entscheidung rechtfertigen kann.

In jeder Variante ist der Ausgangspunkt der Begründung des Verbots erheblicher kumulativer staatlicher Belastungen in der verfassungsrechtlichen Wertung zu suchen, diese bindet sowohl den Gesetzgeber, als auch die Exekutive.

a) Verfahrensrechtliche Absicherungen bei Eingriffen aufgrund eines Gesetzes

Im Bereich von Belastungskumulationen in Form von Einzelentscheidungen der Exekutive hat das BVerfG im GPS-Urteil[185] bereits überzeugende Grundsätze zur Berücksichtigung des additiven Grundrechtseingriffs herausgearbeitet. Aus den besonderen Gefahren resultieren erhöhte Anforderungen an das Verfahren und die Abstimmungspflicht der unterschiedlichen „Akteure“ untereinander.[186] Allein die Anforderungen an Abstimmungen und Verfahren zu erhöhen bzw. zu präzisieren, reichen nicht aus, um einen effektiven Grundrechtsschutz zu gewährleisten. Unab-

[182] Dazu unten Fünftes Kapitel B., insbs. VIII.

[183] Zur Herleitung aus dem rechtsstaatlichen Vertrauensschutz: *Stern*, Staatsrecht III/1, S. 1358 f.

[184] Vgl. *Nußberger*, in: Sachs, GG, Art. 3, Rn. 118; grundlegend: BVerfGE 73, 280, 299; BVerwGE 104, 220, 223.

[185] BVerfGE 112, 304, dazu oben ausführlich Zweites Kapitel A. I. 1.

[186] BVerfGE 112, 304, 320 ff.

hängig von der Variante der Belastungskumulation, zusammengesetzt durch Gesetz oder Exekutivmaßnahmen, ist die Definition der materiell-rechtlichen Grenze erforderlich.

Eine Abstimmungspflicht in Verfahren, in denen regelmäßig unterschiedliche Akteure zusammenwirken, erscheint wie vom Bundesverfassungsgericht für die Strafermittlungsbehörden gefordert, sinnvoll und würde zumindest das Bewusstsein, dass Gesamtbelastungen durch das Zusammentreffen der unterschiedlichen Maßnahmen auftreten können, effektiv absichern. Auch die Einrichtung einer übergeordneten staatlichen Stelle, bei der die Informationen und Eingriffe des jeweiligen Verwaltungsverfahrens zusammenlaufen könnte dazu beitragen, Gesamtbelastungen zu erkennen und zu vermeiden. Das Bundesverfassungsgericht das dieses Erfordernis im BKA-Urteil im Hinblick auf die Prüfung der Datenübermittlung an das Bundeskriminalamt gefordert.[187]

Eine Konkretisierung möglicher Abstimmungspflichten unterschiedlicher Akteure wurde auch im Bereich des Strafprozessrechts vorgeschlagen. Nimtz führt aus, dass durch eine Kumulation von heimlichen Observationsmaßnahmen der Grundsatz des fairen Verfahrens[188] verletzt werden kann, wobei dies durch die Heimlichkeit von Einzelmaßnahmen allein nicht anzunehmen ist.[189] Gesamtbelastungen am Maßstab des Rechts auf ein faires Verfahren zu messen, erscheint vor dem Hinblick strafprozessualer Maßnahmen überzeugend. Konkret schlägt Nimtz eine dreistufige Verfahrensprüfung vor, um das Zusammenwirken mehrerer Maßnahmen rechtlich zu erfassen: auf der ersten Stufe sollen Dauer und Intensität ermittelt werden, auf der zweiten Stufe die Zeiten, in denen die Maßnahmen zusammenwirken, und auf der dritten Stufe soll eine Abwägung mit dem in Rede stehenden Tatverdacht erfolgen.[190] Dies ergibt sich seiner Ansicht nach als Anforderung aus dem Grundsatz der Verhältnismäßigkeit.[191] Der Grundsatz des fairen Verfahrens setzt eine Gesamtbetrachtung des gesamten Verfahrens jedoch schon per Definition voraus,[192] es handelt sich um einen Sammelbegriff, der sich aus Einzelelementen zusammensetzt, die im jeweiligen Verfahren ihren Niederschlag finden müssen. Eine Übertragbarkeit auf andere Bereiche grundrechtlicher Gesamtbelastungen erscheint daher schwierig.[193]

---

[187] BVerfGE 141, 220, 275; eine Ausnahme gilt bei Gefahr im Verzug, dazu bereits oben Zweites Kapitel A. I. 2.

[188] Überwiegend hergeleitet aus dem Rechtsstaatsprinzip Art. 20 Abs. 3 GG i.V.m. Art. 2 Abs. 1 GG sowie der völkerrechtsfreundlichen Auslegung des GG i.V.m. Art. 6 Abs. 1 S. 1 EMRK; statt aller: *Murswiek/Rixen*, in: Sachs, GG, Art. 2, Rn. 115; kritisch bzgl. des offenen Begriffs der „Fairness“: *Stern*, Staatsrecht IV/1, S. 937 f.

[189] Die strafprozessuale Observation nach dem Strafverfahrensänderungsgesetz, S. 78.

[190] Die strafprozessuale Observation nach dem Strafverfahrensänderungsgesetz, S. 146.

[191] Die strafprozessuale Observation nach dem Strafverfahrensänderungsgesetz, S. 146.

[192] *Valerius*, in: BeckOK StPO, EMRK, Art. 6, Rn. 16.

[193] Dazu auch im Kontext einer dynamischen Erhöhung der Rechtfertigungsanforderungen bei additiven Grundrechtseingriffen unten Fünftes Kapitel B. VIII.

b) Verfahrensrechtliche Absicherungen bei Eingriffen durch Gesetz: Beobachtungspflicht und Gesetzesfolgenabschätzung des Gesetzgebers

Verschiedene Mechanismen des präventiven Grundrechtsschutzes können auch bei additiven Grundrechtseingriffen durch Gesetze zum Tragen kommen. Dies betrifft nicht nur Gefährdungslagen, in denen präventives Handeln unabdingbar ist,[194] weil eine nachträgliche Korrektur wirkungslos oder ineffektiv wäre, sondern allgemein optimierungsfähige Mechanismen zur Vermeidung von Übernormierungen,[195] Gesamtbelastungen oder Widersprüchen.

Bei Gesamtbelastungen durch Gesetze kommen verfahrensrechtliche Absicherungen allenfalls im Gesetzgebungsverfahren in Betracht. Möglich erscheint eine Vorevaluierung aller bestehenden Vorbelastungen in neu zu regelnden Lebensbereich im Wege des Gesetzgebungsverfahrens, z. B. durch den entsprechenden parlamentarischen Ausschuss. Allerdings wird sich eine Pflicht dazu aufgrund der Autonomie des Parlaments nicht begründen lassen. Es ist allein schon umstritten,[196] ob eine Begründungspflicht des Gesetzgebers besteht, oder ob es sich dabei um eine bloße Obliegenheit handelt.[197] Eine Berücksichtigung im Gesetzgebungsverfahren kann daher nur freiwillig durch das Parlament erfolgen.

Zur Berücksichtigung von Eingriffsadditionen kommen selbstverständlich auch legislative Maßnahmen in Betracht. Dem Gesetzgeber ist es unbenommen, im Rahmen seines Entscheidungsspielraums in beispielsweise für additive Grundrechtseingriffe relevanten Bereichen entsprechende Regelungen zu erlassen, die eine verfassungswidrige Gesamtbelastung des Grundrechtsträgers verhindern. Neben Normen, die „verrechnen" oder Vorbelastungen berücksichtigen, wie der § 51 StGB, bestünde auch die Möglichkeit die von der Rechtsprechung aufgeworfenen verfahrensrechtlichen Absicherungen,[198] z. B. durch einen Informationsaustausch zu implementieren. Erfolgt dies nicht, können legislative Maßnahmen an der Unzulässigkeit eines additiven Grundrechtseingriffs scheitern.

Die entscheidende Frage ist aber, ob es ein Postulat gibt, wonach der Gesetzgeber das mögliche Zusammenwirken der geplanten legislativen Maßnahme mit anderen Belastungen der Grundrechtsträger bereits im Vorfeld berücksichtigen *muss.* Generell wird dies unter dem Stichwort der Gesetzesfolgenabschätzung in verschie-

---

[194] Zu solchen Gefährdungslagen im Zusammenhang mit Lenkungspflichten des Staates: *Lehr*, Staatliche Lenkung durch Handlungsformen, S. 199 f.

[195] Dazu bereits *Kloepfer*, VVDStRL 40 (1981), 63, 68 f., der die ökonomischen und politischen Kosten der Übernormierung als Resultat einer Schwächung der gesellschaftlichen Selbstverantwortung problematisiert.

[196] *Gartz*, Begründungspflicht des Gesetzgebers, S. 267 ff.

[197] Zumindest den Begriff verwendend: BVerfG, NJW 2010, 505, Rn. 171.

[198] BVerfGE 112, 304, 320.

denen Kontexten diskutiert.[199] Möglicherweise können diese Erkenntnisse für den additiven Grundrechtseingriff nutzbar gemacht werden. Die Aufgabe der Gesetzesfolgenabschätzung besteht zunächst darin, für die Beratungen im Rahmen des Verfahrens benötigten Informationen systematisch zu erheben und aufzubereiten, die es der Legislative erlauben, eine verfassungskonforme Regelung zu verabschieden.[200] Des Weiteren soll ermöglicht werden, einen vorhandenen Regelungsentwurf sodann zu überprüfen und unter realen Bedingungen zu testen[201] und die Folgen von geltenden Normen laufend zu ermitteln und zu evaluieren.[202] Um Belastungskumulationen sachgerecht erfassen zu können, dürfen die in den Blick genommenen Folgen einer Gesetzgebung nicht auf die Auswirkungen der Einzeleingriffe beschränkt sein, sondern müssen ein mögliches Zusammenspiel mit bestehenden Grundrechtsbeeinträchtigungen in den Blick nehmen. Hier könnte das Konzept der „Normwirklichkeiten" zum Tragen kommen, dass Anhaltspunkte dafür bieten kann, welche Freiheitsräume der betroffenen Grundrechtsträger besonders durch Gesamtbelastungen betroffen sein können und daher in einer Folgenabschätzung zu untersuchen sind.[203] Letztlich kann die Gesetzesfolgenabschätzung dem Gesetzgeber im Gesetzgebungsverfahren nur empfohlen werden. Eine zwingende Wirkung aufgrund verfassungsrechtlicher Vorgaben, kann ihr ohne rechtliche Normierung aber nicht beigemessen werden.[204]

Anknüpfungspunkt könnte auch die „Beobachtungspflicht"[205] des Gesetzgebers sein: Dieser hat nach der allgemeinen Definition den vorhandenen Bestand an Gesetzen regelmäßig empirisch daraufhin zu überprüfen, ob den verfassungsrechtlichen Anforderungen noch entsprochen wird.[206] Dieses Konzept legt das Bundesverfassungsgericht bei gesetzlichen Neuregelungen zugrunde, wenn dem Gesetzgeber die Chance gegeben werden soll, dass jeweilige Regelungskonzept auf Tauglichkeit und Angemessenheit hin zu beobachten. Der Gesetzgeber ist danach von Verfassung wegen zu Korrekturen verpflichtet, wenn sich eine Unstimmigkeit des Konzeptes ergeben sollte, die mit ungerechtfertigten Eingriffen in die Rechte von Beteiligten

---

[199] *Hensel/Bizer/Führ/Lange*, Gesetzesfolgenabschätzung in der Anwendung; *Baer/Lewalter*, DÖV 2007, 195 zur zielgruppendifferenzierten Gesetzesfolgenabschätzung; *Wagner*, ZRP 1999, 480 ff.; im Kontext des richterlichen Entscheidungsprozesses: *Coles*, Folgenorientierung im richterlichen Entscheidungsprozess, passim.

[200] *Führ*, Qualitätsstandards für die Gesetzesfolgenabschätzung, in: Hensel/Bizer/Führ/Lange, Gesetzesfolgenabschätzung in der Anwendung, S. 17, 20.

[201] Begleitende Gesetzesfolgenabschätzung, *Baer/Lewalter*, DÖV 2007, 195, 197.

[202] Retrospektive Gesetzesfolgenabschätzung, *Karpen*, ZRP 2002, 443, 445.

[203] Diese können aber nur Orientierungspunkte geben und keine Abgrenzungskriterien des additiven Grundrechtseingriffs darstellen, dazu oben A. III.

[204] Vgl. auch: *Windoffer*, Verfahren der Folgenabschätzung als Instrument zur rechtlichen Sicherung von Nachhaltigkeit, S. 210 ff.

[205] Ausführlich dazu: *Choi*, Die Pflicht des Gesetzgebers zur Beseitigung von Gesetzesmängeln, S. 69 ff.

[206] *Huber*, Rechtsprechungsübersicht ZG 1992, 347, 376.

einhergeht.[207] Ohne dass die dogmatischen Grundlagen hier vertieft werden können, wird die Beobachtungspflicht weithin als Vollzugskontrolle und Wirkungsbeobachtung eines Gesetzes verstanden[208] und lässt sich auch auf die Situation von additiven Grundrechtseingriffen übertragen.

Wenn eine Regelung durch das Zusammenwirken mit anderen Belastungen zu einer erheblichen Gesamtbelastung führt, kann dies dazu führen, dass diese verfassungswidrig „geworden ist". Entsprechende Reaktion wäre ein Tätigwerden des Gesetzgebers, um ein Verfahren vor dem Bundesverfassungsgericht zu vermeiden. Zunächst wäre eine Kooperation mit den anderen staatlichen Verursachern der Belastungskumulation über die zukünftige Gestaltung der gesetzlichen Regelungen möglich. Falls die Gesamtbelastung allein von einer Gesetzgebungskörperschaft ausgeht, bietet sich eine Evaluation der bestehenden Gesetze und in letzter Konsequenz entsprechende Neuregelungen oder Aufhebung der jeweiligen Grundrechtseingriffe an.

Im Bereich von Belastungskumulationen durch die Exekutive erscheinen Verfahrensregeln im Sinne von Anhörungserfordernissen, Abstimmungs- und Kooperationspflichten, Evaluationspflichten bezüglich bestehender Vorbelastungen und anderer Maßnahmen, besonders effektiv. Selbst, wenn diese aber nicht ergehen, müssen Gesamtbelastungen bei Anerkennung einer materiell-rechtlichen Grenze der Grundrechtseinschränkung durch mehrere Maßnahmen, berücksichtigt werden. Im Fall von strafprozessualen Ermittlungsmaßnahmen hat der Arbeitskreis AE-EV die gesetzliche Normierung eines Verbots der Totalüberwachung vorgeschlagen.[209] Dies erscheint neben den verfahrensrechtlichen Absicherungen, die das Bundesverfassungsgericht gefordert[210] hat, im Sinne der Rechtssicherheit überaus sinnvoll.

VII. Eingriffsumfeld

Das von Klement vorgeschlagene Kriterium des „Eingriffsumfelds" soll den Kausalkontext, also die Summe aller Umstände, von denen die Wirkung eines Verhaltens abhängt, bezeichnen.[211] Auch dieses Kriterium zur Prüfung, welche

---

[207] BVerfG, Beschl. v. 20.01.2010 – 1 BvR 2062/09 –, Rn. 23; BVerfGE 122, 1, 35; 88, 203, 269 ff.; 110, 141, 169; 111, 10, 42.

[208] *Karpen*, Gesetzgebungs-, Verwaltungs- und Rechtssprechungslehre, S. 39.

[209] *Bannenberg*, Alternativ-Entwurf Reform des Ermittlungsverfahrens (AE-EV) – Entwurf eines Arbeitskreises deutscher, österreichischer und schweizerischer Strafrechtslehrer, AE-EV, § 150d Abs. 4, S. 66 f.

[210] BVerfGE 112, 304, 320 ff.

[211] AöR 134 (2009), 35, 62 unter Verweis auf *Luhmann*, Zweckbegriff und Systemrationalität, S. 15, der darlegt, dass erst die Vielzahl von Ursachen und Wirkungen, die jedem faktischen Kausalgeschehen zugrunde liegen, erst die Abstraktion einer einzelnen Wirkung oder Ursache ermöglichen. Der Kausalkontext ist also die Summe aller Ursachen und Umstände des verknüpften Kausalgeschehens.

Maßnahmen in die Gesamtbetrachtung des additiven Grundrechtseingriffs einbezogen werden sollen, spielt gegenüber den bereits genannten keine besondere Rolle. Die Summe aller Umstände von denen die Wirkungen eines Verhaltens abhängt, kann genauso weit oder eng gefasst werden wie das bereits kritisierte Kriterium der identischen Zweckbestimmung und taugt daher nicht zur weiteren Abgrenzung gegenüber der erforderlichen Schutzbereichsbezogenheit und den genannten Kriterien.

B. Ergebnis

Der weite Begriff des Grundrechtseingriffs ist bei der Prüfung von Gesamtbelastungen durch die oben erarbeiteten Kriterien zu ergänzen. Damit ergibt sich der Prüfungsrahmen des additiven Grundrechtseingriffs.

Die Kriterien des additiven Grundrechtseingriffs lassen sich durch die Verortung der Addition auf Eingriffsebene rechtssicher festlegen. Es muss eine Mehrzahl an Grundrechtseingriffen in dasselbe Grundrecht desselben Grundrechtsträgers gleichzeitig auf diesen einwirken. Dieselbe Handlungsform oder das Handeln desselben Hoheitsträgers sind dabei nicht erforderlich. Durch die Schutzbereichsbezogenheit des Grundrechtseingriffs wird einer Ausuferung der Prüfung von Belastungen, welche keinen Grundrechtsbezug haben, Einhalt geboten. Wichtig ist insbesondere die Begründung der Handlungsverantwortlichkeit des jeweiligen Hoheitsträgers für die Gesamtbelastung und die Unabhängigkeit des additiven Grundrechtseingriffs von einer Zweckidentität. Diese Annahmen sind für die rechtssichere Begründung einer verfassungsrechtlichen Grenze von Eingriffsadditionen eine zwingende Voraussetzung. Diese werden im nächsten Kapitel erarbeitet.

Fünftes Kapitel

Grenzen

Im fünften Kapitel wird die dritte Ebene der Grundrechtsprüfung beleuchtet, die Rechtfertigung des Grundrechtseingriffs. Nachgegangen wird der Frage, welche verfassungsrechtlichen Grenzen es für den additiven Grundrechtseingriff gibt und wo sie verlaufen. Überprüft wird, ob sich gar eine explizite grundgesetzliche Grenze für Gesamtbelastungen findet und unter welchen Prämissen allgemeine Rechtsgrundsätze und die bisherigen Parameter aus der grundrechtlichen Einzelfallprüfung herangezogen werden können.

A. Einschränkbarkeit von Grundrechten

I. Formelle Verfassungsmäßigkeit der Gesamtbelastung

Der additive Grundrechtseingriff kann und soll andere verfassungsrechtliche Anforderungen selbstverständlich nicht übergehen oder abschwächen. Sein besonderes Gefahrenpotenzial besteht in der materiellen Gesamtbelastung. Voraussetzung für die grundrechtliche Beurteilung einer Gesamtbelastung in Form des additiven Grundrechtseingriffs ist daher nicht nur das Vorliegen einer mehrerer Grundrechtseingriffe in dasselbe Grundrecht eines Grundrechtsträgers, sondern auch, dass diese formell verfassungsgemäß sind.[1] Die besondere Problematik einer Gesamtbelastung des Grundrechtsträgers kann sich in materiell-rechtlicher Hinsicht nicht stellen, wenn die staatlichen Akte schon aus formellen Gründen verfassungswidrig sind, z. B. weil die jeweiligen Gesetze nicht kompetenzgemäß erlassen wurden. Wenn sich die Prüfung der Gesamtbelastung durch den additiven Grundrechtseingriff an die vorausgegangene Prüfung der Einzeleingriffe anschließt, bereitet dies im Prüfungsaufbau keine weiteren Probleme. Dennoch können aber auch die formellen Verfassungsanforderungen nicht dazu führen, dass eine Gesamtbelastung nicht unabhängig von Einzeleingriffen überprüft werden kann – erkennt man verfassungsrechtliche Grenze von Gesamtbelastungen an, muss ein Verstoß gegen diese allein auch zur Verfassungswidrigkeit führen können.[2]

Wird allein ein additiver Grundrechtseingriff geprüft, gibt es zwei Möglichkeiten, die formellen Voraussetzungen des Grundgesetzes in die Prüfung der Gesamtbe-

[1] Zum Zitiergebot unten D.

[2] Zu dieser Problematik unten V. 1.

lastung zu integrieren. Entweder es wird die klassische dreistufige Grundrechtsprüfung beibehalten, wobei die Mehrzahl der staatlichen Belastungen auf der Ebene des Eingriffs nach den Kriterien des additiven Grundrechtseingriffs zusammengefasst wird, um im Anschluss die formellen Voraussetzungen des jeweiligen Einzelaktes hintereinander zu prüfen. Oder die Prüfung der formellen Voraussetzungen von Kompetenz, Verfahren und Form werden als eigene Kriterien des additiven Grundrechtseingriffs gewertet und auf der Ebene des Eingriffs im Anschluss an das Vorliegen mehrerer Maßnahmen die in das gleiche Grundrecht desselben Grundrechtsträgers eingreifen und zeitlich gekoppelte Belastungswirkungen entfalten, geprüft. Beide Varianten sind möglich und führen zu denselben Ergebnissen. Gegen die Beibehaltung der klassischen Prüfung spricht, dass nach der Zusammenfassung der Mehrzahl an Maßnahmen wiederum eine Aufspaltung der einzelnen Handlungen im Rahmen der formellen Verfassungsmäßigkeit erfolgen würde. Die implementierte Prüfung der formellen Verfassungsanforderungen im Rahmen der Kriterien des additiven Grundrechtseingriffs bricht zwar strenggenommen mit dem dreistufigen Prüfungsschema, fügt sich aber in die hier vorgeschlagene Systematik des additiven Grundrechtseingriffs ein. Da auf Eingriffsebene anhand der formulierten Kriterien zu bestimmen ist, welche staatlichen Maßnahmen in den additiven Grundrechtseingriff einzubeziehen sind, ließe sich dies auch auf die formellen Kriterien von Kompetenz, Verfahren und Form erstrecken.

II. Konsequenzen des additiven Grundrechtseingriffs für den Vorbehalt des Gesetzes

Die Rechtsfigur des additiven Grundrechtseingriffs zur Erfassung staatlicher Belastungskumulationen im Rahmen der Grundrechtsprüfung soll den Grundrechtsschutz weiterhin auch bei einer Vielzahl staatlicher Maßnahmen gewährleisten. Eine Nichtbeachtung oder generelle Ausweitung des Gesetzesvorbehaltes kommt daher nicht in Betracht. Den Hauptanwendungsbereich des Gesetzesvorbehaltes stellen im Wesentlichen die Abwehrrechte dar,[3] insoweit deckt sich dies mit der Schutzrichtung des additiven Grundrechtseingriffs.

1. Einfache und spezielle Gesetzesvorbehalte

Besondere Probleme bezüglich des Vorbehalts des Gesetzes ergeben sich im Hinblick auf ein kumulatives Verständnis des Eingriffsbegriffs jedenfalls nicht unmittelbar. Die mehreren staatlichen Maßnahmen müssen sich im Rahmen der

---

[3] *Sachs*, in: Sachs, GG, vor Art. 1, Rn. 104.

Rechtfertigung selbstverständlich weiterhin auf eine parlamentarische Gesetzesentscheidung zurückführen lassen.[4]

Die Reichweite der Einschränkbarkeit von Grundrechten findet sich in der jeweiligen Grundrechtsnorm selbst, diese Vorgabe kann und soll auch nicht vom additiven Grundrechtseingriff überwunden werden, eine Aufweichung der Anforderungen der formellen Verfassungsmäßigkeit ist nicht im Sinne des additiven Grundrechtseingriffs, der den Grundrechtsschutz steigern und nicht schwächen soll. Stellt sich die besondere Situation, dass eine Gesamtbelastung ohne die vorherige Prüfung der Einzeleingriffe erfolgen soll, ist die formelle Verfassungsmäßigkeit der Komponenten des additiven Grundrechtseingriffs als eigenes Kriterium dessen zu überprüfen.[5]

2. Ungeschriebene Grenzen der Einschränkbarkeit von Grundrechten

Die Diskussion um die Einschränkbarkeit von Grundrechten ohne Gesetzesvorbehalt soll an dieser Stelle nicht im Detail dargestellt werden, sie ist kein spezielles Problem des additiven Grundrechtseingriffs oder von Belastungskumulationen im Allgemeinen. Überzeugend nimmt das Bundesverfassungsgericht in ständiger Rechtsprechung an, dass Beschränkungen von Grundrechten ohne Einschränkungsmöglichkeit wegen des Vorrangs der Verfassung nur durch kollidierendes Verfassungsrecht möglich sind.[6] Diese Begrenzung der Einschränkbarkeit von Grundrechten darf nicht im Rahmen einer Gesamtbetrachtung von Belastungskumulationen ausgehebelt werden. Wird der additive Grundrechtseingriff im Anschluss an die Prüfung der Einzeleingriffe geprüft, stellen die Einhaltung der formellen verfassungsrechtlichen Grenzen und die Anforderungen des Gesetzesvorbehalts des jeweiligen Grundrechts keine Herausforderungen an den Prüfungsaufbau. Schwieriger ist allerdings die Konstellation, in der nur eine Gesamtbelastung überprüft wird, da an der Verfassungsmäßigkeit der Einzeleingriffe keine Zweifel bestehen.[7] Die isolierte Prüfungsmöglichkeit des additiven Grundrechtseingriffs ist allerdings zwingende Folge aus der Anerkennung einer verfassungsrechtlichen Grenze im Sinne eines Verbots einer Gesamtbelastung des Grundrechtsträgers.[8] Würde man ein Verbot von Gesamtbelastungen im Grundgesetz anerkennen, einen Verstoß dagegen

---

[4] Zur Reichweite des Gesetzesvorbehalts in der neueren Rspr. des BVerfG, *Krüper*, GewArch 2017, 257, 259 ff.

[5] Zu den prozessualen Konsequenzen unten Siebtes Kapitel.

[6] Statt aller: BVerfGE 28, 243, 261: „[…] andere mit Verfassungsrang ausgestattete Rechtswerte sind mit Rücksicht auf die Einheit der Verfassung und die von ihr geschützte gesamte Wertordnung ausnahmsweise imstande, auch uneinschränkbare Grundrechte in einzelnen Beziehungen zu begrenzen.“; BVerfGE 33, 23, 32; 83, 130, 139; st. Rspr.; weitere Nachweise bei: *Sachs*, in: Sachs, GG, vor Art. 1 Rn. 120, Fn. 349.

[7] Z. B. weil das Bundesverfassungsgericht ihre Verfassungsmäßigkeit bereits geprüft hat.

[8] Dazu unten siebtes Kapitel A. I. 1.

aber nicht als gerichtlich überprüfbar ansehen, würde dies gegen den Vorrang der Verfassung Art. 1 Abs. 3 GG und das subjektiv-öffentliche Verfahrensrecht des Art. 93 Abs. 1 Nr. 4a GG verstoßen.[9] Im Falle einer Gesamtbelastung durch mehrere legislative Maßnahmen bleibe dem betroffenen Grundrechtsträger keine Möglichkeit gegen die Aushöhlung seines Grundrechtsschutzes vorzugehen.

Im Fall von vorbehaltlos gewährleisteten Grundrechten sind die weiteren verfassungsrechtlichen Anforderungen durch den additiven Grundrechtseingriff zu beachten. Entscheidend ist also, dass sich der additive Grundrechtseingriff in ein vorbehaltslos gewährleistetes Grundrecht auf kollidierendes Verfassungsrecht stützen kann. Dabei ist nicht erforderlich, dass sich alle Belastungen auf dasselbe Verfassungsgut zurückführen lassen, in Betracht kommt auch einem Bündel mehrere Verfassungsgüter, wie z. B. der Grundrechte Dritter und andere Güter mit Verfassungsrang.

Eine Übertragung der vom Bundesverfassungsgericht insbesondere in den Entscheidungen „Osho“[10] und „Glykol“[11] entwickelten Grundsätze zur Einschränkung des Gesetzesvorbehalts bei mittelbar-faktischen Eingriffen,[12] bzw. deren Verneinung bei faktischem Staatshandeln,[13] kommen in Bezug auf den additiven Grundrechtseingriff nicht in Betracht. Dies könnte allenfalls deshalb angenommen werden, weil der additive Grundrechtseingriff ebenso wie damals die mittelbar-faktischen Eingriffe eine „neue Eingriffsform“ darstellt, auf die bisherige dogmatische Erkenntnisse nicht ohne weitere übertragbar sein könnten. Dagegen spricht aber bereits, dass der additive Grundrechtseingriff keine in dem Sinne „neue“ staatliche Handlungsform darstellt, sondern vielmehr ein Instrument bietet, die bisherigen staatlichen Handlungsformen in einer Gesamtschau zu erfassen. Da das Hauptziel der effektive Grundrechtsschutz ist, würde die Aufweichung der den Grundrechtsträger schützenden Kriterien, wie der Gesetzesvorbehalt, zu diesem Ziel konträr wirken. Grundsätzlich ist die Vorgehensweise des Bundesverfassungsgerichts auch scharf

---

[9] *Detterbeck*, in: Sachs, GG, Art. 93, Rn. 77.

[10] BVerfGE 105, 279, 303, 305: „Weder die rechtsstaatliche, grundrechtsschützende und den Rechtsschutz gewährleistende noch die demokratische Funktion des Gesetzesvorbehalts fordert unter diesen Umständen eine über die Aufgabenzuweisung hinausgehende gesetzliche Ermächtigung. Gegenstand und Modalitäten staatlichen Informationshandelns sind so vielgestaltig, dass sie angesichts der eingeschränkten Erkenntnis- und Handlungsmöglichkeiten des Gesetzgebers allenfalls in allgemein gehaltenen Formeln und Generalklauseln gefasst werden könnten“.

[11] BVerfGE 105, 252, 268.

[12] *Klement* stellt die interessante These auf, dass das BVerfG statt von einem „mittelbaren Grundrechtseingriff“, von mittelbar-faktischen Beeinträchtigungen spricht, um die Verknüpfung zwischen Eingriff und Gesetzesvorbehalt zu vermeiden, DÖV 2005, 507, 510.

[13] Art. 12 Abs. 1 GG soll dann durch staatliche Warnung nicht berührt sein, wenn die Zuständigkeitsgrenzen insbs. der Bundesregierung eingehalten sind. Das BVerfG prüft dies allerdings nicht auf Rechtfertigungsebene, sondern bereits im Rahmen des Schutzbereichs der Berufsfreiheit und verneint damit im Ergebnis das Vorliegen eines Grundrechtseingriffs.

kritisiert worden.[14] Das Bundesverfassungsgericht ging davon aus, dass keine über die Aufgabenzuweisung der Regierungsleitung hinausgehende gesetzliche Ermächtigung zur Einschränkung des Art. 4 Abs. 1, 2 GG erforderlich war. Begründet wurde dies u. a. mit dem eingeschränkten Erkenntnis- und Handlungsspielraum des Gesetzgebers, da die Möglichkeiten staatlichen Informationshandelns so vielfältig seien. Auch diese Argumentationsstruktur ist auf den additiven Grundrechtseingriff nicht übertragbar. Die Annahme, der Staat benötige keine gesetzliche Ermächtigungsgrundlage, weil die Grundrechtsbeeinträchtigung nicht vorhersehbar sei, ist nicht zutreffend. Ermächtigt werden muss das Handeln an sich als Teil der verfassungsrechtlichen Rechtfertigung.[15] Insbesondere ist es dem Gesetzgeber zumutbar, die bereits bestehende Gesamtbelastung des Grundrechtsträgers zu ermitteln und zu berücksichtigen. Allgemein sind Überlegungen, was der Gesetzgeber sorgfaltsgemäß vorhersehen konnte, im Rahmen der verfassungsrechtlichen Rechtfertigungen von Grundrechtseingriffen nicht zulässig.[16] Nichts anderes kann für den additiven Grundrechtseingriff gelten.

B. Rechtfertigung und materiell-verfassungsrechtliche Grenzen des additiven Grundrechtseingriffs

I. Erfordernis einer verfassungsrechtlichen Grenze

Das Erfordernis des additiven Grundrechtseingriffs ergibt sich aus der zu sichernden Effektivität des Grundrechtsschutzes und der Entwicklung des grundrechtlichen Eingriffsbegriffs, der die Gewährleistung der Schutzgehalte hinreichend absichern kann. Aus dieser Annahme allein lassen sich aber noch keine konkreten Parameter einer verfassungsrechtlichen Grenze entnehmen. Diese kann erst auf der Ebene der Rechtfertigung des additiven Grundrechtseingriffs gezogen werden. Eine verfassungsrechtliche Rechtfertigungsgrenze von grundrechtlichen Gesamtbelastungen sichert die Berücksichtigung in allen Bereichen staatlichen Handelns.

---

[14] *Murswiek*, NVwZ 2003, 1; *Klement*, DÖV 2005, 507, 508 ff.; *Huber*, JZ 2003, 294 f.; grundsätzlich zu den rechtlichen Problemen staatlichen Informationshandelns, *Gusy*, NJW 2000, 977, 985, der die Parallele zu den Schutzpflichten zieht: auch diese würden zu Schutz verpflichten, aber nicht zu Grundrechtseingriffen ermächtigen, was ebenfalls auf die Kompetenznormen zutreffe. Ebenso: *Dietlein*, Berufs- Arbeitsplatz- und Ausbildungsfreiheit, in: Stern, Staatsrecht III/2, S. 1851 ff. zu Art. 12 GG.

[15] *Klement*, DÖV 2005, 507, 511.

[16] *Klement*, DÖV 2005, 507, 508.

II. Ablehnung des Konzepts der Belastungskumulation

Soweit ersichtlich besteht in Schrifttum und Literatur Einigkeit darüber, dass Belastungskumulationen ein grundrechtliches Problem darstellen und auf verfassungsrechtlicher Ebene gelöst werden sollen. Allein Wustlich geht davon aus, dass sich aus dem Verfassungsrecht keine Grenze für Belastungskumulationen herleiten lässt.[17] Selbst bei Anerkennung der verfassungsrechtlichen Relevanz von Belastungskumulationen sehen einige Stimmen keine Lösungsmöglichkeit über die konkrete Einzelfallentscheidung hinaus.

Winkler kommt zu dem Ergebnis, dass kumulative Belastungen nicht mit dogmatischen Ansätzen erfassbar sind, sondern nur einzelfallbezogene Entscheidungen ohne die Anwendung übergeordneter Kriterien oder Regeln möglich sind.[18] Auch dann stellt sich aber weiterhin die Frage woran Belastungskumulationen zu messen sind, wann sie verfassungsgemäß oder verfassungswidrig sind. Neben dem rechtlichen Problem auf welcher Ebene der Grundrechtsprüfung Belastungskumulationen zu berücksichtigen sind, stellt sich die entscheidende Frage, was ihr konkreter Prüfungsmaßstab ist.

III. Explizite verfassungsrechtliche Grenzen

Das Grundgesetz selbst kennt den Begriff des additiven Grundrechtseingriffs nicht. Zu klären ist, ob neben der Prüfung des Einzelfalls die Anforderungen an die Prüfung der Rechtfertigung steigen oder allgemein eine absolute Grenze verfassungsrechtlich[19] normiert ist, jenseits derer das Grundgesetz bestimmte Freiheitsräume vollkommen schützt und die der additive Grundrechtseingriff nicht überschreiten darf. Das Erfordernis, Gesamtbelastungen verfassungsrechtlich zu erfassen, ergibt sich bereits aus der Abwehrfunktion der Grundrechte selbst. Ohne einen effektiven Grundrechtschutz, insbesondere vor qualitativ neuen Handlungsformen des Staates, werden die Freiheitsgarantien der Grundrechte ausgehöhlt. Dies gilt auch für den additiven Grundrechtseingriff.

Im Folgenden soll geprüft werden, ob und ggf. welche Verfassungsnormen überhaupt als Grenze für kumulative Belastungen in Betracht kommen.

---

[17] Die Atmosphäre als globales Umweltgut, S. 310.

[18] JA 2014, 881, 884; *Winkler* möchte im Ergebnis „Freiheitsräume" konstruieren und plädiert schließlich für eine relative Auslegung des Wesensgehalts, die dann wohl die verfassungsrechtliche Grenze darstellen soll.

[19] Zum Dilemma absoluter Grenzen beim Schutz der Privatsphäre: *Moser-Knierim*, Vorratsdatenspeicherung: Zwischen Überwachungsstaat und Terrorabwehr, S. 208 ff., 221 f. Verhältnismäßigkeit als „zu weiche" Grenze.

1. Verbot der Doppelbestrafung, Art. 103 GG

Art. 103 Abs. 3 GG normiert das Verbot der Doppelbestrafung. Niemand darf wegen derselben Tat mehrmals bestraft werden. Grundsätzlich können auch mehrere Sanktionen aufgrund der allgemeinen Strafgesetze einen additiven Grundrechtseingriff darstellen. Vom Wortlaut der Norm ausgehend ist aber die *zweite* Bestrafung rechtswidrig, nicht die Betrachtung der Gesamtbelastung, sondern der „Doppelbelastung". Es dürfen nicht unterschiedliche Maßnahmen zweimal in Bezug auf einen Lebenssachverhalt angewendet werden. Der Anwendungsbereich ist auf „die allgemeinen Strafgesetze" begrenzt. Als allgemeine Grenze für doppelte Sanktionen, z. B. verwaltungsrechtlicher Art, ist *ne bis in idem* nicht anwendbar.[20] Hier wird dafür plädiert auf den Gedanken der Rechtssicherheit und das Übermaßverbot zurückzugreifen.[21]

Systematisch gesehen findet Art. 103 Abs. 3 GG seine Anknüpfung im Rechtstaatsprinzip, fungiert aber auch als Ausprägung des Verhältnismäßigkeitsgrundsatzes.[22] Damit stellt sich das Verbot der Doppelbestrafung als präzise Ausprägung eines Systems staatlicher Sanktionsbeschränkungen im Hinblick auf das Strafrecht dar.[23] Weitere Anhaltspunkte zum Verbot der allgemeinen Belastungskumulation, über den Anwendungsbereich der strafrechtlichen Sanktionen hinaus, lassen sich aus der Norm nicht erkennen. Insbesondere finden sich keine Anhaltspunkte, die über die Schlussfolgerungen aus dem allgemeinen Prinzip der Verhältnismäßigkeit hinausgehen.

> „Einen allgemeinen Rechtssatz, daß aus ein und demselben Vorgang nicht zweimal nachteilige Folgen gezogen werden dürfen, gibt es jedenfalls nicht".[24]

Das Verbot der Doppelbestrafung betrifft nur einen engen Ausschnitt der Problematik des additiven Grundrechtseingriffs. Hier geht es darum, dass derselbe Sachverhalt nicht mit demselben Mittel zweimal geregelt werden darf, weshalb immer der zeitlich letzte Schritt, hier die zweite Verurteilung, unzulässig ist. Diese allgemeine Begrenzung der Verfassungswidrigkeit auf die zuletzt erlassene staatliche Maßnahme ist auf den additiven Grundrechtseingriff nicht übertragbar.[25] Die verfassungsrechtliche Vorschrift des Art. 103 Abs. 3 GG gibt nur im speziellen Fall der Doppelbestrafung den Lösungsweg vor, um eine unzulässige Mehrfachbelastung

---

[20] *Degenhart*, in: Sachs GG, Art. 103, Rn. 85, m.w.N.; *Schulze-Fielitz*, in: Dreier, GG Bd. III, Art. 103 Rn 22; *Schmidt-Aßmann*, in: Maunz/Dürig, GG, Art. 103 Abs. 3, Rn. 277; a.A. *Fliedner*, AöR (99) 1974, 242, insbs. 255 ff. der den Anwendungsbereich von Art. 103 Abs. 3 GG auf alle staatlichen Entscheidungen, denen infolge der verfahrensmäßigen Ausgestaltung Endgültigkeit (Rechtskraft) zukommt, ausdehnen will. Angeführt wird dafür, dass der Hauptzweck der Norm in der Gewährleistung von Rechtssicherheit und Vertrauensschutz liege.

[21] *Schulze-Fielitz*, in: Dreier, GG Bd. III, Art. 103, Rn 22.

[22] Statt aller: *Degenhart*, in: Sachs, GG, Art. 103, Rn. 53 m.w.N.

[23] *Schmidt-Aßmann*, in: Maunz/Dürig, GG, Art. 103 Abs. 3, Rn. 261.

[24] BVerwGE 83, 1, 17.

[25] Dazu oben Viertes Kapitel A. VI. 2. c).

zu vermeiden. Im Strafrecht ist diese Problematik einfachgesetzlich durch den Strafklageverbrauch gelöst, vgl. § 260 Abs.3 StPO.

2. Steuerliche Überbelastung, Art. 106 Abs. 3 GG und das Verbot steuerrechtlicher Doppel- oder gleichartiger Belastungen

Art. 106 Abs. 3 S.4 Nr. 2 GG legt fest, dass die Deckungsbedürfnisse des Bundes und der Länder so aufeinander abzustimmen sind, dass u. a. eine Überbelastung der Steuerzahler vermieden wird. Die Norm sagt vom Wortlaut aber zunächst nur aus, dass eine Überbelastung, nicht jedoch eine Mehrfachbelastung generell zu vermeiden ist.[26] Der Inhalt der Norm zielt auf eine Verteilung der Anteile bei den Gemeinschaftssteuern zwischen Bund und Ländern, wobei die Überbelastung des Bürgers als Kriterium in Bezug auf diese Verteilung normiert ist. Dies impliziert aber noch in keiner Weise eine Grenze der Belastungskumulation, vielmehr kann der Aufwand, z. B. der Körperschaftssteuer nicht zu 60 % auf die Länder und zu 60 % auf den Bund entfallen. Eine Änderung der Verteilungsquote führt aber zunächst nicht zu einer Mehrbelastung, sondern zu einer anderen Belastung des Abgabepflichtigen, dh. dann durch den jeweils anderen Hoheitsträger. Daraus lässt sich kein Verbot einer Belastungskumulation ableiten. Die Rechtsprechung des Bundesverfassungsgerichts ist in dieser Hinsicht unergiebig, es wurde lediglich festgestellt, dass der wesentliche Sinn der Formulierung darin bestehe, zu verdeutlichen, dass eine Vermeidung der Überbelastung „gleichsam selbstverständlich" zu gelten habe.[27]

Systematisch findet sich die Vorschrift im staatsorganisatorischen Teil des Finanzwesens, was aber lediglich ein Indiz für einen mangelnden materiell-rechtlichen Regelungsgehalt der Norm sein kann.[28] Inhaltlich kann eine Überbelastung jedenfalls prinzipiell nicht durch die Steuerertragsverteilung, sondern nur durch maßvolle Abgabengesetze erreicht werden.[29] Das Kriterium der Vermeidung der Überlastung sagt schließlich aus, dass ein Fehlbedarf einer Seite erst dann durch Steuererhöhungen gedeckt werden darf, wenn keine Möglichkeit zur Deckung des Bedarfs in anderer Weise besteht.[30] Damit geht es wiederum um die Verteilungsquoten, nicht um materielle Grenzen. Ein allgemeines Verbot der Belastungskumulation oder eine Grenze des additiven Grundrechtseingriffs im Bereich der Grundrechte kann Art. 106 Abs. 3 S. 4 Nr. 2 GG daher nicht entnommen werden.

---

[26] *Lee*, Umweltrechtlicher Instrumentenmix und kumulative Grundrechtseinwirkungen, S. 105, geht davon aus, dass Art. 103 Abs. 3 und Art. 106 Abs. 3 S. 4 Nr. 2 GG Verbote von kumulativen Belastungen darstellen.

[27] BVerfGE 115, 97, 115 f.; dazu auch *Siekmann*, in: Sachs, GG, Art. 106, Rn. 17.

[28] Das BVerfGE 115, 97, 115 sieht außer in Art. 106 Abs. 3 S. 4 Nr. 2 GG in der Finanzverfassung keine materiellen Belastungsgrenzen.

[29] *Siekmann*, in: Sachs, GG, Art. 106, Rn. 17.

[30] Auch nicht durch eine Änderung des Beteiligungsverhältnisses an der Umsatzsteuer; *Seiler*, in: Maunz/Dürig GG, Art. 106 Rn. 148 ff.

Das aus Art. 3 Abs. 1 GG hergeleitete Verbot der Doppelbesteuerung und das Gleichartigkeitsverbot des Art. 105 Abs. 2a GG sind Ausdruck des generellen Verbots einer erheblichen Gesamtbelastung des Bürgers.[31] Die Gestaltungsfreiheit des Gesetzgebers ist im Bereich des Steuerrechts durch das Gebot der Besteuerung nach der steuerlichen Leistungsfähigkeit und das Prinzip der Folgerichtigkeit aus Art. 3 Abs. 1 GG i.V.m. Art. 14 GG[32] begrenzt. Daraus wird das Verbot der Doppelbesteuerung hergeleitet, da eine doppelte Besteuerung beiden Prinzipien nicht gerecht wird. Das Gleichartigkeitsverbot des Art. 105 Abs. 2a GG verbietet die Doppelbelastung derselben Steuerquelle durch bundesgesetzlich geregelte Steuern und landesrechtliche örtliche Verbrauchs- und Aufwandsteuern.[33]

Beide Ansätze betreffen die doppelte Besteuerung, einen Spezialfall der Belastungskumulation, und sind nicht auf weitere Anwendungsfälle übertragbar. Das aus dem allgemeinen Gleichheitssatz hergeleitete Verbot der Doppelbesteuerung kann keine Grenze für den additiven Grundrechtseingriff bieten. Der additive Grundrechtseingriff betrifft die Grundrechte in ihrer Abwehrfunktion. Das aus Art. 3 Abs. 1 GG hergeleitet Verbot unterstreicht aber einen weiteren Anhaltspunkt in der Verfassung dafür, dass erhebliche Belastungen des Bürgers verfassungswidrig sein können. Es handelt sich allerdings um eine Lösung für den speziellen Fall der Belastungskumulation Doppelbesteuerung. Art. 105 Abs. 2a GG kann kein primär die Grundrechtsträger schützender finanzverfassungsrechtlicher Grundsatz dahingehend entnommen werden, dass die Mehrfachbelastung eines Schuldners *prinzipiell* unzulässig wäre.[34] Das Gleichartigkeitsgebot des Art. 105 Abs. 2a GG normiert in erster Linie eine positive Kompetenzzuweisung an die Länder, in Form eines partiellen Rückverweises aus einer an sich gegebenen Bundeskompetenz[35] und hat damit organisatorische Funktion. Es kommt als Grenze additiver Grundrechtseingriffe nur in formeller Hinsicht in Betracht.

IV. Der Grundsatz der Verhältnismäßigkeit als Grenze des additiven Grundrechtseingriffs

1. Verhältnismäßigkeit als Schranken-Schranke

Der überwiegend[36] aus dem Rechtsstaatsprinzip, Art. 20 Abs. 3 GG, hergeleitete[37] Grundsatz der Verhältnismäßigkeit[38] begrenzt die Rechtfertigungsmöglichkeit von

[31] BVerfGE 105, 73, 134; BVerfG, Beschl. v. 29.09. 2015 – 2 BvR 2683/11 – Rn. 35.

[32] Übersicht bei: *Birk/Desens/Tappe*, Steuerrecht, § 2, Rn. 171 ff., 187.

[33] BVerfGE 98, 106, 124 f. zur kommunalen Verpackungssteuer.

[34] Dazu im Zusammenhang mit Belastungskumulationen: *Kloepfer*, VerwArch 74 (1983), 201, 217 f.

[35] *Seiler*, in: Maunz/Dürig, GG, Art. 105, Rn. 168.

[36] Kritisch: *v. Arnauld*, JZ 2000, 276, 277, der den Verhältnismäßigkeitsgrundsatz aus dem Regel-Ausnahme Verhältnis der Einschränkungsmöglichkeiten der Freiheitsrechte herleitet.

Einzeleingriffen in Grundrechte. Dem liegt die Annahme zugrunde, dass staatliches Handeln in einem Rechtsstaat begrenzt sein muss, um die Freiheit der Bürger zu schützen. Staatliche Maßnahmen dürfen weder unbegrenzt, noch unbegründet sein und müssen ihre Rechtfertigung an einem benennbaren Zweck in Umfang und Ausmaß messen lassen.[39] Dies gilt unbestritten für Einzeleingriffe sowohl im klassischen Sinne,[40] als auch für Maßnahmen nach dem erweiterten Eingriffsverständnis.[41] Als allgemeines Verfassungsprinzip[42] ist zu prüfen, ob der Grundsatz der Verhältnismäßigkeit damit auch Grenze des additiven Grundrechtseingriffs sein kann.

2. Gesamtverhältnismäßigkeitsprüfung als verfassungsrechtliche Grenze für Belastungskumulationen

Der Grundsatz der Verhältnismäßigkeit im Sinne eines angemessenen Verhältnisses zwischen Eingriffszweck und Eingriffsintensität,[43] soll nach überwiegender Ansicht der Literatur die Grenze der Rechtfertigung für Belastungskumulationen im Rahmen der Grundrechtsprüfung darstellen. Das Gebot soll als Schranken-Schranke für additive Grundrechtseingriffe dienen.[44] Diese Annahme wurde maßgeblich durch Jörg Lückes grundlegende Bearbeitung zum additiven Grundrechtseingriff geprägt.[45]

Lücke ist der Annahme, dass ein „zufälliges“ Zusammentreffen von Grundrechtseingriffen grundrechtlich irrelevant sei. Bei der Kumulation mehrerer Grundrechtseingriffe, die demselben Zweck dienen und das gleiche Grundrecht

---

[37] BVerfGE 19, 342, 348 f.; 56, 248, 315; *Schulze-Fielitz*, in: Dreier, GG, Bd. 2, Art. 20 (Rechtsstaat), Rn. 179; *Sommermann*, in: v. Mangoldt/Klein/Starck, GG, Bd. 2, Art. 20 Abs. 3, Rn. 309; *Sachs*, in: Sachs, GG, Art. 20, Rn. 146; *Stern*, Staatsrecht I, S. 861; *Frankenberg*, in: AK-GG, Art. 20 IV, Rn. 52, 55.

[38] Oder auch Übermaßverbot, vgl. *Grabitz*, AöR 98 (1973), 569 f.; *Ehlers*, VVDStRL 51 (1991), 211, 272; synonym verwendet auch bei: *Papier/Shirvani*, in: Maunz/Dürig, GG, Art. 14, Rn. 429.

[39] *Grzeszick*, in: Maunz/Dürig, GG, Art. 20 VII, Rn. 107.

[40] Statt aller: BVerfGE 100, 313, 375 f.; st. Rspr.

[41] Statt aller: BVerfGE 105, 279, 301.

[42] *Lerche*, Übermaß und Verfassungsrecht, S. 53 ff. „dirigierende Aussage des Verfassungsganzen“.

[43] BVerfGE 101, 331, 347; 141, 121, 54, 301, 313; 100, 313; 375 f.; dazu bereits auch: *Grabitz*, AöR 98 (1973), 569, 571 f.

[44] *Lücke*, DVBl. 2001, 1469, 1476; *Reimer*, Qualitätssicherung, S. 276; *Lee*, Umweltrechtlicher Instrumentenmix und kumulative Grundrechtseinwirkungen, S. 143 f.; *Jesse*, Instrumentenverbund als Rechtsproblem am Beispiel effektiver Energienutzung, S. 182 ff.; *Sellmann*, Belastungskumulationen und Subventionen in der Verhältnismäßigkeitsprüfung – Zu Ausgleichsansprüchen von betroffenen Landwirten nach Art. 14 Abs. 1 S. 2 GG, in: Hogenmüller, Landwirtschaft im Spektrum der Umweltwissenschaften, S. 154 f.; in diese Richtung unter Verwendung des Begriffs auch: *Michael*, Formen- und Instrumentenmix, in: Hoffmann-Riem/Schmidt-Aßmann/Voßkuhle, Grundlagen des Verwaltungsrechts, § 41, Rn. 119.

[45] DVBl. 2001, 1469.

betreffen, sei aber ein ganzheitlich gearteter Eingriffstyp anzuerkennen, der mehrere Grundrechtseingriffe bündelt.[46] Aus dem Grundsatz der Verhältnismäßigkeit soll sich ein Verbot der übermäßigen Gesamtbelastung des Bürgers ergeben.[47] Lückes Konsequenz aus seiner Annahme, dass in den additiven Grundrechtseingriff nur staatliche Maßnahmen einzubeziehen sind, die denselben Zweck verfolgen,[48] zeigt sich deutlich in der vorgeschlagenen Prüfung der Verhältnismäßigkeit. Danach verstärkt sich durch Gesamtbelastungen ausschließlich der Grad der Eingriffsintensität – das Maß der Zweckerreichung hingegen soll gleich bleiben.[49] Daher gewinnt das individuelle Freiheitsinteresse nach diesem Ansatz eine größere Bedeutung als das öffentliche Interesse an der Zweckerreichung, da diese aufgrund der geforderten „Zweckidentität" der Eingriffe eine statische Größe bleiben soll.[50] Aufgeworfen wurde das Konzept einer „entindividualisierten" Prüfung des Übermaßverbots, bei der das Verhältnis von Zielbündeln zu Gesamtfreiheitsbilanzen thematisiert werden sollte, bereits vorher im umweltrechtlichen Kontext.[51]

Die These, dass mehrere kumulative staatliche Belastungen auf der Ebene eines erweiterten Eingriffsverständnisses erfasst werden können und daher ein additiver Grundrechtseingriff anzuerkennen ist, wurde anhand der Entwicklung des Eingriffsverständnisses oben erläutert, in diesem Punkt ist Lücke zuzustimmen. Allerdings werden in seiner Argumentation die Feststellung des Problems der Möglichkeit von Freiheitsverkürzungen durch mehrere staatliche Grundrechtsbeeinträchtigungen und das Konzept des additiven Grundrechtseingriffs gleichgesetzt. Die Effizienz der Schutzwirkung der Grundrechte ist ein starkes und auch dieser Bearbeitung zugrundeliegendes Argument, und zwar für die Entwicklung einer solchen Figur. Eine grundsätzliche Einbindung in die dogmatische Konzeption des Grundrechtsschutzes unter dem Grundgesetz und die Grundrechtsprüfung, ist aber darüber hinaus zu entwickeln. Lücke begründet sein gewähltes Kriterium, der einheitlichen Zweckausrichtung zur Einbeziehung einer Mehrzahl von staatlichen Maßnahmen in den additiven Grundrechtseingriff, auch nicht näher.[52] Wenn einziges Argument für einen additiven Grundrechtseingriff die Gefahr des grundrechtlichen Freiheitsschutzes durch eine Nichterfassung mehrerer staatlicher Maßnahmen sein soll, kann

---

[46] *Lücke*, DVBl. 2001, 1469, 1470.

[47] *Lücke*, DVBl. 2001, 1469, 1476 f.

[48] *Lücke*, DVBl. 2001, 1469, 1470.

[49] *Lücke*, DVBl. 2001, 1469, 1477.

[50] Die Differenzierung zwischen dem Gebot der Verhältnismäßigkeit und dem Grundsatz der Zumutbarkeit spielt nach *Lückes* eigenen Ausführungen keine Rolle; DVBl. 2001, 1469, 1476, Fn. 54.

[51] *Kloepfer*, JZ 1991, 737, 744.

[52] Dies wäre Aufgabe der Literatur gewesen, die diese Annahme nach der hier vertretenden Ansicht sehr pauschal aufgegriffen hat. *Reimer*, Qualitätssicherung, S. 276; *Lee*, Umweltrechtlicher Instrumentenmix und kumulative Grundrechtseinwirkungen, S. 141; *Bronkars*, Kumulative Eigentumseingriffe, S. 97 ff.; *Jesse*, Instrumentenverbund als Rechtsproblem am Beispiel effektiver Energienutzung, S. 181; *Würsig*, Die Steuerung von Summenbelastungen im öffentlichen Immissionsschutzrecht, S. 46.

es nicht auf eine Zweckrichtung der staatlichen Maßnahme ankommen: Auch das Zusammentreffen mehrerer „zufälliger“[53] Grundrechtseingriffe kann erhebliche Freiheitsverkürzungen mit sich bringen.

Interessanterweise schlägt Lücke prüfungstechnisch sodann eine „doppelte Prüfung“ vor. Es sollen sowohl die Einzelbeeinträchtigung isoliert als punktueller Grundrechtseingriff auf ihre Verfassungsmäßigkeit überprüft werden und zusätzlich als Teil der Gesamtbelastung, da

> „dessen einzelne Bestandteile – die punktuellen Grundrechtseingriffe – [...] kraft der bündelnden Wirkung des additiven Grundrechtseingriffs zwangsläufig derart miteinander verknüpft [sind], dass an jeder dieser Komponenten zugleich die anderen hängen“.[54]

Diese Sichtweise überrascht, da ja einerseits die Anerkennung einer eigenen Eingriffsart gefordert wird, andererseits diese dann aber „isoliert“ doch keinen Bestand haben soll, sondern gewissermaßen nur „akzessorisch“ nach der Prüfung der jeweiligen Einzelmaßnahmen erfolgen soll. Diese Konstellation erscheint möglich und unter prozessualen Aspekten sinnvoll, aber keinesfalls zwingend. Konsequenterweise wird man aber materiell-rechtlich dem additiven Grundrechtseingriff eine Auswirkung auf den Grundrechtsträger im Sinne einer Gesamtprüfung zusprechen müssen, unabhängig von einer vorgeschalteten Prüfung der Einzelmaßnahme. Alles andere würde auch der Qualifikation als „eigene Eingriffsart“ zuwiderlaufen. Praktisch dürfte dies eventuell von untergeordneter Bedeutung sein, da sich ggf. eine Prüfung der Gesamtbelastung bei Verfassungswidrigkeit der Einzelmaßnahmen sogar gänzlich erübrigt. Ist die Einzelmaßnahme bereits verfassungswidrig und nichtig, kann dies auch die Gesamtbelastung auflösen.[55]

Die Definition des Verhältnismäßigkeitsgrundsatzes scheint als Grenze des additiven Grundrechtseingriffs bereits sprachlich nicht zu passen. Die Grenze der Verhältnismäßigkeit bezeichnet eine Relation zweier variabler Größen, und zwar diejenige, die jener Optimierungsaufgabe am besten gerecht wird, nicht eine Relation zwischen einem konstanten „Zweck“ und einem oder mehreren variablen „Mitteln“.[56] Nach dieser Definition könnte auf den ersten Blick schon die Einbeziehung von mehr als zwei Belastungen in die Verhältnismäßigkeitsprüfung ausscheiden, wenn diese auf bipolare Konstellationen begrenzt ist.

Auch könnte erwogen werden, dass selbst wenn man sich von einer vermeintlichen Beschränkung auf zwei Abwägungsgüter löst, nicht nur einseitig die eine Seite der „Belastung“ im Sinne von Freiheitsbeschränkung, sondern auch die andere Seite der „Zweckerreichung“ der Eingriffe quantitativ angereichert werden könnte. Daraus

---

[53] Es bleibt offen, wie dieses Kriterium überprüft werden soll.

[54] DVBl. 2001, 1469, 1476.

[55] Zu den prozessualen Konsequenzen einer Individualverfassungsbeschwerde gegen einen additiven Grundrechtseingriff, insbesondere zum Urteilstenor, unten Siebtes Kapitel A. II.

[56] Vgl. *Hesse*, Grundzüge des Verfassungsrechts der Bundesrepublik Deutschland, S. 28; *Lerche*, Übermaß und Verfassungsrecht, S. 125 ff.

wird gefolgert, dass eine Gesamtprüfung kumulativer staatlicher Belastung die Verfolgung des gleichen oder zumindest eines deckungsgleichen Zwecks voraussetzt.[57] Wenn man mit sich mit dieser Auffassung ohnehin von der bipolaren Prüfung der Verhältnismäßigkeit löst, erschließt sich nicht, warum dann keine weiteren, nicht deckungsgleichen Zwecke der Gesamtbelastung berücksichtigt werden. Das einzige Argument für eine Beschränkung ist die Praktikabilität; eine Prüfung der Verhältnismäßigkeit als Relation zwischen Eingriffsschwere und Zweckerreichung ließe sich so nicht aufrechterhalten. Kohärent im Sinne der zugrunde liegenden Wertung, die Verhältnismäßigkeitsprüfung anzureichern und die „Zweckerreichung" durch mehrere Eingriffe aufzuladen, ist dies nach der hier vertretenden Ansicht nicht. Dies allein ist allerdings noch nicht ausreichend um das Konzept der Gesamtverhältnismäßigkeitsprüfung abzulehnen.[58]

3. Gesamtverhältnismäßigkeitsprüfung der Belastungskumulation ausschließlich im Zusammenhang mit der Prüfung von Einzeleingriffen

Die überwiegende Literatur hat den Vorschlag Lückes das Verbot einer übermäßigen Gesamtbelastung in der Verhältnismäßigkeitsprüfung zu verorten, übernommen.[59] Insbesondere soll nach dieser Ansicht die Gesamtverhältnismäßigkeitsprüfung der Belastungskumulation nur neben einer „vorgeschalteten" Prüfung der Einzelmaßnahmen möglich sein. Argumentiert wird, dass eine verfassungswidrige Einzelmaßnahme nicht durch die Prüfung der Gesamtbelastung „gerettet" werden soll.[60] Dies irritiert aus zweierlei Gründen: Zum einen kann ein verfassungswidriger Einzeleingriff in keinem Fall durch eine Gesamtbetrachtung verfassungsgemäß „werden", da dies gar nicht Prüfungsgegenstand des additiven Grundrechtseingriffs ist, sondern allein die Verfassungsmäßigkeit oder Verfassungswidrigkeit der Gesamtbelastung. Zum anderen erscheint es widersprüchlich, eine verfassungsrechtliche Grenze von Belastungskumulationen anzuerkennen, diese dann aber nicht selbstständig überprüfen zu können. Es besteht die theoretische Möglichkeit, dass der Grundrechtsträger allein die Belastungskumulation rügt, wenn z. B. die Verfassungsmäßigkeit der Einzeleingriffe bereits vorher geklärt wurde. In

---

[57] Vgl. *Lee*, Umweltrechtlicher Instrumentenmix und kumulative Grundrechtseinwirkungen, S. 147 ff.

[58] Zu ausführlichen Kritik, sogleich unten V.

[59] *Reimer*, Qualitätssicherung, S. 276; *Lee*, Umweltrechtlicher Instrumentenmix und kumulative Grundrechtseinwirkungen, S. 141; *Bronkars*, Kumulative Eigentumseingriffe, S. 97 ff.; *Jesse*, Instrumentenverbund als Rechtsproblem am Beispiel effektiver Energienutzung, S. 181; *Würsig*, Die Steuerung von Summenbelastungen im öffentlichen Immissionsschutzrecht, S. 46; modifiziertes Modell bei *Klement*, AöR 134 (2009), 35, 66; anders: *Winkler*, JA 2014, 181, 187 für die Bestimmung eines Freiheitsraums dessen Voraussetzungen aber unklar bleiben.

[60] So *Jesse*, Instrumentenverbund als Rechtsproblem am Beispiel effektiver Energienutzung, S. 181.

solchen Konstellationen würde es keinen Sinn machen, den Grundrechtsträger zunächst auf eine Überprüfung der Einzeleingriffe zu verweisen. Auch Lücke selbst führt zwar an, dass Einzelbeeinträchtigungen dann einer doppelten Überprüfung – einmal isoliert und einmal im Rahmen des additiven Grundrechtseingriffs – unterliegen können.[61] Dies schließt aber nicht aus, dass der additive Grundrechteingriff aufgrund der engen Verklammerung der Einzeleingriffe ohne eine vorgeschaltete Einzelprüfung an verfassungsrechtlichen Vorgaben gemessen werden kann. Wenn man Lückes Argument des effektiven Grundrechtsschutzes konsequent weiterführt, muss auch die isolierte Überprüfung der Gesamtbelastung möglich sein.[62]

V. Kritik

Das überwiegende Schrifttum[63] setzt die Anerkennung eines additiven Grundrechtseingriffs mit einer Verortung der Prüfung der kumulativen staatlichen Belastungen in Rahmen einer „Gesamtverhältnismäßigkeitsprüfung gleich und leitet daher mehr oder weniger explizit das Verbot einer übermäßigen Gesamtbelastung aus dem verfassungsrechtlichen Grundsatz der Verhältnismäßigkeit her. Mit dieser Auffassung untrennbar verknüpft ist auch die Annahme, dass die alleinige Prüfung einer Gesamtbelastung nicht möglich sein soll.

Das Bundesverfassungsgericht hat sich zur Möglichkeit einer „isolierten Überprüfbarkeit" des additiven Grundrechtseingriffs noch nicht geäußert. Einige Entscheidungen deuten auf eine Prüfung des additiven Grundrechtseingriffs anhand der Verhältnismäßigkeit hin, andere wiederum auf die Prüfung anhand des Wesensgehalts.[64] Eine klare Positionierung lässt sich daraus nicht ableiten, weshalb eine Kritik auch wenige konkrete Ansatzpunkte aufgreifen kann. Die Annahme einer Gesamtverhältnismäßigkeitsprüfung lässt sich daher auch nicht konsequent durch die verfassungsgerichtliche Rechtsprechung stützten.[65]

Unabhängig von der Anerkennung des Grundsatzes der Verhältnismäßigkeit als grundrechtseinheitliche Schranken-Schranke[66] und der konkreten dogmatischen Herleitung,[67] kann dieses Konzept als Grenze des additiven Grundrechtseingriffs nicht überzeugen.[68]

---

[61] DVBl. 2001, 1469, 1476.

[62] DVBl. 2001, 1469, 1476.

[63] *Lücke*, DVBl. 2001, 1469, 1476; *Reimer*, Qualitätssicherung, S. 276; *Lee*, Umweltrechtlicher Instrumentenmix und kumulative Grundrechtseinwirkungen, S. 143 f.; *Jesse*, Instrumentenverbund als Rechtsproblem am Beispiel effektiver Energienutzung, S. 182 ff.

[64] Dazu ausführlich oben Zweites Kapitel A. VI.; D.

[65] Das Kriterium desselben Zwecks ist kein Erfordernis für die Gesamtbetrachtung mehrerer Maßnahmen BVerfGE 130, 372; 112, 304, 320; 99, 202, 310; 93, 121, 138.

[66] Nicht überzeugende Ablehnung der Prüfung der Angemessenheit bei Grundrechten mit Gesetzesvorbehalt: *Raue*, AöR 131 (2006), 79 ff.

[67] *v. Arnauld*, JZ 2000, 276 ff.

Bedenken gegen die Prüfung eines additiven Grundrechtseingriffs im Rahmen der Verhältnismäßigkeit beziehen sich auf einen möglichen Verlust der Rationalitätssicherung durch diesen Prüfungsschritt.[69] Die Kritiken gegenüber dem Vorgang der Abwägung als rechtliches Prüfungsinstrument sind auch im Kontext des additiven Grundrechtseingriffs zu berücksichtigen. Durch die Verortung von Gesamtbelastungen auf der Ebene der Abwägung gewinnt die Versubjektivierung von Entscheidungen nochmals eine größere Bedeutung.

Die Kritik knüpft an drei Grundannahmen der Gesamtverhältnismäßigkeit an. Zunächst ist es inkonsequent, einen additiven Grundrechtseingriff anzuerkennen, ihn aber selbst für nicht überprüfbar zu halten.[70] Der zweite Kritikpunkt setzt an der falschen Verortung auf der Ebene der Rechtfertigung an.[71] Der dritte Kritikpunkt ist die Nichtberücksichtigung von Zurechnungsfragen und Nebenzwecken.[72]

1. Anknüpfung an die Prüfung eines Einzeleingriffs und keine Einbeziehung von Belastungskumulationen auf der Ebene des Eingriffs

a) Zwingende Anknüpfung an die Einzelfallprüfung

Grundsätzlich ist festzustellen, dass der Grundsatz der Verhältnismäßigkeit sich an dem klassischen hoheitlichen Eingriffsbegriff orientiert. Dieser besteht in Form eines Verwaltungsaktes oder einer Gesetzesvorschrift,[73] worunter sich der additive Grundrechtseingriff nicht einordnen lässt. Der Verhältnismäßigkeitsgrundsatz insgesamt bezieht sich auf den „Innenbereich" des *jeweiligen* Gesetzes,[74] was sich nicht ohne weiteres auf eine Gesamtbelastung übertragen lässt. Im Gegensatz zum hier erläuterten erweiterten Eingriffsbegriff wurde von den Vertretern der Gesamtverhältnismäßigkeit – die die Begrenzung der Grundrechtsprüfung auf Einzeleingriffe als gegeben ansehen[75] – nicht dargelegt, warum dies für den Punkt der Verhältnismäßigkeit nicht gelten sollte.

---

[68] In diese Richtung bereits *Kloepfer*, VerwArch 74 (1983), 201, 210: „Dies [die mangelnde Prüfung von Gesamtbetrachtungen im öffentlichen Recht] ist auch der maßgeblich Grund dafür, daß der Übernormierung und der Eingriffsaddition so schwer mit dem – den Einzeleingriff steuernden – Übermaßverbot beizukommen ist."

[69] *Jesse*, Instrumentenverbund als Rechtsproblem am Beispiel effizienter Energienutzung, S. 171.

[70] Dazu sogeich 1. a).

[71] Dazu sogleich 1. b).

[72] Dazu 2., 3.

[73] *Kloepfer*, VerwArch 74 (1983), 201, 213 f.

[74] *Dietlein*, ZG 1995, 131, 137.

[75] Vgl. *Winkler*, JA 2014, 881, 881; *Lücke*, DVBl. 2001, 1469. *Jesse*, Instrumentenverbund als Rechtsproblem am Beispiel effizienter Energienutzung, 2014, S. 166.

Wenn man, wie die Vertreter der Gesamtverhältnismäßigkeitsprüfung,[76] den Grundsatz der Verhältnismäßigkeit als verfassungsrechtliche materielle Grenze von Belastungskumulationen anerkennt, verwehren sie ihnen doch eine konsequente Überprüfbarkeit. Nach dieser Lösung ist die Prüfung einer staatlichen Gesamtbelastung nämlich nur als nachfolgende Konsequenz der Prüfung eines Einzeleingriffs möglich. Wenn es aber ein Verbot der übermäßigen Gesamtbelastung in der Verfassung geben soll, erscheint es inkonsequent, dass ein solcher Verfassungsverstoß durch eine Gesamtbelastung dann nicht überprüfbar sein soll. Zumindest der theoretische Fall ist denkbar, dass der Grundrechtsträger nicht den oder die Einzeleingriffe,[77] sondern ausschließlich den additiven Grundrechtseingriff in seiner Gesamtauswirkung überprüfen möchte. Dafür gäbe es denn zwar den verfassungsrechtlichen Maßstab der Verhältnismäßigkeit aus Art. 20 Abs. 3 und den Freiheitsgrundrechten, aber kein Prüfungsverfahren der Grundrechte. Dies erscheint inkonsequent und nicht billig; erkennt man Belastungskumulationen als verfassungsrechtliches Problem und Gefahr für grundrechtliche Freiheitsräume an, müssen diese schon vor dem Hintergrund des Art. 1 Abs. 3, 93 Abs. 1 Nr. 4 a) GG auch überprüfbar sein.[78] Beantwortet werden müsste dann die Frage, inwieweit Verfassungsverstöße (im Bereich der Grundrechte) in einem Rechtsstaat nicht überprüfbar und damit tolerierbar sein können.

Die Implementation der Gesamtbelastung als zwingender Anschluss einer Einzelfallprüfung umgeht das prüfungstechnische Problem, wie die Gesamtbelastung in die Grundrechtsprüfung zu integrieren ist. Der obligatorische Anschluss an eine Einzelfallprüfung führt aber dazu, dass die vorgeschlagene Grenze der Verhältnismäßigkeit nur eingeschränkt überprüfbar ist. Ist der gerügte Einzeleingriff als Vorfrage bereits verfassungswidrig, besteht keine Chance die Gesamtbelastung noch zu überprüfen, obwohl diese auch ohne den gerügten konkreten Einzeleingriff noch in verfassungswidriger Weise bestehen kann. Möchte man als grundrechtsrelevante Belastungskumulationen auch mehrere Maßnahmen anerkennen, die erst zusammen die Eingriffsschwelle überschreiten,[79] kann deren Überprüfung ebenfalls nur erfolgen, wenn man eine gesonderte Prüfung der Gesamtbelastung anerkennt.

b) Keine Einbeziehung auf Eingriffsebene

Ein gewichtiges Argument gegen die bisher vom Schrifttum vertretene Gesamtverhältnismäßigkeitsprüfung ist zunächst, dass Belastungskumulationen da-

---

[76] *Lücke*, DVBl. 2001, 1469, 1476; *Reimer*, Qualitätssicherung, S. 276; *Lee*, Umweltrechtlicher Instrumentenmix und kumulative Grundrechtseinwirkungen, S. 143 f.; *Jesse*, Instrumentenverbund als Rechtsproblem am Beispiel effektiver Energienutzung, S. 182 ff.

[77] Weil das Bundesverfassungsgericht möglicherweise über die Verfassungsmäßigkeit einzelner Gesetze bereits entschieden hat oder sich die Verfassungswidrigkeit aus anderen Gründen naheliegender Weise nur aus der Gesamtbelastung ergeben kann.

[78] Zu den prozessualen Herausforderungen unten Siebtes Kapitel.

[79] Dazu ausführlich oben Viertes Kapitel A. I. 2.

durch auf der falschen Ebene der Grundrechtsprüfung berücksichtigt werden. Wie bereits dargelegt, führt die konsequente Anwendung des erweiterten Eingriffsbegriffs dazu, dass Belastungskumulationen als additiver Grundrechtseingriff in der Grundrechtsprüfung abgebildet werden können.[80] Unter der Prämisse, dass eine eigenständige Überprüfung des additiven Grundrechtseingriff möglich sein muss, führt die erstmalige Berücksichtigung der Gesamtbelastung im Rahmen der Rechtfertigung zur Unterschlagung der Verbindung von Eingriff zum Schutzbereich des jeweiligen Grundrechts. Diese Verbindung, die vor dem Hintergrund einer weiten Auslegung der Schutzbereiche[81] und auch des Eingriffsbegriffs, essentiell ist, kann nicht durch das Kriterium der gemeinsamen Zweckrichtung substituiert werden. Ein dadurch erzeugtes Mehr an Rechtsunsicherheit wird durch die Integration der Mehrzahl an staatlichen Grundrechtsbeeinträchtigungen auf der Ebene der Grundrechtsprüfung, zu der sie auch gehören, vermieden: Der des Grundrechtseingriffs. Die Anreicherung der grundrechtlichen Prüfung durch wesensfremde Kriterien, wird durch eine erweiterte Eingriffsprüfung obsolet. Darüber hinaus wird vermieden, dass formelle Verfassungsanforderungen der einzelnen Maßnahmen der Belastungskumulation in der Prüfung unterschlagen werden, für eine Prüfung von Gesetzesvorbehalt und formeller Verfassungsmäßigkeit ist auf der Ebene der Verhältnismäßigkeit kein Raum mehr.[82]

2. Keine Berücksichtigung von Nebenzwecken und die Unmöglichkeit der Ermittlung eines Verhältnisses zwischen verschiedenen Zweckrichtungen

Die Prüfung von Gesamtbelastungen im Rahmen der Verhältnismäßigkeit setzt voraus, dass alle Belastungen denselben Zweck verfolgen; andernfalls gibt es keine Position, die zur Schwere des Eingriffs ins Verhältnis gesetzt werden kann.[83] Die Kritikpunkte gegen die Anwendung dieses Kriteriums auf der Ebene der Rechtfertigung, insbesondere die Beliebigkeit der Abstraktionshöhe, wurden bereits erläutert.[84] Die Prüfung der Verhältnismäßigkeit eines Grundrechtseingriffs ist, unabhängig vom Streit um dogmatische Feinheiten, die Abbildung einer Zweck-Mittel-

---

80 Dazu oben Drittes Kapitel A. I. 2. a).

81 Dazu eingehend: *Stern*, Staatsrecht III/2, S. 63 ff.

82 Dazu unten: Einschränkbarkeit von Grundrechten Fünftes Kapitel A. Die Formulierung eines „mehrstufigen Schutzkonzeptes" welches die Rationalität der Ergebnisse sicherstellen und zugleich Belastungskumulationen erfassen soll, entspricht im Ergebnis der Gesamtverhältnismäßigkeitsprüfung. *Jesse*, Instrumentenverbund als Rechtsproblem am Beispiel effizienter Energienutzung, S. 172.

83 Nicht so deutlich formuliert, aber Voraussetzung bei: *Lücke*, DVBl. 2001, 1469; *Lee*, Umweltrechtlicher Instrumentenmix und kumulative Grundrechtseinwirkungen, S. 143.

84 Dazu oben Viertes Kapitel A. IV.

Relation.[85] Bei einer eindeutigen Identifizierung des Eingriffszwecks eines Einzeleingriffs und dem Grad der Zweckerreichung gegenüberstehenden Grundrechtsbeeinträchtigung bereitet dies keine Probleme. Die Proportionalität als wesentliches Element der Verhältnismäßigkeitsprüfung bezieht sich zunächst nur explizit auf die Zuordnung

> „zweier Variablen. [...] Es kommt also auf einen Vergleich zwischen dem Zweck und dem Mittel an, die in ihrer Bedeutung gegeneinander abzuwägen sind."[86]

Es bedarf daher, wie im Hinblick auf die Weiterentwicklung des klassischen Grundrechtseingriffs auch, zumindest eines erhöhten Begründungsaufwandes, inwieweit die bipolare Proportionalität des Grundsatzes der Verhältnismäßigkeit auf mehrere staatliche Maßnahmen ausgeweitet werden kann.

Aus der Begrenzung auf einen Zweck bei der Prüfung von Gesamtbelastungen folgt aber die Ignoranz gegenüber Nebenzwecken verschiedener Maßnahmen und die Unmöglichkeit der Ermittlung eines Verhältnisses zwischen unterschiedlichen Eingriffstiefen sowie divergierenden Graden unterschiedlicher Stufen der Zweckerreichung. Dies widerspricht dem Prinzip der Verhältnismäßigkeit grundsätzlich. Ohne in die von Vertretern der Gesamtverhältnismäßigkeitsprüfung abgelehnte „Gesamtfreiheitsbilanzprüfung" überzugehen, ist eine Prüfung einer grundrechtlichen Gesamtbelastung durch staatliche Maßnahmen nicht rechtssicher möglich.

Die vom Grundsatz der Verhältnismäßigkeit geforderte Zweck-Mittel Relation kann beim additiven Grundrechtseingriff nicht abgebildet werden.

Folgt man zunächst der Prämisse, dass sich verfassungsrechtlich legitime Zwecke der unterschiedlichen staatlichen Belastungen, beispielsweise zweier berufsregelnder formeller Gesetze, als deckungsgleich darstellen müssen, funktioniert dies nur solange, wie keine weiteren Zwecke bestehen, die einzeln betrachtet die jeweilige Regulierung in Bezug auf den von ihr auch verfolgten Zweck (der sich nicht mit dem Zweck des anderen Gesetzes überschneidet) gerechtfertigt erscheinen lassen. Diese „Nebenzwecke",[87] die sich nicht in der Schnittmenge der anderen Belastungen wiederfinden, werden damit grundsätzlich unberücksichtigt. Das führt in der Konsequenz dazu, dass im Hinblick auf eine Gesamtschau der Zweckerreichung (des Haupt- und Nebenzwecks) die Gesamtbelastung durchaus verfassungsrechtlich gerechtfertigt werden könnte, diese Chance aber niemals besteht, da sich die Zweck-Mittel-Relation ja auf die Erreichung, des einen, *gemeinsamen* Zwecks beschränken

---

[85] Zur Problematik des Zweck-Mittel-Modells ausführlich: *Schlink*, Abwägung im Verfassungsrecht, S. 204 ff.

[86] *Grabitz*, AöR 98 (1973), 569, 575.

[87] Zur Problematik der Nichtberücksichtigung von „dahinterliegenden Zwecken" im Rahmen der Verhältnismäßigkeitsprüfung: *Schlink*, Abwägung im Verfassungsrecht, S. 204.

soll.[88] Verortet ist die Problematik in der Prüfung der Erforderlichkeit und der Angemessenheit[89] der Belastungskumulation.

Das wiederum beschränkt in letzter Konsequenz die Gestaltungsfreiheit des Gesetzgebers, indem er faktisch dahingehend eingeschränkt wird, gesetzgeberische Maßnahmen auf eine singuläre Zweckerreichung auszurichten und sie nicht mehrere Zwecke fördern zu lassen, da diese im Rahmen der Gesamtverhältnismäßigkeitsprüfung unberücksichtigt bleiben würden.

Hier liegt bei legislativen Maßnahmen auch der entscheidende Unterschied zum Verwaltungsrecht. Ein Verwaltungsakt, mit dem die Behörde einen rechtswidrigen Zweck verfolgt oder einen Zweck rechtswidrig verfolgt, ist selbst dann fehlerhaft, wenn er zur Erreichung eines anderen rechtmäßigen Zwecks geeignet und notwendig ist.[90] Begründet liegt dies in der Zuweisung bestimmter Zweckverfolgungen zu bestimmten Verwaltungsbehörden, deren Verpflichtung auf die Verfolgung dieser bestimmten gesetzlich determinierten Zwecke die Gesetzesbindung der Verwaltung bewirkt und die Gewaltenteilung innerhalb der Exekutive ermöglicht.[91] Der Gesetzgeber hingegen ist bei der Festlegung der zu verfolgenden Zwecke frei, sodass auch ein Nachschieben von Zwecken oder eine Zwecksuche durch das Bundesverfassungsgericht möglich ist, ohne dass ein Ermessensmissbrauch vorliegen muss.[92] Dieser Gestaltungsfreiheit wird die Begrenzung der Prüfung von additiven Grundrechtseingriffen auf solche Maßnahmen, die denselben Zweck verfolgen, nicht gerecht.

---

[88] Ein fiktives Beispiel: Zwei formelle Gesetze stellen sich als Eingriffe in die Berufsfreiheit, Art. 12 Abs. 1 GG dar. Gesetz A fordert die Eintragung eines bisher nicht eintragungspflichtigen Gewerbes in die Handwerksrolle mit dem Zweck, den Gesundheitsschutz in diesem Betätigungsfeld durch staatliche Standards zu gewährleisten. Gesetz B fordert regelmäßige Schulungen in denen gewisse Weiterbildungsstandards erlernt werden sollen, die einmal den Gesundheitsschutz auch fördern, aber in erster Linie zur Ausbildungsförderung dienen um einen Wechsel in andere Branchen zu ermöglichen. Eine Gesamtverhältnismäßigkeitsprüfung als Grenze der Belastungskumulation, welche auf die Grundrechtsträger des Art. 12 Abs. 1 GG zukommt, würde zwar beide Eingriffe (Eintragungspflicht und Schulungserfordernisse) berücksichtigen, da beide den gemeinsamen Zweck des Gesundheitsschutzes verfolgen. Aber eine möglicherweise höhere Eingriffsintensität könnte nicht durch die zusätzliche Förderung der beruflichen Qualifikation gerechtfertigt werden, da diese als „Nebenzweck" unberücksichtigt bleibt.

[89] Oder Verhältnismäßigkeit im engeren Sinne; Proportionalität, Zumutbarkeit; *Heintzen*, Die einzelgrundrechtlichen Konkretisierungen des Grundsatzes der Verhältnismäßigkeit, DVBl. 2004, 721.

[90] *Schlink*, Abwägung im Verfassungsrecht, S. 206; *Jellinek*, Verwaltungsrecht, S. 36 ff.; *Forsthoff*, Lehrbuch des Verwaltungsrechts, S. 69 ff.

[91] *Schlink*, Abwägung im Verfassungsrecht, S. 206.

[92] *Schlink*, Abwägung im Verfassungsrecht, S. 206.

3. Keine Berücksichtigung von Zurechnungsfragen

Nur durch die Einbeziehung von Gesamtbelastungen auf Eingriffsebene werden Zurechnungsfragen überhaupt berücksichtigt. Die erstmalige Berücksichtigung von Belastungskumulationen auf der Ebene der Rechtfertigung eines Einzeleingriffs führt dazu, dass die Zurechnung der Ebene zum grundrechtsverpflichteten Akteur, anders als im Eingriff, nicht geprüft wird. Wenn also dort keine Begründung der Zurechnung erfolgt ist, würde das bei einer gesonderten Prüfung der Gesamtbelastung im Rahmen der Gesamtverhältnismäßigkeitsprüfung gänzlich unterschlagen und es käme dann im Ergebnis auf die Grundrechtsverpflichtung nicht mehr an. Dies ist nicht mit Art. 1 Abs. 3 GG vereinbar. Die Grundrechtsverpflichtung wird nach der Lösung der Gesamtverhältnismäßigkeitsprüfung durch die vorherige zwingende Prüfung der Einzeleingriffe abgesichert, für Fragen der wechselseitigen Zurechnung *mehrerer* Handlungsverantwortlicher,[93] ist aber im Rahmen der Rechtfertigung und insbesondere der Verhältnismäßigkeit kein Raum. Dieses Dilemma wurde auch bisher von der verfassungsgerichtlichen Rechtsprechung nicht aufgelöst. Unklar bleibt auch, wie dann die Verfassungsbeschwerden gegen die Einzeleingriffe unterschiedlicher Hoheitsträger – die ja Voraussetzung für die Prüfung der Gesamtbelastung sein sollen – in einem Verfahren zusammengeführt werden sollen, wohingegen bei der Berücksichtigung auf Eingriffsebene bereits von Anfang an alle Handlungsverantwortlichen beteiligt sind.

VI. Normwirklichkeit und Zumutbarkeit

Der Ansatz kumulative Belastungen durch eine vorgeschaltete Analyse der Normwirklichkeit, welche sich über den Schutzbereich mehrerer Grundrechte erstrecken kann, zu erfassen, orientiert sich nicht an verfassungsrechtlichen Maßstäben und kann daher als Kriterium zur Prüfung von Belastungskumulationen nicht herangezogen werden.[94] Als verfassungsrechtliche Grenze wird für diese Konstellation die „Zumutbarkeit" benannt, ohne diese näher zu bestimmen; eine klare Grenze wird vielmehr in der Verfassung selbst nicht gesehen.[95] Eine geforderte Pflicht des Gesetzgebers wiederum kann sich nur aus der Verfassung selbst ergeben. Die Grenze der „Zumutbarkeit" weist in Richtung der Prüfung der Verhältnismäßigkeit. Letztlich kann sie als pauschales Kriterium ohne weitere verfassungsrechtliche Anknüpfung nicht überzeugen.

---

[93] Diese Grundrechtseingriffe würden dann in anderen Verfahren überprüft werden, eine Zusammenführung erscheint daher nicht machbar.

[94] Dazu bereits oben Viertes Kapitel A. II. 2.

[95] *G. Kirchhof*, Grundrechte und Wirklichkeit, S. 29.

VII. Wesensgehaltgarantie, Art. 19 Abs. 2 GG

Als verfassungsrechtliche Grenze der Zulässigkeit des additiven Grundrechtseingriffs und normative Begründung des Verbots einer Gesamtbelastung, welche die Grundrechte aushöhlt, drängt sich Art. 19 Abs. 2 GG auf. Die Norm erfüllt eine wichtige Sicherungsfunktion für die Grundrechte,[96] deren Freiheitsräume durch additive Grundrechteingriffe bedroht sind.

Durch die Kürze der Formulierung

„in keinem Falle darf ein Grundrecht in seinem Wesensgehalt angetastet werden"

entfaltet die Wesensgehaltsgarantie ihre besondere Sprengkraft, die verfassungsrechtliche Interpretation dieser Bestimmung wird seit dem Inkrafttreten des Grundgesetzes bis heute streitig diskutiert.[97]

Dazu müsste diese aber überhaupt auf die Konstellation von additiven Grundrechtseingriffen anwendbar sein. Der Wesensgehalt müsste nicht nur vor besonders intensiven, sondern auch vor einer Mehrzahl Eingriffen schützen.[98] Daran schließen sich weitere Fragen an: Kann die Grenze des Wesensgehalts für additive Grundrechtseingriffe überhaupt bestimmt werden und wie verhält sie sich zu einer Gesamtverhältnismäßigkeitsprüfung von Belastungskumulationen?[99]

---

[96] *Stern*, Staatsrecht III/2, S. 865; Norm der „Grundrechtseffektivierung" *Ramsauer*, VerwArch 72 (1981), 89, 95.

[97] Dazu *Drews*, Die Wesensgehaltsgarantie des Art. 19 Abs. 2 GG, S. 15, Fn. 1 mit umfangreichen Nachweisen zu Standpunkten bis in die 1950er Jahre; aus den letzten zehn Jahren: *Bock/Engeler*, DVBl. 2016, 593 ff. zur Wesensgehaltsgarantie als absolute Schranke im Datenschutzrecht; *Schaks*, DÖV 2015, 817, explizit zu Belastungskumulationen; *Enzensperger*, VR 2016, 162 ff. zur Wiedereinführung der Todesstrafe und Art. 19 Abs. 2 GG als Grenze; *Koschmieder*, Grundrechtliche Dynamisierungsprozesse, S. 121 f.; *Hwang*, Verhältnismäßigkeitsgrundsatz und Wesensgehaltsgarantie, aus rechtsvergleichender Perspektive zum koreanischen Recht; *Westerhoff*, Die Prüfung der Verhältnismäßigkeit im Rahmen gebundener Entscheidungen, S. 84 ff.; *N. Bethge*, Die verfassungsrechtliche Zulässigkeit des Grundrechtsverzichts, S. 59 ff.; *Oliveira*, Zur Kritik der Abwägung in der Grundrechtsdogmatik, S. 325 ff.; *Störring*, Das Untermaßverbot in der Diskussion, S. 161 ff. zur Entsprechung von Untermaßverbot und Wesensgehaltsgarantie; *Dammann*, Der Kernbereich der privaten Lebensgestaltung, S. 167 ff. zum Verhältnis zwischen Kernbereich und Wesensgehalt; *Riedel*, Eigentum, Enteignung und das Wohl der Allgemeinheit, S. 127 ff. zum Eigentumsschutz; *Schaefer*, AöR 133 (2010), 404, 427 ff.

[98] Dafür: *Schaks*, DÖV 2015, 817, 825, der aber etwas missverständlich von „besonders zahlreichen" Eingriffen spricht; auf die Anzahl der Eingriffe kommt es beim additiven Grundrechtseingriff mithin nicht an; eine Mehrzahl – also zwei – reichen aus.

[99] Dazu sogleich 2.

1. Art. 19 Abs 2 GG als Grenze des additiven Grundrechtseingriffs

Art. 19 Abs. 2 GG ist eine Schutznorm für Bestand und Wirksamkeit der Grundrechte und wird prozessual durch die Gewährleistung des Rechtsschutzes durch die Gerichte in Art. 19 Abs. 4 GG und das Institut der Verfassungsbeschwerde, Art. 93 Abs. 1 Nr. 4a GG, ergänzt.[100] Bildlich wurde die Norm als „Notbremse" der Grundrechtsbeschränkung bezeichnet.[101] Die besondere Eigenschaft als Schutznorm für den Gewährleistungsgehalt der Grundrechte drängt dazu, Art. 19 Abs. 2 GG als Prüfungsmaßstab des additiven Grundrechtseingriffs in den Blick zu nehmen. Dabei ist darzulegen, dass der Schutz des Wesensgehalts weder auf klassische noch auf Einzeleingriffe in Grundrechte beschränkt ist.

Der bloße Verweis auf Art. 19 Abs. 2 GG als Argument dafür, dass das Grundgesetz auf den Schutz von Einzeleingriffen ausgerichtet sei,[102] kann so nicht überzeugen. Im Wortlaut finden sich keine Anhaltspunkte dazu, wie und wodurch der Wesensgehalt von Grundrechten beeinträchtigt sein könnte und damit auch kein Bezug zu einer Ausrichtung auf Einzeleingriffe. Das Verbot des Antastens des Wesensgehalts richtet sich daher nach den Auswirkungen des „Antastens", es kommt lediglich auf den „Effekt"[103] auf die Grundrechte an und nicht darauf, mit welcher Handlungsform der öffentlichen Gewalt dieser ausgelöst wird.[104] Konkrete Adressaten dieses Verbots innerhalb der Staatsgewalt werden nicht genannt, sodass es nicht auf Form und Funktion des staatlichen Handelns ankommt, sondern ausschließlich auf die Verhinderung des Erfolgseintritts.[105]

Vielmehr könnte der additive Grundrechtseingriff der Norm des Art. 19 Abs. 2 GG zu einem relevanten Anwendungsbereich „verhelfen". Bisher wird der Norm keine praktische Relevanz,[106] „Funktionsverlust"[107] und ein „Schattendasein"[108]

---

[100] *Hesse*, Grundzüge des Verfassungsrechts der Bundesrepublik Deutschland, S. 147.

[101] *Herzog*, Grundrechte aus der Hand des Gesetzgebers, in: Fürst/Herzog/Umbach, Festschrift für Wolfgang Zeidler, Bd. 2, 1987, S. 1423, 1424.

[102] *Reimer*, Qualitätssicherung, S. 274.

[103] *Gallwas*, Grundrechtsbeeinträchtigungen, S. 26, 166.

[104] *Sodan*, Kollegiale Funktionsträger als Verfassungsproblem, S. 504; in die Richtung auch: *Ramsauer*, Faktische Beeinträchtigungen des Eigentums, S. 88; *L. Schneider*, Der Schutz des Wesensgehalts von Grundrechten nach Art. 19 Abs. 2 GG, S. 64 f., im Hinblick auf Art. 12 GG.

[105] *L. Schneider*, Der Schutz des Wesensgehalts von Grundrechten nach Art. 19 Abs. 2 GG, S. 61; der die Parallele zwischen Art. 1 Abs. 1 GG und Art. 19 Abs. 2 GG zieht.

[106] *Sachs*, GG Art. 19, Rn. 40; so schon bereits: *Schmidt*, AöR 106 (1981), 497, 515.

[107] *Dreier*, in: Dreier GG, Art. 19 Abs. 2, Rn. 8.

[108] *Manssen*, Privatrechtsgestaltung durch Hoheitsakt: Verfassungsrechtliche und verwaltungsrechtliche Grundfragen, S. 151.

bescheinigt.[109] Die Systematik des Grundgesetzes spricht dagegen; Art. 19 Abs. 2 GG ist keinesfalls als Verweisungsnorm, sondern als Sicherungsvorschrift konstruiert.[110] Tatsächlich hat das Bundesverfassungsgericht – soweit ersichtlich – nur ein einziges Mal in seiner Rechtsprechung eine Norm an der Grenze des Wesensgehalts scheitern lassen.[111] Interessanterweise ist trotz der nationalen Debatte über die Relevanz der Norm aus rechtsvergleichender Perspektive Art. 19 Abs. 2 GG der „verfassungsrechtliche Exportschlager“[112] der jungen Bundesrepublik gewesen, und nicht etwa Art. 1 GG. Denn vergleichbare kernbereichsschützende Bestimmungen finden sich in vielen anderen Verfassungen.[113]

Auch wenn die singuläre „Ergebnisrelevanz“ des Art. 19 Abs. 2 GG bisher national wenig ersichtlich geworden ist, wäre es falsch, sie als praktisch irrelevant zu unterschätzen, da sie das Grundrechtsverständnis weitläufig geprägt hat. Die Grenze der „Erdrosselungswirkung“ und damit Verfassungswidrigkeit einer Steuer, beruht auf dem Gedanken, dass dem Grundrechtsträger etwas Wesentliches von seinem Freiheitsschutz erhalten bleiben muss.[114] Die Sphärentheorie des Allgemeinen Persönlichkeitsrechts erklärt die Intimsphäre für unantastbar – dafür lieferte Art. 19 Abs. 2 GG die dogmatische Blaupause.[115] Der additive Grundrechtseingriff scheint also das zu bedrohen, was Art. 19 Abs. 2 GG schützen soll.[116]

---

[109] Übersicht von Verfassungsnormen die als „in Anwendbarkeitsnöten“, „totes Holz“, „verloren“ o. ä. eingeordnet werden, wobei auch Art. 19 Abs. 2 GG genannt wird, bei: *Nowrot*, Das Republikprinzip in der Rechtsordnungsgemeinschaft, S. 61 f.

[110] *L. Schneider*, Der Schutz des Wesensgehalts von Grundrechten nach Art. 19 Abs. 2 GG, S. 24.

[111] BVerfGE 22, 180, 219, interessanterweise wird die Verhältnismäßigkeit erst im Anschluss geprüft.

[112] *Bernstorff*, Der Staat 50 (2011), 165, 171.

[113] Art. 18 Abs. 3 Verf. Portugal „Gesetze, die die Rechte, Freiheiten und Garantien einschränken, müssen genereller und abstrakter Natur sein und dürfen weder zurückwirken, noch den Umfang und Anwendungsbereich des Wesensgehalts der Verfassungsbestimmungen verringern“; Art. 53 Abs. 1 Verf. Spanien „Nur durch ein Gesetz, das in jedem Fall ihren Wesensgehalt achten muß, kann ihre Ausübung geregelt werden“; Art. 36 BV Schweiz S. 4 „Der Kerngehalt der Grundrechte ist unantastbar“, Art. 4 Abs. 4 Tschechische Grundrechtecharta „Bei Anwendung der Bestimmungen bezüglich der Grenzen der grundlegenden Rechte und Freiheiten müssen deren Wesen und Sinn erhalten bleiben.“; weitere Beispiele ohne Normtext bei: *Bernstorff*, Der Staat 50 (2011), 165, 171; zur spanischen Verfassung auch: *Stern*, Staatsrecht III/2, S. 871.

[114] Vgl. VGH München, Beschl. v. 30.07.1998 – 4 N 97.1023 – BeckRS 1998, 24679.

[115] Dazu: *Di Fabio*, in: Maunz/Dürig, GG, Art. 2 Abs. 1, Rn. 158.

[116] *Drews*, Die Wesensgehaltsgarantie des Art. 19 II GG, S. 101 ff. stellt den Zusammenhang zwischen steigender Intensität des Grundrechtseingriffs, was ja auf den additiven Grundrechtseingriff zutrifft im Vergleich zum Einzeleingriff, und dem Schutz des Wesensgehalts dar, der nach allen Theorien nur auf unterschiedlichen Stufen vor besonders intensiven Eingriffen schützen soll. Auch diese Interpretation streitet für Art. 19 Abs. 2 GG als Grenze des additiven Grundrechtseingriffs.

Der Hinweis, dass ein Verbot grundrechtsaushöhlender additiver Grundrechtseingriffe und Art. 19 Abs. 2 GG dieselbe Funktion haben, ist allerdings ein Zirkelschluss, wenn man ersteres aus dem Wesensgehalt begründen möchte.[117] Der Schutz des Leerlaufens von Grundrechten wird durch die Grundrechte selbst, das Eingriffsverständnis und nicht zuletzt auch durch das Prinzip der Verhältnismäßigkeit abgesichert, sodass hier keine Exklusivität dieser Funktion für das Verbot grundrechtsentleerender additiver Grundrechtseingriffe und Art. 19 Abs. 2 GG angenommen werden kann. Allerdings ist der entscheidende Unterschied gegenüber einem klassischen oder weitem Eingriffsverständnis und der Prüfung der Verhältnismäßigkeit der Rekurs des Wesensgehalts auf das, was vom durch das Grundgesetz gewährten Grundrechtsschutz verbleibt, aus individueller Perspektive.

Die Parallele normiert Art. 79 Abs. 3 GG für staatsorganisatorische Grundsätze. Art. 79 Abs. 3 GG statuiert den Wesensgehalt für das „Grundgesetz an sich", da Art. 19 Abs. 2 GG für die verfassungsändernde Gesetzgebung nicht gilt.[118] Das zu gewährleistende Schutzniveau muss unabhängig davon gelten, welche grundrechtsdogmatischen Verständnisse zugrunde gelegt werden, wie eng oder weit Schutzbereiche und Eingriff interpretiert werden oder ob eine dreistufige Grundrechtsprüfung überhaupt Anwendung finden soll.[119] Diese Unabhängigkeit legt die Anwendung des Art. 19 Abs. 2 GG bei der Prüfung von additiven Grundrechtseingriffen besonders nahe. Warum sollte es für diese Grenze schließlich auf die Anzahl der Eingriffe ankommen, wenn es schon auf die Art des Eingriffs nicht ankommen kann.

Die Schwierigkeiten der Definition einer „absoluten Grenze" wurden und werden in Rechtsprechung und Literatur hinreichend diskutiert und bestehen ohne Zweifel.[120] Allerdings bringt die Wesensgehaltsgarantie die entscheidende Anknüpfung an eine Grenze in der Verfassung. Aus der Perspektive des Wesensgehalts bzw. des verbleibenden Freiheitsgehalts kommt es auf die Art oder gar die Anzahl der Grundrechtsbeeinträchtigungen nicht an. Daher werden vor diesen Hintergrund z. B. mehrere Maßnahmen möglich sein, die ggf. nicht erforderlich sind, solange ein entsprechendes Schutzniveau beim Grundrechtsträger verbleibt.[121]

Der historische Hintergrund des Art. 19 Abs. 2 GG stützt die Einordnung als verfassungsrechtliche Grenze des additiven Grundrechtseingriffs. Der ausdrückliche Schutz des Wesensgehalts der Grundrechte ist als Reaktion auf die Einflussmöglichkeiten des Gesetzgebers in der Weimarer Reichsverfassung und die absolute

[117] So aber *Schacks*, DÖV 2015, 817, 821.

[118] BVerfGE 109, 279, 310 f.; *Sachs*, GG, Art. 19, Rn. 35; insbesondere ist danach der Wesensgehalt nicht mit dem Menschenwürdegehalt eines Grundrechts gleichzusetzen.

[119] Grundlegend: *Häberle*, Die Wesensgehaltsgarantie des Art. 19 Abs. 2 GG.

[120] Tabellarische Übersicht der Theorien bei: *Drews*, Die Wesensgehaltsgarantie des Art. 19 Abs. 2 GG, S. 299.

[121] Zu den Problemen einer dynamischen Erhöhung der Rechtfertigungsanforderungen unten VIII.

Negierung der Grundrechte während der nationalsozialistischen Herrschaft in das Grundgesetz aufgenommen worden.[122] Es soll eine Suspendierung, Denaturierung und Aushöhlung der Grundrechte verhindert werden.[123] Die Grundrechte in der Weimarer Reichverfassung wurden überwiegend als Programmsätze oder Staatszielbestimmungen verstanden und standen unter dem Vorbehalt der Reichs- und Landesgesetze – mithin einem einfachen Gesetzesvorbehalt. Nach damaliger Auffassung war auch die völlige Einschränkung durch den einfachen Gesetzgeber möglich.[124] Kritische Stimmen,[125] die einer gesetzgeberischen Aushöhlung entgegenwirken wollten, hatten sich nicht durchsetzen können. Der Vorrang der Verfassung war durch die faktische Abschaffungsmöglichkeit der Grundrechte durch die einfache Gesetzgebung nicht mehr gewährleistet. Art.19 Abs. 2 GG wird daher auch als „Ausdruck des Misstrauens gegenüber dem Gesetzgeber" bezeichnet.[126] Wenn auch der Parlamentarische Rat nicht vertieft über den Wesensgehalt beraten hat, so ist doch eindeutig, dass dessen Zielrichtung war, erhöhten Grundrechtsschutz zu gewährleisten.

Der umfassende Schutz des Art. 19 Abs. 2 GG soll eine Vorkehrung dagegen bieten, dass Grundrechte durch eine Vielzahl gesetzgeberischer Entscheidungen – die im Einzelfall verhältnismäßig sind – an Geltung einbüßen.[127]

Dagegen könnte einzuwenden sein, dass diese „Schwelle der Verfassungswidrigkeit" sehr spät einsetzt und weitreichende Freiheitsbeeinträchtigungen dadurch staatlich möglich sind. Allerdings ist die besondere Konstellation des additiven Grundrechtseingriffs zu beachten, bei der sich nicht nur der Grund des staatlichen Handelns oder auch des staatlichen „Ziels" und die Freiheitsinteressen des Grundrechtsträgers gegenüberstehen, sondern durch das Zusammenspiel verschiedener hoheitlicher Akte auch die Interessen der jeweiligen Akteure zu beachten sind. Die Grenze des Wesensgehalts aus Art. 19 Abs. 2 GG kann den Gestaltungsspielraum des Gesetzgebers hinreichend berücksichtigen, dem man diesem auch bei additiven Grundrechtseingriffen zuzusprechen hat, ohne dem grundrechtlichen Schutz gänzlich eine Gesamtbetrachtung mehrerer Hoheitsakte zu versagen.

---

[122] *Stern*, Staatsrecht III/2, S. 864; *Herbert*, EuGRZ 1985, 321, 322.

[123] *Stern*, Staatsrecht III/2, S. 864.

[124] Vgl. *Thoma*, in: Nipperdey, Die Grundrechte und Grundpflichten der Reichsverfassung, Bd. I, S. 32 ff.; *Anschütz* bezeichnete die Grundrechte als „leerlaufend", Verfassung des Deutschen Reiches, Zweiter Hauptteil, Art. 114, S. 546; Rechtsschutz gegen den Gesetzgeber war nicht vorgesehen, es gab kein Verfahren der abstrakten Normenkontrolle und eine gerichtliche Inzidentkontrolle am Maßstab der Verfassung wurde als unangemessene Beschränkung des demokratischen Gesetzgebers abgelehnt, dazu *Herbert*, EuGRZ 1985, 321, 322.

[125] *Triepel*, AöR 39 (1920), 456, 537 f. der für eine Schranke der einfachen Gesetzgebung plädiert; vgl. auch *Gusy*, Die Weimarer Reichsverfassung, S. 283 ff.

[126] *Klein*, in: Mangoldt/Klein, 2. Aufl. 1966, GG, Bd. 2, Art. 19, Anm. II 3.a; *Herbert*, EuGRZ 1985, 321, 322.

[127] Vgl. *Ipsen*, Grundrechte – Staatsrecht II, Rn. 219; in diese Richtung ebenfalls: BVerfGE 112, 304, 320.

2. Schutzgehalt des Wesensgehalts aus Art. 19 Abs. 2 GG

Bereits ausgehend von den Ausführungen im Grundsatzausschuss steht die grundrechtssichernde Funktion der Norm im Vordergrund. Das Grundrecht soll in keinem Fall „in seinem Bestand" angegriffen werden.[128] Die Voraussetzung eines Wesensgehalts im Grundgesetz geht also nicht mit einer Definition einher. Es bleibt allein vom Wortlaut ausgehend zunächst bei Luhmann:

„Das Wesen des Wesens ist unbekannt".[129]

Keinen Anwendungsbereich soll die Wesensgehaltsgarantie bei Grundrechten, die nicht angetastet, sondern nur vollständig entzogen werden können, haben.[130] Der klare Wortlaut des Art. 19 Abs. 2 GG, der auf das „Antasten" eines Grundrechts abstellt, setze danach die Möglichkeit eines Teilentzugs voraus.[131] Dies soll auch die parallele Interpretation des Art. 1 Abs. 1 S. 1 GG bestätigen, der ebenfalls von „antasten" spricht.[132] Andererseits soll Art. 19 Abs. 2 GG eine Konkretisierung der in Art. 1 Abs. 3 GG normierten Grundrechtsbindung des Staates darstellen, die sich auch auf Art. 1 Abs. 1 S. 1 GG erstreckt.[133] Art. 19 Abs. 2 wendet sich auch nicht explizit nur an den grundrechtseinschränkenden Gesetzgeber, sondern ist umfassend formuliert.[134] Dies spricht auch dafür, die Bestimmung nicht nur auf Grundrechtseingriffe, sondern auch auf andere Grundrechtsbeeinträchtigungen anzuwenden.[135]

Die Interpretation von Art. 19 Abs. 2 GG als reine Kompetenzabgrenzungsnorm ohne individualschützende Funktion,[136] steht der Einordnung als Grenze additiver Grundrechtseingriffe nicht entgegen. Zwar dürfte dieser Auffassung nach dann eine Verletzung von Art. 19 Abs. 2 GG im Wege einer Individualverfassungsbeschwerde nicht mehr gerügt werden. Zu Ende gedacht müsste dies dann wohl im Wege eines Organstreit- oder Normenkontrollverfahrens möglich sein. Die Wesensgehaltsgarantie wäre in dieser Lesart aber sehr wohl eine Kompetenzabgrenzung dahingehend,

---

[128] *Mangoldt* in der 6. Sitzung am 07. 10. 1948, JöR 1 (1951), S. 177, neu veröffentlicht als: *Häberle*, Entstehungsgeschichte der Artikel des Grundgesetzes: Neuausgabe des öffentlichen Rechts der Gegenwart, Bd. 1, n.F.

[129] *Luhmann*, Macht im System, S. 133 in dem Kontext, ob Politik in ihrem Wesen nach durch Macht definiert werden kann; Bezug auch bei *Stern*, Staatsrecht III/2, S. 864.

[130] *Leisner-Egensperger*, Die Wesensgehaltsgarantie des Art. 19 Abs. 2 GG, in: Merten/Papier, Grundsatzfragen der Grundrechtsdogmatik, Rn. 16 ff.

[131] *Leisner-Egensperger*, Die Wesensgehaltsgarantie des Art. 19 Abs. 2 GG, in: Merten/Papier, Grundsatzfragen der Grundrechtsdogmatik, Rn. 18.

[132] Zum Verhältnis von Art. 1 GG und Art. 19 GG als „Rahmenbestimmungen der Grundrechte", *Dammann*, Der Kernbereich privater Lebensgestaltung, S. 167 ff.

[133] *L. Schneider*, Der Schutz des Wesensgehalts von Grundrechten nach Art. 19 Abs. 2 GG, S. 63 f.

[134] *Krebs*, in: v. Münch/Kunig, GG, Art. 19, Rn. 19.

[135] BVerfGE 59, 300, 348; zur Anwendung von Art. 19 Abs. 2 GG auf Inhalts- und Schrankenbestimmungen.

[136] *Lenz*, Vorbehaltlose Freiheitsrechte, S. 70 f.

dass mehrere Maßnahmen des einfachen Gesetzgebers die ihm zustehende Kompetenz überschreiten. Der Wesensgehalt soll nach dieser Auffassung das Außerkraftsetzen von Grundrechten dem verfassungsändernden Gesetzgeber vorenthalten, denn auf den der Verfassungsänderung Grenzen setzenden Art. 79 GG findet Art. 19 Abs. 2 GG keine Anwendung.[137] Lenz argumentiert darüber hinaus auch mit der inneren Systematik des Art. 19 GG. Der erste Absatz grenze zwischen der Legislative und Judikative und Exekutive ab, Art. 19 Abs. 4 normiere die Zuständigkeit der Gerichte für die Grundrechtskontrolle.[138] Letztlich kann diese Auffassung aber nicht überzeugen. Bereits der ausdrückliche Bezug auf die Grundrechte – unabhängig von der Art und Weise des Antastens des Wesensgehalts – gibt Art. 19 Abs. 2 GG zumindest auch eine individualschützende Option, andernfalls müsste man die Abwehrfunktion der Grundrechte ausblenden. Diese schützen den individuellen Grundrechtsträger und verpflichten auch den einfachen Gesetzgeber in dem Sinne, dass eine Verfassungsänderung durch einfache Gesetze nicht möglich ist.

Die Grenze des Wesensgehalts normiert aufgrund der Unabhängigkeit von der Beeinträchtigungsform der grundrechtsverpflichteten Akteure die Grenze des additiven Grundrechtseingriffs. Art. 19 Abs. 2 GG soll solche Konstellationen als „äußerste Grenze“ erfassen, die im Vorfeld durch andere freiheitssichernde Maßnahmen nicht erfasst werden – und sei es, weil sie sich nicht in die Dogmatik der bisherigen Grundrechtsprüfung einfügen. Die konkrete Form des staatlichen Eingriffshandelns ist für Art. 19 Abs. 2 GG ebenfalls irrelevant, die Antastung des Wesensgehalts kann nicht nur durch ein Schrankengesetz erfolgen, dass die Verwaltung zu weitgehenden Ermessensakten ermächtigt, sondern auch durch die konkrete Ermessensbetätigung selbst.[139]

Im Kontext von Art. 19 Abs. 2 GG als verfassungsrechtliche Grenze von Belastungskumulationen ist weiterhin zu klären, ob der Streit um die absolute oder relative Interpretation des Wesensgehalts Auswirkungen auf die verfassungsrechtliche Zulässigkeit hat und wie sich dies zu einer möglichen Gesamtverhältnismäßigkeitsprüfung mehrerer Eingriffe verhält.

a) Objektiv-rechtliche Auffassung und Belastungskumulation

Die objektive Interpretationsweise des Art. 19 Abs. 2 GG soll die Grundrechte nur „als solche“ in ihrem Bestand schützen. Es soll demnach nicht darauf ankommen, ob dem Einzelnen der Schutz eines Grundrechts vollständig entzogen wird.[140] Der

---

137 *Lenz*, Vorbehaltlose Freiheitsrechte, S. 70 f.

138 *Lenz*, Vorbehaltlose Freiheitsrechte, S. 71.

139 *Denninger*, in: AK-GG, Art. 19 Abs. 2, Rn. 2.

140 *Häberle*, Die Wesensgehaltsgarantie des Art. 19 Abs. 2 GG, S. 236 ff., zur Interpretation von Art. 19 Abs.2 GG als institutionelle Garantie; ausführlich zur Begründung der objektiven Theorie: *L. Schneider*, Der Schutz des Wesensgehalts von Grundrechten nach Art. 19 Abs. 2 GG, S. 79 ff.

Wesensgehalt eines Grundrechts soll nur angetastet sein, wenn dem Grundrecht keine Bedeutung mehr für das „soziale Leben im Ganzen zukommt“.[141] Konsequenz ist, dass „Grundrecht“ i.S.d. Art. 19 Abs. 2 GG begrifflich mit der technischen Grundrechtsnorm gleichzusetzen ist.[142] Nach dieser Lesart könnte Art. 19 Abs. 2 GG nicht als Grenze des additiven Grundrechtseingriffs verstanden werden, da dieser auf die konkrete Belastung des individuellen Grundrechtsträgers durch eine Mehrzahl staatlicher Maßnahmen abzielt. Auf die Auswirkungen auf andere Grundrechtsträger oder „das soziale Leben“ kommt es primär nicht an.[143]

Zunächst kann Art. 19 Abs. 2 GG aber nicht so interpretiert werden, dass es das jeweilige Grundrecht nur „als solches“, von seiner institutionellen Seiter her schützt. Einbezogen werden muss das subjektive öffentliche Recht des Einzelnen, andernfalls könnte der Gesetzgeber jegliche subjektive Dimension des Grundrechtsschutzes aushöhlen und ohne das Grundrecht an sich formell abzuschaffen.[144] Überzeugend erscheint es daher davon auszugehen, dass der Wesensgehalt sowohl die Grundrechtsnorm als auch das subjektive Grundrecht schützt.[145] Letzteres ist für die Abwehr additiver Grundrechtseingriffe entscheidend.

Für eine subjektiv-rechtliche Interpretation streitet letztlich auch das Grundrechtssystem des Grundgesetzes als solches. Das Grundgesetz verbürgt den Schutz von Minderheiten auch gegenüber einer demokratischen Mehrheitsgesellschaft; schon daher kann es nicht genügen den Schutz des Wesensgehalts nur in einer Mehrzahl der Gefährdungsfälle „im Großen und Ganzen oder im Regelfall“ zu gewährleisten.[146] Die „unbequeme Mindermeinung, vielleicht auch nur die des Einzelnen“, ist nach der Konzeption des Grundgesetzes schutzbedürftig, nur sie sichert den Grundprozess freier Kommunikation.[147]

Darüber hinaus sind die Grundrechte, wie sich aus Art. 1 GG ergibt, um des Schutzes jeder einzelnen Person und ihrer Würde willen gewährleistet. Die Wurzel der Grundrechte begründet zugleich deren personalen Bezug und nicht den Schutz einer abstrakt verstandenen Gruppe oder eine Gruppensubjekts.[148] Eine objektive Auffassung hätte die Konsequenz, dass der Wesensgehaltsschutz für den einzelnen

---

[141] Offen gelassen: BVerfGE 2, 226, 285; *Dammann*, Der Kernbereich der privaten Lebensgestaltung, S. 167.

[142] *Herzog*, Grundrechte aus der Hand des Gesetzgebers, in: Fürst/Herzog/Umbach, Festschrift Zeidler, Bd. 2, 1987, S. 1415, 1423 f.

[143] Oben zu den Kriterien des additiven Grundrechtseingriffs Viertes Kapitel.

[144] *v. Hippel*, Grenzen und Wesensgehalt der Grundrechte, S. 48, Fn. 4.

[145] *Stern*, Staatsrecht III/2, S. 869, *L. Schneider*, Der Schutz des Wesensgehalts der Grundrechte nach Art. 19 Abs. 2 GG, S. 273; *Herbert*, EuGRZ 1985, 321, 324, der ausführt, dass Art. 19 Abs. 2 GG sonst leerlaufen würde und die objektive Auffassung die Schutzrichtung der Grundrechte „umbiegt“.

[146] *Denninger*, in: AK-GG, Art. 19 Abs. 2, Rn. 5.

[147] *Denninger*, in: AK-GG, Art. 19 Abs. 2, Rn. 5.

[148] *Denninger*, in: AK-GG, Art. 19 Abs. 2, Rn. 5; in diese Richtung auch: *Stern*, Staatsrecht III/2, S. 873.

Grundrechtsberechtigten jede Bedeutung verlieren würde, solange der objektivrechtliche Gehalt erhalten bliebe, was nicht mit dem individuell-personalen Verständnis der Grundrechte vereinbar wäre.[149] Es ist daher zu fragen, ob der Grundrechtsträger nach der Eingriffsaddition noch in der Lage ist, das betreffende Grundrecht in Bezug auf von ihm zu bestimmende Rechtsobjekte in ausreichendem Maße zu aktualisieren.[150] Systematisch kann ein objektiver Schutz des Wesensgehalts ohne subjektive Implikation nicht begründet werden. Das Grundrecht als subjektives-öffentliches Recht entspringt einer objektiv-rechtlichen Grundrechtsnorm, jedes Antasten des Wesensgehalts der Grundrechtsbestimmung, berührt auch das daraus entstehende subjektive Recht.[151] Der Schutz der Grundrechte als subjektive Rechte, erfolgt also über Art. 19 Abs. 2 GG. Damit kann die Norm abwehrrechtlich als Grenze des additiven Grundrechtseingriffs herangezogen werden.

b) Subjektiv-rechtliche relative Interpretation und Belastungskumulationen

Die subjektive-rechtliche relative Interpretation des Art. 19 Abs. 2 GG schützt die Grundrechte nicht nur „als solche" in ihrem Bestand und ihrer Funktion für die Allgemeinheit, sondern im Hinblick auf den individuellen Schutzgehalt des einzelnen Grundrechtsträgers. Konsequenz ist eine „doppelt" relative Interpretation des Art. 19 Abs. 2 GG: Der Schutz des Wesensgehalts gilt danach nicht nur für jedes Grundrecht, sondern auch nur für jeden Einzelfall, im Sinne einer Interessenabwägung.[152] Dies führt im Ergebnis dazu, dass Art. 19 Abs. 2 GG gegenüber dem Grundsatz der Verhältnismäßigkeit kein eigener Anwendungsbereich zukommt, sondern diesen nur im Bereich der Grundrechte deklaratorisch feststellt.[153] Art. 19 Abs. 2 GG stellt sich danach als gänzlich überflüssige Verfassungsnorm dar. Von einem „Redaktionsversehen" des Verfassungsgebers sollte aber nicht vorschnell ausgegangen werden. Die relative Auffassung interpretiert in Art. 19 Abs. 2 GG hinein, dass in keinem Fall ein Grundrecht unverhältnismäßig oder ohne Güterabwägung angetastet werden kann und läuft damit Wortlaut und den Intentionen der Verfassungsgeber zuwider.[154] Im Hinblick auf den additiven Grundrechtseingriff ergibt sich danach die Konsequenz, eine nicht tragfähige Verhältnismäßigkeitsprüfung durchführen zu müssen. Auch kann dann nach dieser Interpretation der Verfassung keine absolute Grenze für das Verbot von Gesamtbelastungen des Bürgers entnommen werden.

---

[149] *Stern*, Staatsrecht III/2, S. 870.

[150] *Denninger*, in: AK-GG, Art. 19 Abs. 2, Rn. 5.

[151] *Stern*, Staatsrecht III/2, S. 869; Interpretation von Art. 19 Abs. 2 GG auch als objektiver grundrechtlicher Wertungsmaßstab und „Minimalstandard realer Freiheit" bei *A. Scherzberg*, Grundrechtsschutz und Eingriffsintensität, S. 211.

[152] *Schmidt*, AöR 106 (1981), 497, 515; *Borowski*, Grundrechte als Prinzipien, S. 290.

[153] So im Ergebnis auch *Drews*, Die Wesensgehaltsgarantie des Art. 19 II GG, S. 295.

[154] *Stern*, Staatsrecht III/2, S. 868.

Dieselbe Konsequenz ergibt sich aus der Ansicht, Art. 19 Abs. 2 GG von vorneherein nur als deklaratorische Norm zu verstehen.[155] Einer Verfassungsnorm im zentralen Grundrechtsteil nur deklaratorischen Charakter beizumessen wird schon ihrer „Dignität" in der Rechtsordnung nicht gerecht.[156] Darüber hinaus hat sich das institutionelle Grundrechtsverständnis aus guten Gründen nicht durchgesetzt.[157] Systematisch kann die relative Interpretationsweise nicht begründet werden. Der Grundsatz der Verhältnismäßigkeit ist als Teil des Rechtsstaatsprinzips in Art. 20 GG zu verorten, Art. 19 Abs. 2 GG ist allein Schutznorm für die Grundrechte. Beide haben also einen divergierenden Anwendungsbereich, was gegen eine gleichlaufende Interpretation spricht.

c) Subjektiv-rechtliche absolute Interpretation und Belastungskumulationen

Die absolute Interpretation des Wesensgehalts versteht diesen als vorbehaltslos geschützten Kern der Grundrechte des einzelnen Grundrechtsberechtigten,[158] der in jedem Falle der Dispositionsbefugnis des Gesetzgebers entzogen ist. Dies bestimmt sich danach, wie viel Freiheitsraum dem Grundrechtsträger im jeweiligen Bereich des Grundrechts noch verbleibt.[159] Diese Grenze kann auch durch additive Grundrechtseingriffe überschritten sein, falls keine Wege zur Verwirklichung des durch das Grundrecht geschützten Interesses im individuellen Fall mehr gegeben sind. Wenn dem Grundrechtsträger durch eine Mehrzahl an Auflagen, Regulierungen und Verboten keine Möglichkeit mehr bleibt seinen Beruf auszuüben, ist der Wesensgehalt des Art. 12 Abs. 1 GG im subjektiv-rechtlich absoluten Sinne überschritten. Demselben Gedanken folgt die Unzulässigkeit von Steuern mit Erdrosselungswirkung.

Im Streit[160] um die Interpretation des grundrechtlichen Wesensgehalts aus Art. 19 Abs. 2 GG wurde Anhängern der Auslegung des Wesensgehalts im Sinne einer absoluten Grenze bereits früh prognostiziert, dass sie entschlossen sein müssten

---

[155] *Häberle*, Die Wesensgehaltsgarantie des Art. 19 Abs. 2 GG, S. 235.

[156] Vgl. *Heckmann*, Geltungskraft und Geltungsverlust von Rechtsnormen, S. 446 f.

[157] Dazu bereits oben Drittes Kapitel A. II.; dazu auch: *Huber*, in: Mangoldt/Klein/Starck, GG, Bd. 1, Art. 19 Abs. 2, Rn. 167 ff.

[158] In diese Richtung: BVerfGE 6, 32,41; 16, 194, 201; 34, 238, 245. „Selbst überwiegende Interessen der Allgemeinheit können einen Eingriff in den absolut geschützten Kernbereich privater Lebensgestaltung nicht rechtfertigen; eine Abwägung nach Maßgabe des Verhältnismäßigkeitsgrundsatzes findet nicht statt."; *Brüning*, in: Stern/Becker, Grundrechte-Kommentar, Art. 19, Rn. 42; *Hillgruber*, in: HStR IX, § 201, Rn. 100 ff.; *Huber*, in: Mangoldt/Klein/Starck, GG, Bd. 1, Art. 19 Abs. 2, Rn. 172.

[159] Für den Schutz von Grundrechtsnorm und subjektivem Grundrecht, *Stern*, Staatsrecht III/2, S. 869.

[160] „Tiefgreifender dogmatischer Dissens", *Grabitz*, Freiheit und Verfassungsrecht, S. 103.

„lieber unterzugehen, als selbst in der gefährlichsten Krise diesen Wesensgehalt aufzuopfern“.[161]

Alexy ist der pessimistischen Ansicht, dass die Wesensgehaltsgarantie gegenüber dem Verhältnismäßigkeitsgrundsatz keine zusätzliche Schranke der Einschränkbarkeit von Grundrechten formuliert.[162] Die Diskussion hat inzwischen sprachlich wohl an Dramatik eingebüßt, aber keinesfalls an Aktualität.[163] Die Kritik, dass ein dogmatisches Konzept des Wesensgehalts mit der Idee der Abwägung nicht vereinbar sei, ist zurückzuweisen.[164]

Entstehungsgeschichte und Wortlaut[165], und entgegen der Auffassung der Anhänger einer relativen Interpretation, auch Sinn und Zweck,[166] sprechen für eine absolute Interpretation der Grenze des Art. 19 Abs. 2 GG. Denn durch die Normierung des Art. 19 Abs. 2 GG hat der Verfassungsgeber bereits eine „vorgeschaltete“ Abwägungsentscheidung getroffen: Nämlich, dass nicht alles (der Wesensgehalt) der Abwägung mit anderen Verfassungspositionen zugänglich gemacht werden soll. Sozusagen eine „verfassungsimmanente Schranke“ der Abwägung.

Der deutlich gefasste Wortlaut, welcher ein Antasten des Wesensgehalts „in keinem Fall“ zulässt spricht gegen die Möglichkeit einer relativen Bestimmung und ist nicht abwägungsoffen. Die Schutzgarantie soll absolut wirken und nicht von der konkreten Eingriffssituation und möglichen Rechtfertigungsgründen abhängen.[167] Dafür spricht auch die systematische Verwandtschaft des Wesensgehalts mit dem Kernbereich der Einrichtungsgarantien.[168] Der Wesensgehalt des Art. 19 Abs. 2 GG normiert den unabdingbaren Grundrechtsschutz im Vorfeld des Art. 79 Abs. 3 GG.[169] Dafür streitet auch ein Vergleich mit einer anderen Grundlagenbestimmung des

---

[161] *Krüger*, Allgemeine Staatslehre, 1. Aufl. 1964, S. 536 f.

[162] Theorie der Grundrechte, S. 272.

[163] Vgl. nur *Schaks*, JuS 2015, 407, 408 ff., so auch bereits *L. Schneider*, Der Schutz des Wesensgehalts von Grundrechten nach Art. 19 Abs. 2 GG, S. 17.

[164] So auch: *Klatt/Meister*, Der Staat, 51 (2012), 159, 168; *A. Scherzberg* sieht Art. 19 Abs. 2 GG als Gebot der Güterabwägung an, Grundrechtsschutz und „Eingriffsintensität“, S. 160.

[165] *Hain*, Rundfunkfreiheit und Rundfunkordnung, S. 75, „Der Begriff Wesen bezeichnet die in allen Einzelausprägungen enthaltene und sie charakterisierende unwandelbare materielle Substanz der jeweiligen Rechtsgewährleistung“; *Stern*, Staatsrecht III/2, S. 865; *L. Schneider* hat sich detailliert damit auseinandergesetzt, dass Art. 19 Abs 2 GG den unbestimmten Artikel verwendet, die Rspr. und Literatur aber durchgängig den bestimmten Artikel „der Wesensgehalt der Grundrechte“ zugrunde legen; schon die Formulierung des Verfassungsgebers spreche gegen eine relative Theorie; *ders.*, Der Schutz des Wesensgehalts von Grundrechten nach Art. 19 Abs. 2 GG, S. 18 f.

[166] A.A. *Hippel*, der in Art.19 Abs. 2 eine Art Optimierungsgebot sieht, Grenzen und Wesensgehalt der Grundrechte, S. 57, so auch *Alexy*, Theorie der Grundrechte, S. 269, 272.

[167] *Stern*, Staatsrecht III/2, S. 865.

[168] *Stern*, Staatsrecht III/2, S. 865.

[169] *Funk-Rüffert*, Kooperation von Europäischem Gerichtshof und Bundesverfassungsgericht im Bereich des Grundrechtsschutzes, S. 88.

Grundgesetzes: Art. 1 Abs. 1 und Art. 19 Abs. 2 GG sichern abwägungsfrei den Kernbestand des Grundrechtsschutzes. Daher kann nach Sinn und Zweck, Art. 19 Abs. 2 GG die wesentlichen Bestandteile der Grundrechte nur unbedingt sichern, gegenüber dem Wesensgehalt kann es keine höherwertigen Güter geben.[170] Die Einwände der „Verfassungswirklichkeit" der lebenslangen Freiheitsstrafe und des finalen Rettungsschusses sind vielfach diskutiert worden[171] und kein spezielles Problem des additiven Grundrechtseingriffs. Im Ergebnis sprechen sie nicht gegen eine absolute Interpretation des Wesensgehalts. Diese kann schon aufgrund der Normenhierarchie nicht durch das einfache Recht vorbestimmt werden, womit schon die Bezeichnung der Verfassungswirklichkeit fehl geht.[172]

Zu beachten ist allerdings das verfassungsrechtliche Argument, dass das Grundgesetz für das Recht auf Leben und die Freiheit der Person einen ausdrücklichen Gesetzesvorbehalt in Art. 2 Abs. 2 S. 3 GG normiert. Deshalb muss, schon aufgrund dieser Systematik, auch bei einer vollständigen Beseitigung des Grundrechts des Einzelnen durch eine Tötung zumindest um eine zulässige Maßnahme rechtlich möglich sein. Begründet wird dies zunächst nachvollziehbar mit der besonderen Normstruktur des Art. 2 Abs. 2 S. 1 GG. Dem Recht auf Leben liege eine „Entweder-oder-Struktur" zugrunde, da nur ein Grundrecht einen Wesensgehalt iSd. Art. 19 Abs. 2 GG aufweisen könne, von dem nach Einschränkung noch „irgendetwas übrig bleiben" könnte. Dies sei beim Lebensrecht aber nicht der Fall.[173] Überzeugend ist vor allem das systematische Argument der Einheit der Verfassung. Der Verfassungsgeber hat sich ausdrücklich dafür entschieden, das Recht auf Leben unter Gesetzesvorbehalt zu stellen und gleichzeitig den Schutz des Art. 19 Abs. 2 GG zu normieren. Auch deshalb bedurfte die Abschaffung der Todesstrafe einer eigenen verfassungsrechtlichen Regelung.[174] Art. 2 Abs. 2 S. 3 GG stellt einen verfassungsrechtlichen Sonderfall dar und ist aufgrund der Einheit der Verfassung als verfassungsimmanente Schranke des Art. 19 Abs. 2 GG zu werten.[175]

---

[170] *Stern*, Staatsrecht III/2, S. 867.

[171] Übersicht verschiedener vertretener Theorien bei *Drews*, Der Wesensgehalt des Art. 19 II GG, S. 185 ff, 227 ff.

[172] Selbst wenn man also annimmt, dass ein finaler staatlicher Rettungsschuss nicht grundrechtskonform geregelt werden kann, kann dies keine Auswirkungen auf die Interpretation des Art. 19 Abs. 2 GG haben, sondern allenfalls einen Auftrag an den Gesetzgeber darstellen, eine rechtssichere anderweitige Lösung zu suchen. Zu den „Problemfällen" im Überblick: *Schaks*, JuS 2015, 407, 409 ff., der beispielsweise Art. 2 Abs. 2 S. 3 GG als verfassungsimmanente Beschränkung des Art. 19 Abs. 2 GG ansieht.

[173] *Leisner-Egensperger*, Die Wesensgehaltsgarantie des Art. 19 Abs. 2 GG, in: Merten/Papier, Grundsatzfragen der Grundrechtsdogmatik, Rn. 16 ff.

[174] Dazu auch: *Enders*, in: Epping/Hillgruber, BeckOK GG, Art. 19, Rn. 27.

[175] BVerfGE 115, 118, 139; *Stern*, Staatsrecht III/2, S. 883; *Schneider*, Der Schutz des Wesensgehalts von Grundrechten nach Art. 19 II GG, S. 213 f.; *Schaks*, JuS 2015, 407, 409.

Zusätzlich ist zur Unterstreichung der absoluten Interpretation rechtsvergleichend auf die Verbote der Art. 3 und 4 der EMRK hinzuweisen, die ebenfalls absolut gelten und zumindest als Auslegungshilfe herangezogen werden können.[176]

In diesem Zusammenhang ist auch auf das Argument von Huber hinzuweisen, dass die relative und damit deklaratorische Interpretation des Wesensgehalts zu dem „methodisch unbefriedigenden" Ergebnis führe, dass eine zentrale Bestimmung des Allgemeinen Grundrechtsteils redundant würde, was ausscheiden müsse, wenn andere sinnvolle Interpretationsmöglichkeiten bestehen.[177] Dass weitere Anwendungsmöglichkeiten bestehen, zeigt nicht nur das Erfordernis von Art. 19 Abs. 2 GG als zusätzliche Schranke für den einfachen Gesetzgeber, sondern auch, dass über den additiven Grundrechtseingriff hinaus, weitere Grundrechtsgefährdungen denkbar sind, die sonst nicht erfasst werden können.[178]

Das Bundesverfassungsgericht hat bereits im Apothekenurteil ausgeführt, dass die Frage, unter welchen Voraussetzungen ein Eingriff in Art 19 Abs. 2 GG ausnahmsweise trotzdem zulässig sei, gegenstandslos ist.[179] Unabhängig davon, dass diese Formulierung in der Ausdrücklichkeit nicht stetig wiederholt wurde,[180] spricht die Rechtsprechung des Bundesverfassungsgerichts nicht gegen eine absolute Auffassung des Wesensgehalts.[181] Verfahrensrechtlich finden sich ebenfalls Anhaltspunkte, dass das Bundesverfassungsgericht dem Wesensgehalt eine absolute Schutzfunktion beimisst, denn der Prüfung der Verhältnismäßigkeit kommt eine selbstständige Funktion neben der Prüfung des Wesensgehalts zu.[182] Darüber hinaus misst es materiell-rechtlich dem „unantastbaren Bereich menschlicher Freiheit"[183], „dem absolut geschützten Bereich privater Lebensgestaltung"[184] und den „grundlegenden Voraussetzungen individueller und sozialer Existenz des Menschen"[185] absoluten Schutz zu.[186]

---

[176] Folterverbot, Art. 3 EMRK, Verbot der Sklaverei und der Zwangsarbeit, Art. Zur völkerrechtsfreundlichen Auslegung des GG: *Grabenwarter*, in: Maunz/Dürig, GG, Art. 5 Abs. 3, Rn. 13 ff.; *Herbert*, EuGRZ 1985, 321, 332 f.; zur Wesensgehaltsgarantie im Völkerrecht: *Kokott*, HGR I, § 22, Rn. 91 ff.; kritisch: *Dammann*, Der Kernbereich der privaten Lebensgestaltung, S. 171 f., die keine Anhaltspunkte im Völkerrecht sieht; zum Menschenrechtsschutz unten Sechstes Kapitel C.

[177] *Huber*, in: Mangoldt/Klein/Starck, GG, Bd. 1, Art. 19 Abs. 2, Rn. 172.

[178] Dazu siehe nur die Diskussion um staatliches verhaltenssteuerndes Verhalten oben Erstes Kapitel, C. III. 4.

[179] BVerfGE 7, 377, 411.

[180] Vgl. BVerfGE 115, 118, 165.

[181] BVerfGE 80, 367, 373; 34, 238, 245.

[182] Deutlich: BVerfGE 34, 238, 245.

[183] BVerfGE 6, 32, 41.

[184] BVerfGE 80, 367, 377.

[185] BVerfGE 45, 187, 228.

[186] *Denninger*, in: AK- GG, Art. 19 Abs. 2, Rn. 9.

Nichts anderes kann für die Grenze des additiven Grundrechtseingriffs gelten. Die Perspektive des Art. 19 Abs. 2 GG deckt sich mit der Intention des additiven Grundrechtseingriffs: Die Norm „denkt“ vom Grundrecht her[187] und prüft, was dem Grundrechtsträger an Freiheit verbleibt. Selbiges gilt für den additiven Grundrechtseingriff.

Aufgrund der besonderen Normstruktur, dem Wortlaut und Sinn und Zweck der Norm des Art. 19 Abs. 2 GG ist Alexy dahingehend zu widersprechen, dass die Grenze des Wesensgehalts immer relativ zu interpretieren ist und gegenüber dem Grundsatz der der Verhältnismäßigkeit keine eigene Bedeutung zukommt.[188] Der Grundsatz der Verhältnismäßigkeit gilt schon aufgrund des Rechtsstaatsprinzips als durchgehende Eingriffsschranke, weshalb dem Wesensgehalt ein eigenständiger, darüber hinausgehender Garantiegehalt zukommen muss.[189] Daher streitet Art. 19 Abs. 2 GG als Grenze des additiven Grundrechtseingriffs umso mehr gegen eine immer stärkere Abwägungsorientierung im Verständnis der Prinzipientheorie.[190] Im Rahmen dieser gerichtlichen Entscheidungsform erfolgt die Bewertung und Gewichtung von öffentlichen Interessen einzelfallabhängig durch die Gerichte und nicht durch die Legislative.[191] Die Abwägungsentscheidung ist schwer rationalisierbar, wohingegen zumindest „das Konzept“ einer absoluten Grenze Orientierung für einen kategorialen Argumentationsstil bietet.[192] Die Abwägung will gegeneinander streitende Güter zu optimaler Wirksamkeit gelangen lassen, wobei der Wesensgehalt als Fundament des verfassungsrechtlichen Gefüges keiner Abwägung zugänglich ist. Nur ein absolutes Verständnis bringt ein Maß an eigenständigem Potenzial des Grundrechtsschutzes, auf das, wenn auch nicht praktisch erprobt, nicht verzichtet werden darf.[193] Die Versuche den rechtlichen Abwägungsvorgang in mathematische Formeln zu transformieren, haben sich in der Praxis nicht durchsetzen können.[194] Ganz allgemein bringt eine starke Abwägungsorientierung stets

---

[187] So *Stern*, Staatsrecht III/2, S. 872.

[188] Theorie der Grundrechte, S. 269, 272.

[189] *Papier/Shirvani*, in: Maunz/Dürig, GG, Art. 14, Rn. 446.

[190] Allgemein zum Verhältnis von Art. 19 Abs. 2 GG und der Abwägungslehre: *Enders*, in: Epping/Hillgruber, BeckOK GG, Art. 19, Rn. 30.

[191] *Böckenförde*, Der Staat 29 (1990), 1, 25 f.

[192] Zu den Vorteilen eines kategorialen Argumentationsstils im Bereich des internationalen Kernbereichsschutzes eingehend: *Bernstorff*, Der Staat 50 (2011), 165, 183 ff.

[193] Vgl. *Sachs*, in: Sachs, GG, Art. 19, Rn. 41 ff.

[194] Zur Anwendung der Gewichtsformel bei Kumulation im Rahmen von Grundrechtskombinationen: *Breckwold/Kleiber*, Grundrechtskombinationen. Zu Struktur und Rationalität der Abwägung bei Prinzipienmehrheiten, in: Klatt, Prinzipientheorie und Theorie der Abwägung, S. 1, 11 ff.; scharfe Kritik bei *Poscher*, RW 2010, 349 „Theorie eines Phantoms – Die erfolglose Suche der Prinzipientheorie nach ihrem Gegenstand“, der insbesondere die Überflüssigkeit der Prinzipientheorie neben Optimierungsgeboten begründet, S. 354 ff.; sehr überzeugend auch *Klement*, JZ 2008, 756, 759 „Die Prinzipientheorie nimmt ihm [dem Verfassungsgeber] die Fähigkeit, fertige Normen zu produzieren. Er kann nur mehr oder weniger

Einzelfallentscheidungen hervor, welche die Regelorientierung des rechtlichen Diskurses schwächt und stellt keine inhaltlichen Maßstäbe zur Verfügung, die die Ganzheit eines verfassungsrechtlichen Wertesystems rationalisierbar machen.[195] Der Begriff des Wesensgehalts selbst muss daher so interpretiert werden, dass er Grenzen der gesellschaftlichen und rechtlichen Dispositionsmöglichkeit über grundrechtliche Freiheitsgehalte bietet. Nur auf diesem Weg kann ein effektiver Schutz vor additiven Grundrechtseingriffen und Belastungskumulationen sowie weiteren Herausforderungen für den Kernbestand der Freiheitsrechte gewährleistet werden.

Die Ermittlung des einzelnen, der Abwägung des Gesetzgebers entzogenen, absoluten Wesensgehalts für das jeweilige Grundrecht zu bestimmen, ist keine einfach, aber eine mögliche Aufgabe, auch der verfassungsrechtlichen Rechtsprechung.[196] Dieser Einwand kann nicht davon entbinden, dass Art. 19 Abs. 2 GG die dogmatisch, in der Verfassung verankerbare und damit richtige Lösung für die Bestimmung der Grenzen des additiven Grundrechtseingriffs ist. Anhaltspunkte bietet bei vielen Grundrechten der Menschenwürdegehalt,[197] zu dem eine umfangreiche verfassungsgerichtliche Judikatur bereits vorhanden ist.[198] Dennoch darf Art. 1 Abs. 1 GG nicht mit der Garantie des Wesensgehalts gleichgesetzt werden, es kann der Wesensgehalt eines Grundrechts verletzt sein, ohne dass darin zugleich ein Verstoß gegen Art. 1 Abs. 1 GG zu sehen ist. Art. 19 Abs. 2 GG will mehr schützen als den Menschenwürdegehalt, sonst wären beide Vorschriften identisch.[199] Aus der individualrechtlich-personalen Ausrichtung der Grundrechte folgt, dass die Begrenzung des jeweiligen Grundrechts umso weiter möglich ist, je mehr die Freiheit des Grundrechtsträgers einen sozialen Bezug hat und in einer sozialen Funktion steht und je weniger es um die Selbstbestimmung des Grundrechtsträger geht,[200] wohingegen ein Kernbereich der Intimsphäre des einzelnen unantastbar bleiben muss.

Wenn für den Berufstätigen, aufgrund zahlreicher Verbote und Regulierungen, keine Möglichkeit mehr besteht, seine Tätigkeit legal auszuüben, kann der Wesensgehalt des Art. 12 Abs. 1 GG verletzt sein, ohne dass zugleich zwingend der „Mensch zum Objekt gemacht wird“[201] und eine Verletzung des Art. 1 Abs. 1 GG in Rede steht.[202]

---

starke Gründe für Normen setzen“; dies gilt im besonderen Maße für eine relative Interpretation des Art. 19 Abs. 2 GG.

195 *Bernstorff*, Der Staat 50 (2011), 165, 184; *Müller*, Juristische Methodik, Fn. 72.

196 In diese Richtung auch *Stern:* „Mag der Begriff des Wesensgehalts auch noch so schwierig zu definieren sein, der Grundrechtsinterpret darf sich dieser Aufgabe angesichts der Stringenz der Vorschrift nicht entziehen“, Staatsrecht III/2, S. 871.

197 *Sachs*, in: Sachs, GG, Art. 19, Rn. 43.

198 Gegen eine Gleichsetzung von Art. 19 Abs. 2 und Art. 1 Abs. 1 GG, BVerfGE 80, 367, 373 f.; zum Menschenwürdegehalt: BVerfGE 35,202, 235 f.; 74, 102, 120 f.; 107, 275, 283 f.

199 *Stern*, Staatsrecht III/2, S. 874; *L. Schneider,* Der Schutz des Wesensgehalts von Grundrechten nach Art. 19 Abs. 2 GG, S. 61 f.

200 *Herbert*, EuGRZ 1985, 321, 332.

201 *Herdegen*, in: Maunz/Dürig, GG, Art. 1 Abs. 1, Rn. 36.

Der Wesensgehalt des Art. 19 Abs. 2 GG ist allein grundrechtsspezifisch zu ermitteln.[203] Er ist auf die Grundrechte als Ausdruck der Selbstbestimmung und Selbstgestaltung zugeschnitten.[204] Die Schwierigkeiten der Auslegung haben dazu geführt, Art. 19 Abs. 2 GG zu vernachlässigen, was aber dem Sinn und Zweck der Vorschrift nicht gerecht wird.[205] Die Kategorie des geschützten Kernbereichs ist im Verfassungsrecht allgemein verbreitet, als Interpretationsmittel für institutionelle Garantien[206] und dem Prinzip der Gewaltenteilung.[207] Stern hat für die Bestimmung eines grundrechtsspezifischen inneren Wesensgehalts eine Reihe von Faktoren vorgeschlagen, u. a. das Wirkungsgefüge der einschränkenden Norm,[208] die historische Entwicklung und die spezifische Funktion des jeweiligen Grundrechts, Zeitmaß der Begrenzung sowie Eigenart und Funktion des jeweiligen Grundrechts.[209] Freiheitsrechte, die auf die Selbstbestimmtheit des Grundrechtsträgers abzielen, dürfen nicht fremdbestimmt werden, was durch eine Vielzahl an Widerspruchserfordernissen des Grundrechtsträgers zur Erlangung von Freiheit oder der Intransparenz einer Mehrzahl an Datenverarbeitung, die eine Selbstbestimmtheit der Informationsfreigabe ausschließen, der Fall sein kann.[210] Schreib- und Publikationsverbot machen die Wissenschaftsfreiheit unmöglich, denkbar durch gesetzliche Kontrollmechanismen, die mit inhaltlichen Verboten zusammen wirken. Das Eigentum ohne Verfügungsbefugnis des Inhabers ist in seinem Kernbereich erfasst.[211]

Selbst wenn man also – anders als hier vertreten[212] – davon ausgeht, dass Belastungskumulationen anhand des Grundsatzes der Verhältnismäßigkeit zu prüfen

---

[202] Für eine würdeunabhängig Wertung des Art. 19 Abs. 2 GG auch: *Bernstorff*, JZ 2013, 905, 914.

[203] *Herbert*, EuGRZ 1985, 321, 331, der für eine grundrechtsspezifische Ermittlung anhand adäquater allgemeiner Maßstäbe plädiert.

[204] *L. Schneider*, Der Schutz des Wesensgehalts von Grundrechten nach Art. 19 Abs. 2 GG, S. 259, der das Recht auf Leben Art. 2 Abs. 2 S. 1 GG, das Brief-, Post- und Fernmeldegeheimnis, Art. 10 und den Schutz der deutschen Staatsangehörigkeit, Art. 16 GG mangels Aufgliederungsmöglichkeit des Rechtsgehalts in verschiedene Schutzzonen, als nicht vom Schutz des Wesensgehalts umfasst sieht.

[205] *Stern*, Staatsrecht III/2, S. 871.

[206] Ob dies heute noch gelten kann, ist zweifelhaft. Zur Kritik der Kern- und Randbereichsdogmatik im Bereich der kommunalen Selbstverwaltung: *Dietlein*, in: Dietlein/Heusch, Beck'scher Online-Kommentar Kommunalrecht, Nordrhein-Westfalen, Systematische Einführung zum Kommunalrecht Deutschlands, Rn. 32 ff.

[207] *Stern*, Staatsrecht III/2, S. 875.

[208] *Klements* in AöR 134 (2009), 35, 62 vorgeschlagenes Kriterium des „Eingriffsumfelds" scheint daran angelehnt, dazu auch oben Viertes Kapitel A. VII.

[209] *Stern*, Staatsrecht III/2, S. 875.

[210] Zu den bereichsspezifischen Problemen des additiven Grundrechtseingriffs bereits oben Erstes Kapitel C. III.

[211] Zu allen Beispielen für den grundrechtsspezifischen Wesensgehalt, *Stern*, Staatsrecht III/2, S. 876.; zu den speziellen Problemen des Art. 14 GG und additiven Grundrechtseingriffen, sogleich 4.

[212] Dazu ausführlich oben IV. 1., 2.

sind, verbleibt auch nach dieser Ansicht der Art. 19 Abs. 2 GG als Grenze übermäßiger Belastungen. Auch das im Rahmen der Verhältnismäßigkeitsprüfung zurücktretenden Grundrecht wird dadurch aufgefangen. Der Wesensgehalt kann der Güterabwägung dadurch Grenzen setzen, dass auch die Substanz des abgewogenen Grundrechts gewahrt bleiben muss.[213] Diese Interpretation spricht gleichzeitig auch gegen eine relative Auffassung des Schutzgehalts des Art. 19 Abs. 2 GG.

3. Wesensgehaltsgarantie und Einrichtungsgarantien

Die Gewährleistung des Wesensgehalts und die Einrichtungsgarantien weisen Parallelen in ihrer Normstruktur auf.[214] Die Einrichtungsgarantien verlangen die inhaltliche Bindung des Gesetzgebers an den „Wesensgehalt" der Einrichtung.[215] Ebenso weist die tradierte Kern- und Randbereichsdogmatik der Einrichtungsgarantien entsprechende Parallelen auf.[216] Beide Institute sind allerdings nicht gleichzusetzen, der Unterschied liegt insbesondere in ihrem Anwendungsbereich begründet.[217] Die klassischen Einrichtungsgarantien des Berufsbeamtentums und der kommunalen Selbstverwaltung[218] können mangels Grundrechtseigenschaft schon nicht von Art. 19 Abs. 2 GG erfasst werden und sind auch kein Anwendungsfeld des additiven Grundrechtseingriffs. Dies schließt allerdings nicht eine „additive Beeinträchtigung" der Selbstverwaltungsgarantie aus, die verfassungswidrig sein könnte. Die interessante Frage, inwieweit diese institutionellen Garantien durch eine Kumulation bspw. staatsorganisationsrechtlicher Regelungen verfassungswidrig ausgehöhlt werden können, bietet allerdings einen Ausgangspunkt für weitere wissenschaftliche Untersuchungen.

In Bezug auf die Institutsgarantien kommt es zur Abwehr von Eingriffsadditionen auf den freiheitsrechtlichen Gehalt des Grundrechts an. Der jeweilige Normkern des Rechtsinstituts darf auch durch einen additiven Grundrechtseingriff nicht beseitigt werden. Die Schutzrichtung entspricht dem Wesensgehalt des Art. 19 Abs. 2 GG, bzw. ist keine Konstellation denkbar, in der die Wesensgehaltsgarantie des Grundrechts nicht gewahrt ist, der Kernbereich aber nicht angetastet wäre. Im Hinblick auf

---

[213] *Schaefer*, AöR 133 (2010), 404, 428; in diese Richtung auch: BVerfGE 80, 367, 373.

[214] *L. Schneider*, Der Schutz des Wesensgehalts von Grundrechten nach Art. 19 Abs. 2 GG, S. 195; *Lerche*, Übermaß und Verfassungsrecht, S. 240 f.

[215] *Mager*, Einrichtungsgarantien, S. 400.

[216] Zur Kritik an der Institutsgarantie bzw. den institutionellen Garantien: Diese sollen nichts anderes als eine faktische Breitenwirkung in gesellschaftlicher Hinsicht sein. Subjektive Rechte, die in einer gewissen Häufigkeit und einer gewissen Anzahl geltend gemacht werden entwickeln aber zwangsläufig eine gesellschaftliche Relevanz, *Herzog*, Grundrechte und Gesellschaftspolitik, in: Berliner Festschrift für E. E. Hirsch zum 65. Geburtstag, 1968, S. 70.

[217] *Mager*, Einrichtungsgarantien, S. 400 ff.

[218] Zur Problematik bei Art. 28 Abs. 2 GG: *Dietlein*, in: Dietlein/Heusch, Beck'scher Online-Kommentar Kommunalrecht, Nordrhein-Westfalen, Systematische Einführung zum Kommunalrecht Deutschlands, Rn. 32 ff.

die verfassungsrechtlichen Grenzen des additiven Grundrechtseingriffs ergeben sich daher für die Einrichtungsgarantien allgemein keine Besonderheiten.[219]

4. Grenzen der Eigentumsfreiheit, Art. 14 GG, insbesondere „Halbteilungsgrundsatz" und Wesensgehalt

Die Normstruktur des Art. 14 GG als normgeprägtes Grundrecht,[220] die Eigenschaft als Institutsgarantie und die von Verfassung wegen zulässige Enteignung, sind auch bei Belastungskumulationen und additiven Grundrechtseingriffen zu beachten.[221] Eingeschränkt ist diese Konstellation freilich auf Gesamtbelastungen durch den parlamentarischen Gesetzgeber, der den Inhalt und die Schranken des Eigentums bestimmt oder die Enteignung gesetzlich regeln muss.[222]

Ein besonderes Problemfeld ist die Beeinträchtigung des Eigentumsrechts durch steuerliche (Gesamt-)Belastungen.[223] Im Fall der Anerkennung von Grundrechtseingriffen durch finanzielle Zahlungs- und Abgabepflichten[224] lässt sich die Gesamtbelastung des betroffenen Grundrechtsträgers einfacher ermitteln. Denn die finanziellen Belastungen – wenn sie sich denn tatsächlich als Grundrechtseingriffe darstellen – lassen sich zu einer Gesamtsumme addieren, die dann der Gesamtbelastung entspricht. Sobald ein Grundrechtseingriff durch Zahlungsverpflichtung mit einer weiteren Beeinträchtigung desselben Grundrechts in der Person des Grundrechtsträgers kumuliert, kann davon nicht mehr ausgegangen werden. Aber selbst die vermeintlich problemlose Ermittlung einer finanziellen Gesamtbelastung des Grundrechtsträgers sagt noch nichts über die verfassungsrechtliche Zulässigkeit aus, wie auch die Diskussion um den „Halbteilungsgrundsatz" zeigt.[225] Unabhängig davon, dass das Bundesverfassungsgericht den Halbteilungsgrundsatz als allgemeine Grenze einer Besteuerung von Einkommen- und Gewerbesteuer oder sonstiger

---

[219] Zu den Möglichkeiten einer dynamischen Erhöhung der Rechtfertigungsanforderungen sogleich VIII.

[220] Dazu statt aller: *Dietlein*, Eigentumsfreiheit und das Erbrecht, in: Stern, Staatsrecht, IV/1, S. 2168; *Kreuter-Kirchhof*, Personales Eigentum im Wandel, S. 107 ff.

[221] Dazu auch *Dietlein*, Zur Sozialpflichtigkeit des jagdlichen Eigentums, in: Dietlein/Froese, Jagdliches Eigentum, S. 197, 207 ff.

[222] Zur Problematik der Zurechnung von Sonderopfern bei Vollzugsakten: *Riedel*, Eigentum, Enteignung und das Wohl der Allgemeinheit, S. 51.

[223] *Friauf*, StuW 1977, 59 ff. zum Substanzeingriff durch Steuerkumulation und Eigentumsgarantie.

[224] So wohl die Literatur: *P. Kirchhof*, AöR 128 (2003); *ders*, VVDStRL 39 (1981), 213; *Leisner*, NJW 1995, 2591, 2593 ff.; *Friauf*, StuW 1977, 59; Überblick bei *Wendt*, in: Sachs, GG, Art. 14, Rn. 143 ff. Zur Entwicklung der (uneinheitlichen) Rechtsprechung: *Papier*, DStR 2007, 973, 974 f.

[225] Grundlegend: *P. Kirchhof*, AöR 128 (2003), 1 ff.; insbs. 20 ff.; ablehnend: *Ratschow*, in: Blümich EStG, § 2, Rn. 19 „bedeutungslos"; dazu auch bereits oben Zweites Kapitel A. III. 3., 4.

Besteuerung[226] ablehnt, lassen sich aus diesem Konzept wichtige Anhaltspunkte für den Schutz des Eigentums bei Belastung durch den additiven Grundrechtseingriff herleiten. Die verschiedenen steuerlichen Tatbestände von Einkommens- und Vermögenssteuer bilden einen additiven Grundrechtseingriff in Art. 14 Abs. 1 GG des Steuerpflichtigen. Selbst wenn man den Halbteilungsgrundsatz ablehnt, ist dadurch nicht ausgeschlossen, dass Steuertatbestände in einer Gesamtschau erdrosselnd wirken und damit verfassungswidrig sind.[227]

Wie das Bundesverfassungsgericht dargelegt hat, dient Art. 14 Abs. 2 GG als Konkretisierung des Eigentumsgebrauchs zugleich dem privaten Nutzen und dem Wohl der Allgemeinheit:

> „Die Vermögensteuer darf deshalb zu den übrigen Steuern auf den Ertrag nur hinzutreten, soweit die steuerliche Gesamtbelastung des Sollertrages bei typisierender Betrachtung von Einnahmen, abziehbaren Aufwendungen und sonstigen Entlastungen in der Nähe einer hälftigen Teilung zwischen privater und öffentlicher Hand verbleibt und dabei insgesamt auch Belastungsergebnisse vermeidet, die einer vom Gleichheitssatz gebotenen Lastenverteilung nach Maßgabe finanzieller Leistungsfähigkeit zuwiderlaufen."[228]

Das sachgerechte Maß einer Steuerbelastung und ggf. übermäßigen Belastung des Grundrechtsträgers in Art. 14 Abs. 1 GG kann nicht von den Gerichten gefunden werden, denn diese können keine Steuerbefreiungen gewähren, sondern muss durch den Gesetzgeber normiert werden.[229] Nach hier vertretener Ansicht ist die Begründung des Halbteilungsgrundsatzes des Bundesverfassungsgerichts als Grenze steuerlicher Belastung eine grundrechtsspezifische Lösung des additiven Grundrechtseingriffs in Art. 14 Abs. 1 GG, allerdings damit auch ein Sonderfall der Eigentumsgarantie.[230] In Bezug auf monetäre Belastungen ist es ebenfalls vertretbar, eine rechnerisch zu ermittelnde „Obergrenze" anzunehmen, die damit Ausprägung der verfassungsrechtlichen Wertung des Verbots einer erheblichen Gesamtbelastung des Grundrechtsträgers ist.

Die Besonderheit bei Art. 14 GG besteht darin, dass die Abwägungsgüter von Belastung und Freiheitsgehalt bereits im Grundrecht selbst vorgegeben sind, die Privatnützigkeit des Eigentums steht der Sozialbindung des Eigentums gegenüber. Darüber hinaus wird das Eigentum durch die Gänze der einfachgesetzlichen Ausgestaltungen geprägt und bestimmt, eine Gesamtbetrachtung ist dem Grundrecht

---

226 BVerfGE 115, 97.

227 *Michael*, Formen- und Instrumentenmix, in: Hoffmann-Riem/Schmidt-Aßmann/Voßkuhle, Grundlagen des Verwaltungsrechts, § 41, Rn. 124; zur Erdrosselungsgrenze und Halbteilungsgrundsatz auch: *Butzer*, Freiheitsrechtliche Grenzen der Steuer- und Sozialabgabenlast, S. 32 ff.

228 BVerfGE 93, 121, 138.

229 *G. Kirchhof*, NJW 2006, 732, 733.

230 Für die Anwendung des Halbteilungsgrundsatzes auf die Summe aller Steuerlasten: *Pausenberger*, Eigentum und Steuern in der Republik, S. 390 f.

durch die normative Ausgestaltung, die sich selbstverständlich nicht auf eine einzelne Norm zurückführen lässt, immanent.

Alle Eingriffe des additiven Grundrechtseingriffs müssen sich unter die Sozialpflichtigkeit des Eigentums subsumieren lassen, um eine verfassungsgemäße Inhalts- und Schrankenbestimmung darstellen zu können. Die bei anderen Grundrechten nicht erforderliche gemeinsame Zweckausrichtung des additiven Grundrechtseingriffs ist bei Art. 14 GG durch das Grundrecht in Art. 14 Abs. 2 GG selbst vorgegeben. Die Grenze eines additiven Grundrechtseingriffs ist bei Art. 14 Abs. 1 GG auch dahingehend zu modifizieren, dass die Verfassung die rechtmäßige Entziehung des Eigentumsobjekts gegen Wertausgleich vorsieht, worüber sich eine Eingriffsaddition nicht hinwegsetzen kann. Eine rechtmäßige Enteignung kann also nie durch eine verfassungswidrige Gesamtbelastung erfolgen. Zudem kann eine Eingriffsaddition durch Inhalts- und Schrankenbestimmungen selbstverständlich nicht in eine Enteignung „umschlagen".[231]

Die Perspektive des Art. 19 Abs. 2 GG, welcher Anteil an Freiheit dem Grundrechtsträger trotz der Gesamtbelastung noch verbleibt, ist hier im Maß der eigennützigen Nutzung der jeweiligen Eigentumsposition zu sehen.[232] Stellenweise wird vertreten, dass Art. 14 GG kein Wesensgehalt zukomme.[233] Danach müsste auch ein verfassungswidriger additiver Grundrechtseingriff ausscheiden. Dem ist allerdings entgegenzusetzen, dass der Gesetzgeber den Wesensgehalt als Grundrecht und als Institutsgarantie zu wahren hat und damit auch ein Grundrechtsminimum des Eigentumsrechts verbleiben muss.[234]

Auch im Hinblick auf Enteignungen kann Art. 19 Abs. 2 GG nur die Rechtsstellungsgarantie des Art. 14 Abs. 1, S. 1, 1. Alt GG zum Gegenstand haben, die den Bestandschutz zum Gegenstand hat.[235] Eine verfassungsgemäße Enteignung durch einen additiven Grundrechtseingriff ist nicht möglich. Nach Art. 14 Abs. 3 GG ist diese nur durch Gesetz oder auf Grund eines Gesetzes möglich, wovon „faktische

---

[231] Grundlegend: BVerfGE 57, 1, 27; 58, 300, 320; 79, 174, 194; dazu auch: *Rozek*, Die Unterscheidung von Eigentumsbindung und Enteignung, S. 62 ff.

[232] Klar für die Anwendbarkeit des Art. 19 Abs. 2 GG auf Art. 14 GG: *Papier/Shirvani*, in: Maunz/Dürig, GG, Art. 14, Rn. 445–448; insbesondere greift der Einwand, dass Art. 14 Abs. 3 GG den Eigentumsentzug gestatte und damit der Wesensgehalt abbedungen sei, nicht durch, da der enteignende Eingriff nur unter besonderen Voraussetzungen zulässig ist und nicht zu einem gänzlichen Wegfall des Schutzes, sondern zu einer Ersetzung der Bestandsgarantie durch eine Wertgarantie führt.

[233] *Mager*, Einrichtungsgarantien, S. 182, „Fehlen eines Wesenskerns".

[234] *Papier/Shirvani*, in: Maunz/Dürig, GG, Art. 14, Rn. 445; *Riedel*, Eigentum, Enteignung und das Wohl der Allgemeinheit, S. 28; *L. Schneider*, Der Schutz des Wesensgehalts von Grundrechten nach Art. 19 Abs. 2 GG, S. 57; ausführlich zu Art. 14 GG und dem grundrechtlichen Wesensgehalt, *Schlink*, Abwägung im Verfassungsrecht, S. 80 ff.

[235] *Riedel*, Eigentum, Enteignung und das Wohl der Allgemeinheit, S. 127; *P. Kirchhof*, in: HStR V, § 200, Rn. 134.; *Friauf*, StuW 1977, 59, 62.

Enteignungen" durch das Zusammenwirken mehrerer Maßnahmen nicht erfasst sind.[236]

Die Garantie des Eigentums kann nur in rechtlichen Ordnungen wirksam werden, die seinen Gebrauch gestatten ohne die Privatnützigkeit und die grundsätzliche Verfügungsbefugnis zu beseitigen.[237] Der Wesensgehalt des Art. 14 GG ist jedenfalls verletzt, wenn der Gesetzgeber die Privatnützigkeit bestimmter Eigentumspositionen dadurch aufhebt, dass er ihre Nutzungsmöglichkeit im individuellen Interesse des Eigentümers ausschließt bzw. ihre Erträge nachhaltig vollständig oder bis auf einen minimalen Rest abschöpft, auch wenn ein Eingriff in die Sachsubstanz vermieden wird.[238] Dies darf daher auch nicht durch eine Gesamtbelastung erfolgen. Wenn also nur Lasten statt Rechte übrigbleiben und das Eigentum zu einer „leeren Hülse" verkommt kann die Sphäre der Institutsgarantie des Eigentums verletzt sein.[239]

VIII. Dynamische Erhöhung der Rechtfertigungsanforderungen bei additiven Grundrechtseingriffen

Schließlich ist zu überlegen, ob neben der hier abgelehnten Grenze der Verhältnismäßigkeit, eine dynamische Erhöhung der Rechtfertigungsanforderungen bei additiven Grundrechtseingriffen verfassungsrechtlich begründet werden kann. Eine solche Lösung könnte neben der Grenze des Art. 19 Abs. 2 GG in der Prüfung des additiven Grundrechtseingriffs eine Rolle spielen. Voraussetzung einer dynamischen Erhöhung der Rechtfertigungsanforderungen bei additiven Grundrechtseingriffen wäre zunächst die Unabhängigkeit von einer bipolaren Prüfungsstruktur wie der Verhältnismäßigkeit.[240] Alle bisherigen Vorschläge stellen sich jedoch als Spielart der Verhältnismäßigkeitsprüfung dar.

Pauschale Verweise auf das Rechtsstaatsprinzip als Grenze verfassungsrechtlicher Gesamtbelastungen allein, definieren noch keinen Prüfungsmaßstab. Die Bedenken, dass sich keine Kriterien entwickeln ließen und die Prüfung von Belastungskumulationen in eine nicht handhabbare Gesamtschau aller in Betracht kom-

[236] Geht man anders als hier theoretisch von der Möglichkeit einer Enteignung durch einen additiven Grundrechtseingriff aus, stellt sich die verfassungsgemäße Enteignung als Fall eines gelösten additiven Grundrechtseingriffs dar. Im entsprechenden Gesetz muss die Belastung des Eigentümers bereits geregelt sein und den erlittenen Rechtsverlust ausgleichen; so auch: *Sellmann*, Belastungskumulationen und Subventionen in der Verhältnismäßigkeitsprüfung – Zu Ausgleichsansprüchen von betroffenen Landwirten nach Art. 14 Abs. 1 S. 2 GG, in: Hogenmüller, Landwirtschaft im Spektrum der Umweltwissenschaften, S. 157.

[237] *Herbert*, EuGRZ 1985, 321, 333.

[238] *Friauf*, StuW 1977, 59, 63.

[239] *Dietlein*, Zur Sozialpflichtigkeit des jagdlichen Eigentums, in: Dietlein/Froese, Jagdliches Eigentum, S. 197, 209.

[240] Zur Kritik oben V.

menden belastenden Maßnahmen ausarten würde, haben sich nicht bestätigt.[241] Durch die Verortung der Mehrfachbelastung auf Eingriffsebene lassen sich rechtssichere, bekannte dogmatische Kriterien heranziehen, die Gesamtbelastungen unter die Rechtsfigur des additiven Grundrechtseingriffs subsumierbar machen. Die Ausweitung einer Verhältnismäßigkeitsprüfung auf Gesichtspunkte, die als solche gar nicht Gegenstand der Prüfung sind, wird durch die hier vorgeschlagene Lösung ebenfalls vermieden. Es ist richtig, dass die rationalitätssichernde Funktion der Verhältnismäßigkeitsprüfung in Gefahr gerät, wenn sie auf mehrere Mittel ausgedehnt wird und verschiedene, nicht klar identifizierbare Zwecke eine Rolle spielen.[242] Deshalb ist eine Gesamtverhältnismäßigkeitsprüfung des additiven Grundrechtseingriffs und auch von sonstigen Belastungskumulationen abzulehnen.

Die Voraussetzungen einer dynamischen Erhöhung der Rechtfertigungsanforderungen an additive Grundrechtseingriffe, müssten sich für eine rechtssichere Integration in die Grundrechtsprüfung wie die Grenze des Wesensgehalts aus Art. 19 Abs. 2 GG, verfassungsrechtlich herleiten lassen. Dafür sind aber keine verfassungsrechtlichen Anhaltspunkte ersichtlich, die über eine Modifikation der Verhältnismäßigkeitsprüfung hinausgehen. Die im Schrifttum vorgeschlagenen Lösungsansätze einer relativen verfassungsrechtlichen Begrenzung von grundrechtlichen Gesamtbelastungen beschränken sich auf eine Anreicherung der Verhältnismäßigkeitsprüfung durch mehrere Maßnahmen.[243] Dadurch wird die zwingende Bipolarität dieser Prüfungsstruktur nicht überwunden. Auch der Vorschlag von Klement, der den gemeinsamen Zweck der Maßnahmen für entbehrlich hält, legt eine Prüfung von Geeignetheit und Erforderlichkeit zugrunde.[244] Für diese beiden Prüfungspunkte ist aber die Definition eines verfassungsrechtlich legitimen Ziels oder Zwecks zwingend erforderlich. Wiederum erfolgt letztlich eine bipolare Zweck-Mittel-Relationsprüfung.

Bereichsspezifische Vorschläge zu einer dynamischen Grenze von grundrechtsrelevanten Gesamtbelastungen finden sich im Strafprozessrecht. Die bereits aufgegriffene dreistufige Prüfung von Intensität, Dauer und der Abwägung von Grund-

---

[241] *Jesse*, Instrumentenverbund als Rechtsproblem am Beispiel effizienter Energienutzung, S. 170 befürchtet Rationalitätsverluste und Abgrenzungsunschärfen; wobei sich die Frage aufdrängt, ob letzterer Kritikpunkt nicht dem fragmentarisch normierten Verfassungsrecht ohnehin immanent ist.

[242] *Jesse*, Instrumentenverbund als Rechtsproblem am Beispiel effizienter Energienutzung, S. 171; Warnung vor einer Ausdehnung der Prüfung der Verhältnismäßigkeit auch bei *Haller*, Die Verrechnung von Vor- und Nachteilen im Rahmen von Art. 3 Abs. 1 GG, S. 176, der eine Kollisionslage als unabdingbare Anwendungsvoraussetzung sieht. Diese lässt sich im Rahmen des additiven Grundrechtseingriffs nicht herstellen; das Kriterium des einheitlichen Zwecks lässt Nebenzwecke unberücksichtigt, gibt man dieses auf, lässt sich keine Kollisionslage mehr herstellen. Dazu ausführlich oben Fünftes Kapitel B. V.

[243] *Lee*, Umweltrechtlicher Instrumentenmix und kumulative Grundrechtseinwirkungen, S. 156 ff.; *Jesse*, Instrumentenverbund als Rechtsproblem am Beispiel effizienter Energienutzung, S. 172 ff., der diese Prüfung als „mehrstufiges Schutzkonzept“ bezeichnet.

[244] Dazu bereits oben Drittes Kapitel A. I. 3. b); *Klement*, AöR 134 (2009), 35, 64 f.

rechtsbeeinträchtigung und Tatverdachtsgrad[245] ist ebenfalls bipolar strukturiert. Sie stellt sich als Konkretisierung des Verhältnismäßigkeitsgrundsatzes dar. Die Erhöhung der Rechtfertigungsmöglichkeit von Gesamtbelastungen korrespondierend zum steigenden Tatverdachtsgrad erscheint im Bereich des Strafprozessrechts sehr sinnvoll, ist aber nicht verallgemeinerungsfähig. Verfassungsrechtlich abstrahiert, würde dies wiederum auf das Erfordernis eines gemeinsamen Zwecks zur Prüfung einer Gesamtbelastung von Grundrechten hinauslaufen.

Über diese Kriterien hinaus, finden sich keine konkreten Begründungsansätze im Grundgesetz, die eine anderweitige, abgestufte Rechtfertigungsprüfung von additiven Grundrechtseingriffen überzeugend begründen können. Dies ist vor dem Hintergrund der Grenze des Art. 19 Abs. 2 GG aber auch nicht erforderlich. Denn bei der Wesensgehaltsgarantie handelt es sich nur um eine vermeintlich statische Grenze.

Komponenten wie die der Dauer der Mehrfachbeeinträchtigung und die Feststellung der Intensität können bei der Ermittlung des grundrechtsspezifischen Wesensgehalts eine Rolle spielen.[246] In diesem Bereich der Ermittlung des subjektrechtlich absoluten Wesensgehalts des jeweiligen Grundrechts, bleiben genug Spielräume, die fallbezogenen Besonderheiten der jeweiligen Gesamtbelastung einzubeziehen, die sich ja im Falle einer Überprüfung durch das Bundesverfassungsgericht im Wege eine Individualverfassungsbeschwerde immer in der konkreten Person des Beschwerdeführers manifestiert.

C. Kompensation und Saldierungsgedanke

I. Grundrechtskompensation zur Ermittlung der Gesamtbelastung auf Rechtfertigungsebene

Bei der Ermittlung der verfassungsrechtlich relevanten Gesamtbelastung durch den additiven Grundrechtseingriff, die an der Grenze des Art. 19 Abs. 2 GG zu messen ist, lohnt es sich, das Konzept der Grundrechtskompensation oder der Grundrechtssaldierung nochmals in den Blick zu nehmen. Eine Kompensation der Gesamtbelastung auf Eingriffsebene kann bei Freiheitsrechten nicht stattfinden.[247] Möglicherweise könnte der Grundgedanke des Saldierungsprinzips aber auf der Ebene der Rechtfertigung des additiven Grundrechtseingriffs angewendet werden. Bei den Freiheitsrechten stellt sich das Problem, wenn ein Ausgleich auf Tatbestandseben ausscheidet, wie sich dann die Saldierung der Belastung von der Abwägung unterscheidet. Geht man wie Voßkuhle[248] davon aus, dass es sich um die tatsächliche Behebung eines vorher als defizitär anerkannten Zustandes und keinen

[245] Dazu bereits oben Viertes Kapitel A. VI. 4. a).

[246] Dazu bereits soeben VIII. 2. c).

[247] Dazu bereits oben Drittes Kapitel A. V.

[248] *Voßkuhle,* Das Kompensationsprinzip, S. 48.

Nutzenausgleich handelt, könnte der Saldierungsgedanke im Bereich der Rechtfertigung unabhängig von der Abwägung zum Tragen kommen. Strukturell ließe sich das Konzept der Kompensation auch mit der Grenze des Art. 19 Abs. 2 GG vereinbaren. Die Gewährleistung des Wesensgehalts nimmt die Perspektive des Grundrechtsträgers darauf ein, welches Maß an Freiheitsschutz ihm aufgrund der Gesamtbelastung noch verbleibt. Dieses abstrakte Maß an Freiheitsschutz des Grundrechts könnte sich auf den ersten Blick durch eine Kompensation mit begünstigenden Maßnahmen wieder erhöhen. Voraussetzung wäre zunächst die Individualisierbarkeit der Begünstigung und die Einbeziehung des Grundrechtsträgers in ihren Gewährleistungsbereich. Nicht individualisierbar und damit nicht kompensationsfähig in dem Sinne, dass andere Belastungen ausgeglichen werden könnten, sind staatliche Leistungen, die an die Allgemeinheit gerichtet sind wie die Bereitstellung von Infrastruktur.[249]

Bei Gleichheitsrechten wird teilweise dafür plädiert, die Saldierung bereits auf der Tatbestandsebene zu berücksichtigen, allerdings müssten dafür die Sachverhalte und Rechtsfolgen komplett identisch sein. Sonst hat jede Saldierung ein Wertungsmoment, was erst auf der Ebene der Rechtfertigung berücksichtig werden kann.[250] Bei den Gleichheitsrechten scheint damit die Möglichkeit zu bestehen, bei einer Berücksichtigung von Vorteilen bereits auf Tatbestandsebene die Ungleichbehandlung entfallen lassen zu können.[251] In dieser Konsequenz würde man also nicht vom Eingriff, sondern vom Schutzbereich des Grundrechts her denken. Es geht nicht um die Beschränkung des Gleichheitsrechts, sondern um das verbleibende Schutzniveau. Wenn also die vergleichbaren Gruppen im Ergebnis gleich behandelt werden, bedarf es einer Rechtfertigung nicht mehr.

Die Kompensation im Rahmen der Gleichheitsrechte beruht auf der Annahme der Messbarkeit der Gleichheit. Dies passt auch im Rahmen der Rechtfertigung nicht auf die abwehrrechtliche Perspektive des additiven Grundrechtseingriffs. Abgesehen von finanziellen Belastungen, die durch Gewährung finanzieller Vorteile wieder ausgeglichen werden können, besteht im Bereich der Freiheitsrechte keine Vergleichbarkeit. Es erscheint schwer vorstellbar, wie ein Eingriff in die Berufsfreiheit des Art. 12 Abs. 1 GG, z. B. durch subjektive Berufszugangsbeschränkungen wie gesetzliche Qualifikationsanforderungen an die Grundrechtsträger durch Vorteilsgewährungen an anderer Stelle, wie z. B. finanzielle Förderung der Existenzgründung ausgeglichen werden soll. Auch das Verbot einer Meinung nach Art. 5 Abs. 1 GG kann nicht nur durch finanzielle Ausgleichszahlungen oder schlicht die Äußerung einer anderen Meinung gerechtfertigt werden.[252] Die Erwägungen zu den

---

[249] *Seer*, Verfassungsrechtliche Grenzen der Gesamtbelastung von Unternehmen, in: Pelka, Europa- und verfassungsrechtliche Grenzen der Unternehmensbesteuerung, S. 88, 119.

[250] *Hey*, AöR 128 (2003), 226, 240.

[251] *Bleckmann*, Struktur des allgemeinen Gleichheitssatzes, S. 63.

[252] Beispiel zur Meinungsäußerung bei *Bronkars*, Kumulative Eigentumseingriffe, S. 100.

Gleichheitsrechten sind nicht mit dem Schutzkonzept der Freiheitsrechte vergleichbar, an dem der additive Grundrechtseingriff ansetzen will.

Auch generell werden gegenüber dem Kompensationsgedanken als rechtliches Prinzip erhebliche Bedenken geltend gemacht. Das Kompensationsmodell erhöhe die Gefahr, einen tatsächlichen Freiheitsverlust vor allem zu verbergen.[253] Im Kontext von additiven Grundrechtseingriffen ist dieser Einwand in jedem Falle angebracht. Durch die Einbeziehung nicht nur einer Vielzahl von Grundrechtseingriffen, sondern auch von diversen Begünstigungen droht die Prüfung unübersichtlich zu werden, da sich diese vor allem nicht auf einer Prüfungsebene (des Eingriffs) gegenüberstehen und dementsprechend nicht denselben Kriterien unterliegen.

II. Berücksichtigung von Begünstigungen bei der Prüfung des additiven Grundrechtseingriffs im Rahmen des Wesensgehalts des Art. 19 Abs. 2 GG

Die besonderen Prinzipien der Saldierung und Kompensation von Grundrechtsbeeinträchtigungen würden dann keiner besonderen Verortung in der Prüfung des additiven Grundrechtseingriffs bedürfen, wenn bereits der Prüfungsmaßstab des Art. 19 Abs. 2 GG eine Berücksichtigung von grundrechtsbegünstigenden staatlichen Maßnahmen zugunsten des jeweiligen Grundrechtsträgers ermöglicht. Dies wäre dann der Fall, wenn sich positive Maßnahmen im Rahmen einer Gesamtbetrachtung auf die Wahrung des Wesensgehalts überhaupt auswirken können. Aus abwehrrechtlicher Perspektive normiert die Norm vor allem eine Grenze der Zulässigkeit von Grundrechtseingriffen – Einzeleingriffen und additiven Grundrechtseingriffen. Die Einbeziehung positiver, freiheitsschützender oder freiheitsgewährender Maßnahmen erscheint systemfremd. Unklar bleibt auch hier, nach welchen Kriterien sich die Begünstigungen einbeziehen lassen sollen. Ein Gleichlauf mit den Kriterien zur Einbeziehung von Grundrechtseingriffen in den additiven Grundrechtseingriff scheidet schon deshalb aus, weil diese auf Eingriffsebene geprüft werden. Die „Schutzbereichsbezogenheit“ einer Begünstigung ist als Kriterium schwer denkbar und nicht abgrenzungstauglich. Soweit ersichtlich wurde die Konstellation einer Berücksichtigung von begünstigenden Maßnahmen im Rahmen von Art. 19 Abs. 2 GG auch außerhalb von Belastungskumulationen nicht diskutiert. Ausgleichsmaßnahmen auf Sekundärebene können daher auf keinen Fall Berücksichtigung finden. Positive staatliche Maßnahmen könnten einen Verstoß gegen Art. 19 Abs. 2 GG allenfalls im Vorfeld verhindern, aber niemals ausgleichen.

Letztlich ist bei der Prüfung des Wesensgehalts der beim Grundrechtsträger verbleibende Freiheitsgehalt zu ermitteln. Ein exakter Ausgleich der Freiheitsposition, welche durch den additiven Grundrechtseingriff beeinträchtigt wird, ist au-

[253] *Klein*, DVBl. 1981, 661, 663.

ßerhalb der (partiellen) Aufhebung der Gesamtbelastung schwer vorstellbar. Eine Kompensation auf Sekundärebene, hat auf die Freiheitsbeeinträchtigung der Primärebene keinen Einfluss. Wenn das Bundesverfassungsgericht davon spricht, dass die Verfassungsmäßigkeit einer Kumulation

> „von einer Abwägung aller Umstände ab[hängt], in die auch gegenläufige Verfassungsbelange einzubeziehen sind“[254]

ist dies nicht als allgemeine Regel im Sinne einer Möglichkeit eines Freiheitsausgleichs zu werten.[255] Im konkreten Fall ging es um die Besonderheiten der Anwendung einer Anrechnungsnorm und damit nicht um einen typischen Fall eines additiven Grundrechtseingriffs.

III. Gesamtbelastungen und Ausgleichsansprüche im Rahmen des Art. 14 Abs. 1 S. 2 GG

Eine Frage, die im Rahmen der „Grundrechtskompensation“ im Allgemeinen diskutiert wird, stellt sich bei Art.14 Abs. 1 S. 2 GG im Speziellen: Können Gesamtbelastungen durch Vorteilsgewährungen an anderer Stelle ausgeglichen werden? Sellmann hat dies am Beispiel der Landwirte diskutiert.[256] Die Landwirtschaft steht in einem Spannungsverhältnis zum Umweltschutz, durch umweltrechtliche und naturschutzrechtliche Regelungen, die oft in einer Vielzahl auf das Grundeigentum der betreffenden Landwirte einwirken. Neben naturschutzrechtlichen Auflagen treten wasser- und bodenschutzrechtliche Beschränkungen dazu. Auf der anderen Seite bestehen zahlreiche Förderungen der Landwirtschaft, z.B. durch Subventionen. Fraglich ist, ob solche Gesamtbelastungen durch Vorteilsgewährungen ausgeglichen werden können. Die besondere Situation des Art. 14 Abs. 1 S. 2 GG im Vergleich zu Grundrechtskompensation im Allgemeinen ist, dass zumindest die verfassungsrechtliche Rechtsprechung explizit von einer ausgleichspflichtigen Inhalts- und Schrankenbestimmung ausgeht,[257] die dadurch verfassungsgemäß ergehen kann. Dogmatischer Anknüpfungspunkt der ausgleichspflichtigen Inhalts- und Schrankenbestimmung ist der Grundsatz der Verhältnismäßigkeit, der nicht als Grenze des additiven Grundrechtseingriffs heranzuziehen ist.[258] Ein Ausgleich der Beeinträchtigung des Wesensgehalts aus Art. 19 Abs. 2 GG auf Sekundärebene kommt daher nicht in Betracht. Ein additiver Grundrechtseingriff kann nicht den

---

[254] BVerfGE 130, 372, 392.

[255] BVerfGE 130, 372, 392; dazu oben Zweites Kapitel A. II.

[256] *Sellmann*, Belastungskumulationen und Subventionen in der Verhältnismäßigkeitsprüfung – Zu Ausgleichsansprüchen von betroffenen Landwirten nach Art. 14 Abs. 1 S. 2 GG, in: Hogenmüller, Landwirtschaft im Spektrum der Umweltwissenschaften, S. 149 ff.

[257] BVerfGE 58, 137, 50 ff.; 100, 226, 244.

[258] Dazu oben ausführlich Fünftes Kapitel B. V.

Wesensgehalt der Eigentumsgarantie antasten und durch einen Ausgleich in eine verfassungsgemäße Gesamtbelastung transformiert werden.

Problematisch sind daher die Konstellationen, in denen eine Vielzahl gesetzlicher Eigentumsbeschränkungen vorliegen, diese einen additiven Grundrechtseingriff darstellen,[259] aber den Wesensgehalt des Grundrechts nicht berühren. Kann in diesen (Sonder-)Fällen von einem „ausgleichspflichtigen additiven Grundrechtseingriff" ausgegangen werden? Am Beispiel des Eigentümers eines landwirtschaftlich genutzten Grundstücks zeigen sich die Schwierigkeiten der Begründung einer Ausgleichspflicht auf.

In die Gesamtbelastung des Eigentümers können alle speziellen und allgemeinen Pflichten einbezogen werden, die sich aus dem landwirtschaftlich genutzten Grundstück ergeben.[260] Dazu gehören Pflichten aus Gesetz, Verwaltungsakten oder Unterschutzstellungen, Nutzungsbeschränkungen des Naturschutzes, Immissionsschutzauflagen oder rechtliche Pflichten des Bauplanungsrechts. Diese Grundbelastungen – die auch die Allgemeinheit treffen – sind aber in den jeweiligen Fachgesetzen verfassungsgemäß entschädigungslos ausgestaltet worden.[261] Eine „ausgleichspflichtige Gesamtbelastung" des Eigentümers aus Art. 14 GG kann sich folglich nur aus solchen besonderen Belastungen, wie z. B. Fachplanungsmaßnahmen, ergeben, die ihn in seiner besonderen Stellung des Landwirts betreffen. Die Grundbelastungen der Allgemeinheit durch bauplanungsrechtliche Bestimmungen usw. können keine „Sondernachteile" darstellen, die dann im Ergebnis zu einer Ausgleichspflicht führen würden.[262]

Der Knackpunkt liegt in der Normgeprägtheit des Grundrechts[263] selbst: Wenn einzelne Inhalts- und Schrankenbestimmungen in den jeweiligen Fachgesetzen in verfassungsgemäßer Weise entschädigungslos ausgestaltet worden, dürfen diese nicht im Rahmen einer Gesamtbetrachtung wieder Einfluss auf eine Entschädigungspflicht gewinnen. Wäre dies der Fall, käme dem jeweiligen Landwirt als

---

[259] Zum Beispiel der Landwirte, die durch Regelungen des BImSchG, des BBodSchG und des BNatSchG betroffen sind: *Sellmann*, Belastungskumulationen und Subventionen in der Verhältnismäßigkeitsprüfung – Zu Ausgleichsansprüchen von betroffenen Landwirten nach Art. 14 Abs. 1 S. 2 GG, in: Hogenmüller, Landwirtschaft im Spektrum der Umweltwissenschaften, S. 155.

[260] *Sellmann*, Belastungskumulationen und Subventionen in der Verhältnismäßigkeitsprüfung – Zu Ausgleichsansprüchen von betroffenen Landwirten nach Art. 14 Abs. 1 S. 2 GG, in: Hogenmüller, Landwirtschaft im Spektrum der Umweltwissenschaften, S. 156.

[261] *Sellmann*, Belastungskumulationen und Subventionen in der Verhältnismäßigkeitsprüfung – Zu Ausgleichsansprüchen von betroffenen Landwirten nach Art. 14 Abs. 1 S. 2 GG, in: Hogenmüller, Landwirtschaft im Spektrum der Umweltwissenschaften, S. 156.

[262] *Sellmann*, Belastungskumulationen und Subventionen in der Verhältnismäßigkeitsprüfung – Zu Ausgleichsansprüchen von betroffenen Landwirten nach Art. 14 Abs. 1 S. 2 GG, in: Hogenmüller, Landwirtschaft im Spektrum der Umweltwissenschaften, S. 156.

[263] *Dietlein*, Eigentumsfreiheit und das Erbrecht, in: Stern, Staatsrecht, IV/1, S. 2168; *Kreuter-Kirchhof*, Personales Eigentum im Wandel, S. 107 ff.

Grundrechtsträger, der wie die „Allgemeinheit" auch, von diesen grundlegenden entschädigungslosen Beschränkungen betroffen ist, ein Vorteil zu.[264]

Diese denkbare Konstellation ist eine Besonderheit des Art. 14 GG und kann auf andere Grundrechte, schon mangels Entschädigungspflichtigkeit von Eingriffen nicht übertragen werden. Auch der Gedanke, dass der Betroffene des additiven Grundrechtseingriffs gegenüber denjenigen im Vorteil ist, die auch von den verfassungsmäßigen Einzeleingriffen singulär betroffen sind, ist nicht übertragbar. Denn der additive Grundrechtseingriff kann bei anderen Freiheitsgrundrechten nicht durch eine Ausgleichspflicht als verfassungsgemäß eingeordnet werden.

In der Prüfung des Art. 14 GG bildet ebenfalls der Wesensgehalt die Grenze des additiven Grundrechtseingriffs. Ausgleichspflichtige additive Grundrechtseigriffe, die den Wesensgehalt nicht berühren, sind abzulehnen.

D. Verfassungsänderung und „Zitiergebot"

Eine weitere verfahrensrechtliche Implikation zur Vermeidung verfassungswidriger Gesamtbelastungen könnte durch ein „Zitiergebot" erfolgen. Zur Steigerung der Transparenz und der damit einhergehende Effektivierung des Grundrechtsschutzes könnte der Gesetzgeber sich im Gesetzgebungsverfahren auf die erfolgte Evaluation zu bereits bestehenden Belastungen der durch legislative Neuregelungen betroffene Grundrechtsträger beziehen und diese Berücksichtigung ausweisen.[265]

Art. 19 Abs. 1 S.2 GG ist auf additive Grundrechtseingriffe *insgesamt* nicht anwendbar,[266] möglicherweise kann aber seiner Intention im Rahmen einer einfachgesetzlichen Regelung Rechnung getragen werden.

Sinn und Zweck des in Art. 19 Abs. 1 GG normierten Zitiergebots bei der Einschränkung von Grundrechten könnten auch im Falle additiver Grundrechtseingriffe

---

[264] Vgl. *Sellmann*, Belastungskumulationen und Subventionen in der Verhältnismäßigkeitsprüfung – Zu Ausgleichsansprüchen von betroffenen Landwirten nach Art. 14 Abs. 1 S. 2 GG, in: Hogenmüller, Landwirtschaft im Spektrum der Umweltwissenschaften, S. 156; der aber nicht nachvollziehbar zwischen „Grundbelastungen" und „besonderen Belastungen" differenziert, wobei unklar bleibt wie beide Kategorien auseinander zu halten sind.

[265] Eine mögliche Formulierung könnte lauten: „Die bestehenden Beeinträchtigungen der Spielhallenbetreiber durch den GlüStV, bauordnungsrechtliche- und gewerberechtlichen Anforderungen sowie die Ausführungsgesetze der Länder wurden bei der Neuregelung zum Abstandsgebot berücksichtigt. Trotz dieser Belastung fügt sich das Abstandsgebot in das bisherige Regelungssystem eine ohne eine verfassungswidrige Gesamtbelastung auszulösen. Es ist den Gewerbetreibenden weiterhin möglich an entsprechenden Orten eine neue Spielhalle zu betreiben. Auch überschneiden sich die Belastungswirkungen des Abstandsgebots nicht mit den anderen Einschränkungen, da sie auf eine geographische Regulierung abstellen."

[266] Der Wortlaut „das Gesetz" schließt Eingriffsadditionen aus, da die Gesamtbelastung nicht in einem Verfahren oder einem Hoheitsakt ergeht, scheidet auch eine umfängliche Zitation denklogisch aus.

zum Tragen kommen. Das Zitiergebot soll dem Gesetzgeber deutlich machen, dass und in welchem Umfang Freiheitsverkürzungen in Rede stehen, ihm kommt daher eine Warn- und Besinnungsfunktion zu.[267] Dem Gesetzgeber soll die Grundrechtsrelevanz bewusst werden und unbedachte Grundrechtsbeeinträchtigungen vermieden werden. Gegenüber dem Grundrechtsträger wird die vorgenommene Einschränkung, im Fall des additiven Grundrechtseingriffs die Gesamtbelastung offen gelegt. Dadurch erhöht sich die Wahrscheinlichkeit, dass der Gesetzgeber im Verfahren bisherige Belastungen berücksichtigt und die Neuregelung entsprechend besser in das bestehende System einbindet. Ob diese Berücksichtigungsformel dann zutreffend ist, kann durch die Offenlegung von den Grundrechtsträgern zumindest leichter überprüft werden. Auch wäre dann in einem verfassungsrechtlichen Verfahren unstreitig, dass es sich um eine Belastungskumulation handelt, sodass weniger die Kriterien, als die verfassungsrechtliche Grenze in Rede stehen.

Theoretisch möglich wäre es schließlich, eine Grenze für Belastungskumulationen explizit in die Verfassung aufzunehmen. Art. 19 Abs. 2 GG könnte in Bezug auf eine Gesamtbetrachtung der Belastung umformuliert werden:

> „In keinem Falle, weder durch Einzeleingriff noch durch Belastungskumulationen, darf ein Grundrecht in seinem Wesensgehalt angetastet werden."

Nach der hier vertretenen Auffassung ist dies überflüssig und wäre rein deklaratorischer Natur, da die Formulierung „in keinem Falle" ja alle möglichen Fälle mitumfasst.

Die größere Problematik einer eindeutigen Formulierung, hielte man sie auch nur aus Klarstellungsgründen für erforderlich, stellt sich bei den Anhängern einer Verortung des Verbots übermäßiger Gesamtbelastungen im Rahmen der Verhältnismäßigkeit. Zunächst findet sich der Grundsatz der Verhältnismäßigkeit nicht so explizit im Grundgesetz verankert wie die Wesensgehaltsgarantie in Art. 19 Abs. 2, sondern wird aus dem Rechtsstaatsprinzip und den Freiheitsrechten hergeleitet.[268] Dementsprechend schwierig dürfte es sich darstellen, den Verhältnismäßigkeitsgrundsatz als Grenze von Belastungskumulationen ausdrücklich zu normieren.

E. Ergebnis

Der Schutz des Wesensgehalts aus Art. 19 Abs. 2 GG ist die verfassungsrechtliche Grenze des additiven Grundrechtseingriffs. Dagegen spricht nicht, dass sich ein Verbot erheblicher Belastungskumulationen auch aus mehreren verfassungsrecht-

---

[267] *Dreier*, in: Dreier, GG, Art. 19 I, Rn. 19.

[268] *Grzeszick*, in: Maunz/Dürig, GG, Art. 20, VII, Rn. 107; *Stern*, Staatsrecht I, S. 861; *Robbers*, in: Bonner Kommentar, GG, Art. 20 Abs. 1, Rn. 1876; *Burghart*, in: Leibholz/Rinck, GG, Bd. 2, Art. 20 Rn. 776; *Schule-Fielitz*, in: Dreier, GG, Bd. 2, Art. 20, Rn. 179; *Voßkuhle*, JuS 2007, 429.

lichen Ansatzpunkten herleiten lässt. Bereits die Funktion der Grundrechte als subjektive öffentliche Rechte, die Systematik des Grundgesetzes mit einem auf Freiheit ausgerichteten Schutz, sei es durch das Rechtsstaatsprinzip allgemein oder durch den Grundsatz der Verhältnismäßigkeit konkret, stehen einer Beeinträchtigung des grundrechtlichen Individualschutzes entgegen. Die prüfbare Grenze des additiven Grundrechtseingriffs in der konkreten Bestimmung des Art. 19 Abs. 2 GG zu verorten, überzeugt schon aus dem Grund der Ausrichtung auf das verbleibende Schutzniveau, welches unabhängig von Qualität und Quantität staatlicher Beeinträchtigungen abwägungsfrei gewährleistet sein muss. Der additive Grundrechtseingriff streitet für eine absolute Interpretation des Art. 19 Abs. 2 GG, dem genau die Rolle in der Verfassung zukommen muss auf neue staatliche Eingriffs- und Belastungsformen zu reagieren. Eine davor geschaltete Gesamtverhältnismäßigkeitsprüfung kann schon aufgrund der Unmöglichkeit des „zueinander-in-Bezug-setzens“ verschiedener legitimer Zwecke nicht überzeugen und muss der Prüfung von Einzeleingriffen vorbehalten bleiben.

Die Grenze des Wesensgehalts der Grundrechte mag „sehr spät“ einsetzen und daher eine viele Gesamtbelastungen mit Grundrechtsrelevanz nicht umfassen. Dies widerspricht dem zentralen Argument des effektiven Grundrechtsschutzes allerdings nicht. Ein solcher kann nur gewährleistet sein, wenn die rechtlichen Maßstäbe seiner Umsetzung rechtssicher verortet sind, dies kann nur auf der Ebene des Eingriffs und anhand der Grenze des Art. 19 Abs. 2 GG erfolgen. Für relative Erhöhungen der Rechtfertigungsanforderungen, finden sich keine verfassungsrechtlich überprüfbaren Anknüpfungspunkte. Die Effektivität des Grundrechtsschutzes muss sich darüber hinaus auch in das verfassungsrechtliche System der Gewaltenteilung einfügen. Der Entscheidungsspielraum des Gesetzgebers muss bei Gesamtbelastungen besonders berücksichtigt werden.

Sechstes Kapitel

Gesamtbelastungen im Mehrebenensystem

Der Schutz des Wesensgehalts aus Art. 19 Abs. 2 GG entfaltet keine Bindungswirkung gegenüber der Hoheitsgewalt der Europäischen Union.[1] Den deutschen Grundrechten kommt keine supranationale Bindungswirkung zu. Daher vermögen sie auch keine Gesamtbelastungen durch europäische Hoheitsakte allein abwehren. Die Kontrolle von supranationalen Rechtsakten, welche die limitierte Übertragungsbefugnis des deutschen Gesetzgebers oder den Kern der Verfassungsidentität überschreiten bzw. antasten, ist kein Thema des Art. 19 Abs. 2 GG.[2] Es lohnt sich, auch für zukünftige Problemstellungen im Zuge einer zunehmenden Europäisierung des Rechts, ein Blick auf die europäische Rechtsordnung und den völkerrechtlichen Menschenrechtsschutz, ob diese einer Überprüfung von Belastungskumulationen zugänglich wäre und ob ähnliche Sicherungsmechanismen wie unter dem Grundgesetz bestehen.

A. Europäische Grundfreiheiten und Gesamtbelastungen

Gesamtbelastungen können in mehrstufigen Regelungssystemen über die nationale Erscheinungsform des additiven Grundrechtseingriffs, der sich vor dem Hintergrund des erweiterten Eingriffsverständnisses des deutschen Grundgesetzes entwickeln konnte, hinaus, auch in anderen Bereichen zeigen. In Bezug auf die europäischen Grundfreiheiten wird dafür plädiert, einen Kernbereichsschutz, angelehnt an das deutsche Verständnis des Wesensgehalts, anzuerkennen.[3] Im Hinblick auf die Kumulation einer Mehrzahl an Maßnahmen, welche die Grundfreiheiten betreffen können sind zwei Konstellationen zu differenzieren.

Zunächst kann es möglich sein, dass parallel eine Vielzahl an nationalen Maßnahmen eines Mitgliedsstaates ergeht, die isoliert betrachtet Diskriminierungsverbot und europäisches Verhältnismäßigkeitsprinzip wahren, durch ihr kumulatives Zusammenwirken aber die beeinträchtigte Grundfreiheit aushöhlen. Als Beispiel nennt Frenz das Statut nationaler Zielfestlegungen für sämtliche Produktionszweige bzw.

---

[1] *Krebs*, in: v. Münch/Kunig, GG, Art. 19, Rn. 21.

[2] Vgl. bereits: *Schröder*, DVBl. 1994, 316, 323 f.

[3] *Frenz*, Handbuch Europarecht Bd. 1, Europäische Grundfreiheiten, S. 215 mit explizitem Bezug zu Art. 19 Abs. 2 GG.

Selbstverpflichtungen unter Ausschluss von Firmen aus anderen Mitgliedstaaten, sodass sich verschiedene Wirtschaftssparten zu großen Produktionsgruppen zusammenschließen und die Warenverkehrsfreiheit dadurch beeinträchtigt wird.[4] Im Hinblick auf das sehr weite Verständnis der Beeinträchtigung der Grundfreiheiten erscheint diese Konstellation weniger problematisch, als nach dem ursprünglich klar singulärem Eingriffsverständnis des Grundgesetzes. Als allgemeine Beschränkungsverbote können die Grundfreiheiten nach der Rechtsprechung des Europäischen Gerichtshofs auch durch nationale Regelungen beeinträchtigt werden, die für In- und Ausländer gleichermaßen wirken und die Ausübung der durch die Grundfreiheiten geschützten Tätigkeiten weniger attraktiv machen oder nur potenziell behindern.[5] Vergleichbar ist die Beeinträchtigung durch Kumulation mit der Annahme einer Beeinträchtigung von Grundfreiheiten durch Unterlassen eines Mitgliedstaates. Der Europäische Gerichtshof bestimmt die Beeinträchtigung allein ergebnisorientiert danach, dass der Staat Störungen nicht hinreichend abgewendet hat.[6] Nach diesem bisherigen Verständnis ist es möglich, dass die Grundfreiheiten auch „als solche" geschützt sind und nicht durch eine Mehrzahl nationaler Maßnahmen beseitigt werden könnten.[7]

Zweitens kann es zu einem Zusammenwirken von mehreren nationalen Regelungen verschiedener Mitgliedstaaten kommen, die möglicherweise Belastungskumulationen darstellen und für eine Prüfung der europäischen Grundfreiheiten relevant sind. In seiner Eigenschaft als supranationales Rechtssystem geht das Europarecht, nach inzwischen einhellig anerkanntem Anwendungsvorrang,[8] dem mitgliedstaatlichen Recht im Kollisionsfall vor. Für das Verhältnis von verschiedenen nationalen Regelungen zueinander finden sich keine Kollisionsregeln, diese könnten aber in einer Gesamtbetrachtung am Maßstab des supranationalen Europarechts zusammengeführt werden. Fraglich ist also, ob EU-Bürger durch Belastungskumulationen aus nationalen Regelungen verschiedener Mitgliedstaaten diskriminiert werden können. Dem stehen die Grundfreiheiten als spezielle Diskriminierungsverbote und Schutznormen der wirtschaftlichen Freiheit im unionalen Rechtsraum[9] entgegen.

Im Steuerrecht wurde die doppelte Besteuerung desselben Sachverhalts durch unterschiedliche Mitgliedstaaten verstärkt als mögliche Beeinträchtigung der

---

[4] Handbuch Europarecht Bd. 1, Europäische Grundfreiheiten, S. 215.

[5] Zuerst entschieden am Beispiel der Warenverkehrsfreiheit: EuGH, Rs. 8/74, Slg. 1974, 837, Rn. 5 – Dassonville; inzwischen auch bezüglich der weiteren Grundfreiheiten, dazu: *Kingreen*, in: v. Bogdandy, Europäisches Verfassungsrecht; Grundfreiheiten, S. 705, 712.

[6] Grundlegend: EuGH, Rs. C-112/00, Slg. 2003, I-5659, Rn. 64 ff – Schmidberger (Brenner-Blockade).

[7] So *Frenz*, Handbuch Europarecht Bd. 1, Europäische Grundfreiheiten, S. 215.

[8] Statt aller: *Ruffert*, in: Calliess/Ruffert, EUV/AEUV, Art. 1 AEUV, Rn. 16, m.w.N.

[9] *Tietje*, in: Grabitz/Hilf/Nettesheim, Das Recht der Europäischen Union, AEUV, Art. 114, Rn. 52.

Grundfreiheiten diskutiert.[10] Dabei geht es darum, dass eine Belastung desselben Steuergegenstandes mit vergleichbaren Steuern in zwei oder mehr Jurisdiktionen bei demselben Steuerpflichtigen anfällt.[11] In diesen Konstellationen stellen sich ähnlich schwierige Zurechnungsfragen wie bei der Einordnung von Gesamtbelastungen im deutschen Verfassungsrecht bei der Handlung verschiedener Hoheitsträger.[12] Fraglich ist im Falle einer Anerkennung auch auf der Ebene der Grundfreiheiten, hier der Kapitalverkehrsfreiheit, welcher Mitgliedsstaat für eine möglicherweise europarechtswidrige Belastungskumulation verantwortlich ist: Die Doppelbesteuerung entsteht erst durch Zusammenwirken und kann daher nicht grundsätzlich isoliert einem Staat zugerechnet werden.[13] Zwei mitgliedstaatliche Regelungen können theoretisch unabhängig vom konkreten Anwendungsgebiet des Steuerrechts, jede für sich betrachtet diskriminierungsfrei sein, das kumulative Zusammentreffen beider Rechtsordnungen in einem Bereich der nicht vollständig harmonisiert ist, kann zu einer Beeinträchtigung von Grundfreiheiten führen.[14] Der Europäische Gerichtshof hat interessanterweise in Fällen der Doppelbesteuerung eine Koordinierungspflicht der Mitgliedstaaten im Gegensatz zu Wegzugsfällen[15] oder grenzüberschreitenden Verlustrechnungen von Konzernen,[16] verneint.[17] Der unkoordinierte Zugriff von zwei Mitgliedstaaten auf denselben Regelungsgegenstand, hier die Besteuerung, ist nach dieser Ansicht keine rechtfertigungsbedürftige Beeinträchtigung von Grundfreiheiten. Die Europäische Union selbst, hat im Bereich des Steuerrechts keine Kompetenz. Zwischen einer nur in einem vollharmonisiertem Rechtssystem verwirklichten Steuerneutralität und einer ungemilderten Doppelbelastungsmöglichkeit in einem supranationalen Rechtssystem liegen allerdings weite Spielräume, in denen auch gewisse Abschreckungseffekte nicht zu unterschätzen sind.[18] Eine Beeinträchtigung der Kapitalverkehrsfreiheit im Fall der Doppelbesteuerung unterstellt, lässt sich aus der bisherigen Rechtsprechung des Europäischen Gerichtshofs für die

---

[10] *Wernsmann*, Zunehmende Europäisierung und Konstitionalisierung als Herausforderungen für den Steuergesetzgeber, in: Zukunftsfragen des deutschen Steuerrechts, S. 161, 174; *Schnitger*, IStR 2004, 635, 638; zum Konflikt mit der Dienstleistungsfreiheit, *Brüggemann*, Die Besteuerung von Sportwetten im Rennwett- und Lotteriegesetz, S. 178 ff.; ablehnend: *Schön*, IStR, 289, 299.

[11] Zum Begriff der Doppelbesteuerung im juristischen und wirtschaftlichen Sinne: *Englisch*, Wettbewerbsgleichheit im grundüberschreitenden Handel, S. 762 ff.

[12] Dazu oben Viertes Kapitel A. VI. 2.

[13] *Schnitger*, IStR 2004, 635, 638.

[14] *Wernsmann*, Zunehmende Europäisierung und Konstitionalisierung als Herausforderungen für den Steuergesetzgeber, in: Zukunftsfragen des deutschen Steuerrechts, S. 174.

[15] EuGH, Rs. C- 9/02 – Lasteryrie du Saillant; Rs. C- 470/04, Slg. 2006, I-07409, insbs. Rn. 44 ff.

[16] EuGH, Rs. C-446/03, Slg. 2005 I-10837 – Marks&Spencer.

[17] EuGH, Rs. C-67/08, Slg. 2009, I-00883, Rn. 31 – Block; *Wernsmann*, in: Zukunftsfragen des deutschen Steuerrechts, S. 174.

[18] *Wernsmann*, Zunehmende Europäisierung und Konstitionalisierung als Herausforderungen für den Steuergesetzgeber, in: Zukunftsfragen des deutschen Steuerrechts, S. 175.

Belastungskumulation kein Rechtfertigungsgrund ersehen: Weder der drohende Ausfall von Steuereinnahmen, noch Schwierigkeiten der Ermittlung von Steuerrechtsfällen im Ausland wurden als Rechtfertigungsgrund für die Beeinträchtigung von Grundfreiheiten anerkannt.[19] Englisch ist der Auffassung, dass Mehrfachbelastungen grenzüberschreitender Transaktionen, insoweit die dafür verantwortlichen Regelungen übereinstimmend dasselbe mit der Wettbewerbsfreiheit kollidierende legitime Ziel mit je derselben Intensität verfolgen, dann grundfreiheitlich nicht hinzunehmen sei, wenn dieses jeweils autonom gesetzte Ziel genauso effektiv durch eine einmalige Maßnahme in nur einem Mitgliedsstaat erreicht werden könnte.[20] Hier bestehe eine Abstimmungspflicht der Mitgliedstaaten untereinander zur Förderung der Wettbewerbsgleichheit im Binnenmarkt, da letztlich ihre souverän getroffenen Regelungen unangetastet bleiben.

Im Ergebnis scheitert die Berücksichtigung von Belastungskumulationen im Rahmen der Grundfreiheiten an der Zurechnungsfrage im Rahmen des supranationalen Rechtssystems. Das Unionsrecht schreibt keine verbindlichen Vorgaben oder allgemeine Kriterien für die Zuständigkeitsverteilung zwischen den Mitgliedstaaten vor, um eine Doppelbesteuerung zu vermeiden.[21] Damit ist es Angelegenheit der Mitgliedstaaten, hier auftretende Probleme auf bilateraler Ebene zu lösen. Aufgrund der Kompetenzverteilungen zwischen der Europäischen Union und den Mitgliedstaaten kann sich das Problem der Doppelbesteuerung ohne europarechtlichen Regelungsansatz auch nicht auf dieser Ebene abspielen. Damit ergibt sich aus dem Europarecht selbst keine Vorgabe des Verbots einer Belastungskumulation in Bereichen, die nicht harmonisiert sind. Vielmehr steht es den einzelnen Mitgliedstaaten frei,[22] ihre steuerlichen Regelungen einseitig anzupassen oder multilaterale Abkommen zu schließen, die eine Doppelbesteuerung vermeiden, unter Umständen kommt auch eine Orientierung am OECD-Musterabkommen in Betracht.[23] Ob diese Entscheidung auf andere Grundfreiheiten übertragbar ist, ist noch nicht abschließend geklärt, aber nicht unwahrscheinlich. Letztlich rechtfertigt sich die Verneinung der Zurechnung der Gesamtbelastung in einem europarechtlich nicht geregelten Feld aus dem Prinzip der begrenzten Einzelermächtigung und der jeweiligen Souveränität der Einzelstaaten. Eine parallele Bewertung von europarechtlichen und nationalen Sachverhalten, bei denen sich ebenfalls Probleme einer „Gesamtschuld" stellen – wie bei der Handlung unterschiedlicher Hoheitsträger – sind mangels vergleichbarer Kompetenzverteilung im Föderalstaat nicht übertragbar. Auch der in Art. 4 Abs. 3

[19] EuGH, Rs. C-397/98, Slg. 2001, I-1727 – Metallgesellschaft; EuGH, Rs. C-80/94, Slg. 1995, I-2493 – Wielockx; *Wernsmann*, Zunehmende Europäisierung und Konstitutionalisierung als Herausforderungen für den Steuergesetzgeber, in: Zukunftsfragen des deutschen Steuerrechts, S. 175.

[20] *Englisch*, Wettbewerbsgleichheit im grundüberschreitenden Handel, S. 782.

[21] *Ress/Ukrow*, in: Grabitz/Hilf/Nettesheim, Das Recht der Europäischen Union, Art. 63 AEUV, Rn. 201.

[22] EuGH, Rs. C-513/04, Rn. 25 f.

[23] EuGH, Rs. C-470/04, N, Rn. 44; Rs. C-336/96, Slg. 1998, I-2793, Rn. 31 – Gilly.

EUV primärrechtlich verankerte Grundsatz der Unionstreue gebietet keine andere Bewertung, denn dieser begründet keine unmittelbare Verpflichtung der Mitgliedstaaten gegenüber ihren Bürgern[24] und bedarf generell der Konkretisierung durch andere Normen, um justiziabel zu sein.[25]

B. Grenzen von Gesamtbelastungen im Bereich der europäischen Grundrechte

Die Frage der Überprüfbarkeit Belastungskumulationen am Maßstab der europäischen Grundrechte ist von der „Kumulationsthese" zu differenzieren.[26] Unter dem Stichwort der Kumulationsthese wird die Frage des Verhältnisses zwischen Unionsgrundrechten und nationalen Grundrechten diskutiert. Dabei geht es aber nicht um eine Mehrzahl von Grundrechtsbelastungen auf europäischer Ebene, sondern um die Geltung der nationalen und europäischen Grundrechte nebeneinander.[27]

Art. 52 Abs. 1 S. 1 GRCh bezieht sich von seinem Wortlaut her ausdrücklich auf das Erfordernis der Achtung des Wesensgehalts der in der Charta anerkannten Rechte und Freiheiten. Auch diese Grenze erscheint für eine Kumulation der Beeinträchtigung von europäischen Grundrechten offen. Parallel zur deutschen Diskussion um die konkrete Bestimmung des Wesensgehalts des Art. 19 Abs. 2 GG ist auch die Einordnung von Art. 52 Abs. 1 S. 1 GRCh als generell-absoluter Grundrechtskern oder individuell bezogene Schutznorm, nicht abschließend geklärt.[28] Die Rechtsprechung des EuGH deutete auf ein relatives Verständnis hin, wonach die Grenze des Wesensgehalts gegenüber dem Verhältnismäßigkeitsgrundsatz keine eigenständige Funktion zukam.[29] Dies schließt allerdings nicht von vorneherein aus, dass die Erfassung mehrerer Beeinträchtigungen europäischer Grundrechte möglich ist. Inzwischen prüft der EuGH den Wesensgehalt nicht mehr als Bestandteil des Ver-

---

[24] EuGH, Rs. C-511/03, Slg. 2005, I-8979, Rn. 28 – Ten Kate; zu den mittelbaren Auswirkungen und der Einklagbarkeit: *v. Bogdandy/Schill*, in: Grabitz/Hilf/Nettesheim, Das Recht der Europäischen Union, EUV, Art. 4, Rn. 64.

[25] Vgl. bereits EuGH, Rs. 2/73, Slg. 1973, 865, Rn. 4 – Geddo; zum Ganzen auch: *Calliess/Kahl/Puttler*, in: Calliess/Ruffert, EUV/AEUV, EUV, Art. 4, Rn. 42 ff.

[26] Oder auch „Doppelgeltungsthese" bei *Franzius*, ZaöRV 2015, 383, 394 f.

[27] Überblick bei: *Kingreen*, JZ 2013, 801, 803.

[28] *Ehlers*, in: Ehlers, Europäische Grundrechte und Grundfreiheiten, Die Grundrechte der Europäischen Union, § 14 Allgemeine Lehren, S. 568.

[29] EuGH Rs. 44/79, Slg. 1979, S. 3727, S. 3729 – Hauser: „Es ist jedoch erforderlich, daß diese Einschränkungen tatsächlich dem allgemeinen Wohl dienenden Zielen der Gemeinschaft entsprechen und daß sie nicht einen im Hinblick auf den verfolgten Zweck unverhältnismäßigen, nicht tragbaren Eingriff in die Vorrechte des Eigentümers darstellen, der das Eigentumsrecht in seinem Wesensgehalt antastet."; dazu auch: *Held*, Die Haftung der EG für die Verletzung von WTO-Recht, S. 229, Fn. 366 m.w.N.

hältnismäßigkeitsgrundsatzes, sondern als eigenständigen Prüfungspunkt.[30] Dies deutet auf eine Interpretation im Sinne eines schlechthin unantastbaren Kernbereichs hin,[31] der auch durch eine Vielzahl an Beeinträchtigungen nicht ausgehöhlt werden darf.

Im Bereich des Datenschutzrechts hat das Schrems-Urteil des Europäischen Gerichtshofs[32] die Interpretation der Wesensgehaltsgarantie als absolute Schranke in diesem Rechtsbereich bestärkt und ein auf (europäischer Ebene) bisher als praktisch kaum relevant rezipiertes Verfassungsprinzip zum absoluten Maßstab jeder Datenverarbeitung ausgeformt.[33] Der Europäische Gerichtshof hat damit auch erstmals einen Eingriff in den Wesensgehalt eines europäischen Grundrechts festgestellt.[34] Im konkreten Fall ging es um Datenübermittlungen in die USA und die Safe-Harbour-Entscheidung[35] der Kommission wurde für nichtig erklärt.[36] Dies bestärkt die Annahme, dass die Wesensgehaltsgarantie der europäischen Grundrechte nach Art. 52 Abs. 1 S. 1 GRCh eine größere Rolle spielen kann, als bisher angenommen. Dadurch könnte auch die Prüfung von Belastungskumulationen im Bereich des europäischen Grundrechtsschutzes an Bedeutung gewinnen, wenn mit der Wesensgehaltsgarantie eine in der Rechtsprechung des Europäischen Gerichtshofs anerkannte Grenze vorhanden ist. Auch in diesen Konstellationen ist es denkbar, dass erst durch eine Mehrzahl an Handlungen der europäischen Organe die Wesensgehaltsgarantie der europäischen Grundrechte beeinträchtigt ist. Aufgrund der Verortung in Art. 52 Abs. 1 S. 1 GRCh und der Nennung der Verhältnismäßigkeit in S. 2 spricht viel dafür, dass die europäische Wesensgehaltsgarantie nicht nur als objektive Bestandsgarantie, sondern als Schutzgebot individueller Rechte angesehen werden muss.[37] Eine Kompetenz der Europäischen Union wird durch die Norm allerdings nicht begründet, was sich auch bereits aus den Vertragsvorschriften über die Kompetenzverteilung und -ausübung ergibt.[38] Die europäische Schutzebene der GRCh und die Rechtsprechung des Europäischen Gerichtshofs zum Datenschutzrecht betrifft aufgrund

---

[30] EuGH, Rs. C-400/10, Slg. 2010, I-08965, Rn. 55, 57.

[31] *Kingreen*, in: Calliess/Ruffert, EUV/AEUV, EuGRCharta, Art. 52, Rn. 64.

[32] Urt. v. 6.10.2015 – C-362/14 = NJW 2015, 3151.

[33] Vgl. auch *Bock/Engeler*, DVBl. 2016, 599.

[34] *Bock/Engeler*, DVBl. 2016, 593, Fn. 2 auch unter Verweis auf die Stellungnahme des Juristischen Dienstes des EU Parlaments im Committee on Legal Affairs.

[35] EU Kommission, 29.07.2000, 2000/520/EG.

[36] Art 25 der 95/46/EG (ab 25.05.2018 Art. 45 Abs. 1 der Datenschutzgrundverordnung), verlangte, dass eine Übermittlung personenbezogener Daten an ein Drittland nur vorgenommen werden darf, wenn die Kommission beschlossen hat, dass dieses ein angemessenes Schutzniveau bietet. Die Safe-Harbour Entscheidung war die wesentliche Rechtsgrundlage für die Datenübermittlung in die USA. Die Kommission sah für den privaten Sektor das angemessen Schutzniveau ohne umfassende Feststellung durch die Grundsätze zum Datenschutz des US-Handelsministeriums und die erläuternden Fragen als gewährleistet an, EU Kommission, 29.07.2000, 2000/520/EG, S. 1, Punkt (5).

[37] *Bock/Engeler*, DVBl. 2016, 593, 594.

[38] *Kingreen*, in: Calliess/Ruffert, EUV/AEUV, EuGRCharta, Art. 51, Rn. 6.

der divergierenden Dogmatik zum deutschen Verfassungsrecht keine additiven Grundrechtseingriffe, bietet aber vielversprechende Ansatzpunkte, um Belastungskumulationen durch deutsche und europäische Organe erfassen zu können. Entscheidend ist vor allem, dass die Eingriffs- bzw. Beschränkungsdogmatik des Europäischen Gerichtshofs nicht in einer mit dem nationalen Verfassungsrecht und insbesondere der deutschen Eingriffsdogmatik vergleichbaren Weise elaboriert ist.[39] Tendenziell scheint der Gerichtshof von einem eher weiteren Eingriffs- bzw. Beschränkungsverständnis auszugehen.[40] Soweit ersichtlich hat sich der Europäische Gerichtshof auch noch nicht explizit mit dem Thema Belastungskumulationen im Bereich der europäischen Grundrechte auseinander gesetzt.

Zu beachten ist in solchen Konstellationen allerdings zwingend das Verhältnis zwischen europäischem und nationalem Recht. Der Anwendungsvorrang des Unionsrechts soll ausschließen, dass unionsrechtliche Vorschriften aufgrund bereits existierender nationaler Regelungen als Verstoß gegen die europäischen Grundrechte eingeordnet werden. Vielmehr soll in diesem Fall eine Anpassungspflicht des nationalen Rechts gegeben sein, um entsprechende Belastungskumulationen aufzulösen.[41] Die Problematik der rechtlichen Behandlung stellt sich daher nicht in einer mit dem nationalen Recht vergleichbaren Situation. Eine staatenübergreifende Verantwortlichkeit für Maßnahmen eines anderen Staates im Rahmen einer denkbaren Belastungskumulation kommt aufgrund der völkerrechtlichen Souveränität nicht in Betracht. Hieran schließen sich jedoch weitere Fragen an, z. B. welche nationalen Regelungen anzupassen sind und welcher von eventuell mehreren in Betracht kommenden Mitgliedstaaten eine Anpassungspflicht hat.

C. Internationaler Menschenrechtsschutz und Gesamtbelastungen

Zusammenwirkende Belastungen, die Rechtspositionen von Individuen aushöhlen, sind auch auf der Ebene des Völkerrechts denkbar.[42] Der staatenübergreifende Individualschutz wird insbesondere durch den internationalen Menschenrechtsschutz gewährleistet. Hier sind speziell die EMRK und die Menschenrechtsabkommen der Vereinten Nationen[43] in den Blick zu nehmen. Auch wenn die genaue

---

[39] „Völlig vernachlässigt", *Kühling*, in: v. Bogdandy, Europäisches Verfassungsrecht, Grundrechte, S. 657, 689.

[40] *Ehlers*, in: Ehlers, Europäische Grundrechte und Grundfreiheiten, Die Grundrechte der Europäischen Union, § 14 Allgemeine Lehren, S. 403.

[41] *Klement*, EuR 2017, 532, 541, Fn. 39.

[42] Zur Wesensgehaltsgarantie im Völkerrecht: *Kokott*, HGR I, § 22, Rn. 91 ff.; kritisch: *Dammann*, Der Kernbereich der privaten Lebensgestaltung, S. 171 f.

[43] Darunter werden allgemein verstanden: die Allgemeine Erklärung der Menschenrechte, beschlossen von der Vollversammlung der Vereinten Nationen am 10. 12. 1948; der interna-

Bindungswirkung der Allgemeinen Erklärung der Menschenrechte unklar ist,[44] lohnt sich eine nähere Betrachtung dahingehend, ob der Menschenrechtscharta Anhaltspunkte für einen Kernbereichsschutz und damit ggf. auch einen Schutz vor Belastungskumulationen entnommen werden können. Selbiges gilt für die EMRK: Die Frage nach einem Schutz vor Belastungskumulationen ist die Frage nach der Grenze der Einschränkbarkeit- und Grund- und Menschenrechten, diese stellt sich auf allen rechtlichen Ebenen. In diesen Fällen muss der Verpflichtungsadressat der Sicherungsbestimmung des Kernbereichsschutzes jeweils genauer identifiziert werden. In Betracht kommen beispielsweise sowohl rechtssetzende Organe einer supranationalen Vereinigung, als auch nationale Hoheitsträger.[45] Es ist nicht ausgeschlossen, dass durch diese Belastungskumulationen entstehen, die den Schutzgehalt der Menschenrechte berühren.

Der Intention des Art. 19 Abs. 2 GG verwandte Bestimmungen finden sich in Art. 5 Abs. 1 des Internationalen Pakts über bürgerliche und politische Rechte, wo es heißt:

> „Keine Bestimmung dieses Paktes darf dahin ausgelegt werden, daß sie für einen Staat, eine Gruppe oder eine Person das Recht begründet, eine Tätigkeit auszuüben oder eine Handlung zu begehen, die auf die Abschaffung der in diesem Pakt anerkannten Rechte und Freiheiten oder auf weitergehende Beschränkungen dieser Rechte und Freiheiten, als in dem Pakt vorgesehen, hinzielt."

und noch deutlicher in Art. 17 EMRK:

> „Diese Konvention ist nicht so auszulegen, als begründe sie für einen Staat, eine Gruppe oder eine Person das Recht, eine Tätigkeit auszuüben oder eine Handlung vorzunehmen, die darauf abzielt, die in der Konvention festgelegten Rechte und Freiheiten abzuschaffen oder sie stärker einzuschränken, als es in der Konvention vorgesehen ist."

Die Bedeutung eines Kernbereichsschutzes der Menschenrechte auf völkerrechtlicher Ebene kann sich insbesondere darin begründen, dass nationale Rechtsordnungen kein Instrument gegen Belastungskumulationen vorsehen, diese sich aber auf menschenrechtliche Schutzgewährleistungen erheblich auswirken.

Der UN-Menschenrechtsausschuss geht explizit davon aus, dass alle Menschenrechte des Zivilpakts über einschränkungsfeste Kerngehalte verfügen, denn unter Bezug auf Art. 5 stellt die *essence of right* eine letzte Grenze der Einschränkbarkeit dar.[46] Im Falle Kalashnikov[47] wurde die Interpretation, dass der

---

tionale Pakt über bürgerliche und politische Rechte (UN-Zivilpakt) vom 23. 03.1976 und der internationale Pakt über wirtschaftliche, soziale und kulturelle Rechte vom 16. 12. 1966.

[44] *Gorning*, in: Schöbener, Völkerrecht: Lexikon zentraler Begriffe und Themen, S. 16 f.

[45] Vgl. zur ähnlichen Problematik bei Zitiergebot und Gesetzesvorbehalt: *Remmert*, in: Maunz/Dürig, GG, Art. 19 Abs. 1, Rn. 12.

[46] Vgl. HCR, Yoon and Choi vs. The Republic of Korea, UN-Doc-CCPR/C/88/D/1321–1322/2004, Rn. 8.3, 23 January 2007; *Bernstorff*, Der Staat 50 (2011), 165, 171, Fn. 25, 177.

[47] EGMR, 15. 07. 2002 – 47095/99 = NVwZ 2005, 303 *Kalashnikov gegen Russland.*

EGMR einen Verstoß gegen Art. 3 EMRK durch unhygienische und gesundheitsgefährdende Haftbedingungen erst aufgrund der Kumulation verschiedener Umstände angenommen hat,[48] bereits aufgeworfen.[49] Dies muss allerdings nicht vermutet werden, sondern wurde vom EGMR selbst bestätigt. Im Urteil heißt es:

> „Bei der Bewertung der Haftbedingungen müssen die kumulativen Wirkungen dieser Bedingungen ebenso in Betracht gezogen werden wie die Behauptungen des Bf.".[50]

Diese Konstellation verdeutlicht, dass Belastungskumulationen im völkerrechtlichen Menschenrechtsschutz eine Rolle spielen, sie werfen aber keine mit dem additiven Grundrechtseingriff einhergehenden dogmatischen Probleme auf. Wie im Bereich der grundrechtlichen Schutzpflichten kam es im Fall der Gewährleistung menschenwürdiger Haftbedingungen nicht darauf an, ob die „Untergrenze" durch das Unterlassen einer oder mehrerer staatlicher Maßnahmen unterschritten wurde. Es handelt sich daher nicht um einen additiven Grundrechtseingriff. Im Urteil des EGMR zur GPS-Überwachung wurde das Zusammenwirken mit anderer Observationsmaßnahmen, also der vorliegende additive Grundrechtseingriff, im Gegensatz zum Urteil des Bundesverfassungsgerichts nicht weiter problematisiert.[51] Dem kann allerdings keine größere Aussagekraft beigemessen werden, da sich das Bundesverfassungsgericht ja bereits mit einer Gesamtschau aller Maßnahmen auseinandergesetzt hatte und diese als verhältnismäßig eingeordnet hatte,[52] sodass die Feststellung der Rechtmäßigkeit der GPS-Überwachung durch den EGMR auch als Billigung dieser Vorgehensweise angesehen werden kann.

Auch durch abwägungsunabhängige Verbote durch Menschenrechte lässt sich die Beachtung eines Kernbereichsschutzes, der ebenfalls Belastungskumulationen umfassen muss, auf völkerrechtlicher Ebene untermauern. Zu nennen ist beispielsweise das Folterverbot, was durch seine Absolutheit eine hohe Kernbereichsrelevanz aufweist[53] und der absoluten Interpretation des Wesensgehaltsschutzes entspricht.

Auf der völkerrechtlichen Ebene des Menschenrechtsschutzes finden sich normative Anhaltspunkte und Absicherungen kernbereichgeschützer individueller Schutzgehalte, mit denen Belastungskumulationen begegnet werden können. Grundsätzlich ist es primär die Aufgabe der nationalen Rechtsordnung, Kernbereichsschutz zu betreiben. Art. 19 Abs. 2 GG verpflichtet alle innerstaatlich mit der

---

[48] Die Zelle in der der Beschwerdeführer untergebracht war, war massiv überbelegt, sodass die Insassen in Schichten schlafen mussten, eine ausreichende Belüftung war nicht gewährleistet, der Bereich war von Schädlingen befallen und es ging akute Ansteckungsgefahr von Mithäftlingen bezüglich verschiedener Krankheiten aus, EGMR NVwZ 2005, 303, 304 f., Rn. 97–98.

[49] *Kromrey*, Haftbedingungen als Auslieferungshindernis, S. 214.

[50] EGMR NVwZ 2005, 303, 304, Rn. 95.

[51] EGMR, 02.09.2010–35623/05, Rn. 78 = NJW 2011, 1333, 1338, Rn. 79 ff.

[52] BVerfGE 112, 304, 320, dazu auch oben Zweites Kapitel A. I. 1.

[53] *Bernstorff*, Der Staat 50 (2011), 165, 175.

Anwendung von Grundrechten betrauten Institutionen. Wenn dieser Schutz allerdings nicht vorgesehen ist oder ihm nicht ausreichend nachgekommen wird, obliegt den Organen des Menschenrechtsschutzes auf völkerrechtlicher Ebene die Verpflichtung, Kernbereichsverletzungen festzustellen und auf ihre Beseitigung hinzuwirken.[54]

Aufgrund dessen ist es auch nicht ausgeschlossen, Schutz gegen eine Mehrzahl von Belastungen erst auf dieser Ebene zu erlangen, auch wenn dies das nationale Recht nicht vorsieht. Eine explizite Rolle haben Belastungskumulationen in der Rechtsprechung und der internationalen Rechtspraxis noch nicht gespielt. Im Ergebnis werden sich die dogmatischen Probleme des Eingriffs auf völkerrechtlicher Ebene so nicht niederschlagen. Entscheidender Anknüpfungspunkt einer Berücksichtigung kann auch supranational nur der hier entwickelte Weg des Wesensgehalts bzw. Kernbereichsschutzes sein.

---

54 *Bernstorff*, Der Staat 50 (2011), 165, 187.

Siebtes Kapitel

Prozessuale Fragen

Die Annahme eines materiell-rechtlichen Schutzes in der Verfassung vor additiven Grundrechtseingriffen beantwortet noch nicht die Frage nach den genauen Modalitäten der prozessualen Durchsetzbarkeit. Dass es prozessuale Möglichkeiten geben muss, sich auch durch eine Aushöhlung der Grundrechte durch Gesamtbelastungen zur Wehr zu setzen, liegt bereits in den Art. 93 Abs. 1 Nr. 4a, 1 Abs. 3 GG begründet.

A. Individualverfassungsbeschwerde

Unabhängig davon, wo die verfassungsrechtliche Grenze von Belastungskumulationen gezogen werden soll, stellt sich für einen effektiven Grundrechtsschutz immer die Anschlussfrage einer prozessualen Durchsetzungsmöglichkeit. Für den additiven Grundrechtseingriff, dessen Hauptanwendungsfall die legislative Belastungskumulation ist, kommt als einziges verfassungsgerichtliches Rechtsschutzverfahren gegen die Gesamtbelastung selbst für den Grundrechtsträger die Individualverfassungsbeschwerde nach Art. 93 Abs. 1 Nr. 4a GG, §§ 90ff. BVerfGG in Betracht.[1] Die Doppelfunktion[2] der Verfassungsbeschwerde als Durchsetzung, subjektiver, von der Verfassung gewährter Rechtspositionen und der lückenlosen Durchsetzung des objektiven Verfassungsrechts streitet dafür.

I. Angreifen von Einzelmaßnahmen oder Gesamtrüge des additiven Grundrechtseingriffs

Konsequenzen der Anerkennung von Gesamtbelastungen im Rahmen eines additiven Grundrechtseingriffs auf Eingriffsebene zeigen sich möglicherweise ebenfalls im Hinblick auf eine nötige Modifikation von Beschwerdegegenstand und

---

[1] Konsequenterweise ist auch die Möglichkeit einer konkreten Normenkontrolle nach Art. 100 GG und einer abstrakten Normenkontrolle gem. Art. 93 Abs. 1 Nr. 2 GG anzunehmen; zu den Schwierigkeiten der Zulässigkeit, unten B.

[2] Dazu *Hellmann*, in: Barczak, Mitarbeiterkommentar zum BVerfGG, § 90, Rn. 6ff.; *Grünewald*, in: BeckOK BVerfGG, § 90, Rn. 2f.; kritisch *H. Bethge*, in: Maunz/Schmidt-Bleibtreu/Klein/Bethge, BVerfGG, § 90; Rn: 8 „angebliche Doppelfunktion“.

Beschwerdebefugnis im Rahmen der Individualverfassungsbeschwerde nach Art. 93 Abs. 1 Nr. 4a GG. Dabei besteht entweder die Möglichkeit, lediglich einen Einzelakt zu rügen und die Einbeziehung weiterer Belastungskumulationen erst im Rahmen der materiellen Ebene vorzunehmen, oder bereits im Rahmen des Beschwerdegegenstandes die Gesamtbelastung selbst zu rügen.

Die erstmalige Berücksichtigung von mehr als einer staatlichen grundrechtsrelevanten Belastung im Rahmen der Begründetheit einer Individualverfassungsbeschwerde kommt folgerichtig aber nur in Betracht, wenn man die Gesamtbelastung nicht bereits auf Eingriffsebene, sondern erst im Rahmen der Verhältnismäßigkeitsprüfung des Einzeleingriffs berücksichtigen möchte.[3] Dann bleibt es auch in der Zulässigkeit bei der Geltendmachung eines Einzeleingriffs. Neben den bereits aufgezeigten materiell-rechtlichen Gegenargumenten[4] würde diese Sichtweise auch die Zulässigkeit der Individualverfassungsbeschwerde jedenfalls teilweise entwerten. Die „Filterfunktion" der Zulässigkeit,[5] insbesondere im Hinblick auf die Beschwerdebefugnis, also die Geltendmachung der bloßen Möglichkeit einer Grundrechtsverletzung, würde sich nicht mehr auf alle staatlichen Maßnahmen erstrecken, die in der Begründetheit geprüft werden müssten.[6]

Darüber hinaus bestehen bei der Rüge nur einer Einzelmaßnahme hinsichtlich der Frist des § 93 BVerfGG nicht unerhebliche Bedenken.[7] In diesem Fall stellt sich auch die Frage wie die Gesamtbelastung selbst in der Zulässigkeit überhaupt abgebildet werden soll. Allein die Geltendmachung einer Grundrechtsverletzung nach Art. 93 Abs. 1 Nr. 4a GG, § 90 Abs. 1 BVerfGG aufgrund der Unverhältnismäßigkeit kommt in Betracht. Der Grundsatz der Verhältnismäßigkeit ist aber kein Kriterium für das Vorliegen des Grundrechtseingriffs und damit der Betroffenheit des Beschwerdeführers. Vielmehr kann dieser erst im Rahmen der Begründetheit zum Tragen kommen.[8] Damit bleibt nach dieser Lösung nur die Option, dass die Gesamtbelastung – auch wenn nur die Gesamtbetrachtung dazu führen kann, dass die Verfassungsbeschwerde begründet ist – in der Zulässigkeit gänzlich außen vor bleibt und in der Begründetheit als Teil der Verhältnismäßigkeit „von Amts wegen"[9] geprüft werden müsste. Diese Konsequenz würde zu einem Auseinanderfallen der

---

[3] *Lücke*, DVBl. 2001, 1496, 1476; *Lee*, Umweltrechtlicher Instrumentenmix und kumulative Grundrechtseinwirkungen, S. 146 ff., dazu oben Fünftes Kapitel B. IV.

[4] Dazu oben Fünftes Kapitel B. V.

[5] Vgl. *Urbaneck*, JuS 2014; 896; 900.

[6] Auch im Hinblick auf die Überlastung des Bundesverfassungsgerichts erscheint es nicht sachgerecht Individualverfassungsbeschwerden zuzulassen, die sich auf Gesamtbelastungen stützen, die Beschwerdebefugnis des Grundrechtsträgers aber nur im Hinblick auf eine Maßnahme gelten gemacht werden kann: 5.754 Neueingänge im Verfahrensregister 2016; abrufbar unter: www.bundesverfassungsgericht.de.

[7] Dazu sogleich.

[8] *H. Bethge*, in: Maunz/Schmidt-Bleibtreu/Klein/Bethge, BVerfGG, § 90, Rn. 346a.

[9] Eingehend: *Barczak*, in: Barczak, Mitarbeiterkommentar zum BVerfGG, § 92, Rn. 41 ff. *Müller-Franken*, DÖV 1999, 590 ff.; dazu auch sogleich.

Maßstäbe von Zulässigkeit und Begründetheit führen, der gerechtfertigt werden müsste, da nun Eingriffe auf der Ebene der Begründetheit geprüft würden, auf die der „Filter" Zulässigkeit nicht angewendet wurde.[10] Dies würde zu einem erheblichen Prüfungsmehraufwand führen, da es für Beschwerdeführer möglich wäre, zumindest auch immer eine Belastungskumulation als Teil der Verhältnismäßigkeit neben der Prüfung des Einzeleingriffs geltend zu machen, welche das Bundesverfassungsgericht stets in der Begründetheit prüfen müsste, wenn auch nicht bezüglich aller Maßnahmen eine Beschwerdebefugnis bestand. Diese Möglichkeit ist vor dem Hintergrund der Vorgehensweise des Zweiten Senats des Bundesverfassungsgerichts für die Lösung der Gesamtverhältnismäßigkeitsprüfung folgerichtig, nach dem hier vorgeschlagenen Lösungsansatz aber abzulehnen.[11]

Bezieht man, wie vorgeschlagen, die staatlichen Belastungen, die quantitativ über den Einzeleingriff hinausgehen, bereits auf Eingriffsebene ein, ist es sinnvoll, diese bereits im Rahmen des Beschwerdegegenstandes und der Beschwerdebefugnis zu benennen und auch die weiteren Voraussetzungen der Zulässigkeitsprüfung der Verfassungsbeschwerde auf den additiven Grundrechtseingriff zu beziehen. Die Rechtsprechung des Bundesverfassungsgerichts bietet zu allen prozessualen Fragen des additiven Grundrechtseingriffs keine Anhaltspunkte, da dieser ausschließlich im Rahmen der Begründetheit thematisiert wurde.[12]

1. Der additive Grundrechtseingriff als Beschwerdegegenstand i.S.d. Art. 93 Abs. 1 Nr. 4a GG, § 90 Abs. 1 BVerfGG

Fraglich ist zunächst, ob der additive Grundrechtseingriff als Akt der öffentlichen Gewalt i.S.d. Art. 93 Abs. 1 Nr. 4a GG, § 90 Abs. 1 BVerfG und damit als tauglicher Beschwerdegegenstand der Individualverfassungsbeschwerde eingeordnet werden kann. Tauglicher Beschwerdegegenstand[13] sind alle rechtlich relevanten Akte der deutschen öffentlichen Gewalt mit Bindung an das Grundgesetz.[14] Akte sind alle

---

[10] Mit den Einzelheiten der Zulässigkeit hat sich bis dato noch kein Vertreter der Gesamtverhältnismäßigkeitsprüfung auseinandergesetzt, größtenteils wird vor allem der Urteilstenor diskutiert: *Lücke*, DVBl. 2001, 1469 beschränkt sich von vorneherein auf die materiell-rechtlichen Grenzen; *Lee*, Umweltrechtlicher Instrumentenmix und kumulative Grundrechtseinwirkungen, S. 160 ff.; *Jesse*, Instrumentenverbund als Rechtsproblem am Beispiel effizienter Energienutzung, S. 181 ff.; *Michael*, Formen- und Instrumentenmix, in: Hoffmann-Riem/Schmidt-Aßmann/Voßkuhle, Grundlagen des Verwaltungsrechts, § 41, Rn. 126; *G. Kirchhof*, Grundrechte und Wirklichkeit, S. 31.

[11] Zur Kritik eingehend oben Fünftes Kapitel B. V.

[12] Dazu oben Zweites Kapitel A.

[13] Zur Differenzierung zwischen Streit- und Beschwerdegegenstand: *H. Bethge*, in: Maunz/Schmidt-Bleibtreu/Klein/Bethge, BVerfGG, § 90, Rn. 175 ff.; Verneinung bezüglich Belastungskumulationen durch pauschalen Verweis auf Art. 19 Abs. 4 GG: *Bronkars*, Kumulative Eigentumseingriffe, S. 111.

[14] *Detterbeck*, in: Sachs, GG, Art. 93, Rn. 85.

rechtlichen Maßnahmen[15] mit Außenwirkung, alle Organe der Exekutive, Legislative und Judikative zählen zur öffentlichen Gewalt.[16] Das Bundesverfassungsgericht legt den Begriff der öffentlichen Gewalt weit aus und versteht darunter den:

> „Staat in seiner Einheit, repräsentiert durch irgendein Organ."[17]

Der Verfassungsgerichtshof Berlin[18] beschäftigte sich im Zusammenhang mit der gleichen Problematik mit dem additiven Grundrechtseingriff, aus landesverfassungsrechtlicher Perspektive und betrachtete das Vorbringen des additiven Grundrechtseingriffs als neuen Streitstoff. Denn beim additiven Grundrechtseingriff wären nicht nur die zunächst mit der Verfassungsbeschwerde angegriffenen Normen, sondern die Auswirkungen des gesamten Gesetzes zu betrachten.[19] Dies deutet in die Richtung, den additiven Grundrechtseingriff als eigenen Beschwerdegegenstand einzuordnen. Entscheidend ist aber nicht eine landesverfassungsrechtliche Interpretation, sondern die des Grundgesetzes.

Der Wortlaut des Art. 93 Abs. 1 Nr. 4a GG, § 90 Abs. 1 S. 1 BVerfGG spricht nur von

> „der Behauptung, durch die öffentliche Gewalt in einem seiner Grundrechte [...] verletzt zu sein".

Diese im Hinblick auf die Behauptung einer Grundrechtsverletzung erfolgsorientierte Formulierung beschränkt sich nicht auf singuläre Maßnahmen, sondern kann durch die Offenheit im Hinblick darauf, *wie* die Grundrechtsverletzung möglicherweise erfolgt, auch additive Grundrechtseingriffe erfassen. Teleologisch zielt der Bezug zur öffentlichen Gewalt im Rahmen des Beschwerdegegenstandes darauf ab, dass die Grundrechte nicht nur für bestimmte Bereiche, Funktionen oder Handlungsformen staatlicher Aufgabenwahrnehmung gelten, sondern diese umfassend und insgesamt binden.[20] Der effektive und lückenlose Grundrechtsschutz sollte daher auch die Rügemöglichkeit von additiven Grundrechtseingriffen vorsehen: Die Unabhängigkeit von staatlichen Handlungsformen muss sich konsequenterweise ebenfalls auf die Anzahl der staatlichen Akte, welche die Grundrechtsverletzung möglicherweise verursachen, beziehen.[21] Der Antrag kann dementspre-

---

[15] Für eine weite Auslegung die auch gesetzgeberisches Unterlassen umfasst ausführlich: *Schenke*, VerwArch 82 (1991), 307, 327 f.; bereits auch: *Seiwerth*, Zur Zulässigkeit der Verfassungsbeschwerde gegenüber Grundrechtsverletzungen des Gesetzgebers durch Unterlassen, 1962, passim.

[16] *Detterbeck*, in: Sachs, GG, Art. 93, Rn. 86 f.; *Grünewald*, in: BeckOK BVerfGG, § 90, Rn. 47 ff.; *H. Bethge*, in: Maunz/Schmidt-Bleibtreu/Klein/Bethge, BVerfGG, § 90, Rn. 182.

[17] BVerfGE 4, 27, 30.

[18] VGH Berlin, Beschl.v. 20.06.2014–VerfGH 96/13 – juris.

[19] VGH Berlin, Beschl.v. 20.06.2014–VerfGH 96/13, Rn. 37 f. – juris.

[20] *H. Bethge*, in: Maunz/Schmidt-Bleibtreu/Klein/Bethge, BVerfGG, § 90 Rn. 182, 176 „verfahrensrechtliches Pendant zu Art. 1 Abs. 3 GG".

[21] In diese Richtung auch: *H. Bethge*, in: Maunz/Schmidt-Bleibtreu/Klein/Bethge, BVerfGG, § 90 Rn. 176 „jedes potenziell grundrechtsverletzende Verhalten des Staates".

chend darauf gerichtet sein, die durch den additiven Grundrechtseingriff verursachte Belastung für verfassungswidrig zu erklären. Im Sinne der Rechtssicherheit ist allerdings erforderlich, dass der Antragssteller das Ausmaß der Belastungskumulation bzw. des additiven Grundrechtseingriffs benennt. Es muss sich daher zumindest auf die vom additiven Grundrechtseingriff ausgehenden negativen grundrechtlichen Auswirkungen ausdrückliche bezogen werden; auch sonst muss die angegriffene Maßnahme mit der Verfassungsbeschwerde genau bezeichnet werden.[22] Wenn stellenweise dafür plädiert wird, dass das Bundesverfassungsgericht auf Kumulationseffekte anderer, nicht gerügter Maßnahmen, einzugehen habe,[23] kann dies zwar möglich, jedenfalls aber nicht zwingend sein. Diese Problematik verläuft parallel zu der Prüfung des Bundesverfassungsgerichts von nicht gerügten Grundrechten im Rahmen der Individualverfassungsbeschwerde.[24]

2. Die Beschwerdebefugnis i.S.d. Art. 93 Abs. 1 Nr. 4a GG, § 90 Abs. 1 BVerfGG

Es sind keine Besonderheiten des additiven Grundrechtseingriffs ersichtlich, die grundsätzlich gegen eine Einbeziehung mehrerer Grundrechtsbeeinträchtigungen im Rahmen der Beschwer oder der Betroffenheit sprechen. In Bezug auf die Beschwerdebefugnis muss der Beschwerdeführer der Individualverfassungsbeschwerde nach Art. 93 Abs. 1 Nr. 4a GG, § 90 Abs. 1 BVerfGG die Möglichkeit einer Grundrechtsverletzung gelten machen.[25] Sinn und Zweck ist, dass die Erhebung von Popularverfassungsbeschwerden ausgeschlossen werden soll.[26] Diese Möglichkeit der Rechtsverletzung kann sich auch durch den additiven Grundrechtseingriff ergeben und durch diesen wird auch keine Popularverfassungsbeschwerde eröffnet, da Kriterium des additiven Grundrechtseingriffs die Betroffenheit eines Grundrechtsträgers in seinem eigenen Grundrecht ist.[27] Der Beschwerdeführer muss seine Betroffenheit dann im Hinblick auf die Gesamtbelastung substantiiert darlegen.

Die eigene, unmittelbare und gegenwärtige Betroffenheit[28] kann im Hinblick auf mehrere staatliche Maßnahmen geprüft werden. Staatliche Eingriffe, bei denen keine

---

[22] *Hellmann*, in: Barczak, Mitarbeiterkommentar zum BVerfGG, § 90, Rn 98.

[23] *Bernsdorff*, SGb 2011, 121, 124 f.

[24] Dazu bereits soeben I.; *Müller-Franken*, DÖV 1999, 590 ff.; *Barczak*, in: Barczak, Mitarbeiterkommentar zum BVerfGG, § 92, Rn. 41 ff.

[25] BVerfGE 89, 155, 171; *Lenz/Hansel*, BVerfGG, § 90, Rn. 216; *Grünewald*, in: BeckOK BVerfGG, § 90, Rn. 82; *Schlaich/Korioth*, Das Bundesverfassungsgericht, Rn. 226; *H. Bethge*, in: Maunz/Schmidt-Bleibtreu/Klein/Bethge, BVerfGG, § 90, Rn. 336.

[26] *H. Bethge*, in: Maunz/Schmidt-Bleibtreu/Klein/Bethge, BVerfGG, § 90, Rn. 338; *Hellmann*, in: Barczak, Mitarbeiterkommentar zum BVerfGG, § 90, Rn. 183.

[27] Dazu oben Viertes Kapitel A. II, III.

[28] „Betroffenheitstrias", *Hellmann*, in: Barczak, Mitarbeiterkommentar zum BVerfGG, § 90, Rn. 234.

eigene, gegenwärtige oder unmittelbare Betroffenheit vorliegt, können nicht Teil des additiven Grundrechtseingriffs sein, was sich in den „materiell-rechtlichen" Kriterien parallel niederschlägt.[29] Der Beschwerdeführer kann sich selbst jedenfalls nicht auf Grundrechte Dritter berufen. Davon ist aber die hier nicht behandelte Konstellation zu differenzieren, ob sich der Prüfungsumfang einer zulässigen Verfassungsbeschwerde auf die Grundrechte Dritter erweitern lässt.[30] Die Selbstbetroffenheit ist dann gegeben, wenn der Beschwerdeführer Adressat der angegriffenen Maßnahmen ist oder sich dadurch eine seiner Grundrechtspositionen zum Nachteil verändert.[31] Die eigene Betroffenheit stellt bei additiven Grundrechtseingriffen regelmäßig kein Problem dar, da die Voraussetzung das Vorliegen von Eingriffen in das Grundrecht eines Grundrechtsträgers ist. Besondere Abgrenzungsschwierigkeiten zu Popularklagen, Normenkontrollen, Prozessstandschaft und Verbandsklagen,[32] bei denen das Kriterium der Selbstbetroffenheit problematisch sein kann, stellen sich beim additiven Grundrechtseingriff nicht. Die gegenwärtige Betroffenheit des Beschwerdeführers ist dann gegeben, wenn die Beschwer schon oder noch vorhanden ist.[33] Auf die Rechtsstellung des Beschwerdeführers muss durch den Beschwerdegegenstand noch eingewirkt werden.[34]

Allein das Kriterium der unmittelbaren Betroffenheit könnte in Bezug auf den additiven Grundrechtseingriff problematisch sein, da die unmittelbare Betroffenheit im prozessualen Sinne kein Kriterium ist, welches beim additiven Grundrechtseingriff auf materieller Ebene eine Entsprechung findet. Eng verknüpft ist das Erfordernis der unmittelbaren Betroffenheit mit den Sachentscheidungsvoraussetzungen der Rechtswegerschöpfung und Subsidiarität der Verfassungsbeschwerde.[35] Unmittelbare Betroffenheit ist gegeben, wenn der Beschwerdegegenstand selbst auf den Betroffenen einwirkt und dies nicht erst vermittelt durch einen weiteren Akt bewirkt wird oder von einem solchen abhängig ist.[36] Da Voraussetzung des additiven Grundrechtseingriffs die Eingriffseigenschaft der Einzelmaßnahmen in den Schutzbereich eines Grundrechts des Grundrechtsberechtigten ist, stellen sich bei der Berührung eines grundrechtlichen Schutzbereichs keine besonderen Probleme.

---

[29] Dazu oben Viertes Kapitel A. III.,V.: Gleicher Grundrechtsträger, noch anhaltende Belastung usw.; die unmittelbare Betroffenheit kann sich durch die Gesamtbelastung ergeben, besteht aber auch im Hinblick auf die Einzeleingriffe, da diese selbst Grundrechtseingriffe sind. BVerfGE 34, 165, 179, zur unmittelbaren Betroffenheit durch Gesetze, die erst durch Rechtsverordnung konkretisiert werden.

[30] Dazu *H. Bethge*, in: Maunz/Schmidt-Bleibtreu/Klein/Bethge, BVerfGG, § 90, Rn. 81a.

[31] *Hellmann*, in: Barczak, Mitarbeiterkommentar zum BVerfGG, § 90, Rn. 242.

[32] *H. Bethge*, in: Maunz/Schmidt-Bleibtreu/Klein/Bethge, BVerfGG, § 90, Rn. 355 ff.; BVerfGE 1, 97, 102.

[33] *H. Bethge*, in: Maunz/Schmidt-Bleibtreu/Klein/Bethge, BVerfGG, § 90, Rn. 366, BVerfGE 97, 157, 164; *Lenz/Hansel*, BVerfGG, § 90, Rn. 299.

[34] *Hellmann*, in: Barczak, Mitarbeiterkommentar zum BVerfGG, § 90, Rn. 243.

[35] *H. Bethge*, in: Maunz/Schmidt-Bleibtreu/Klein/Bethge, BVerfGG, § 90, Rn. 372.

[36] *Grünewald*, in: BeckOK BVerfGG, § 90, Rn. 99; BVerfGE 1, 97, 102 f.

Schwierigkeiten ergeben sich hier insbesondere bei Verfassungsbeschwerden gegen Normen. Setzt sich ein additiver Grundrechtseingriff allein aus legislativen Maßnahmen zusammen, steht dem Betroffenen schon kein zu beschreitender Rechtsweg offen, in dem er eine verfassungswidrige Gesamtbelastung rügen könnte. Die vermittelnden Vollzugsakte sind in diesem Fall entbehrlich.[37]

Entscheidend könnte allerdings eine erweiterte Auslegung der „Möglichkeit einer Grundrechtsverletzung“, vgl. Art. 93 Abs. 1 Nr. 4a GG, § 90 Abs. 1 BVerfGG sein. Im Hinblick auf den additiven Grundrechtseingriff besteht die Möglichkeit einer Grundrechtsverletzung konsequenterweise schon dann, wenn es nicht von vorneherein ausgeschlossen werden kann, dass die angegriffene staatliche Maßnahme nur zusammen mit anderen die Schwelle des verfassungsrechtlich zumutbaren überschreitet. Da es sich aber um mehrere Grundrechtseingriffe handelt, dürfte auch die Möglichkeit einer Grundrechtsverletzung auf Ebene der Beschwerdebefugnis bejaht werden, da diesbezüglich eine plausible Darlegung ausreichend soll.[38] Dies wird beim Vorliegen eines Grundrechtseingriffs auf materieller Prüfungsebene regelmäßig der Fall sein. Die Möglichkeit einer Grundrechtsverletzung kann sich folglich auch durch die erst durch den additiven Grundrechtseingriff begründen lassen.

Im Zweifel werden die Beschwerdeführer ohnehin jede staatlich belastende Maßnahme, die für eine Einbeziehung des additiven Grundrechtseingriffs in Betracht kommt, auch rügen. Als Argument gegen die Notwendigkeit einer Geltendmachung aller belastenden Maßnahmen bereits im Rahmen der Zulässigkeit könnte streiten, dass zumindest der zweite Senat des Bundesverfassungsgerichts sich eine umfassende Prüfung aller verfassungsrechtlichen Aspekte vorbehält und daher unabhängig von der Rüge des Beschwerdeprüfers eine grundrechtliche Gesamtbetrachtung stattfinden könnte.[39] Dies ist allerdings kein Gegenargument, sondern eröffnet nur die Möglichkeit, dass der Zweite Senat auch in der Zulässigkeit nicht gerügte Gesamtbelastungen prüfen könnte.

3. Beschwerdefrist, § 93 BVerfGG

Problematisch ist schließlich das Fristerfordernis des § 93 BVerfGG. Die Möglichkeit, dass die im Rahmen eines additiven Grundrechtsengriffs angegriffenen Maßnahmen zeitgleich ergehen und damit denselben Fristen unterliegen, besteht faktisch nur bei mehreren Belastungen innerhalb desselben Gesetzes oder der expliziten Anordnung eines gleichzeitigen Inkrafttretens. Das typische Zusammenspiel von verschiedenen Belastungen, aus unterschiedlichen Regelungsbereichen wird sich nur durch Zufall oder durch die Intention des Gesetzgebers zeitgleich ergeben,

---

37 *H. Bethge*, in: Maunz/Schmidt-Bleibtreu/Klein/Bethge, BVerfGG, § 90, Rn. 376.

38 *H. Bethge*, in: Maunz/Schmidt-Bleibtreu/Klein/Bethge, BVerfGG, § 90, Rn. 341.

39 Beispielhaft: BVerfGE 42, 312; 325; 70, 138, 162; 124, 235, 241; *Zuck*, Das Recht der Verfassungsbeschwerde, Rn. 817; *Schlaich/Korioth,* Das Bundesverfassungsgericht, Rn. 224; *Müller-Franken*, DÖV 1999, 590ff.

wobei es auf letztere für den Rechtsschutz nicht ankommen soll. Daneben normiert § 93 BVerfGG auch unterschiedliche Fristen für Individualverfassungsbeschwerden. Gemäß § 93 Abs. 3 BVerfGG kann eine Verfassungsbeschwerde, die sich gegen ein Gesetz oder einen sonstigen Hoheitsakt richtet, gegen den ein Rechtsweg nicht offen steht, binnen eines Jahres erhoben werden.[40] Gegen alle anderen Beschwerdegegenstände ist die Verfassungsbeschwerde nur binnen eines Monats zulässig, § 93 Abs. 1 S. 1 BVerfGG. Im Fall einer Gesamtbelastung von Gesetzen und anderen staatlichen Maßnahmen, würde die Beschwerdefrist nach § 93 Abs. 1 S.1, Abs. 3 BVerfGG daher niemals deckungsgleich sein können.

Aber auch in Bezug auf einen sich aus dem Zusammenwirken mehrerer Gesetze ergebenden additiven Grundrechtseingriff, erscheint die Anwendung des § 93 Abs. 3 BVerfGG problematisch. Der Wortlaut des Gesetzes spricht in S. 1 eindeutig von „ein[em] Gesetz“. Additive Grundrechtseingriffe, die aus mehreren Gesetzen bestehen, können daher nicht unter dieses Fristerfordernis subsumiert werden. Daraus ergibt sich aber nicht der Umkehrschluss, dass Individualverfassungsbeschwerden gegen additive Grundrechtseingriffe, welche aus Legislativ- oder sonstigen Hoheitsakten bestehen, fristungebunden zulässig sein sollen. Dafür besteht keinerlei Bedarf. Der Sinn und Zweck der Fristenregelung für Rechtsfrieden und Rechtssicherheit zu sorgen[41] und nicht letztlich die Prozessökonomie und die Funktionsfähigkeit der Verfassungsgerichtsbarkeit zu sichern, gilt gleichermaßen in Konstellationen von additiven Grundrechtseingriffen. Andererseits kann beim additiven Grundrechtseingriff als eigenständigen Beschwerdegegenstand, nicht wiederum auf die Einzelmaßnahmen abgestellt werden. Das Bundesverfassungsgericht interpretiert die Jahresfrist als *„eng auszulegende Ausschlussfrist“*.[42] Wenn dafür plädiert wird, im Rahmen einer Verfassungsbeschwerde gegen einen additiven Grundrechtseingriff, Belastungen bezüglich derer die Beschwerdefrist bereits abgelaufen ist, konkludent miteinzubeziehen, bedarf dies näherer Begründung.[43]

§ 93 Abs. 3 BVerfGG normiert neben der Jahresfrist der Verfassungsbeschwerde für Gesetze diese Frist auch für „sonstige Hoheitsakte, gegen die ein Rechtsweg nicht offen steht“. Diese Variante ist bisher ohne praktische Bedeutung geblieben.[44] Die Jahresfrist gilt allerdings nur für sonstige Hoheitsakte, gegen die ein Rechtsweg nicht

[40] Die Frist berechnet sich nach den §§ 187 ff. BGB entsprechend; statt aller: BVerfGE 102, 254, 295; dazu auch: *Lechner/Zuck*, BVerfGG, § 93, Rn. 58; *Lenz/Hansel*, BVerfGG, § 93, Rn. 98; *Peters*, in: Barczak, Mitarbeiterkommentar zum BVerfGG, § 93, Rn. 147.

[41] *Hömig* , in: Maunz/Schmidt-Bleibtreu/Klein/Bethge, BVerfGG, § 93, Rn. 2.

[42] BVerfG NVwZ-RR 2017, 433; dazu ausführlich: *Bohnhage/Dietrich,* NVwZ 2017, 1352 ff.

[43] *F. Kirchhof,* NZS 2015, 1, 8.

[44] *Hömig*, in: Maunz/Schmidt-Bleibtreu/Klein/Bethge, BVerfGG, § 93, Rn. 74; *Dörr*, Die Verfassungsbeschwerde in der Prozesspraxis, Rn. 287; *Gusy*, Die Verfassungsbeschwerde, Rn. 209.

offensteht, für alle anderen gilt die Frist des § 93 Abs. 1 BVerfGG.[45] Dörr geht sogar davon aus, dass sonstige hoheitliche Maßnahmen, gegen die ein Rechtsweg nicht offensteht, wegen des Art. 19 Abs. 4 GG nicht mehr vorhanden sind.[46] Das kann so gedeutet werden, dass es solche hoheitlichen Maßnahmen, gegen welche ein Rechtsweg nicht offensteht, zulässigerweise vor dem Hintergrund der individualschützenden Rechtsschutzgarantie nicht mehr geben darf. Für diese sonstigen hoheitlichen Maßnahmen ist aber der Weg zum Verfassungsgericht von § 93 BVerfGG explizit vorgesehen. Die Möglichkeit, dass es andere Hoheitsakte neben Gesetzen gibt, gegen die ein Rechtsweg nicht eröffnet ist, kann sich nur auf solche beziehen, die sich wie einfache Gesetze auch, nur an der Verfassung messen lassen müssen und daher exklusiv dem Verfassungsgericht zugewiesen sind.[47] Die innere Systematik der Norm trägt damit die Subsumtion von weiteren verfassungsrechtlichen Belastungen, die zwar kein Einzelgesetz darstellen, deren Überprüfung aber durch das Bundesverfassungsgericht aus Rechtsschutzgründen geboten ist. Dies trifft auf Belastungskumulationen in Form des additiven Grundrechtseingriffs zu.

Bei einer Einordnung des additiven Grundrechtseingriffs als eigene Eingriffsart, erscheint auch schlüssig, diesen als „Hoheitsakt sui generis" zu qualifizieren und damit als „sonstigen Hoheitsakt iSd. § 93 Abs. 3 BVerfGG, gegen den ein Rechtsweg nicht gegeben ist. Es steht gegen den additiven Grundrechtseingriff keine andere Rechtsschutzmöglichkeit, als die eines Verfahrens vor dem Bundesverfassungsgericht offen.

Aus Rechtsschutzgründen bietet es sich an, an die zeitlich zuletzt ergangene staatliche Maßnahme anzuknüpfen, welche aus Sicht des Beschwerdeführers die verfassungswidrige Gesamtbelastung begründet und davon ausgehend die Jahresfrist beginnen zu lassen.[48] Entscheidend ist dafür, dass der additive Grundrechtseingriff durch die letzte Belastung überhaupt erst entstehen kann und damit eine erstmalige Beschwer des Grundrechtsträgers durch die Gesamtbelastung gegeben ist. Dies spricht allerdings nicht dafür, die Überprüfung der Gesamtbelastung auch materiellrechtlich zu beschränken und nur die letzte Maßnahme in den Blick zu nehmen.[49] Der Lauf der Jahresfrist ab dem letzten erlassenen staatlichen Akt erweitert den Grundrechtsschutz, wohingegen die materiell-rechtliche Begrenzung auf den letzten Akt diesen beschränkt.

---

[45] Zur notwendigen Differenzierung: *Peters*, in: Barczak, Mitarbeiterkommentar zum BVerfGG, § 93, Rn. 4.

[46] *Dörr*, Die Verfassungsbeschwerde in der Prozesspraxis, Rn. 287.

[47] Vgl. zu den Gemeinsamkeiten und Unterschieden von Verfassungsgerichtsbarkeit und Rechtsprechen: *Böckenförde*, NJW 1999, 9, 12 f. Umfassend auch zur Verfassungsgerichtsbarkeit im Dienste der Verfassung: *Kreuter-Kirchhof*, HStR XII, § 272, insbs. Rn 12 ff.

[48] A.A. wohl *Lücke*, der „alte Grundrechtseingriffe" als eigenständige Akte auch im Hinblick auf Fristberechnungen werten möchte, DVBl. 2001, 1469, 1471.

[49] Dazu bereits oben Viertes Kapitel VI. 2. c).

Diese Lösung ist mit dem Wortlaut des § 93 Abs. 3 BVerfGG vereinbar und der additive Grundrechtseingriff würde diese Bestimmung „wieder mit Leben füllen", also einen Anwendungsbereich ausschöpfen, den der Gesetzgeber so ja vorgesehen hat. Dies gilt auch, wenn dieser nicht mehr deckungsgleich mit dem historischen Hintergrund im Erlasszeitpunkt ist, da mangels verwaltungsgerichtlichen Rechtsschutzes eine Auffangnorm iSd. § 93 Abs. 3 BVerfGG erforderlich war.[50]

Dem könnte allerdings die enge Auslegung des § 93 Abs. 3 BVerfGG durch das Bundesverfassungsgericht selbst, insbesondere in Bezug auf Gesetzesänderungen entgegenstehen. Bei Änderungen von Gesetzen wird das Erfordernis des Inkrafttretens nicht streng formal interpretiert, vielmehr kommt es nach dem Bundesverfassungsgericht auf den geänderten Inhalt der jeweiligen Norm an.[51] Eine Neuverkündung oder redaktionelle Änderungen sollen für eine inhaltliche Änderung nicht ausreichend sein.[52] Übertragen auf den additiven Grundrechtseingriff könnte dies bedeuten, dass der Neuerlass eines Gesetzes dieses als ursprünglichen Einzelakt nicht abändert und daher die Jahresfrist des § 93 Abs. 3 BVerfGG auch im Falle des additiven Grundrechtseingriffs als sonstigen Hoheitsakt bei weiteren Belastungskumulationen nicht neu zu laufen beginnt. Eine Individualverfassungsbeschwerde wäre mithin gegen eine Belastungskumulation innerhalb eines Jahres des zuerst erlassenen gesetzlichen Einzelaktes als „Grundstein" der Belastungskumulation möglich. Die Zeitspanne, in der Gesetze als Teil eines additiven Grundrechtseingriffs verfassungsrechtlich überprüft werden können, hinge danach nicht von der tatsächlichen Belastungswirkung ab, sondern davon, ob der Staat zufälligerweise – oder bewusst nicht – weitere Grundrechtseingriffe innerhalb der Jahresfrist erlässt. Die Konstellation der Änderungsgesetze ist aber auf den additiven Grundrechtseingriff nicht übertragbar, da es nicht um Änderung sondern um die Begründung von grundrechtlichen Gesamtbelastungen geht, die durch den Erlass des letzten Aktes erst entstehen können.

Sinn und Zweck der zeitlichen Grenze für die zulässige Erhebung einer Verfassungsbeschwerde ist neben der Rechtssicherheit auch die Sicherung einer effektiven verfassungsgerichtlichen Rechtsschutzmöglichkeit.[53] Beide Zwecke stehen einer Anwendung des § 93 Abs. 3 BVerfGG auf den additiven Grundrechtseingriff nicht entgegen. Insbesondere ist bei der Gewichtung zu beachten, dass dem betroffenen Grundrechtsträger gegen den additiven Grundrechtseingriff durch gesetzliche Maßnahmen gar keine andere Rechtsschutzmöglichkeit zur Verfügung steht.

Die Auslegung des § 93 Abs. 3 BVerfGG als Ausnahmevorschrift steht der Interpretation, dass die Jahresfrist ab Erlass des neuesten Gesetzes als Teil des addi-

---

50 Zum historischen Hintergrund: *Hömig*, in: Maunz/Schmidt-Bleibtreu/Klein/Bethge, BVerfGG, § 93, Rn. 1; *Peters*, in: Barczak, Mitarbeiterkommentar zum BVerfGG, § 93, Rn. 7 ff.

51 *Bohnhage/Dietrich*, NVwZ 2017, 1352, 1353 mit weiteren Beispielen; BVerfGE 74, 69, 73.

52 *Lechner/Zuck*, BVerfGG, § 93, R. 61; BVerfGE 56, 363, 379 f.; 17, 364.

53 *Peters*, in: Barczak, Mitarbeiterkommentar zum BVerfGG, § 93, Rn. 9 f.

tiven Grundrechtseingriffs beginnt (oder „neu" beginnt), nicht entgegen. Die Verfassungswidrigkeit des gesetzlichen Einzelaktes allein kann bei Verfristung nicht mehr überprüft werden, es geht ausschließlich um die Verfassungswidrigkeit der Gesamtbelastung. Bei Gesetzesänderungen geht das Bundesverfassungsgericht von einem neuerlichen Fristenlauf aus, wenn

> „die Gesetzesänderung die Verfassungswidrigkeit der angegriffenen Norm begründet oder verstärkt".[54]

Dies kann insbesondere der Fall sein, wenn der Gesetzgeber das materielle Gewicht einer Regelung verändert.[55] Der additive Grundrechtseingriff setzt sich aus Einzeleingriffen zusammen, die singulär betrachtet verfassungsgemäß sind, aber in ihrer Gesamtbetrachtung die Schwelle des verfassungsrechtlich zulässigen überschreiten, was nach der hier vertretenen Auffassung allein im Falle eines Verstoßes gegen Art. 19 Abs. 2 GG der Fall ist. Die Konstellation, dass die Verfassungswidrigkeit des Gesetzes erst durch die neue Regelung begründet oder verstärkt wird, lässt sich auf den additiven Grundrechtseingriff überzeugend übertragen. Die Verfassungswidrigkeit des Ursprungsaktes, des einzelnen Gesetzes, ergibt sich nämlich nur aus der Gesamtbetrachtung. Sie wird also nicht durch eine Gesetzesänderung, sondern durch einen Neuerlass begründet.

Eine Parallele lässt sich auch zum nachträglichen Eintritt der Beschwer ziehen. Der Beginn der Jahresfrist des § 93 Abs. 3 BVerfGG verlagert sich nach hinten, wenn der Beschwerdeführer keine Kenntnis von einer ihn treffenden Belastung haben konnte.[56] Diese Konstellation ist mit der eines additiven Grundrechtseingriffs vergleichbar. Zwar hatte in diesem Fall der Grundrechtsträger von bestehenden Vorbelastungen u. U. bereits Kenntnis, seine *Beschwer* begründet sich aber erst durch die Eingriffsaddition, durch den Erlass der zeitlich letzten Maßnahme(n).Erst dann realisiert sich die Gesamtbelastung des additiven Grundrechtseingriffs.

Daher steht die enggefasste Interpretation der Jahresfrist des § 93 Abs. 3 BVerfGG der Anknüpfung an den zuletzt erlassenen gesetzlichen Hoheitsakt nicht entgegen. Für den additiven Grundrechtseingriff gilt die Jahresfrist des § 93 Abs. 3 BVerfGG ausgehend von dem aktuellsten gerügten Hoheitsakt.

4. Rechtswegerschöpfung und Subsidiarität

Den Hauptanwendungsfall des additiven Grundrechtseingriffs stellen kumulative legislative Belastungen dar. In dieser Konstellation ist die Anforderung der Rechtswegerschöpfung nach § 90 Abs. 2 S. 2 BVerfGG keine Zulässigkeitshürde, da

---

[54] BVerfG NVwZ-RR 2017, 433, 434 unter Verweis auf: BVerfGE 45, 104, 119 f.; 78, 350, 356; 111, 382, 411.

[55] BVerfG NVwZ-RR 2017, 433, 434; *Peters*, in: Barczak, Mitarbeiterkommentar zum BVerfGG, § 93, Rn. 142.

[56] *Peters*, in: Barczak, Mitarbeiterkommentar zum BVerfGG, § 93, Rn. 138, 152.

gegen formelle Gesetze ohnehin kein Rechtsweg offen steht – unabhängig davon, ob der additive Grundrechtseingriff oder die einzelnen Maßnahmen angegriffen werden sollen. Auch die Anforderung der allgemeinen Subsidiarität ist im Hinblick auf legislative Belastungskumulationen nicht mehr oder weniger problematisch, als bei Einzeleingriffen.

Rechtlich problematisch könnte das Erfordernis der Rechtswegerschöpfung in Situationen sein, in denen sich der additive Grundrechtseingriff aus legislativen und exekutiven staatlichen Belastungen speist. Im Falle einer Belastung durch mehrere Exekutivakte kommt die Verfassungsbeschwerde als primäre Rechtsschutzmöglichkeit ohnehin nicht in Betracht und es besteht im Hinblick auf Gesamtbelastungen auch kein Bedarf davon abzurücken – die Fachgerichte müssen die materiellen Grenzen des additiven Grundrechtseingriffs ebenfalls berücksichtigen. Der Beschwerdeführer kann in diesem Fall gegen die Einzelmaßnahmen vorgehen und die Fachgerichte haben die Gesamtbelastung daher ebenso zu berücksichtigen. Führt dies auch letztinstanzlich nicht zum Erfolg, kann der Beschwerdeführer gegen jedes dieser Urteile Verfassungsbeschwerde erheben und rügen, dass der additive Grundrechtseingriff verkannt wurde.

Eine Belastung durch ein Gesetz und einen Exekutivakt erscheint hingegen eher theoretischer Natur. Exekutivakte sind auch bei Einzeleingriffen selten Beschwerdegegenstand von Individualverfassungsbeschwerden, in aller Regel wird gegen das den Akt bestätigende Urteil oder das zugrunde liegende Gesetz vorgegangen, da die Rüge von Verwaltungsmaßnahmen regelmäßig die Erschöpfung des fachgerichtlichen Rechtswegs voraussetzt und Exekutivakte eher als Annex von Urteilsverfassungsbeschwerden auftreten.[57] Theoretisch ist dies aber genauso möglich, wie dass eine Verwaltungsmaßnahme Teil des additiven Grundrechtseingriffs ist.[58]

II. Entscheidungsfolgen und Urteilstenor des additiven Grundrechtseingriffs

Eine Norm, die gegen die Verfassung verstößt, ist verfassungswidrig und wird grundsätzlich für nichtig erklärt, §§ 78, 95 Abs. 3 S. 1 BVerfGG. Das Bundesverfassungsgericht kann im Falle der Überprüfung anhand einer Individualverfassungsbeschwerde das Gesetz als mit dem Grundgesetz unvereinbar oder für nichtig erklären, § 31 Abs. 2 S. 2 BVerfGG. Dies ist Konsequenz der Normenhierarchie, des Vorrangs der Verfassung[59] und des Verwerfungsmonopols[60] des Bundesverfassungsgerichts für formelle Gesetze.

---

[57] *H. Bethge*, in: Maunz/Schmidt-Bleibtreu/Klein/Bethge, BVerfGG, § 13 Nr. 8a, Rn. 24.

[58] Dazu oben 1.

[59] *H. Bethge*, in: Maunz/Schmidt-Bleibtreu/Klein/Bethge, BVerfGG, § 31, Rn. 2.

[60] BVerfGE 1, 184, 189 ff., 201; 68, 319, 326; 138, 64, 78; 139, 19, 64 – st. Rspr.; eingehend: *Bettermann*, in: Bundesverfassungsgericht und Grundgesetz, Bd. 2, S. 326 ff.

Drängende Fragen werfen die prozessualen Konsequenzen des additiven Grundrechtseingriffs auf: Die Verfassungswidrigkeit dieser Konstellationen ergibt sich im Falle mehrerer legislativer Maßnahmen nicht aus dem singulären Verfassungsverstoß eines Einzelaktes, sondern durch das Zusammenwirken mehrerer. Damit ist die Konsequenz der Unvereinbarkeit oder Nichtigkeit eines einzelnen Gesetzes zwar möglich, es schließt sich aber die Frage an, welche Norm dann für verfassungswidrig erklärt werden sollte. Anders formuliert: Soll nur die zuletzt ergangene Belastung, die „das Fass zum Überlaufen gebracht hat/haben" verfassungswidrig sein oder andere und sind gegebenenfalls nicht alle Grundrechtseingriffe verfassungswidrig? Es besteht die Möglichkeit die einzelnen Normen zu nennen, die aufgrund des additiven Grundrechtseingriffs verfassungswidrig sind oder nur die Gesamtbelastung in Gänze als für mit der Verfassung unvereinbar zu erklären.[61] Schließlich könnten alle Hoheitsakte des additiven Grundrechtseingriffs verfassungswidrig sein.

1. Unvereinbarkeitserklärung der Gesamtbelastung

Es wird dafür plädiert, dass sich das Bundesverfassungsgericht im Falle einer verfassungswidrigen Belastungskumulation auf ein „Appellurteil" oder eine Unvereinbarkeitserklärung zu der von der Verfassung geforderten Rücknahme der Gesamtbelastung beschränken müsste.[62]

Die Unvereinbarkeitserklärung der Gesamtbelastung mit dem Grundgesetz gäbe dem Gesetzgeber die Möglichkeit und Freiheit, die verfassungswidrige „Gesamtsituation" auf verschiedenen Lösungswegen zu bereinigen, für die sich kumulierenden Normen ergibt sich mithin keine unmittelbare Konsequenz. Als Argument wird die Wahrung der Gestaltungsfreiheit des Gesetzgebers vorgebracht.[63] Dagegen spricht, wie in jedem solcher Fälle, dass verfassungswidriges Recht zunächst bestehen bleibt. Verfassungswidrigen Gesetzen kann trotz einer Unvereinbarkeitser-

---

[61] *Klement,* AöR 134 (2009), 36, 80.

[62] *G. Kirchhof*, Grundrechte und Wirklichkeit, S. 31; *Lee*, Umweltrechtlicher Instrumentenmix und kumulative Grundrechtseinwirkungen, S. 162 ff.; *Jesse*, Instrumentenverbund als Rechtsproblem am Beispiel effizienter Energienutzung, S. 194; für eine Unvereinbarkeitserklärung bei Verstoß gegen den Halbteilungsgrundsatz: *P. Kirchhof*, in: HStR V, § 200, Rn. 132; *Seer*, Verfassungsrechtliche Grenzen der Gesamtbelastung von Unternehmen, in: Pelka, Europa- und verfassungsrechtliche Grenzen der Unternehmensbesteuerung, S. 89, 125; *Michael*, Formen- und Instrumentenmix, in: Hoffmann-Riem/Schmidt-Aßmann/Voßkuhle, Grundlagen des Verwaltungsrechts, § 41, Rn. 126; sehr kritisch: *Ipsen*, JZ 1983, 41, 45, der die Verfassungswidrigkeitserklärung als rechtlich nicht begründbar einordnet und auf praktische Probleme hinweist.

[63] *G. Kirchhof*, Grundrechte und Wirklichkeit, S. 30, NJW 2006, 732, 733; der allerdings auch vom Einzeleingriff als Antragsgegenstand ausgeht und argumentiert, dass das Bundesverfassungsgericht andernfalls bei Belastungskumulationen über den Antragsgegenstand hinaus zu entscheiden hätte.

klärung interimistische Geltungskraft zukommen.[64] Die parallele Bewertung eines verfassungswidrigen additiven Grundrechtseingriffs zur Rechtsprechung bei einem Gleichheitsverstoß gegen Art. 3 GG erscheint zunächst naheliegend.[65] Fraglich ist, ob die Situation des additiven Grundrechtseingriffs mit der eines verfassungswidrigen Gleichheitsverstoßes vergleichbar ist.

Bei einem gleichheitswidrigen Begünstigungsausschluss ist die Unvereinbarkeitserklärung sinnvoll, da die Aufhebung der begünstigenden Norm die Rechtsstellung des konkret ausgeschlossenen Bürgers nicht verbessern würde.[66] Im Falle des additiven Grundrechtseingriffs würde eine Aufhebung aller Maßnahmen die Rechtsstellung des Beschwerdeführers sehr wohl verbessern, denn er wäre von diesen Grundrechtseingriffen nicht mehr betroffen. Zwar beschränkt das Verfassungsgericht die Unvereinbarkeitserklärung inzwischen nicht mehr auf Begünstigungssituationen,[67] gegen eine Vergleichbarkeit der Konstellationen spricht aber auch, dass der gesetzgeberische Handlungsspielraum bei einem Verstoß eines Gesetzes gegen Art. 3 GG ungleich weiter ist. Dem Gesetzgeber bleibt es vorbehalten die Bevorzugung, welche zu einer Ungleichbehandlung von wesentlich Gleichem geführt hat, abzuschaffen oder auf die Gruppe der ungleich Behandelten auszuweiten. Allein bei der Gleichbehandlung von wesentlich Ungleichem, hat eine Differenzierung zu erfolgen. Im Falle eines verfassungswidrigen additiven Grundrechtseingriffs, muss der Gesetzgeber die Belastungskumulation auflösen. Da ein positiver „Ausgleich“ wie oben gezeigt bei den Freiheitsrechten nicht möglich ist,[68] bleibt die Aufhebung einer oder aller belastenden Normen.

Des Weiteren ist eine Unvereinbarkeitserklärung generell im Bereich der Freiheitsrechte problematisch. Die Abweichung von der verfassungsrechtlichen grundsätzlich gebotenen Nichtigkeitserklärung lässt sich allenfalls durch die Besonderheiten des Art. 3 Abs. 1 GG rechtfertigen.[69] Der Gedanke, dass in einer Nichtigkeitserklärung ein schwerwiegenderer Verfassungsverstoß liegen könnte als in der Aufhebung, kann im Hinblick auf einen verfassungswidrigen additiven

---

[64] *Heckmann,* Geltungskraft und Geltungsverlust von Rechtsnormen, S. 99.

[65] BVerfGE 22, 349, 361; 93, 121, 148; 107, 133, 149; 127, 293, 334; ausführlich auch dazu: *Schlaich/Korioth,* Das Bundesverfassungsgericht, Rn. 401 ff.; anders entschied das BVerfG in BVerfGE 92, 91, 121: „Eine bloße Unvereinbarerklärung, um dem Gesetzgeber eine korrigierende Neugestaltung der Materie zu ermöglichen, scheidet nach der Art der festgestellten Verfassungsverstöße aus. Der finanzielle Ausfall, der den Gemeinden durch diese Entscheidung entsteht, kann ein Absehen von der Nichtigerklärung nicht rechtfertigen, zumal die Gemeinden in den meisten Ländern ohne Feuerwehrabgabe auskommen und die Gemeinden in den betroffenen Ländern sich bereits nach dem Urteil des Europäischen Gerichtshofs für Menschenrechte auf eine Änderung der Rechtslage einstellen mußten.“

[66] *Kischel,* in: Epping/Hillgruber, BeckOK GG, Art. 3, Rn. 69.

[67] BVerfGE 92, 53, 72; dazu auch: *Dietz,* Verfassungsgerichtliche Unvereinbarkeitserklärungen, S. 61 ff.; scharfe Kritik bei *Sachs,* NVwZ 1982, 657 ff.

[68] Dazu oben Drittes Kapitel A. V. und Fünftes Kapitel B., C.

[69] *Schlaich/Korioth,* Das Bundesverfassungsgericht, Rn. 404; *Voßkuhle,* in: Mangoldt/Klein/Starck, GG, Bd. 2, Art. 93, Rn. 48, Fn. 222; *Stern,* Staatsrecht III/2, S. 1350.

Grundrechtseingriff, der gegen Art. 19 Abs. 2 GG verstößt, ebenfalls nicht greifen. Im Übrigen kann der Hinweis auf die Gestaltungsfreiheit des Gesetzgebers allein nicht überzeugen, die Verletzungen von Freiheitsrechten bewirken keine relativen, sondern absolute Verfassungsverstöße, da der vorgenommene Freiheitseingriff verboten ist.[70] Daher muss der *ipso-iure* Grundsatz der Nichtigkeit in diesen Fällen greifen.

2. Verfassungswidrigkeit einzelner Maßnahmen

Gegen die Aufhebung einzelner Maßnahmen einer Belastungskumulation spricht einerseits die Anerkennung des additiven Grundrechtseingriffs als einheitliche Rechtsfigur und anderseits die Schwierigkeit entsprechende rechtssichere Kriterien zu entwickeln, welche von mehreren Maßnahmen einer Aufhebung bedarf, um eine verfassungswidrige Belastungskumulation aufzulösen.

Die Aufhebung des in zeitlicher Hinsicht zuletzt ergangenen Grundrechtseingriffs käme unter dem Aspekt in Betracht, dass möglicherweise durch diesen der additive Grundrechtseingriffs die „Schwelle zur Verfassungswidrigkeit" überschreitet.[71] Diese Kategorie findet aber im Hinblick auf legislative Gesamtbelastungen keine Anhaltspunkte in der Verfassung: Die Grenze des Art. 19 Abs. 2 GG stellt darauf ab, welche Freiheitsräume dem Grundrechtsträger noch verbleiben und nicht in welcher Reihenfolge sie eingeschränkt wurden. Wie bereits oben erläutert, besteht auch die Gefahr, dass sich bei Aufhebung allein der zuletzt erlassenen Maßnahme, der Staat an das gerade noch zulässige verfassungsgemäße Belastungsniveau „herantastet", anstatt die Gesamtbelastungssituation zu überprüfen.[72]

Umgekehrt könnte ebenso die zeitlich zuerst erlassene Norm stets aufzuheben sein, da sie den additiven Grundrechtseingriff „angestoßen" oder „begründet" haben könnte. Dagegen spricht neben dem bereits genannten Kritikpunkt an zeitlich bemessener Einordnung von Verfassungswidrigkeit, dass der Gesetzgeber bei Erlass einer Norm die sich entwickelnde Gesamtbelastung ggf. noch nicht voraussehen konnte und zu diesem Zeitpunkt noch am ehesten „im guten Glauben" war – es gab schlicht noch keine weiteren Eingriffe die zu einer Verfassungswidrigkeit einer Gesamtbelastung führen könnten. Andererseits kann argumentiert werden, dass dem Gesetzgeber zumindest eine Prüfungs- und Nachforschungspflicht obliegen könnte, was den Erlass weiterer belastender Normen im Bereich der Erstbelastung angeht. Dies kann aber ausschließlich im Gesetzgebungsverfahren eine Rolle spielen und

---

[70] *Schlaich/Korioth*, Das Bundesverfassungsgericht, Rn. 404.

[71] Vgl. die Theorie der unmittelbaren Verursachung, dazu auch *Dietlein*, in: Dietlein/Hellermann, Öffentliches Recht in NRW, S. 328.

[72] Zu der Problematik einer Begrenzung auf die zeitlich zuletzt ergangene Belastung bereits oben Viertes Kapitel A. VI. 2. c).

nicht in der Situation der verfassungsrechtlichen Rechtsprechung, solche Verfahrensfragen sind im Vorfeld zu beachten.[73]

3. Verfassungswidrigkeit aller Maßnahmen

Schließlich könnte die Konsequenz einer Individualverfassungsbeschwerde gegen eine verfassungswidrige Belastungskumulation sein, dass alle Maßnahmen, die als Eingriffe den additiven Grundrechtseingriffs formen, für verfassungswidrig zu erklären sind. Das Bundesverfassungsgericht würde danach nicht in einer Unvereinbarkeitserklärung die Gesamtbelastung für bloß verfassungswidrig erklären, sondern alle Maßnahmen aufheben. Bei dieser, auf den ersten Blick extremen Konsequenz, ist hinsichtlich der Folgen für den Adressaten zwischen der Situation der verfassungswidrigen Belastungskumulation eines Normgebers und der verschiedener Normgeber zu unterscheiden.

a) Verfassungswidrigkeit aller Maßnahmen der Belastungskumulation eines Normgebers

Eine klar zu bestimmende Konsequenz des additiven Grundrechtseingriffs wäre es, alle Grundrechtseingriffe, die zwar einzeln betrachtet verfassungsgemäß sein mögen, durch die Gesamtbelastung aber als verfassungswidrig anzusehen. Dies entspricht der gesetzlichen Regelwertung aus §§ 78, 95 Abs. 3 S. 1 BVerfGG.[74] Überzeugend ist diese Bewertung aus zwei Gründen: Erstens schafft diese Konsequenz die nötige Rechtssicherheit, die eine „Abschichtung“ des verfassungswidrigen Teils einer Gesamtbelastung nicht bieten kann und die im Bereich der Grundrechte essentiell ist. Zwar mag es auf den ersten Blick unverhältnismäßig erscheinen, wenn der Gesetzgeber durch die Unvereinbarkeits- oder Nichtigkeitserklärung nicht nur eine Norm, sondern mehrere neu zu schaffen hat, es böte sich aber auch eine erhebliche Chance der tatsächlichen Berücksichtigung von Vorbelastungen im legislativen Prozess.[75]

Der zweite Grund ist die dogmatische Stringenz einer Nichtigkeitserklärung aller Maßnahmen als Anerkennung des additiven Grundrechtseingriffs als eigene Eingriffsart. Nimmt man den additiven Grundrechtseingriff als „vollwertigen Eingriff“ ernst, muss ein Verstoß zur Verfassungswidrigkeit aller Elemente führen, aus denen sich der Eingriff speist. Dazu gilt das oben ausgeführte zur Ablehnung der Unvereinbarkeitserklärung bei Freiheitsverstößen. Zwar besteht auch bei „klassischen Eingriffen“ die Möglichkeit einer Teilverfassungswidrigkeit,[76] aber nicht einer

---

[73] Dazu oben Viertes Kapitel A. VI. 4.

[74] So *Klement*, AöR 134 (2009), 36, 79 unter Verweis auch auf *Hufen*. NJW 1994, 1913, 2916; *Kloepfer*, VerwArch 74 (1983), 201, 224.

[75] Dazu auch oben Viertes Kapitel, S. 166 ff.

[76] *Dederer*, in: Maunz/Dürig, GG; Art. 100, Rn. 241.

teilweisen Verfassungswidrigkeit: Der jeweilige Teil oder die jeweilige Norm ist verfassungswidrig oder nicht. Das Element, welches den Grundrechtseingriff darstellt, wird als verfassungswidrig erkannt. Nichts anderes kann beim additiven Grundrechtseingriff gelten, der sich aus mehreren Einzeleingriffen zusammensetzt. Beschränkt ist dies auf die Bestandteile des additiven Grundrechtseingriffs, die im konkreten Verfahren zur Entscheidung stehen.[77] Schließlich begründet sich die Verfassungswidrigkeit des additiven Grundrechtseingriffs aus einem Verstoß gegen Art. 19 Abs. 2 GG. Die Beeinträchtigung des Wesensgehalts eines Grundrechts ist kein Zustand, der im Rahmen einer Unvereinbarkeitserklärung hingenommen werden kann.

Gegen eine Unvereinbarkeitserklärung spricht zudem die erhebliche Ungenauigkeit und damit einhergehende Rechtsunsicherheit einer solchen Vorgehensweise.[78] Die „Gesamtbelastung", welche das Bundesverfassungsgericht für verfassungswidrig erklären soll, kann sich nur auf die im Verfahren gerügten bzw. geprüften Normen beziehen. Es bestände andernfalls die Möglichkeit des Gesetzgebers, die Belastungskumulation größtenteils unangetastet zu lassen. Damit würde die Rechtskraft verfassungsrechtlicher Urteile geschwächt.

Der Gestaltungsspielraum des Gesetzgebers wird nicht über die Maßen eingeschränkt, da es ihm ja unbenommen bleibt, entsprechende Normen in einem „veränderten normativen Kausalkontext" erneut zu erlassen.[79] Klement führt zwei weitere überzeugende Argumente gegen eine bloße Unvereinbarkeitserklärung der Belastungskumulation an sich an: Bei unterschiedlichen Normgebern gäbe es keinen eindeutigen Adressaten eines Appells, die verfassungswidrige Belastungskumulation zu lösen. Und zweitens bliebe weiterhin ungeklärt, wie die Rechtslage ist, wenn der Gesetzgeber die Frist zur Lösung der Belastungskumulation ungenutzt lässt.[80] Die Gestaltungsfreiheit des Gesetzgebers wird auch durch die Nichtigkeit der Gesamtbelastung nicht in Frage gestellt, denn die Aufhebung und Neuregelung wäre ja bei der Unvereinbarkeitserklärung ebenfalls erforderlich und wird durch den Wegfall der Normen in besonderem Maße gewährleistet.[81]

Wenn der additive Grundrechtseingriff die verfassungsrechtlich zulässigen Grenzen überschreitet, sind alle Eingriffe als verfassungswidrig zu qualifizieren. Diese „harte" Lösung trägt der Gestaltungsfreiheit des Gesetzgebers und der Gewaltenteilung am stärksten Rechnung. Zwar würden zunächst alle Normen des additiven Grundrechtseingriffs für verfassungswidrig erklärt werden, der Gesetzgeber hätte aber die Chance auszuwählen, welche Norm möglicherweise identisch neu erlassen werden sollte und die Belastungskumulation an anderer Stelle auszutarieren.

[77] So auch im Ergebnis: *Kirchhof/Kreuter-Kirchhof,* Waldeigentum und Naturschutz, S. 157.

[78] So auch *Seer*, NJW 1996, 285, 291.

[79] *Klement,* AöR 134 (2009), 36, 80.

[80] *Klement,* AöR 134 (2009), 36, 80.

[81] *Sachs*, NVwZ 1982; 657; 660.

Dies gälte unproblematisch allerdings nur in den Situationen, in denen die Grundrechtseingriffe von demselben Hoheitsträger ausgehen. Ergibt sich eine Belastungskumulation beispielsweise aus einem Bundes- und einem Landesgesetz, wäre der erneute Erlass jeweils der belastenden Norm so nicht möglich, es wäre eine Verständigung beider Normgeber erforderlich.[82] Bei dieser verschärften Anwendung verfassungsrechtlicher Maßstäbe handelt es sich um eine konsequente Weiterentwicklung der Grundrechtsdogmatik zugunsten des Bürgers, der sich einer weiter gehenden Verdichtung staatlicher Regelungen ausgesetzt sieht.[83] Konsequent ist die Weiterentwicklung allerdings nur dann, wenn sie sich in prozessualen Konsequenzen niederschlägt.

Die Möglichkeit eines Neuerlasses zumindest einer Regelung besteht bei einer Entscheidung durch das Gericht, welches Gesetz der mindestens zwei Bestandteile des additiven Grundrechteingriffs verfassungswidrig ist, nicht. Wer diese Lösung für zu drastisch erachtet, müsste die Möglichkeit der Appellentscheidung favorisieren, andere Optionen stellen sich unter dem Aspekt der Wahrung der Gewaltenteilung nach der hier vertretenden Ansicht nicht.

b) Verfassungswidrigkeit aller Maßnahmen der Belastungskumulation bei verschiedenen Normgebern

Problematisch erscheint die Konsequenz der Verfassungswidrigkeit aller Maßnahmen der Belastungskumulation im Fall unterschiedlicher Normgeber. Es ist zweifelhaft, ob sich das Argument der Berücksichtigung der Gestaltungsfreiheit des Gesetzgebers bei Aufhebung aller Eingriffe des additiven Grundrechtseingriffs auch in diesen Konstellationen anbringen lässt. Bei unterschiedlichen Normgebern, z. B. Landes- und Bundesgesetzgeber, stellt sich die Frage, ob die Gestaltungsfreiheit des Gesetzgebers überhaupt noch gegeben ist, wenn beispielsweise nur eine Norm der Belastungskumulation neu erlassen wird und sich der jeweils andere Hoheitsträger „darauf einstellen" muss, um nicht wiederum eine verfassungswidrige Belastungskumulation herbeizuführen. Daran schließt sich die Frage an, nach welchen Kriterien dann wiederum zu entscheiden ist, welche Norm neu erlassen werden dürfte. Das „Recht des Schnelleren" erscheint in diesem Kontext nicht als tragfähiges rechtsstaatliches Kriterium, denn letztlich kann es von vielen Faktoren u. a. dem Zufall abhängen, welches Parlament schneller zu einer Sachentscheidung kommt, die in einem legislativen Prozess keine Rolle spielen sollten. Könnte es sogar möglich sein, dass eine landesrechtliche Norm ein Bundesgesetz im Wege des additiven Grundrechtseingriffs „zu Fall bringt" und ist dies mit der Normenhierarchie vertretbar?

Als Konsequenz des additiven Grundrechtseingriffs ergibt sich, dass die Gesamtbetrachtung der Gesamtbelastung die Verfassungswidrigkeit begründet und

---

[82] Dazu sogleich b).

[83] So auch *Michael*, Formen- und Instrumentenmix, in: Hoffmann-Riem/Schmidt-Aßmann/Voßkuhle, Grundlagen des Verwaltungsrechts, § 41, Rn. 123.

damit nicht die einzelne Norm. In der Prüfung der Verfassungsmäßigkeit besteht daher zwischen den jeweiligen Eingriffen kein Rangverhältnis. Falls eine Gesamtschau von Bundes- und Landesrecht zu einer verfassungswidrigen Gesamtbelastung führt, bringt nicht allein das Landesrecht Bundesrecht „zu Fall", sondern das Bundesrecht ist ebenso in die Gesamtbetrachtung mit einzubeziehen. Die Abstimmungspflicht der Gesetzgeber untereinander könnte durch Verfahrensregelungen einfach in das Gesetzgebungsverfahren implementiert werden, sodass eine bestehende Vorbelastung zu prüfen und zu bewerten ist.[84] Es erscheint daher nicht unbillig, alle Normgeber gleichermaßen an die verfassungsrechtliche Grenze des additiven Grundrechtseingriffs zu binden.[85] Dementsprechend sind auch beide Normgeber unterschiedlicher Hoheitsträger oder Gesetzgebungsebenen unabhängig voneinander verpflichtet, Regelungen entsprechend so zu erlassen, dass eine verfassungswidrige Belastungskumulation nicht wieder entsteht. Dies kann durch Anrechnungs- oder Berücksichtigungs- oder Verfahrensregeln erfolgen. Im Verhältnis zwischen Bund- und Ländern könnte man darüber hinaus an den Grundsatz der Bundestreue denken. Wie oben aber bereits erläutert hat dieses Prinzip keine individualschützende Wirkung und kann damit nicht als Begründung für den Grundrechtsschutz des Einzelnen herangezogen werden.[86] Letztlich muss die prozessuale Konsequenz parallel zu der materiell-rechtlichen Verantwortlichkeit beurteilt werden. Da ein additiver Grundrechtseingriff durch verschiedene Hoheitsträger möglich ist, ergeben sich daraus auch die Konsequenzen, dass alle staatlichen Akteure die Folge der Nichtigkeit der Gesamtbelastung zu tragen haben.

Hinter den engen Grenzen des additiven Grundrechtseingriffs und der hohen Schwelle des Art. 19 Abs. 2 GG muss die Gestaltungsfreiheit des Gesetzgebers im Sinne einer Abstimmungspflicht auch zwischen unterschiedlichen Normgebern zu Gunsten eines effektiven Grundrechtsschutzes zurücktreten.

Der wohl zutreffendste Kritikpunkt gegen den additiven Grundrechtseingriff ist die bisher noch nicht gegebene Ergebnisrelevanz[87] in der verfassungsgerichtlichen Rechtsprechung. Bisher wurde der additive Grundrechtseingriff in der verfassungsrechtlichen Rechtsprechung zwar ausdrücklich berücksichtigt, es war aber noch keine Individualverfassungsbeschwerde oder Normenkontrolle allein aufgrund der Belastungskumulation begründet. Dieser Aspekt kann allerdings nicht gegen, sondern nur für die Weiterentwicklung und Konturierung dieser Rechtsfigur angeführt werden. Darüber hinaus ist der additive Grundrechteingriff mit seiner erstmaligen Erwähnung durch das Bundesverfassungsgericht im GPS-Urteil[88] ein vergleichsweise „junges" Phänomen. Im Ergebnis überwiegt klar das Bedürfnis der Absicherung des effektiven Grundrechtsschutzes. Sollte ein klar formuliertes Verbot

[84] Dazu bereits oben Viertes Kapitel A. VI. 4.

[85] Zu den Problemen der Handlungsverantwortlichkeit oben Viertes Kapitel VI. 2.

[86] Oben Viertes Kapitel VI. 2. a).

[87] Vgl. *Hohmann*, DÖV 2000, 406, Fn. 20.

[88] BVerfGE 112, 304.

der Gesamtbelastung von Grundrechtsträgern auch in naher Zukunft nicht kausal „ergebnisrelevant" werden, dadurch, dass ein verfassungsrechtlicher Rechtsbehelf nur aufgrund dessen bergründet ist, wäre dies im Sinne der Freiheitssicherung jedenfalls zu begrüßen.

B. Konkrete und abstrakte Normenkontrolle

Als Konsequenz der Anerkennung einer verfassungsrechtlichen Grenze des additiven Grundrechtseingriffs erscheint die Möglichkeit einer Überprüfung der Verfassungsmäßigkeit von grundrechtlichen Gesamtbelastungen durch die Verfahren der abstrakten und konkreten Normenkontrolle, Art. 93 Abs. 1 Nr. 2 GG, Art. 100 GG, auf den ersten Blick nur folgerichtig. Zu überprüfen ist allerdings, ob eine Kontrolle durch objektive Rechtsbeanstandungsverfahren[89] mit der individualschützenden Funktion des additiven Grundrechtseingriffs, der ja auf eine mehrfache Belastung desselben Grundrechtsträgers abstellt, zu vereinbaren ist. In der Zulässigkeit stellen sich möglicherweise dahingehend tiefergehende Probleme.

I. Abstrakte Normenkontrolle, Art. 93 Abs. 1 Nr. 2 GG als Rechtsschutzmöglichkeit gegen den additiven Grundrechtseingriff

Die abstrakte Normenkontrolle steht „gleichberechtigt" neben den anderen Verfahren vor dem Bundesverfassungsgericht und ist ihnen gegenüber nicht subsidiär.[90] Prüfungsmaßstab der abstrakten Normenkontrolle ist nach Art. 93 Abs. 1 Nr. 2 GG die förmliche und sachliche Vereinbarkeit von Bundes- oder Landesrecht mit dem Grundgesetz.[91] Damit ist Art. 19 Abs. 2 GG als Grenze des additiven Grundrechtseingriffs theoretisch Teil des Prüfungsmaßstabes.[92] Allerdings dient die abstrakte Normenkontrolle nicht primär dem Schutz subjektiver Rechtspositionen, sondern ausschließlich dem Schutz des Bundesrechts.[93] Sie soll normative Rechtssicherheit schaffen.[94] Wenn man davon ausgeht, dass Art. 19 Abs. 2 GG keinerlei individualschützende Funktion zukommt,[95] stellen sich hier keine Probleme. Viel-

---

[89] *Lechner/Zuck*, BVerfGG, vor §§ 76 ff., Rn. 5.

[90] BVerfGE 32, 199: „Es gibt keine Subsidiarität des Normenkontrollverfahrens"; *Rozek*, in: Maunz/Schmidt-Bleibtreu/Klein/Bethge, BVerfGG, § 76, Rn. 6.

[91] Oder die Vereinbarkeit von Landesrecht mit sonstigem Bundesrecht, diese Variante spielt hier aber keine Rolle.

[92] Soweit ersichtlich ist kein Fall bekannt in dem dies bis dato relevant geworden ist.

[93] BVerfGE 1, 184, 195 f.; *Detterbeck*, in: Sachs GG, Art. 93, Rn. 53.

[94] *Michael*, ZJS 2012, 756, 757.

[95] So *Lenz*, Vorbehaltlose Freiheitsrechte, S. 70 f.

mehr wäre die Grenze des Wesensgehalts demzufolge prädestiniert für eine Überprüfung durch ein objektives Rechtsbeanstandungsverfahren. Unabhängig davon, dass diese Auffassung nicht überzeugend ist,[96] ist der Prüfungsmaßstab nach Art. 93 Abs. 1 Nr. 2 GG nicht auf Verfassungsnormen beschränkt, die keinerlei individualschützende Funktion haben – auch Grundrechte können im Rahmen der materiellen Verfassungsmäßigkeit überprüft werden. Potenziell kann auch die abstrakte Normenkontrolle dem Schutz subjektiver Rechte dienen, nämlich wenn die zu prüfende Norm zumindest auch subjektive öffentliche Rechte verletzt.[97] Die verfassungsrechtliche Grenze des additiven Grundrechtseingriffs gehört also zum Prüfungsmaßstab der abstrakten Normenkontrolle.

Problematischer ist, ob der additive Grundrechtseingriff einen tauglichen Antragsgegenstand nach Art. 93 Abs. 1 Nr. 2 GG, § 76 Abs. 1 BVerfGG darstellen kann. Nach dem Wortlaut des Art. 93 Abs. 1 Nr. 2 GG ist Antragsgegenstand die „Vereinbarkeit von Bundesrecht oder Landesrecht mit diesem Grundgesetze". Überprüfbar sind alle geltenden Rechtsnormen mit Außenwirkung.[98] Aufgrund dieser Formulierung ist die Deutung, dass sich Bundes- oder Landesrecht nur auf ein einziges Gesetz beziehen muss, keinesfalls zwingend. Näher bestimmt wird der Gegenstand der Prüfung der abstrakten Normenkontrolle durch den Antrag, welcher im Hinblick auf die im Einzelnen vorgebrachten Beanstandungen auszulegen ist und sich auf eine gesamte Norm oder einzelne Bestimmungen daraus beziehen kann.[99] Für eine Prüfung des additiven Grundrechtseingriffs müsste der Antragssteller, wie bei der Individualverfassungsbeschwerde entsprechend, rügen, dass sich die Verfassungswidrigkeit der Normen aus dem additiven Grundrechtseingriff ergibt. Dazu wäre allerdings erforderlich, dass der Antragssteller in einer Art „Prozessstandschaft" für die betroffenen Grundrechtsträger auftritt – die Prüfung des additiven Grundrechtseingriffs setzt das Zusammentreffen mehrerer Eingriffe in der Person desselben Grundrechtsträgers voraus. Diese Möglichkeit besteht durch das Verfahren der abstrakten Normenkontrolle aber ohnehin, da immer die Möglichkeit besteht, die sachliche Unvereinbarkeit in Form eines Grundrechtsverstoßes zu rügen.[100]

---

[96] Dazu oben Fünftes Kapitel VIII. 1.

[97] Vgl. *Rozek*, in: Maunz/Schmidt-Bleibtreu/Klein/Bethge, BVerfGG, § 76, Rn. 62; *Karpenstein*, in: BeckOK BVerfGG, § 76, Rn. 39; *Michael*, ZJS 2012, 756, 758 mit dem Hinweis auf die Möglichkeit von Normenkontrollen mit rein objektivem Charakter, z.B. bezogen auf Haushaltsgesetze.

[98] Parlamentsgesetze und Zustimmungsgesetze zu völkerrechtlichen Verträgen und Staatsverträgen; *Lenz/Hansel*, BVerfGG, § 76, Rn. 2.

[99] *Lechner/Zuck*, BVerfGG, § 76, Rn. 10.

[100] Zur abstrakten Normenkontrolle und Grundrechten: *Starck*, Der demokratische Verfassungsstaat, S. 156 f.

II. Konkrete Normenkontrolle und additiver Grundrechtseingriff

Auch die konkrete Normenkontrolle nach Art. 100 GG intendiert nicht primär den Schutz subjektiver Rechtspositionen, da sie ein Verfahrensbeteiligter nicht erzwingen kann.[101] Eine verfassungswidrige Nichtvorlage verletzt jedoch das grundrechtsgleiche Recht des Verfahrensbeteiligten auf den gesetzlichen Richter nach Art. 101 Abs. 1 S. 2 GG.[102] Die konkrete Normenkontrolle ist ebenso wie die abstrakte Normenkontrolle ein objektives Rechtsbeanstandungsverfahren, welches aus einem konkreten Anlass im Rahmen eines fachgerichtlichen Verfahrens eingeleitet wird. Sie hat auch eine mittelbar-subjektive Komponente, wenn sich die zu entscheidende Vorlagefrage auf subjektive Rechte des Klägers bezieht. Gewahrt werden damit die Normenhierarchie und der Wille des verfassungsgebenden Gesetzgebers[103] sowie das Verwerfungsmonopol des Bundesverfassungsgerichts. Alle Hoheitsträger, einschließlich der Gerichte, werden vor einem Zwang zur Hinnahme verfassungswidriger Gesetze geschützt.[104]

Art. 100 Abs. 1 S. 1 GG spricht klar von „einem Gesetz" als tauglichem Vorlagegenstand, auf dessen Gültigkeit es für das Verfahren ankommt. Damit ist es nach dem klaren Wortlaut der Norm – im Gegensatz zu den offenen Formulierungen der Individualverfassungsbeschwerde und der abstrakten Normenkontrolle – nicht möglich, mehrere Gesetze als Teil des additiven Grundrechtseingriffs oder andere staatliche Maßnahmen darunter zu subsumieren. Auch der additive Grundrechtseingriffs selbst als neue Rechtsfigur und damit „Akt der öffentlichen Gewalt" kommt als tauglicher Vorlagegenstand nach Art. 100 Abs. 1 S. 1 GG nicht in Betracht. Die Grenze des Wortlauts schließt folglich die unmittelbare Anwendung der Norm aus. Daran schließen sich Folgefragen an: Ist es möglicherweise zu recht ausgeschlossen den additiven Grundrechtseingriff anhand der konkreten Normenkontrolle zu überprüfen? Das wäre nur dann der Fall, wenn Sinn und Zweck dieses Rechtsschutzverfahrens von denen der Individualverfassungsbeschwerde und der abstrakten Normenkontrolle dahingehend divergieren würde, dass Individualschutz in keinem Fall gewährleistet sein soll. Das ist schon durch die mittelbar-subjektive Komponente nicht der Fall. Die Annahme eines Verfassungsverstoßes kann sich konsequenterweise auch durch einen additiven Grundrechtseingriff ergeben.

Im Wege der Auslegung besteht jedoch keine Möglichkeit, Art. 100 GG auf additive Grundrechtseingriffe anzuwenden, in diesem Fall bleibt neben einer Verfassungsänderung nur das Mittel der Rechtsfortbildung, insbesondere einer analogen

---

[101] *Detterbeck*, in: Sachs, GG, Art. 100, Rn. 1.

[102] *Dederer*, in: Maunz/Dürig, GG, Art. 100 Abs.1, Rn. 27.

[103] Vgl. BVerfGE 1, 184, 197 f.; 22, 373, 378, 97, 117, 122.

[104] Vgl. *Michael*, ZJS 2012, 756, 757, zu Funktion und System von Normenkontrollen.

Anwendung.[105] Auch wenn mit diesem Instrument sehr vorsichtig umzugehen ist, bestehen im Hinblick auf Art. 100 GG weniger Bedenken als möglicherweise in anderen Anwendungsbereichen. Im konkreten Fall würde die rechtliche Überprüfbarkeit von Normen erweitert und nicht beschnitten. Normenkontrollen sollen dahingehend keine verfassungsrechtlichen Probleme aufwerfen. Es sei Aufgabe des Richters, Normenkollisionen zu lösen und nach welchen Methoden dies im Einzelnen geschehe, läge im Rahmen der Anwendung des positiven Rechts.[106]

In Betracht kommt eine Analogie,[107] die den Gerichten die Möglichkeit eröffnen könnte, aus ihrer Sicht verfassungswidrige additive Grundrechtseingriffe dem Bundesverfassungsgericht vorzulegen. Die Voraussetzungen einer vergleichbaren Interessenlage – ein möglicher Verfassungsverstoß wird nicht erfasst – und einer planwidrigen Regelungslücke – der Verfassungsgeber ging noch nicht von einer Problematik additiver Grundrechtseingriffe aus – sind gegeben.[108] Eine planwidrige Regelungslücke kann sich auch erst aufgrund eines nachträglichen sozialen Wandels ergeben.[109] Es handelt sich auch nicht um eine *zuständigkeitsbegründende* Analogie. Der Prüfungsgegenstand des Bundesverfassungsgerichts iRd. Art. 100 GG würde auch nicht dahingehend unzulässig erweitert, dass nun staatliche Maßnahmen überprüfbar würden, die sonst den Fachgerichten vorbehalten sind. *De facto* kann Prüfungsgegenstand auch in der analogen Anwendung nur ein additiver Grundrechtseingriff durch mehrere Gesetze sein. Exekutivmaßnahmen, welche kumulieren können durch die Verwaltungsgerichte selbst aufgehoben werden. Gesetze, die im fachgerichtlichen Verfahren entscheidungserheblich sind, können aber ohnehin nach Art. 100 GG vorgelegt werden. Eine tatsächliche Kompetenzerweiterung findet daher nicht statt. Vielmehr kommt es darauf an, die Entscheidungserheblichkeit auch durch die Gesamtbetrachtung begründen zu können. Hierfür streitet die Wertung des Art. 19 Abs. 4 GG: es handelt sich nicht um eine unzulässige Analogie zu Lasten, sondern zu Gunsten des Bürgers.[110] Es spricht vor dem Hintergrund eines effektiven Rechtsschutzes nichts dagegen, die Entscheidungserheblichkeit auch durch die Gesamtbelastung der Eingriffsaddition begründen zu können. Entgegen steht allein der Wortlaut des Art. 100 GG. Letztlich kommt eine Prüfung dieser Frage allein durch das Bundesverfassungsgericht in Betracht. Daher ist Art. 100 Abs. 1 GG

---

[105] Zu den verfassungsrechtlichen Grundlagen der Analogiebildung im Öffentlichen Recht, eingehend: *Hemke*, Methodik der Analogiebildung im Öffentlichen Recht, S. 161 ff.; konstruktiv zur Analogie als Mittel der Rechtsfortbildung auch im Öffentlichen Recht: *Danwerth*, ZfPW 2017, 230, 239 f.; *Wiedemann*, NJW 2014, 2407, 2410; zur Rechtsfortbildung allgemein: BVerfGE 49, 304, 318; BVerfG, NJW 1986, 2242; BeckRS 2002, 16118.

[106] *Seidl*, ZGR 1988, 296, 300.

[107] Eine andere Frage ist, ob Art. 100 GG selbst auf Analogiebildungen anwendbar ist, dazu: *Hemke*, Methodik der Analogiebildung im Öffentlichen Recht, S. 182, die dies im Hinblick auf die Möglichkeit der Überprüfung durch einen Verstoß gegen Art. 3 Abs.1 GG verneint.

[108] Allgemein zur Analogie im Verfassungsrecht: *Wolff*, Ungeschriebenes Verfassungsrecht unter dem Grundgesetz, S. 242 f.

[109] *Beaucamp*, AöR 134 (2009), 83, 85.

[110] Diese ist unumstritten zulässig, vgl. *Beaucamp*, AöR 134 (2009), 83, 90.

analog anzuwenden. Das Bundesverfassungsgericht geht wohl von der Möglichkeit einer analogen Anwendung des Art. 100 GG aus.[111]

Gegen die Überprüfbarkeit des additiven Grundrechtseingriffs durch das Bundesverfassungsgericht anhand einer Vorlage eines Fachgerichts könnte sprechen, dass es sich bei der Frage der Vereinbarkeit mit der Verfassung, insbesondere der Grenze des Art. 19 Abs. 2 GG, zunächst um eine genuin verfassungsrechtliche Frage handelt, die nicht in der Entscheidungskompetenz der Fachgerichte steht und daher in fachgerichtlichen Verfahren weniger relevant sein könnte. Selbst wenn die Fachgerichte nicht für die Überprüfung genuin verfassungsrechtlicher Fragen zuständig sind, schließt dies im Umkehrschluss nicht aus, dass diese Fragen in den gerichtlichen Verfahren relevant werden. Deshalb sieht das Grundgesetz die Möglichkeit der konkreten Normenkontrolle vor. Wie die Rechtsprechungsauswertung auch gezeigt hat, beschäftigen sich die Fachgerichte zunehmend mit dem additiven Grundrechtseingriff, sodass diese Fragen zweifelsohne entscheidungserheblich sein können.

---

[111] BVerfGE 102, 147, 161 spricht ausdrücklich von Vorlagen „entsprechend Art. 100 GG", im konkreten Fall ging es um Regelungen des europäischen Sekundärrechts; kritisch: *Wernsmann*, Konkrete Normenkontrolle, in: Ehlers/Schoch, Rechtsschutz im Öffentlichen Recht, § 16, Rn. 41.

Achtes Kapitel

Fazit und Ausblick

A. Ausblick

Nicht nur vor dem Hintergrund der zunehmenden Internationalisierung und Europäisierung sämtlicher Rechtsgebiete bleibt die Problematik additiver Freiheitseingriffe aktuell. Dogmatische, abstrakte Theorien müssen sich an ihrer Anwendbarkeit und damit schließlich einer gewissen „Praxisrelevanz" messen lassen, sodass Sie nicht zu einer Entkontextualisierung[1] der rechtlichen Ordnung führen. Auch systematisierte Lösungen können nicht in einem luftleeren Raum funktionieren. Eine prozessuale Orientierung, Kontextualisierung von der Berücksichtigung von Fakten und Zeitablauf sowie die Beachtung von Kompetenzen und Institutionen,[2] ist auch für abstrakte rechtliche Lösungsansätze und die Entwicklung neuer Rechtsfiguren wie den additiven Grundrechtseingriff unerlässlich. Die Rechtsprechung des Bundesverfassungsgerichts und der Verwaltungsgerichte zeigt, dass das Problem längst in der Praxis relevant ist, nicht vorhanden waren bisher tragfähige Lösungsansätze.

Die Rechtsprechung des Europäischen Gerichtshofs[3] zeigt, dass die Garantie des Wesensgehalts auf europäischer und nationaler Ebene durch die zunehmenden und neuen Herausforderungen für den grundrechtlichen Freiheitsschutz neu zum Leben erweckt werden kann. Dies bestätigt die Annahme, dass insbesondere die grundlegende Konzeption des Grundgesetzes in der Lage ist auf weitere Entwicklungen der Gefährdung des Individualschutzes, effizient und angemessen zu reagieren – in Grundsatznormen wie dem Art. 19 Abs. 2 GG zeigt sich diese Stärke. Es kann sich lohnen, auch in Zukunft „totgesagte" Bestimmungen wie die Freiheit der Lehre, Art. 5 Abs. 3 S. 1, 4. Alt. GG oder Art. 18 GG im Blick zu behalten.[4]

---

[1] Zu diesem Kritikpunkt nicht immer überzeugend: *Lepsius,* Kritik der Dogmatik, in: Was weiß Dogmatik? S. 54 ff.

[2] *Lepsius* fordert, diese Kriterien für eine Reform der tradierten Dogmatik und statt abstrakt-genereller Lösungen relationale Perspektiven in den Vordergrund zu stellen, Kritik der Dogmatik, in: Was weiß Dogmatik?, S. 61 f.; Systembildung und dogmatische Lösungen müssen aber der Unterbau für rechtssichere, wenn auch differenzierte Einzelentscheidungen sein.

[3] Urt. v. 06.10.2015 – Rs. C-362/14 = NJW 2015, 3151.

[4] *Nowrot*, Das Republikprinzip in der Rechtsordnungsgemeinschaft: Methodische Annäherungen an die Normalität eines Verfassungsprinzips, S. 61 mit einer Übersicht „geschmähter Verfassungsbestimmungen, Hinweis auch auf: *Stern*, Die Freiheit der Lehre – ein Grundrecht

Ein weiterer Ausblick in die Zukunft zeigt, dass sich im Spannungsfeld des additiven Grundrechtseingriffs viele Synergieeffekte ergeben können, die auch zukünftig eine entscheidende Rolle spielen werden. Das große Problemfeld von „Transparenz und Grundrechtsschutz"[5] zeigt Überschneidungen zum additiven Grundrechtseingriff. Die Zusammensetzung der grundrechtlichen Belastungen aus unterschiedlichen staatlichen Maßnahmen, möglicherweise sogar von unterschiedlichen Hoheitsträgern, ist aus Sicht des Bürgers jedenfalls weniger transparent, als ein identifizierbarer Adressat. Auch die Erkennbarkeit der Gesamtbelastung spielt hier eine Rolle. Wer nicht weiß von wie vielen Maßnahmen, die u. U. heimlich ergehen, er betroffen ist, kann sich dagegen nicht effektiv zur Wehr setzen.

Das die Praxis beherrschende Thema der Asylverfahren kann in Zukunft Probleme im Hinblick auf Belastungskumulationen und additive Grundrechtseingriffe aufwerfen und bietet Stoff für weitere juristische Auseinandersetzung.[6] Das verbreitet eingesetzte Mittel der Duldung[7] bringt eine Kumulation von Beeinträchtigungen für die Betroffenen mit sich. In den ersten drei Monaten der Duldung ist die Aufnahme einer Erwerbstätigkeit untersagt, vgl. § 32 BeschV, unter gewissen Umständen ist sie gänzlich untersagt, § 60a) AufenthG. Darüber hinaus besteht die Residenzpflicht mit der Möglichkeit weitere Auflagen zu erteilen, § 61 Abs. 1 e) AufenthG und eine spezielle Residenzpflicht nach § 61 Abs. 1c). Inwieweit die Gesamtbetrachtung die Betroffenen in Art. 2 Abs. 1 GG oder auch in ihrem Allgemeinen Persönlichkeitsrecht beeinträchtigen kann, wird mit der zu erwartenden Verschärfung des Asylrechts in der rechtlichen Diskussion weiter präsent sein.

Über den Individualschutz des additiven Grundrechtseingriffs hinaus lässt sich der Gedanke der Gefahr von verfassungsrechtlich garantierten Werten auf andere Anwendungsfelder übertragen. Ob und inwieweit institutionelle Garantien wie die kommunale Selbstverwaltung durch eine Vielzahl von Beschränkungen verfassungswidrig ausgehöhlt werden können, erscheint als Ausgangspunkt für weitere rechtliche Überlegungen lohnenswert.

Der additive Grundrechtseingriff zeigt die Leistungsfähigkeit der Grundrechtsdogmatik auf und bestätigt damit ihren Wert.

---

im Schattendasein, in: Herdegen (u. a.), Festschrift für Roman Herzog zum 75. Geburtstag, 2009, S. 507, 508, zur Freiheit der Lehre als eigenständiges Grundrecht.

[5] Vgl. nur *Papier*, NJW 2017, 3025, 3028 zu Rechtsstaatlichkeit und Grundrechtsschutz in der digitalen Gesellschaft; *Wieckhorst*, Grundrechtsschutz durch Legislativverfahren, S. 188; umfassend: *Bröhmer*, Transparenz als Verfassungsprinzip, S. 196 ff. zu den Grundrechten.

[6] Das AsylG kennt bereits die Beachtung von kumulierenden Maßnahmen auf Tatbestandsebene nach § 3a Nr. 2 AsylG wonach sich die Flüchtlingseigenschaft nach § 3 Abs. 1 AsylG auch „in einer Kumulierung unterschiedlicher Maßnahmen, einschließlich einer Verletzung der Menschenrechte, bestehen, die so gravierend ist, dass eine Person davon in ähnlicher wie der in Nummer 1 beschriebenen Weise betroffen ist" ergeben kann.

[7] § 60a) AufenthG normiert die vorübergehende Aussetzung der Abschiebung (Duldung).

B. Fazit in Thesen

1. Der additive Grundrechtseingriff ist eine Variante des erweiterten Eingriffsbegriffs, der eine Mehrzahl staatlicher Beeinträchtigungen umfasst. Das Erfordernis der Entwicklung einer Rechtsfigur des additiven Grundrechtseingriffs ergibt sich aus der Notwendigkeit eines effektiven Grundrechtsschutzes um die Grundrechte als grundlegende Normen der Freiheitssicherung zu erhalten. Gleichzeitig sind die Gewaltenteilung und die Gestaltungsfreiheit des Gesetzgebers zu berücksichtigen. Der Staat darf weder durch eine besondere Quantität noch durch eine besondere Qualität seines Handelns diese Schutzgehalte unterlaufen.

2. Die Kriterien des additiven Grundrechtseingriffs sind eine Mehrzahl staatlicher Grundrechtseingriffe in dasselbe Grundrecht desselben Grundrechtsträgers, deren Wirkungen zeitgleich bestehen. Auf eine bestimmte Handlungsform, denselben verantwortlichen Hoheitsträger oder eine identische Zweckrichtung kommt es nicht an. Hierdurch unterscheidet sich der additive Grundrechtseingriff von Belastungskumulationen, die allgemein den faktischen Zustand von Mehrfachbelastungen beschreiben.

3. Die verfassungsgerichtliche Rechtsprechung erkennt die Problematik von Belastungskumulationen und die Möglichkeit einer Rechtsfigur des additiven Grundrechtseingriffs an, hat aber bisher keine verbindlichen Grenzen oder Voraussetzungen entwickelt.

4. Für die Begründung der Notwendigkeit einer verfassungsrechtlichen Prüfung von Gesamtbelastungen ist die Funktion des Grundrechtseingriffs entscheidend. Die Analyse der Einzelkomponenten des klassischen Eingriffsbegriffs ist erforderlich, um die Struktur des additiven Grundrechtseingriffs zu verstehen. Einzig das Kriterium der Finalität steht einer Mehrzahl staatlicher Belastungen offen, ist aber allein im Rahmen des erweiterten Grundrechtseingriffs kein abgrenzungsfähiges Kriterium.

5. Die Problematik um die Erfassung von Eingriffsadditionen und Belastungskumulationen verläuft parallel zur Entwicklung des erweiterten Grundrechtseingriffs. Der additive Grundrechtseingriff ist seine Konsequenz. Die Leistungsfähigkeit des modernen Eingriffsbegriffs besteht darin, auch Gesamtbelastungen zu erfassen. Der additive Grundrechtseingriff ist schutzbereichsakzessorisch.

6. Durch die Verortung der Mehrfachbelastung auf Eingriffsebene besteht mit der Schutzbereichsbezogenheit der jeweiligen Maßnahmen ein Kriterium, welches sich rechtssicher in der Grundrechtsdogmatik verorten lässt. Durch die aus der Effektivität des Grundrechtsschutzes resultierenden Voraussetzungen desselben Grundrechtsträgers, desselben Grundrechts und der zeitgleichen Belastung, werden nicht handhabbare „Gesamtfreiheitsbilanzen" zuverlässig vermieden.

7. Der additive Grundrechtseingriff betrifft die Grundrechte allein in ihrer Abwehrfunktion. Das Konzept der Schutzpflichten kann diese abwehrrechtliche

Komponente nicht erfassen. Beide Grundrechtsdimensionen sind voneinander zu differenzieren.

8. Die Begründung einer Schutzpflicht durch kumulierende Wirkungen staatlichen Unterlassens ist kein Fall des additiven Grundrechtseingriffs. Dasselbe gilt für die Begründung eines Leistungsanspruchs aus Grundrechten. Eine singuläre Ausrichtung der Schutzpflichtenlehre, vergleichbar mit dem klassischen Eingriffsverständnis, dass sie ausschließlich von einem einzigen staatlichen Unterlassen ausgelöst werden können, besteht nicht. Die Möglichkeit, das staatliche Handlungserfordernis durch eine Gesamtbetrachtung zu begründen, liegt in der Natur von Schutz- und Leistungspflichten.

9. Die Voraussetzungen der Einschränkbarkeit von Grundrechten der formellen Verfassungsmäßigkeit und des Gesetzesvorbehalts dürfen nicht unterlaufen oder aufgeweicht werden. Hinsichtlich des additiven Grundrechtseingriffs sind die grundrechtsspezifischen Grenzen zu beachten.

10. Die Grenze der Zulässigkeit des additiven Grundrechtseingriffs muss zwingend in der Verfassung verortet werden. Explizite Bezugnahmen auf einen additiven Grundrechtseingriff oder Formulierungen für ein Verbot übermäßiger Gesamtbelastungen des Grundrechtsträgers finden sich nicht.

11. Die Grenze der Zulässigkeit des additiven Grundrechtseingriffs ist der Schutz des Wesensgehalts der Grundrechte in Art. 19 Abs. 2 GG. Die verfassungsrechtliche Garantie des Wesensgehalts schützt nicht nur vor besonders intensiven Grundrechtseingriffen, sondern auch vor einer Vielzahl solcher. Der Schutz des Art. 19 Abs. 2 GG als grundrechtssichernde Norm ist nicht auf Art oder Ausmaß gewissen staatlichen Verhaltens beschränkt. Der Schutzgehalt des Wesensgehalts ist subjektiv-rechtlich absolut zu bestimmen und grundrechtsspezifisch zu definieren.

12. Der Grundsatz der Verhältnismäßigkeit ist in einer Prüfung des additiven Grundrechtseingriffs nicht anwendbar. Das damit verknüpfte Erfordernis der vorgeschalteten Prüfung eines Einzeleingriffs führt dazu, dass der additive Grundrechtseingriff nicht gesondert geprüft werden kann, auch wenn die Grundrechtsgefährdung allein in der Gesamtbelastung zu sehen ist. Die Erforderlichkeit der Prüfung eines Einzeleingriffs ist abzulehnen. Die Konsequenz einer Gesamtverhältnismäßigkeitsprüfung ohne vorgeschalteten Einzeleingriff führt dann dazu, dass die zwingende Verbindung von Schutzbereich und Eingriff dadurch aufgehoben wird. Die formellen Grenzen der Einschränkbarkeit von Grundrechten werden gänzlich ausgehebelt. Zurechnungsfragen können im Rahmen der Rechtfertigung dann nicht erörtert werden. Das für die Gesamtverhältnismäßigkeitsprüfung zwingende Kriterium des gemeinsamen Zwecks aller Maßnahmen kann auf jeder beliebigen Abstraktionsebene angesiedelt werden. Die Relation von Zweckerreichung und Eingriffsschwere kann bei additiven Grundrechtseingriffen nicht abgebildet werden. Nebenzwecke werden nicht berücksichtigt und können daher die verfassungsrechtlichen Implikationen der Gesamtbelastung nicht umfassen.

13. Belastungskumulationen treten im Mehrebenensystem auf, sind aber in diesem Kontext keine additiven Grundrechtseingriffe. Die europäische Grundrechtecharta erkennt einen Kernbereichsschutz an, der von der Grundstruktur mit dem Schutz des Wesensgehalts vergleichbar ist. Auf der Ebene der internationalen Menschenrechte bestehen durch den Kernbereichsschutz der Regelwerke der UN und der EMRK Möglichkeiten für Gesamtbetrachtungen.

14. Der additive Grundrechtseingriff ist tauglicher Beschwerdegegenstand der Individualverfassungsbeschwerde und sonstiger Hoheitsakt iSd. § 93 Abs. 3 BVerfGG. Die Jahresfrist läuft ab dem zuletzt ergangenen Eingriff, allein im Rahmen des additiven Grundrechtseingriffs können daher Eingriffe, gegen die die Individualverfassungsbeschwerde verfristet wäre, in engen Grenzen überprüft werden. Voraussetzung im Rahmen der Beschwerdebefugnis ist die gegenwärtige Betroffenheit, die eine Ausdehnung auf vergangene, nicht mehr relevante Eingriffe verhindert.

15. Ein Verstoß gegen Art. 19 Abs. 2 GG führt zur Verfassungswidrigkeit der Gesamtbelastung und aller Eingriffe des additiven Grundrechtseingriffs. Der Gestaltungsfreiheit des Gesetzgebers und dem effektiven Grundrechtsschutz wird dadurch mehr Rechnung getragen, als bei der Beschränkung auf eine Unvereinbarkeitserklärung oder einer Appellentscheidung.

16. Ein abstrakte Normenkontrolle zur Überprüfung eines additiven Grundrechtseingriffs ist im Sinne einer „Prozessstandschaft" für die betroffenen Grundrechtsträger möglich, aber wird nur in den seltensten Fällen gegeben sein.

17. Art. 100 Abs. 1 GG ist dahingehend analog anzuwenden, dass eine Vorlage im Rahmen der konkreten Normenkontrolle auch zur Überprüfung eines additiven Grundrechtseingriffs, der sich aus mehreren formellen Gesetzen zusammensetzt, statthaft ist.

Literaturverzeichnis

Akademie der Wissenschaften Berlin-Brandenburg: Digitales Wörterbuch der deutschen Gegenwartssprache, bereitgestellt unter: www.dwds.de.

Albers, Marion/*Hoffmann-Riem,* Wolfgang: Informationsordnung, Verwaltungsverfahren, Handlungsformen, 2. Aufl., München 2012.

Alexy, Robert: Theorie der Grundrechte, 2. Aufl., Frankfurt am Main 1994.

– Jörn Ipsens Konstruktion der Grundrechte, Der Staat 52 (2013), S. 87–98.

Anschütz, Gerhard: Die Verfassung des Deutschen Reiches vom 11. August 1919, 14. Aufl., Berlin 1933.

Arnauld, Andreas v.: Die normtheoretische Begründung des Verhältnismäßigkeitsgrundsatzes, JZ 2000, S. 276–280.

Augsberg, Ino/*Augsberg,* Steffen: Kombinationsgrundrechte – Die Verkoppelung von Grundrechtstatbeständen als Herausforderung für die Grundrechtsdogmatik, AöR 132 (2007), S. 539–581.

Bäcker, Matthias: Transparenz von Datensammlungen der Sicherheitsbehörden, in: Dreier, Thomas/Fischer, Veronika u. a., Informationen der öffentlichen Hand – Zugang und Nutzung, Baden-Baden 2016, S. 229–247.

Baer, Susanne/*Lewalter,* Sandra: Zielgruppendifferenzierte Gesetzesfolgenabschätzung – Ein Aspekt des Gender Mainstreaming und ein Beitrag zu „better governance", DÖV 2007, S. 195–202.

Bannenberg, Britta: Alternativ-Entwurf Reform des Ermittlungsverfahrens (AE-EV) – Entwurf eines Arbeitskreises deutscher, österreichischer und schweizerischer Strafrechtslehrer (Arbeitskreis AE), München 2001.

Barczak, Tristan: Mitarbeiterkommentar zum Bundesverfassungsgerichtsgesetz, Berlin 2017.

Bauer, Anne-Kathrin: Kindeswohlgefährdung durch religiös motivierte Erziehung, Hamburg 2012.

Baumeister, Peter: Der Beseitigungsanspruch als Fehlerfolge des rechtswidrigen Verwaltungsakts, Tübingen 2006.

Beaucamp, Guy: Das Stichwort Gerechtigkeit in der amtlich gesammelten Rechtsprechung des Bundesverfassungsgerichts, DVBl. 2017, S. 348–354.

– Zum Analogieverbot im öffentlichen Recht, AöR 134 (2009), S. 83–105.

Bernsdorff, Norbert: Einschnitte in das Rentenniveau – der „additive" Grundrechtsbegriff und das Bundesverfassungsgericht, SGb 2011, S. 121–125.

Bernstorff, Jochen v.: Kerngehaltsschutz durch den UN-Menschenrechtsausschuss und den EGMR: Vom Wert kategorialer Argumentationsformen Kerngehaltsschutz durch den UN-Menschenrechtsausschuss und den EGMR, Der Staat 50 (2011), S. 165–190.

– Der Streit um die Menschenwürde im Grund- und Menschenrechtsschutz: Eine Verteidigung des Absoluten als Grenze und Auftrag, JZ 2013, S. 905–915.

Bethge, Herbert: Der Grundrechtseingriff. Öffentlich-rechtliche Rahmenbedingungen einer Informationsordnung, VVDStRL 57 (1998), S. 10–52.

– Mittelbare Grundrechtsbeeinträchtigungen, in: Merten, Detlef/Papier, Hans-Jürgen, Handbuch der Grundrechte, Band III – Allgemeine Lehren II, München 2009, § 58, S. 113–160.

– Aktuelle Probleme der Grundrechtsdogmatik, Der Staat 24 (1985), S. 351–382.

Bethge, Nadine: Die verfassungsrechtliche Zulässigkeit des Grundrechtsverzichts, Hamburg 2014.

Bettermann, Karl August: Die konkrete Normenkontrolle und sonstige Gerichtsvorlagen, in: Drath, Martin/Starck, Christian, Bundesverfassungsgericht und Grundgesetz – Festgabe aus Anlaß des 25jährigen Bestehens des Bundesverfassungsgerichts, Tübingen 1976, S. 324–370.

Bieresborn, Dirk: Sozialdatenschutz nach Inkrafttreten der EU-Datenschutzgrundverordnung – Verarbeiten von Sozialdaten, Reichweite von Einwilligungen, grenzüberschreitende Datenübermittlung und Auftragsverarbeitung, NZS 2017, S. 926–933.

Birk, Dieter/*Desens,* Marc/*Tappe,* Henning: Steuerrecht, 21. Aufl., Heidelberg 2018.

Bleckmann, Albert: Zum materiellrechtlichen Gehalt der Kompetenzbestimmungen des Grundgesetzes, DÖV 1983, S. 129–135.

– Die Struktur des allgemeinen Gleichheitssatzes, Köln 1995.

Bleckmann, Albert/*Eckhoff,* Rolf: Der „mittelbare" Grundrechtseingriff, DVBl. 1988, S. 373–382.

Bleckmann/Wiethoff: Zur Grundrechtskonkurrenz, DÖV 1991 S. 722–730.

Blümich, Walter/*Ebling,* Klaus: EStG, KStG, GewStG – Einkommensteuergesetz, Körperschaftsteuergesetz, Gewerbesteuergesetz: Kommentar, 139. Aufl., München 2017.

Bock, Kirsten/*Engeler,* Malte: Die verfassungsrechtliche Wesensgehaltsgarantie als absolute Schranke im Datenschutzrecht, DVBl. 2016, S. 593–599.

Böckenförde, Ernst-Wolfgang: Schutzbereich, Eingriff, Verfassungsimmanente Schranken, Der Staat 42 (2003), S. 165–192.

– Verfassungsgerichtsbarkeit: Strukturfragen, Organisation, Legitimation, NJW 1999, S. 9–17.

– Zur gegenwärtigen Lage der Grundrechtsdogmatik. Grundrechte als Grundsatznormen, Der Staat 29 (1990), S. 1–31.

Bohnhage, Jan D./*Dietrich,* Peter: Jahresfrist für Rechtssatzverfassungsbeschwerden bei Gesetzesänderungen, NVwZ 2017, S. 1352–1356.

Borowski, Martin: Die Glaubens- und Gewissensfreiheit des Grundgesetzes, Tübingen 2006.

– Grundrechte als Prinzipien, 2. Aufl., Baden-Baden 2007.

Boysen, Sigrid: Gleichheit im Bundesstaat, Tübingen 2005.

Breckwoldt, Maike: Grundrechtskombinationen, Tübingen 2015.

Brenner, Michael: Quo vadis, Jagdrecht? – Das neue Jagdrecht in Baden-Württemberg auf dem Prüfstand des Verfassungsrechts, Stuttgart 2015.

Britz, Gabriele: Der allgemeine Gleichheitssatz in der Rechtsprechung des BVerfG – Anforderungen an die Rechtfertigung von Ungleichbehandlungen durch Gesetz, NJW 2014, S. 346–351.

Bröhmer, Jürgen: Transparenz als Verfassungsprinzip – Grundgesetz und Europäische Union, Tübingen 2004.

Bronkars, Caroline: Kumulative Eigentumseingriffe, Hamburg 2007.

Brüggemann, Lennart: Die Besteuerung von Sportwetten im Rennwett- und Lotteriegesetz, Baden-Baden 2015.

Buchholtz, Gabriele: Entterritorialisierung des Öffentlichen Rechts – Legitimation „anerkennungsbasierter" Transnationalität in der EU, NVwZ 2016, S. 1353–1358.

– Kein Sonderopfer für die Sicherheit – BVerfG erklärt BKAG für verfassungswidrig, NVwZ 2016, S. 906–909.

Butzer, Hermann: Freiheitsrechtliche Grenzen der Steuer- und Sozialabgabenlast – Der Halbteilungsgrundsatz des Bundesverfassungsgerichts im Spannungsfeld von Globalisierung, Freiheitsrechten und Sozialstaatlichkeit, Berlin 1999.

Calliess, Christian/*Ruffert,* Matthias/*Blanke,* Hermann-Josef u. a.: EUV/AEUV – Das Verfassungsrecht der Europäischen Union mit Europäischer Grundrechtecharta, 5. Aufl., München 2016.

Caspar, Johannes: Verfassungs- und verwaltungsrechtliche Aspekte des Schächtens – Anmerkung zu BVerfG vom 15.01.2002, NuR 2002, S. 402–404.

Choi, Yooncheol: Die Pflicht des Gesetzgebers zur Beseitigung von Gesetzesmängeln, Hamburg 2002.

Coles, Christina: Folgenorientierung im richterlichen Entscheidungsprozess – Ein interdisziplinärer Ansatz, Frankfurt a.M. u. a. 1991.

Cremer, Wolfram: Freiheitsgrundrechte – Funktionen und Strukturen, Tübingen 2003.

Dammann, Ilmer: Der Kernbereich der privaten Lebensgestaltung – Zum Menschenwürde- und Wesensgehaltsschutz im Bereich der Freiheitsgrundrechte, Berlin 2011.

Danwerth, Christopher: Analogie und teleologische Reduktion – zum Verhältnis zweier scheinbar ungleicher Schwestern, ZfPW 2017, S. 230–249.

Daxenberger, Matthias: Kumulationseffekte – Grenzen der Erfolgszurechnung im Umweltstrafrecht, Baden-Baden 1997.

Denninger, Erhard/*Hoffmann,* Wolfgang/*Schneider,* Hans-Peter/*Stein,* Ekkehart: Kommentar zum Grundgesetz für die Bundesrepublik Deutschland – GG, 3. Aufl., Neuwied u. a. 2001.

Dietlein, Johannes: Das Untermaßverbot, ZG 1995, S. 131–141.

– Das staatliche Glücksspiel auf dem Prüfstand, BayVBl. 2002, S. 161–167.

– Die Lehre von den grundrechtlichen Schutzpflichten, 2. Aufl., Berlin 2005.

– Berufs-, Arbeitsplatz- und Ausbildungsfreiheit, in: Stern, Klaus, Das Staatsrecht der Bundesrepublik Deutschland, Band IV/1. Die einzelnen Grundrechte, München 2006, S. 1757–1948 (zitiert als: *Dietlein*, in: Stern, Staatsrecht IV/1, S.).

– Die Eigentumsfreiheit und das Erbrecht, in: Stern, Klaus, Das Staatsrecht der Bundesrepublik Deutschland, Band IV/1. Die einzelnen Grundrechte, München 2006, S. 2114–2344 (zitiert als: *Dietlein*, in: Stern, Staatsrecht IV/1, S.).

– Zur Zulässigkeit einer Waffensteuer als kommunale Aufwandsteuer, AuR 2010, S. 321–325.

– Grenzen der Abweichungsgesetzgebung im Bereich des Jagdwesens, AUR 2014, S. 441–445.

– Glücksspielregulierung und Konsequenzgebot – Der Spielhallen-Beschluss des BVerfG vom 7. 3. 2017 in der Diskussion, NVwZ 2017, S. 1667–1670.

– Zur Sozialpflichtigkeit des jagdlichen Eigentums, in: Dietlein, Johannes/Froese, Judith, Jagdliches Eigentum, Berlin, Heidelberg 2018, S. 197–215.

– Stellungnahme 16/2494 zum Gesetzesentwurf der Landesregierung für Zweites Gesetz zur Änderung des Landesjagdgesetzes und zur Änderung anderer Vorschriften (Ökologisches Jagdgesetz), abrufbar unter: https://www.landtag.nrw.de/portal/WWW/dokumentenarchiv/Dokument/MMST16-2494.pdf (zuletzt abgerufen am 10. 04. 2018).

Dietlein, Johannes/*Hellermann,* Johannes: Öffentliches Recht in Nordrhein-Westfalen – Verfassungsrecht, Kommunalrecht, Polizei- und Ordnungsrecht, Öffentliches Baurecht; eine prüfungsorientierte Darstellung, 6. Aufl., München 2016.

Dietlein, Johannes/*Heusch,* Andreas: Beck'scher Online Kommentar zum Kommunalrecht Nordrhein-Westfalen, 5. Ed. Stand: 01. 09. 2018 (zitiert als: *Bearbeiter*, in: BeckOK Kommunalrecht NRW, §, Rn.).

Dietlein, Johannes/*Peters,* Sascha David: Rechtsfragen einer kommunalen „Pferdesteuer", LKV 2013, S. 1–7.

Dietlein, Johannes/*Peters,* Sascha David: Verfassungsrechtliche Aspekte des deutschen Glücksspielrechts, in: Gebhart, Ihno/Korte, Stefan, Glücksspiel: Ökonomie, Recht, Sucht, 2. Aufl., Berlin 2018, § 13, S. 247–285.

Dietz, Martin: Verfassungsgerichtliche Unvereinbarkeitserklärungen: Zulässigkeit, Voraussetzungen und Rechtsfolgen, Frankfurt a.M u. a. 2011.

Dolderer, Michael: Objektive Grundrechtsgehalte, Berlin 2000.

Dörr, Dieter: Die Verfassungsbeschwerde in der Prozesspraxis, 2. Aufl., Köln 1997.

Dreier, Horst: Grundgesetz Kommentar, 3. Aufl., Tübingen 2013.

Dreier, Thomas/*Fischer,* Veronika/*van Raay,* Anne/*Spiecker gen. Döhmann,* Indra: Informationen der öffentlichen Hand – Zugang und Nutzung, Baden-Baden 2016.

Dudenredaktion: Duden – Die deutsche Rechtschreibung – Das umfassende Standardwerk auf der Grundlage der amtlichen Regeln, 27. Aufl., Berlin 2017.

Eckhoff, Rolf: Der Grundrechtseingriff, Köln 1992.

Ehlers, Dirk: Eigentumsschutz, Sozialbindung und Enteignung bei der Nutzung von Boden und Umwelt – 2. Bericht, VVDStRL 51 (1991), S. 214–247.

– Die Grundrechte der Europäischen Union – Allgemeine Lehren, in: ders., Europäische Grundrechte und Grundfreiheiten, 4. Aufl., Berlin 2015, S. 513–580.

Englisch, Joachim: Wettbewerbsgleichheit im grenzüberschreitenden Handel – Mit Schlussfolgerungen für indirekte Steuern, Tübingen 2008.

Enzensperger, Daniel: Wiedereinführung der Todesstrafe, Verwaltungsrundschau 2016, S. 162–168.

Epping, Volker: Grundrechte, 7. Aufl., Berlin 2017.

Epping, Volker/*Hillgruber,* Christian: Beck'scher Online Kommentar Grundgesetz, 38. Ed. Stand: 15.08.2018 (zitiert als: *Bearbeiter,* in: Epping/Hillgruber, BeckOK GG, Art., Rn.).

Erbguth, Wilfried/*Mann,* Thomas/*Schubert,* Mathias: Besonderes Verwaltungsrecht, Kommunalrecht, Polizei- und Ordnungsrecht, Baurecht, 12. Aufl., Heidelberg 2015.

Faisst, Sabine Nora: Minderheitenschutz im Grundgesetz und in den Landesverfassungen, Tübingen 2000.

Faller, Rico: Schächten als Konkurrenzproblem?, KJ 2002, S. 227–233.

Falter, Hildegard: Die enteignungsrechtliche Vorwirkung – insbesondere von Planfeststellungsbeschlüssen, Baden-Baden 2016.

Fischer, Thomas: Strafgesetzbuch mit Nebengesetzen, 65. Aufl., München 2018.

Forsthoff, Ernst: Lehrbuch des Verwaltungsrechts – Allgemeiner Teil, 3. Aufl., München und Berlin 1953.

Franzius, Claudio: Grundrechtsschutz in Europa – Zwischen Selbstbehauptungen und Selbstbeschränkungen der Rechtsordnungen und ihrer Gerichte, ZaöRV 2015, S. 383–412.

Frenz, Walter: Europäische Grundfreiheiten, 2. Aufl., Heidelberg u. a. 2012.

Friauf, Karl Heinrich: Verfassungsrechtliche Grenze der Wirtschaftslenkung und Sozialgestaltung durch Steuergesetze, Recht und Staat in Geschichte und Gegenwart 325/326 (1966), S. 5–52.

– Substanzeingriff durch Steuer-Kumulation und Eigentumsgarantie, StuW 1977, S. 59–65.

Frowein, Jochen: Reform durch Meinungsfreiheit, AöR 105 (1980), S. 196–188.

Führ, Martin: Qualitätsstandards für die Gesetzesfolgenabschätzung, in: Hensel, Stephan/Bizer, Kilian u. a., Gesetzesfolgenabschätzung in der Anwendung – Perspektiven und Entwicklungstendenzen, Baden-Baden 2010, S. 17–31.

Funk-Rüffert, Petra: Kooperation von Europäischem Gerichtshof und Bundesverfassungsgericht im Bereich des Grundrechtsschutzes, Berlin 1999.

Gallwas, Ullrich: Faktische Beeinträchtigungen im Bereich der Grundrechte, Berlin 1970.

– Dulden wider Willen als Problem der Grundrechtsdogmatik, in: Ruland, Franz/Papier, Hans-Jürgen, Verfassung, Theorie und Praxis des Sozialstaats – Festschrift für Hans F. Zacher zum 70. Geburtstag, Heidelberg 1998, S. 185–199.

Gartz, Henrik: Begründungspflicht des Gesetzgebers – Das verfassungsrechtliche Verhandlungsgebot, Baden-Baden 2016.

Gast, Wolfgang: Juristische Rhetorik, 5. Aufl., Heidelberg 2015.

Geisler, Markus: Die Ausgestaltung des Anklageprinzips nach amerikanischem Strafverfahrens- und Verfassungsrecht, Berlin 1998.

Görisch, Christoph/*Hartmann,* Bernd: Grundrechtsrüge und Prüfungsumfang bei Verfassungsbeschwerden, NVwZ 2007, S. 1007–1012.

Grabitz, Eberhard: Freiheit und Verfassungsrecht – Kritische Untersuchungen zur Dogmatik und Theorie der Freiheitsrechte, Tübingen 1976.

– Der Grundsatz der Verhältnismäßigkeit in der Rechtsprechung des Bundesverfassungsgerichts, AöR 98 (1973), S. 568–616.

Grabitz, Eberhard/*Hilf,* Meinhard/*Nettesheim,* Martin: Das Recht der Europäischen Union, 62. Aufl., München 2017.

Graf, Jürgen-Peter: Beck'scher Online Kommentar StPO mit RiStBV und MiStra, 28. Ed., Stand: 01.07.2017 (zitiert als: *Bearbeiter,* in: BeckOK StPO, §, Rn.).

Grimm, Dieter: Das Grundgesetz nach vierzig Jahren, NJW 1989, S. 1305–1312.

Gusy, Christoph: Die Verfassungsbeschwerde – Voraussetzungen und Verfahren, Heidelberg 1988.

– Die Weimarer Reichsverfassung, Tübingen 1997.

– Verwaltung durch Information – Empfehlungen und Warnungen als Mittel des Verwaltungshandelns, NJW 2000, S. 977–986.

Haack, Stefan: Widersprüchliche Regelungskonzeptionen im Bundesstaat, Berlin 2002.

Häberle, Peter: Grundrechte im Leistungsstaat, VVDStRL 30 (1971), S. 44–131.

– Das Bundesverfassungsgericht im Leistungsstaat. Die Numerus-clausus-Entscheidung vom 18.7.1972, DÖV 1972, S. 729–740.

– Die Wesensgehaltgarantie des Artikel 19 Abs. 2 Grundgesetz – Zugleich ein Beitrag zum institutionellen Verständnis der Grundrechte und zur Lehre vom Gesetzesvorbehalt, 3. Aufl., Heidelberg 1983.

– Entstehungsgeschichte der Artikel des Grundgesetzes – Neuausgabe des Jahrbuch des öffentlichen Rechts der Gegenwart, Band 1 n.F. (1951), 2. Aufl., Tübingen 2010.

Hager, Johannes: Der lange Abschied vom Verbot der geltungserhaltenden Reduktion, JZ 1996, S. 175–179.

Hain, Karl-Eberhard: Rundfunkfreiheit und Rundfunkordnung, Baden-Baden 1993.

– Ockham's Razor – ein Instrument zur Rationalisierung der Grundrechtsdogmatik?, JZ 2002, S. 1036–1045.

Hain, Karl-Eberhard/*Unruh,* Peter: Neue Wege in der Grundrechtsdogmatik? Anmerkungen zum Schächt-Urteil des BVerfG nach Änderung des Art.20 a GG, DÖV 2003, S. 147–155.

Haller, Heiko Alexander: Die Verrechnung von Vor- und Nachteilen im Rahmen von Art. 3 Abs. 1 GG – Eine Untersuchung zur Kompensation von Grundrechtseingriffen, Berlin 2007.

Hanebeck, Alexander: Die Einheit der Rechtsordnung als Anforderung an den Gesetzgeber? – Zu verfassungsrechtlichen Anforderungen wie „Systemgerechtigkeit" und „Widerspruchsfreiheit der Rechtsordnung" als Maßstab verfassungsgerichtlicher Kontrolle, Der Staat 41 (2002), S. 429–451.

Hassemer, Winfried: Dogmatik zwischen Wissenschaft und richterlicher Pragmatik: Einführende Bemerkungen, in: Kirchhof, Gregor/Magen, Stefan/Schneider, Karsten, Was weiß Dogmatik? – Was leistet und wie steuert die Dogmatik des Öffentlichen Rechts?, Tübingen 2012, S. 3–17.

Heckmann, Dirk: Geltungskraft und Geltungsverlust von Rechtsnormen – Elemente einer Theorie, Tübingen 1997.

Heintschel-Heinegg, Bernd v.: Strafgesetzbuch, 3. Aufl., München 2018.

Heintzen, Markus: Die einzelgrundrechtlichen Konkretisierungen des Grundsatzes der Verhältnismäßigkeit, DVBl. 2004, S. 721–727.

Heitsch, Christian: Die Ausführung der Bundesgesetze durch die Länder, Tübingen 2001.

Held, Simeon: Die Haftung der EG für die Verletzung von WTO-Recht, Tübingen 2006.

Hemke, Katja: Methodik der Analogiebildung im Öffentlichen Recht, Berlin 2006.

Hensel, Stephan/*Bizer,* Kilian/*Führ,* Martin/*Lange,* Joachim: Gesetzesfolgenabschätzung in der Anwendung – Perspektiven und Entwicklungstendenzen, Baden-Baden 2010.

Herbert, Georg: Der Wesensgehalt der Grundrechte, EuGRZ 1985, S. 321–355.

Herzog, Roman: Grundrechte und Gesellschaftspolitik, in: Juristische Fakultät Berlin, Berliner Festschrift für Ernst Hirsch – dargebracht von den Mitgliedern der Juristischen Fakultät zum 65. Geburtstag, Berlin 1968, S. 63–75.

– Grundrechte aus der Hand des Gesetzgebers, in: Fürst, Walter/Herzog, Roman/Umbach, Dieter C., Festschrift für Wolfgang Zeidler, Bd. 2, Berlin u. a. 1987, S. 1415–1428.

Hess, Reinhold: Grundrechtskonkurrenzen – Zugleich ein Beitrag zur Normstruktur der Freiheitsrechte, Berlin 2000.

Hesse, Konrad: Grundzüge des Verfassungsrechts der Bundesrepublik Deutschland, 20. Aufl., Heidelberg 1999.

Hey, Johanna: Saldierung von Vor- und Nachteilen in der Rechtfertigung von Grundrechtseingriffen und Ungleichbehandlungen, AöR 128 (2003), S. 226–254.

Hillgruber, Christian: Grundrechtlicher Schutzbereich, Grundrechtsausgestaltung und Grundrechtseingriff, in: Bethge, Herbert/Isensee, Josef/Kirchhof, Paul, Handbuch des Staatsrechts der Bundesrepublik Deutschland, Band IX, 3. Aufl., Heidelberg, Hamburg 2011, § 200 S. 981–1030 (zitiert als: *Hillgruber*, HStR IX, §, Rn.).

Hippel, Eike v.: Grenzen und Wesensgehalt der Grundrechte, Berlin 1965.

Hochhuth, Martin: Relativitätstheorie des öffentlichen Rechts, Baden-Baden 2000.

Hoffmann, Wolfgang: Rechtsfragen der Währungsparität – Festsetzung und Vollzug der DM-Parität im Verfassungs-, Verwaltungs- und Völkerrecht, München 1969.

Hoffmann-Riem, Wolfgang: Grundrechtsanwendung unter Rationalitätsanspruch. Eine Erwiderung auf Kahls Kritik an neueren Ansätzen in der Grundrechtsdogmatik, Der Staat 43 (2004), S. 203–233.

– Verhaltenssteuerung durch Algorithmen – Eine Herausforderung für das Recht, AöR 142 (2017), S. 1–42.

– Enge oder weite Gewährleistungshalte der Grundrechte?, in: Bäuerle, Michael/Hanebeck, Alexander/Hausotter, Carola u. a., Haben wir wirklich Recht? Zum Verhältnis von Recht und Wirklichkeit; Beiträge zum Kolloquium anlässlich des 60. Geburtstags von Brun-Otto Bryde, Baden-Baden 2004, S. 53–75.

Höfling, Wolfram: Kopernikanische Wende rückwärts? – Zur neueren Grundrechtsjudikatur des Bundesverfassungsgerichts, in: Kirche und Religion im sozialen Rechtsstaat: Festschrift für Wolfgang Rüfner zum 70. Geburtstag, Berlin 2003, S. 329–340.

– Offene Grundrechtsinterpretation – Grundrechtsauslegung zwischen amtlichem Interpretationsmonopol und privater Konkretisierungskompetenz, Berlin 1987.

Höfling, Wolfram/*Augsberg,* Steffen: Grundrechtsdogmatik im Schatten der Vergangenheit – zugleich zum Wunsiedel-Beschluß des BVerfG, JZ 2010, S. 1088–1098.

Hofmann, Ekkehard: Abwägung im Recht – Chancen und Grenzen numerischer Verfahren im Öffentlichen Recht, Tübingen 2007.

Hohmann, Harald: Berufsfreiheit (Art. 12 GG) und Besteuerung – Eine Würdigung der Rechtsprechung des Bundesverfassungsgerichts, DÖV 2000, S. 406–416.

Hohnerlein, Jakob: Legitime Ziele von Grundrechtseingriffen – Konformitätspflichten zwischen Staatsverständnissen und Dogmatik, Der Staat 56 (2017), S. 227–254.

Holoubek, Michael: Der Grundrechtseingriff – Überlegungen zu einer grundrechtsdogmatischen Figur im Wandel, in: Merten, Detlef/Papier, Hans-Jürgen, Grundsatzfragen der Grundrechtsdogmatik, Heidelberg 2007, S. 17–34.

Hößlein, Marco: Die Schuldner der Grundrechte. Ein Beitrag zur Passivlegitimation grundrechtlicher Abwehransprüche, JZ 2007, S. 271–277.

Huber, Peter Michael: Rechtsprechungsübersicht. Die Entwicklung der Rechtsprechung zu Normsetzungsfragen im Jahre 1991, ZG 1992, S. 347–380.

– Die Informationstätigkeit der öffentlichen Hand – ein grundrechtliches Sonderregime aus Karlsruhe?, JZ 2003, S. 290–297.

Hufen, Christian: Der Ausgleich verfassungsrechtlich geschützter Interessen bei der Ausgestaltung des Sonn- und Feiertagsschutzes, Baden-Baden 2013.

Hufen, Friedhelm: Die Grundrechte und der Vorbehalt des Gesetzes, in: Grimm, Dieter, Wachsende Staatsaufgaben – sinkende Steuerungsfähigkeit des Rechts, Baden-Baden 1990, S. 273–289.

– Berufsfreiheit – Erinnerung an ein Grundrecht, NJW 1994, S. 2913–2922.

– Grundrechtsschutz der Leistungserbringer und privaten Versicherer in Zeiten der Gesundheitsreform, NJW 2004, S. 14–18.

– Staatsrecht II – Grundrechte, 6. Aufl., München 2017.

– Diskussionsbeitrag, VVDStRL 57 (1998), S. 131 f.

Hwang, Dong Hyok: Verhältnismäßigkeitsgrundsatz und Wesensgehaltsgarantie – Eine rechtsvergleichende Studie über Schranken und Schrankenschranken der Grundrechte im deutschen und koreanischen Verfassungsrecht, Hamburg 2015.

Ipsen, Jörn: Nichtigerklärung oder „Verfassungswidrigerklärung“ – Zum Dilemma der verfassungsgerichtlichen Normenkontrollpraxis, JZ 1983, S. 41–45.

– Grundrechte – Staatsrecht II, 21. Aufl., München 2018.

– Grundzüge einer Grundrechtsdogmatik – Zugleich Erwiderung auf Robert Alexy, „Jörn Ipsens Konstruktion der Grundrechte“, Der Staat 52 (2013), S. 266–293.

Isensee, Josef: Das Grundrecht auf Sicherheit – Zu den Schutzpflichten des freiheitlichen Verfassungsstaates. Vortrag gehalten vor der Berliner Juristischen Gesellschaft am 24. November 1982 – erweiterte Fassung, Berlin 1983.

– Das Grundrecht als Abwehrrecht und staatliche Schutzpflicht, in: Bethge, Herbert/Isensee, Josef/Kirchhof, Paul, Handbuch des Staatsrechts der Bundesrepublik Deutschland, Band IX, 3. Aufl., Heidelberg, Hamburg 2011, § 191, S. 413–568 (zitiert als: *Isensee*, HStR IX, § 191, Rn.).

Ivo, Malte: Die Folgenbeseitigungslast, Berlin 1996.

Jachmann, Monika: Freiheitsgrundrechtliche Grenzen steuerlicher Belastungswirkungen, in: Dörr, Dieter/Fink, Udo u. a., Die Macht des Geistes – Festschrift für Hartmut Schiedermair, Heidelberg 2001, S. 391–404.

Jacob/Lau: Beurteilungsspielraum und Einschätzungsprärogative – Zulässigkeit und Grenzen administrativer Letztentscheidungsmacht am Beispiel des Naturschutz- und Wasserrechts, NVwZ 2015, S. 241–248.

Jarass, Hans Dieter: Der Vorbehalt des Gesetzes bei Subventionen, NVwZ 1984, S. 473–480.

– Bausteine einer umfassenden Grundrechtsdogmatik, AöR 120 (1995), S. 345–381.

– Die Widerspruchsfreiheit als verfassungsrechtliche Vorgabe. Zugleich ein Beitrag zum Verhältnis von Sachgesetzgeber und Abgabengesetzgeber, AöR 126 (2001), S. 588–607.

– Losverfahren und Grundrechte – Am Beispiel der Spielhallenerlaubnis, NVwZ 2017, S. 279–280.

– Die Bedeutung von Vorrang und Durchführung des EG-Rechts für die nationale Rechtsetzung und Rechtsanwendung, NVwZ 2004, S. 1–11.

Jarass, Hans Dieter/*Pieroth,* Bodo: Grundgesetz für die Bundesrepublik Deutschland: GG, 15. Aufl., München 2018.

Jellinek, Walter: Verwaltungsrecht, 3. Aufl., Offenburg 1948.

Jesse, Sven: Instrumentenverbund als Rechtsproblem am Beispiel effizienter Energienutzung, Tübingen 2014.

Joecks, Wolfgang/*Miebach,* Klaus: Münchener Kommentar zum Strafgesetzbuch, 3. Aufl., München 2017.

Jungbauer, Markus Stefan: Die Verwendung des Begriffs der „Gerechtigkeit" in der Rechtsprechung des Bundesverfassungsgerichts, Hamburg 2002.

Juristische Fakultät Berlin: Berliner Festschrift für Ernst Hirsch – dargebracht von den Mitgliedern der Juristischen Fakultät zum 65. Geburtstag, Berlin 1968.

Kahl, Wolfgang: Vom weiten Schutzbereich zum engen Gewährleistungsgehalt – Kritik einer neuen Richtung der deutschen Grundrechtsdogmatik, Der Staat 43 (2004), S. 167–202.

– Neue Entwicklungen der Grundrechtsdogmatik. Von Modifikationen und Erosionen des grundrechtlichen Freiheitsparadigmas, AöR 131 (2006), S. 579–620.

Kahl, Wolfgang/*Gärditz,* Ferdinand: Das Grundrecht der Eigentumsfreiheit vor den Herausforderungen des europäischen Naturschutzrechts, ZUR 2006, S. 1–9.

Kahl, Wolfgang/*Waldoff,* Christian: Bonner Kommentar zum Grundgesetz, 188. Ergänzungslieferung, Heidelberg 2017.

Kaiser, Anna: Auf Schritt und Tritt – die elektronische Aufenthaltsüberwachung – Entwicklung, Rechtsgrundlagen, Verfassungsmäßigkeit, Wiesbaden 2016.

Kaltenstein, Jens: Kernfragen des „additiven" Grundrechtseingriffs unter besonderer Berücksichtigung des Sozialrechts, SGb 2016, S. 365–372.

Karpen, Ulrich: Auslegung und Anwendung des Grundgesetzes – Vom liberalen Rechtsstaat zum demokratischen Sozialismus, Berlin 1987.

– Gesetzgebungs-, Verwaltungs- und Rechtsprechungslehre – Beiträge zur Entwicklung einer Regelungstheorie, Baden-Baden 1989.

– Gesetzesfolgenabschätzung – Ein Mittel zur Entlastung von Bürgern, Wirtschaft und Verwaltung?, ZRP 2002, S. 443–446.

Kästner, Karl-Hermann: Das tierschutzrechtliche Verbot des Schächtens aus der Sicht des Bundesverfassungsgerichts, JZ 2002, S. 491–495.

Kelsen, Hans: Allgemeine Staatslehre, unveränderter Nachdruck der Erstauflage von 1925, Wiesbaden 2009.

Kempny, Simon: Steuerrecht und Verfassungsrecht, StuW 2014, S. 185–199.

Kingreen, Thorsten: Grundfreiheiten, in: Bogdandy v., Armin/Bast, Jürgen, Europäisches Verfassungsrecht, S. 705–748, Heidelberg 2009.

– Die Grundrechte des Grundgesetzes im europäischen Grundrechtsföderalismus, JZ 2013, S. 801–852.

Kingreen, Thorsten/*Poscher,* Ralf: Grundrechte – Staatsrecht II, 34. Aufl., Heidelberg 2018.

Kirchhof, Ferdinand: Die Entwicklung des Sozialverfassungsrechts, NZS 2015, S. 1–8.

Kirchhof, Gregor: Kumulative Belastung durch unterschiedliche staatliche Maßnahmen, NJW 2006, S. 732–736.

– Grundrechte und Wirklichkeit – Freiheit und Gleichheit aus der Realität begreifen – ein Beitrag zur Grundrechtsdogmatik, Heidelberg/München u. a. 2007.

– Nudging – zu den rechtlichen Grenzen informalen Verwaltens, ZRP 2015, S. 136–137.

Kirchhof, Paul: Besteuerung und Eigentum, VVDStRL 39 (1981), S. 213–285.

– Besteuerung im Verfassungsstaat, Tübingen 2000.

– Der Grundrechtsschutz des Steuerpflichtigen – Zur Rechtsprechung des Bundesverfassungsgerichts im vergangenen Jahrzehnt, AöR 128 (2003), S. 1–51.

– Die Steuern, in: Bethge, Herbert/Isensee, Josef/Kirchhof, Paul, Handbuch des Staatsrechts der Bundesrepublik Deutschland, Band V, 3. Aufl., Heidelberg/Hamburg 2007, § 118, S. 959–1099 (zitiert als: *P. Kirchhof*, HStR V, §118, Rn.).

Kirchhof, Paul/*Kreuter-Kirchhof,* Charlotte: Waldeigentum und Naturschutz – Der verfassungsrechtliche Schutz des Waldeigentums im Landesnaturschutzgesetz Nordrhein-Westfalen, Baden-Baden 2017.

Kirchhoff, Guido: Übermittlung von Gefährderdaten durch die Polizei an Fußballveranstalter, NJW 2017, S. 294–298.

Klar, Manuel: Datenschutzrecht und die Visualisierung des öffentlichen Raums, Münster 2012.

Klatt, Matthias/*Meister,* Moritz: Verhältnismäßigkeit als universelles Verfassungsprinzip, Der Staat 51 (2012), S. 159–188.

Klein, Oliver: Der Streitgegenstand der Verfassungsbeschwerde, in: Rensen, Hartmut/Brink, Stefan, Linien der Rechtsprechung des Bundesverfassungsgerichts – Erörtert von den wissenschaftlichen Mitarbeitern, Band I, Berlin 2009, S. 84–95.

Klement, Jan Henrik: Der Vorbehalt des Gesetzes für das Unvorhersehbare – Argumente gegen zu viel Rücksicht auf den Gesetzgeber, DÖV 2005, S. 507–515.

– Vom Nutzen einer Theorie, die alles erklärt – Robert Alexys Prinzipientheorie aus der Sicht der Grundrechtsdogmatik, JZ 2008, S. 756–763.

– Netzneutralität: der Europäische Verwaltungsverbund als Legislative, EuR 2017, S. 532–561.

Klinger, Remo/*Krebs,* David: Kommunale Verpackungssteuer – Nicht nur neu verpackt, sondern jetzt zulässig!, ZUR 2015, S. 664–669.

Kloepfer, Michael: Zu den neuen umweltrechtlichen Handlungsformen des Staates, JZ 1991, S. 737–744.

– Belastungskumulationen durch Normüberlagerungen im Abwasserrecht – Zum Nebeneinander von Abwasserabgaben, Wasserverbandsbeiträgen und wasserrechtlichen Einleitungsbegrenzungen, VerwArch 74 (1983), S. 201–224.

– Gesetzgebung im Rechtsstaat, VVDStRL 40 (1981), S. 63–98.

– Vorwirkung von Gesetzen, München 1974.

Kluge, Hans-Georg: Staatsziel Tierschutz am Scheideweg zwischen verfassungspolitischer Deklamation und verfassungsrechtlichem Handlungsauftrag, ZRP 2004, S. 10–14.

Kluth, Winfried: Bundesverfassungsgericht und wirtschaftslenkende Gesetzgebung, ZHR 1998, S. 657–684.

Kluth, Winfried/*Krings,* Günter: Gesetzgebung. Rechtssetzung durch Parlamente und Verwaltungen sowie ihre gerichtliche Kontrolle, Heidelberg 2014.

Koch, Susanne: Belastungskumulationen im Spielhallenrecht – Ein Überblick über die aktuellen rechtlichen Rahmenbedingungen des gewerblichen Geldspiels und die daraus resultierende verfassungswidrige Belastungskumulation, ZfWG 2015, S. 325–329.

Kokott, Juliane: Grundrechtliche Schranken und Schrankenschranken, in: Merten, Detlef/Papier, Hans-Jürgen, Handbuch der Grundrechte – Entwicklung und Grundlagen, Band I, München 2009, § 22, S. 853–908 (zitiert als: *Kokott*, HGR, Bd., §, Rn.).

Koschmieder, Norman: Grundrechtliche Dynamisierungsprozesse – Zur verfassungsrechtlichen Reflexion gesellschaftlicher Entwicklungen von Partnerschaft und Familie durch grundrechtliche Tatbestände, Berlin 2016.

Kreuter-Kirchhof, Charlotte: Verfassungsgerichtsbarkeit im Dienst der Verfassung, in: Bethge, Herbert/Isensee, Josef/Kirchhof, Paul, Handbuch des Staatsrechts der Bundesrepublik Deutschland, Band XII, 3. Aufl., Heidelberg, Hamburg 2014, § 272, S. 659–691 (zitiert als: *Kreuter-Kirchhof*, HStR XII, §272, Rn.).

– Personales Eigentum im Wandel, Tübingen 2017.

Krings, Günter: Grund und Grenzen grundrechtlicher Schutzansprüche – Die subjektivrechtliche Rekonstruktion der grundrechtlichen Schutzpflichten und ihre Auswirkung auf die verfassungsrechtliche Fundierung des Verbrauchervertragsrechts, Berlin 2003.

Kromrey, Hans: Haftbedingungen als Auslieferungshindernis – Ein Beitrag zur Verwirklichung der Menschenrechte, Mönchengladbach 2017.

Krüger, Herbert: Allgemeine Staatslehre, 1. Aufl., Stuttgart 1964.

Krüper, Julian: Marktbereinigung unter Wesentlichkeitsvorbehalt – Der Spielhallenbeschluss des Bundesverfassungsgerichts wirft die Frage nach der Bedeutung des grundrechtlichen Vorbehalts des Gesetzes auf, GewArch 2017, S. 257–265.

– Allein mit Details, ZfWG 2017, S. 213–214.

Kühl, Kristian/*Heger,* Martin: Lackner/Kühl Strafgesetzbuch, 29. Aufl., München 2018.

Kühling, Jürgen: Grundrechte, in: Bogdandy v., Armin/Bast, Jürgen, Europäisches Verfassungsrecht, S. 657–704, Heidelberg 2009.

Kunig, Philip/*Arnauld,* Andreas von/*Münch,* Ingo v.: Grundgesetz – Kommentar, 6. Aufl., München 2012.

Ladeur, Karl-Heinz: Kritik der Abwägung in der Grundrechtsdogmatik – Plädoyer für eine Erneuerung der liberalen Grundrechtstheorie, Tübingen 2004.

Landmann, Robert/*Rohmer,* Gustav: Umweltrecht, 87. Aufl., Köln 2007.

Larenz, Karl: Methodenlehre der Rechtswissenschaft, 2. Aufl., Berlin 1992.

Lechner, Hans/*Zuck,* Rüdiger: Bundesverfassungsgerichtsgesetz – Kommentar, 7. Aufl., München 2015.

Lee, Eun-Kyung: Umweltrechtlicher Instrumentenmix und kumulative Grundrechtseinwirkungen – Überlegungen am Beispiel des Energierechts, Tübingen 2013.

Lehr, Katja: Staatliche Lenkung durch Handlungsformen (Europäische Hochschulschriften. Reihe II, Rechtswissenschaft) 2010.

Leibholz, Gerhard/*Rinck,* Hans-Justus/*Hesselberger,* Dieter: Grundgesetz für die Bundesrepublik Deutschland – Kommentar Rechtsprechung des Bundesverfassungsgerichts, 7. Aufl., Köln 2006.

Leisner, Walter: Der Unsichtbare Staat – Machtabbau oder Machtverschleierung?, Berlin 1994.

– Steuer- und Eigentumswende – die Einheitswert-Beschlüsse des Bundesverfassungsgerichts, NJW 1995, S. 2591–2596.

Leisner-Egensperger, Anna: Die Wesensgehaltsgarantie des Art. 19 Abs. 2 GG, in: Merten, Detlef/Papier, Hans-Jürgen, Grundsatzfragen der Grundrechtsdogmatik, Heidelberg 2007, S. 57–80.

Lenz, Christofer/*Hansel,* Ronald: Bundesverfassungsgerichtsgesetz – Handkommentar, 2. Aufl., Baden-Baden 2015.

Lenz, Sebastian: Vorbehaltlose Freiheitsrechte – Stellung und Funktion vorbehaltloser Freiheitsrechte in der Verfassungsordnung, Tübingen, 2006.

Lepsius, Oliver: Kritik der Dogmatik, in: Kirchhof, Gregor/Magen, Stefan/Schneider, Karsten, Was weiß Dogmatik? – Was leistet und wie steuert die Dogmatik des Öffentlichen Rechts?, S. 39–62.

Lerche, Peter: Übermaß und Verfassungsrecht – Zur Bindung des Gesetzgebers an die Grundsätze der Verhältnismäßigkeit und der Erforderlichkeit, 2. Aufl., Köln, Berlin u. a. 1999.

Lindner, Josef Franz: „Grundrechtseingriff" oder „grundrechtswidriger Effekt" – Plädoyer für einen grundrechtsdogmatischen Paradigmenwechsel, DÖV 2004, S. 765–773.

– Die Kompensationsfunktion der Fortsetzungsfeststellungsklage nach § 113 I 4 VwGO, NVwZ 2014, S. 180–185.

Lübbe-Wolff, Gertrude: Die Grundrechte als Eingriffsabwehrrechte – Struktur und Reichweite der Eingriffsdogmatik im Bereich staatlicher Leistungen, Baden-Baden 1988.

– Die rechtliche Kontrolle incremental summierter Gefahren am Beispiel des Immissionsschutzrechts, in: Dreier, Horst/ Hofmann, Jochen, Parlamentarische Souveränität und technische Entwicklung, Berlin 1986, S. 167–188.

Lücke, Jörg: Der additive Grundrechtseingriff sowie das Verbot der übermäßigen Gesamtbelastung des Bürgers, DVBl. 2001, S. 1469–1478.

Luhmann, Niklas: Zweckbegriff und Systemrationalität – Über die Funktion von Zwecken in sozialen Systemen, 3. Aufl., Frankfurt a. M. 1984.

– Macht im System, herausgegeben von André Kiesling, Berlin 2012.

Mager, Ute: Einrichtungsgarantien – Entstehung, Wurzeln, Wandlungen und grundgesetzmäßige Neubestimmung einer dogmatischen Figur des Verfassungsrechts, Tübingen 2003.

Mangoldt, Hermann v./*Klein,* Friedrich: Das Bonner Grundgesetz, 2. Aufl., Frankfurt am Main 1966.

Mangoldt, Hermann v./*Klein,* Friedrich/*Starck,* Christian: Kommentar zum Grundgesetz, 7. Aufl., München 2018.

Manssen, Gerrit: Privatrechtsgestaltung durch Hoheitsakt – Verfassungsrechtliche und verwaltungsrechtliche Grundfragen, Tübingen 1994.

Martini, Mario/*Nink,* David/*Wenzel,* Michael: Bodycams zwischen Bodyguard und Big Brother – Zu den rechtlichen Grenzen filmischer Erfassung von Sicherheitseinsätzen durch Miniaturkameras und Smartphones, NVwZ Extra 35 (2016), S. 1–18.

Maunz, Theodor/*Dürig,* Günter (Begr.): Grundgesetz – Kommentar, 84. Ergänzungslieferung, München 2018.

Maunz, Theodor/*Schmidt-Bleibtreu,* Bruno/*Bethge,* Herbert: Bundesverfassungsgerichtsgesetz – Kommentar, 54. Ergänzungslieferung, München 2018.

Mayer, Matthias: Untermaß, Übermaß und Wesensgehaltsgarantie – Die Bedeutung staatlicher Schutzpflichten für den Gestaltungsspielraum des Gesetzgebers, Baden-Baden 2005.

Meinke, Monika M.: In Verbindung mit – Die Verbindung von Grundrechten miteinander und mit anderen Bestimmungen des Grundgesetzes in der Rechtsprechung des Bundesverfassungsgerichts, Berlin 2006.

Meister, Moritz: Das System des Freiheitsschutzes im Grundgesetz, Berlin 2011.

Merten, Detlef: Diskussionsbeitrag, VVDStRL 57 (1998), S. 112, 113.

Michael, Lothar: Lebenspartnerschaften unter dem besonderen Schutze einer (über-)staatlichen Ordnung Legitimation und Grenzen eines Grundrechtswandels kraft europäischer Integration, NJW 2010, S. 3537–3542.

– Formen- und Instrumentenmix, in: Hoffmann-Riem, Wolfgang/Schmidt-Aßmann, Eberhard/Voßkuhle, Andreas, Grundlagen des Verwaltungsrechts, 2. Aufl., München 2012, § 41, S. 1519–1566.

– Normenkontrollen – Teil 1 Funktionen und Systematisierung, ZJS 2012, S. 756–765.

Michael, Lothar/*Morlok,* Martin: Grundrechte, 6. Aufl., Baden-Baden 2017.

Möllers, Martin Hans-Werner: Das Demonstrationsrecht des Bundesverfassungsgerichts in liberal-etatistischer Tradition zwischen Bürgerfreiheit und Staatsräson, in: Ooyen, Robert v./Möllers, Martin H.-W., Handbuch Bundesverfassungsgericht und politische Praxis, Wiesbaden 2015, S. 551–586.

Morlok, Martin: Selbstverständnis als Rechtskriterium, Tübingen 1993.

Moser-Knierim, Antonie: Vorratsdatenspeicherung – Zwischen Überwachungsstaat und Terrorabwehr, Wiesbaden 2014.

Müller, Friedrich: Juristische Methodik, 7. Aufl., Berlin 1997.

Müller-Franken, Sebastian: Über den Umgang mit nicht gerügten Grundrechten bei der Verfassungsbeschwerde, DÖV 1999, S. 590–597.

Münkler, Laura: Metaphern im Recht – Zur Bedeutung organischer Vorstellungen von Staat und Recht, Der Staat 55 (2016), S. 181–211.

Murswiek, Dietrich: Das Bundesverfassungsgericht und die Dogmatik mittelbarer Grundrechtseingriffe – Zu der Glykol- und der Osho-Entscheidung vom 26. 06. 2002, NJW 2003, S. 1–8.

– Grundrechtsdogmatik am Wendepunkt?, Der Staat 45 (2006), S. 474–500.

Musil, Andreas: Viel Lärm um nichts? – Die Auswirkungen der Gesundheitsreform auf die Grundrechte der privaten Krankenversicherungsunternehmen, NZS 2008, S. 113–118.

– Verfassungsrechtliche Leitplanken einer Vermögensbesteuerung, DStR 2017, S. 1903–1907.

Nagel, Peter: Problemaffinität und Problemvergessenheit. Eine Betrachtung zur Beobachtungspflicht des Gesetzgebers, DÖV 2010, S. 268–275.

Nimtz, Hoger: Die strafprozessuale Observation nach dem Strafverfahrensänderungsgesetz 1999, Berlin 2003.

Nipperdey, Hans Carl: Die Grundrechte und Grundpflichten der Reichsverfassung, Band I, Berlin 1929.

Nowrot, Karsten: Das Republikprinzip in der Rechtsordnungengemeinschaft – Methodische Annäherungen an die Normalität eines Verfassungsprinzips, Tübingen 2014.

Oliveira, Renata Camilo de: Zur Kritik der Abwägung in der Grundrechtsdogmatik – Beitrag zu einem liberalen Grundrechtsverständnis im demokratischen Rechtsstaat, Berlin 2013.

Papier, Hans-Jürgen: Steuerrecht im Wandel – verfassungsrechtliche Grenzen der Steuerpolitik, DStR 2007, S. 973–978.

– Rechtsstaatlichkeit und Grundrechtsschutz in der digitalen Gesellschaft, NJW 2017, S. 3025–3031.

Pausenberger, Marcus A.: Eigentum und Steuern in der Republik – Ein Beitrag zum steuerverfassungsrechtlichen Halbteilungsgrundsatz, Berlin 2008.

Payandeh, Mehrdad: Das Gebot der Folgerichtigkeit: Rationalitätsgewinn oder Irrweg der Grundrechtsdogmatik?, AöR 136 (2011), S. 578–615.

Peine, Franz-Joseph: Der Grundrechtseingriff, in: Merten, Detlef/Papier, Hans-Jürgen, Handbuch der Grundrechte – Allgemeine Lehren II, Band III, München 2009, § 57, S 88–112 (zitiert als: *Peine,* HGR Bd. §, Rn.).

Poscher, Ralf: Neue Rechtsgrundlagen gegen rechtsextremistische Versammlungen – Zu den verfassungsrechtlichen Grenzen der Entpolitisierung der Versammlungsfreiheit, NJW 2005, S. 1316–1319.

– Theorie eines Phantoms – Die erfolgslose Suche der Prinzipientheorie nach ihrem Gegenstand, RW – Rechtswissenschaft 2010, S. 349–372.

Puschke, Jens: Die kumulative Anordnung von Informationsbeschaffungsmaßnahmen im Rahmen der Strafverfolgung – Eine Untersuchung unter rechtlichen, rechtstatsächlichen und kriminologischen Aspekten, Berlin 2006.

Rabe, Patricia: Das Verständigungsurteil des Bundesverfassungsgerichts und die Notwendigkeit von Reformen im Strafprozess, Tübingen 2017.

Ramsauer, Ulrich: Die Bestimmung des Schutzbereichs von Grundrechten nach dem Normzweck, Verwaltungsarchiv 72 (1981), S. 89–106.

– Die faktischen Beeinträchtigungen des Eigentums, Berlin 1980.

Raue, Frank: Müssen Grundrechtsbeschränkungen wirklich verhältnismäßig sein?, AöR 131 (2006), S. 79–116.

Reimer, Franz: Qualitätssicherung – Grundlagen eines Dienstleistungsverwaltungsrechts, Baden-Baden 2010.

Renck, Ludwig: Zum Anwendungsbereich des Satzes „lex posterior derogat legi priori“, JZ 1970, S. 770–771.

Reßing, Maximilian: Die Grundrechtskonkurrenz – Kohärenz im freiheitsrechtlichen System des Grundgesetzes, Baden-Baden 2016.

Riedel, Daniel: Eigentum, Enteignung und das Wohl der Allgemeinheit – Zur Ausgestaltungsgarantie der Eigentumsgewährleistung, zum Enteignungsbegriff und zur Gemeinwohlbindung der Enteignung, Berlin 2012.

Riehm, Thomas: Abwägungsentscheidungen in der praktischen Rechtsanwendung – Argumentation – Beweis – Wertung, München 2006.

Rixen, Stephan: Sozialrecht als öffentliches Wirtschaftsrecht – Am Beispiel des Leistungserbringerrechts der gesetzlichen Krankenversicherung, Tübingen 2005.

Roggan, Fredrik: Legislative Entgrenzungen im Bereich der „Terrorismusbekämpfung“ – Eine unvollständige Bilanz der letzten zehn Jahre, ZRP 2017, S. 208–2012.

Roller, Reinhold/*Hendel,* Phillip: Ist die Besteuerung eines privat genutzten Grundstücks mit Grundsteuer verfassungsgemäß?, VuR 2006, S. 14–17.

Rose, Edgar: „Smart Cams“ im öffentlichen Raum – Regulierungsdefizite und Optionen künftiger Regulierung, ZD 2017, S. 64–69.

Rose, Gerd: Überlegungen zur Realisierung des Halbteilungsgrundsatzes, StuW 1999, S. 12–19.

Roth, Wolfgang: Faktische Eingriffe in Freiheit und Eigentum – Struktur und Dogmatik des Grundrechtstatbestandes und der Eingriffsrechtfertigung, Berlin 1994.

Rozek, Jochen: Die Unterscheidung von Eigentumsbindung und Enteignung – Eine Bestandsaufnahme zur dogmatischen Struktur des Art. 14 GG nach 15 Jahren „Naßauskiesung“, Tübingen 1998.

Rüfner, Wolfgang: Grundrechtskonflikte, in: Drath, Martin/Starck, Christian, Bundesverfassungsgericht und Grundgesetz – Festgabe aus Anlaß des 25jährigen Bestehens des Bundesverfassungsgerichts, Tübingen 1976, S. 453–479.

Rusteberg, Benjamin: Der grundrechtliche Gewährleistungsgehalt – Eine veränderte Perspektive auf die Grundrechtsdogmatik durch eine präzise Schutzbereichsbestimmung, Tübingen 2009.

Rutting, Markus: Bitte Abstand halten! – Abstandsregelungen für Spielhallen, ZfWG 2017, S. 221–227.

Sachs, Michael: Grundgesetz – Kommentar, 8. Aufl., München 2018.

– Bloße Unvereinbarkeitserklärung bei Gleichheitsverstößen? Probleme einer Entscheidungspraxis des BVerfG, dargestellt am Beispiel des Beschlusses zum nordrhein-westfälischen Hausarbeitstagsgesetz, NVwZ 1982, S. 657–662.

Sachs, Michael/*Jasper,* Christian: Der allgemeine Gleichheitssatz – Das Eingriffsmodell zu Art. 3 I GG als Abwehrrecht, JuS 2016, S. 769–775.

Sacksofsky, Ute: Halbteilungsgrundsatz ade – Scheiden tut nicht weh, NVwZ 2006, S. 661–662.

Sauer, Heiko: Rechtsstaatliche Regulierungsanforderungen an die Neuordnung eines Gewerbes – Überzeugungskraft und Konsequenzen des Spielhallen-Beschlusses des BVerfG, ZfWG Sonderbeilage 2017, S. 18–24.

Schaefer, Jan Philipp: Das Individuum als Grund und Grenze deutscher Staatlichkeit – Plädoyer für eine radikalindividualistische Konzeption der Menschenwürdegarantie des Grundgesetzes, AöR 135 (2010), S. 404–432.

– Wie viel Freiheit für die Gegner der Freiheit?, DÖV 2010, S. 379–387.

Schaks, Nils: Der Grundsatz der finanziellen Stabilität der gesetzlichen Krankenversicherung und der Grundsatz der Beitragssatzstabilität, in: Sodan, Helge/Adam, Jörg, Handbuch des Krankenversicherungsrechts, 3. Aufl., München 2018, § 16, Rn. 1–87.

– Das Verbot der Belastungskumulation als Bestandteil der Wesensgehaltsgarantie des Art. 19 Abs. 2 GG, DÖV 2015, S. 817–827.

– Die Wesensgehaltsgarantie, Art. 19 II GG, JuS 2015, S. 407–410.

Schenke, Wolf-Rüdiger: Rechtsschutz gegen das Unterlassen von Rechtsnormen, VerwArch 82 (1991), S. 307–356.

Scherer, Inge: „Case law" in Gesetzesform – Die „Schwarze Liste" als neuer UWG-Anhang, NJW 2009, S. 324–331.

Scherzberg, Arno: Grundrechtsschutz und „Eingriffsintensität" – Das Ausmaß individueller Grundrechtsbetroffenheit als materiellrechtliche und kompetenzielle Determinante der verfassungsgerichtlichen Kontrolle der Fachgerichtsbarkeit im Rahmen der Urteilsverfassungsbeschwerde, Berlin 1989.

Scheuner, Ulrich: Pressefreiheit. Staatsaufsicht in Verwaltung und Wirtschaft, VVDStRL 22 (1965), S. 1–91.

Schlaich, Klaus/*Korioth,* Stefan: Das Bundesverfassungsgericht – Stellung, Verfahren, Entscheidungen: ein Studienbuch, 11. Aufl., München 2018.

Schlink, Bernhard: Abwägung im Verfassungsrecht, Berlin 1976.

Schmidt, Walter: Der Verfassungsvorbehalt der Grundrechte, AöR 106 (1981), S. 497–525.

Schneider, Hans-Peter: Die Zerschlagung eines (ehemals) freien Gewerbes – Kritische Bemerkungen zum Spielhallen-Beschluss des BVerfG, NVwZ 2017, S. 1073–1080.

Schneider, Ludwig: Der Schutz des Wesensgehalts von Grundrechten nach Art. 19 Abs. 2 GG, Berlin 1983.

Schnitger, Arne: Mögliche Wirkungsgrenzen der Grundfreiheiten des EG-Vertrages am Beispiel des § 8a KStG – Zugleich Anmerkung zu dem Beitrag von Kessler/Eicker/Obser, IStR 2004, 325 ff., IStR 2004, S. 635–639.

Schöbener, Burkhard: Allgemeine Staatslehre, 3. Aufl., München 2016.

– Das Verhältnis des EU-Rechts zum nationalen Recht der Bundesrepublik Deutschland, JA 2011, S. 885–893.

Schöbener, Burkhard/*Breuer,* Marten: Völkerrecht – Lexikon zentraler Begriffe und Themen, Heidelberg 2014.

Schön, Wolfgang: Besteuerung im Binnenmarkt – die Rechtsprechung des EuGH zu den direkten Steuern, IStR 2004, S. 289–300.

Schönke, Adolf/*Schröder,* Horst: Strafgesetzbuch – Kommentar, 29. Aufl., München 2014.

Schreiber, Ulrich: Besteuerung der Unternehmen – Eine Einführung in Steuerrecht und Steuerwirkung, Wiesbaden 2017.

Schröder, Meinhard: Das Bundesverfassungsgericht als Hüter des Staates im Prozess der europäischen Integration – Bemerkungen zum Maastricht Urteil, DVBl. 1994, S. 316–325.

Schuhmann, Eva: Edukatorisches Staatshandeln am Beispiel der Etablierung eines neuen Familienleitbildes, in: dies., Das erziehende Gesetz – 16. Symposion der Kommission „Die Funktion des Gesetzes in Geschichte und Gegenwart“, Berlin 2013, S. 1–58.

Schulin, Bertram: Die Freiheit des Berufes im Sozialrecht – Richterwoche des Bundessozialgerichts (20), Kassel 1988, SGb 1989, S. 94–105.

Schulte, Martin: Informales Verwaltungshandeln als Mittel staatlicher Umwelt- und Gesundheitspflege, DVBl. 1988, S. 512–520.

Schüßler, Rudolf: Halbteilung und moralisches Gesetz – zu einem Beschluß des Bundesverfassungsgerichts, ARSP 88 (2002), S. 531–548.

Schwabe, Jürgen: Die sogenannte Drittwirkung der Grundrechte – Zur Einwirkung der Grundrechte auf den Privatrechtsverkehr, München 1971.

– Nochmals: „Der mittelbare Grundrechtseingriff“, DVBl. 1988, S. 1055–1057.

– Probleme der Grundrechtsdogmatik, 2. Aufl., Buxtehude 1997.

Schwabenbauer, Thomas: Heimliche Grundrechtseingriffe – Ein Beitrag zu den Möglichkeiten und Grenzen sicherheitsbehördlicher Ausforschung, Tübingen 2013.

Seer, Roman: Verfassungsrechtliche Grenzen der Gesamtbelastung von Unternehmen, in: Pelka, Jürgen, Europa- und verfassungsrechtliche Grenzen der Unternehmensbesteuerung, Köln 2000, S. 87–126.

– Die Unvereinbarkeitserklärung des BVerfGE am Beispiel seiner Rechtsprechung im Abgabenrecht, NJW 1996, 285–291.

Seiwerth, Jakob: Zur Zulässigkeit der Verfassungsbeschwerde gegenüber Grundrechtsverletzungen des Gesetzgebers durch Unterlassen, Berlin 1962.

Sellmann, Christian: Belastungskumulationen und Subventionen in der Verhältnismäßigkeitsprüfung. Zu Ausgleichsansprüchen von betroffenen Landwirten nach Art. 14 Abs. 1 S. 2 GG, in: Hogenmüller, Daniel/Smeddinck, Ulrich/Tils, Ralf, Landwirtschaft im Spektrum der Umweltwissenschaften, Baden-Baden 2002, S. 149–161.

Sendler, Horst: Grundrecht auf Widerspruchsfreiheit der Rechtsordnung? – Eine Reise nach Absurdistan?, NJW 1998, S. 2875–2877.

Sodan, Helge: Kollegiale Funktionsträger als Verfassungsproblem – Dargestellt unter besonderer Berücksichtigung der Kunststoffkommission des Bundesgesundheitsamtes und der Transparenzkommission, Frankfurt a.M. 1987.

Sodan, Helge/*Kluckert,* Sebastian: Kompetenzordnung und Widerspruchsfreiheit der Rechtsordnung als Grenzen für Vergnügungsteuersätze, NVwZ 2013, S. 241–247.

Solmecke, Christian/*Kocatepe,* Sibel: Google Glass – Der Gläserne Mensch 2.0. Die neueste technische Errungenschaft – ein Fluch oder eine Herausforderung?, ZD- Zeitschrift für Datenschutz 2014, S. 22–27.

Spielmann, Christoph: Konkurrenz von Grundrechtsnormen, Baden-Baden 2008.

Spranger, Matthias: Die Figur der „Schutzbereichsverstärkung", NJW 2002, S. 2074–2076.

Staben, Julian: Der Abschreckungseffekt auf die Grundrechtsausübung – Strukturen eines verfassungsrechtlichen Arguments, Tübingen 2016.

Starck, Christian: Der demokratische Verfassungsstaat: Gestalt, Grundlagen, Gefährdungen, Tübingen 1995.

Stein, Karin: Die Verantwortlichkeit politischer Akteure, Tübingen 2009.

Steinmetz, Jan: Zur Kumulierung strafprozessualer Ermittlungsmaßnahmen, NStZ 2001, S. 344–349.

Stern, Klaus: Das Staatsrecht der Bundesrepublik Deutschland Band I, Grundbegriffe und Grundlagen des Staatsrechts. Strukturprinzipien der Verfassung, 2. Aufl., München 1984 (zitiert als: *Stern,* Staatsrecht I, S.).

– Das Staatsrecht der Bundesrepublik Deutschland Band III/1, Allgemeine Lehren der Grundrechte, München 1988 (zitiert als: *Stern,* Staatsrecht III/1, S.).

– Das Staatsrecht der Bundesrepublik Deutschland Band III/2, Allgemeine Lehren der Grundrechte, München 1994 (zitiert als: *Stern,* Staatsrecht III/2, S.).

– Die Freiheit der Lehre – ein Grundrecht im Schattendasein, in: Herdegen, Matthias, Staatsrecht und Politik – Festschrift für Roman Herzog zum 75. Geburtstag, München 2009, S. 507–524.

Stern, Klaus/*Becker,* Florian: Grundrechte – Kommentar – Die Grundrechte des Grundgesetzes mit ihren europäischen Bezügen, 2. Aufl., Köln 2015.

Steuck, Jens-Peter: Zu den verfassungsrechtlichen Anforderungen an Normgeflechte, NVwZ 2002, S. 51–53.

Storr, Stefan: Der Staat als Unternehmer – Öffentliche Unternehmen in der Freiheits- und Gleichheitsdogmatik des nationalen Rechts und des Gemeinschaftsrechts, Tübingen 2001.

Störring, Lars Peter: Das Untermaßverbot in der Diskussion – Untersuchung einer umstrittenen Rechtsfigur, Berlin 2009.

Teifke, Nils: Das Prinzip Menschenwürde – Zur Abwägungsfähigkeit des Höchstrangigen, Tübingen 2011.

Thym, Daniel: Zustand und Zukunft der Europarechtswissenschaft in Deutschland, EuR 2015, S. 671–703.

Triepel, Heinrich: Der Weg der Gesetzgebung nach der neuen Reichsverfassung, AöR 39 (1920), S. 456–546.

Ulbricht, Mike: Volksverhetzung und das Prinzip der Meinungsfreiheit – Strafrechtliche und verfassungsrechtliche Untersuchung des § 130 Abs. 4 StGB, Heidelberg 2017.

Unruh, Peter: Zur Dogmatik der grundrechtlichen Schutzpflichten, Berlin 1996.

Urbaneck, Patric: Die Zulässigkeitsprüfung im Verfassungsrecht, JuS 2014, S. 896–900.

Uwer, Dirk/*Rathke,* Martin: Belastungskumulationen im regulatorischen Mehrebenensystem – BVerwG konkretisiert rechtsstaatliche Grenzen für die Höhe der kommunalen Spielgerätesteuer, ZfWG 2016, S. 139–141.

Volkmann, Uwe: Schächterlaubnis für muslimischen Metzger, DVBl. 2002, S. 332–336.

– Veränderungen der Grundrechtsdogmatik, JZ 2005, S. 261.

– Die Geistesfreiheit und der Ungeist – Der Wunsiedel-Beschluss des BVerfG, NJW 2010, S. 417–420.

Voßkuhle, Andreas: Das Kompensationsprinzip – Grundlagen einer prospektiven Ausgleichsordnung für die Folgen privater Freiheitsbetätigung – zur Flexibilisierung des Verwaltungsrechts am Beispiel des Umwelt- und Planungsrechts, Tübingen 1999.

– Grundwissen Öffentliches Recht: Der Grundsatz der Verhältnismäßigkeit, JuS 2007, S. 429–431.

Vranes, Erich: Lex Superior, Lex Specialis, Lex Posterior – Zur Rechtsnatur der „Konfliktlösungsregeln", ZaöRV 2005, S. 391–405.

Waechter, Kay: Videoüberwachung öffentlicher Räume und systematischer Bildabgleich, NdsVBl. 2001, S. 77–86.

– Studien zum Gedanken der Einheit des Staates – Über die rechtsphilosophische Auflösung der Einheit des Subjektes, Berlin 1994.

Wagner, Hellmut: Gesetzesfolgenabschätzung – Modeerscheinung oder Notwendigkeit?, ZRP 1999, S. 480–486.

Wahl, Rainer/*Masing,* Johannes: Schutz durch Eingriff, JZ 1990, S. 553–604.

Waldhoff, Christian: Vollstreckung und Sanktionen, in: Hoffmann-Riem, Wolfgang/Schmidt-Aßmann, Eberhard/Voßkuhle, Andreas, Grundlagen des Verwaltungsrechts, 2. Aufl., München 2012, § 46, S. 293–427.

Walter, Christian/*Grünewald,* Benedikt: Beck'scher Online-Kommentar zum Bundesverfassungsgerichtsgesetz, 2. Edition, Stand: 01.12. 2017, München 2017 (zitiert als: *Bearbeiter,* in: BeckOK BVerfGG, §, Rn.).

Weber-Dürler, Beatrice: Der Grundrechtseingriff – 2. Bericht, VVDStRL 57 (1998), S. 60–99.

Wendt, Rudolf: Der Garantiegehalt der Grundrechte und das Übermaßverbot, AöR 104 (1979), S. 414–474.

Wernsmann, Rainer: Die Steuer als Eigentumsbeeinträchtigung, NJW 2006, S. 1169–1174.

– Konkrete Normenkontrolle, in: Ehlers, Dirk/Schoch, Friedrich, Rechtsschutz im Öffentlichen Recht, § 16, S. 383–406.

Wernsmann, Werner: Zunehmende Europäisierung und Konstitutionalisierung als Herausforderungen für den Steuergesetzgeber, in: Beck, Karin Schön, Wolfgang, Zukunftsfragen des deutschen Steuerrechts, Berlin 2009, S. 161–184.

Westerhoff, Torben: Die Prüfung der Verhältnismäßigkeit im Rahmen gebundener Entscheidungen, Frankfurt a.M. 2016.

Wieckhorst, Arno: Grundrechtsschutz durch Legislativverfahren – Grundrechtlich induzierte Prozeduralisierung der Gesetzgebung und ihrer Kontrolle im Verfassungs- und Unionsrecht, Tübingen 2017.

Wiedemann, Herbert: Richterliche Rechtsfortbildung, NJW 2014, S. 2407–2412.

Willke, Helmut: Stand und Kritik der neueren Grundrechtstheorie – Schritte zu einer normativen Systemtheorie, Berlin 1975.

Windoffer, Alexander: Verfahren der Folgenabschätzung als Instrument zur rechtlichen Sicherung von Nachhaltigkeit, Tübingen 2012.

Winkler, Daniela: Der „additive Grundrechtseingriff": Eine adäquate Beschreibung kumulierender Belastungen?, JA 2014, S. 881–887.

Wolff, Heinrich Amadeus: Ungeschriebenes Verfassungsrecht unter dem Grundgesetz, Tübingen 2000.

Würkner, Joachim: Effektivierung des Grundrechtsschutzes durch Grundrechtskumulation?, DÖV 1992, S. 150–154.

Würsig, Thorsten: Die Steuerung von Summenbelastungen im öffentlichen Immissionsschutzrecht, Baden-Baden 2009.

Wüstenberg, Malte: Interdependenzen im Sozialrecht – Eine Untersuchung anhand der Regelaltersgrenze, Münster 2011.

Wustlich, Guido: Die Atmosphäre als globales Umweltgut – Rechtsfragen ihrer Bewirtschaftung im Wechselspiel von Völker-, Gemeinschafts- und nationalem Recht, Berlin 2003.

Zacher, Hans F.: Die Selektion der Verfassungsbeschwerden – Die Siebfunktion der Vorprüfung, des Erfordernisses der Rechtswegerschöpfung und des Kriteriums der unmittelbaren und gegenwärtigen Betroffenheit des Beschwerdeführers, in: Drath, Martin/Starck, Christian, Bundesverfassungsgericht und Grundgesetz – Festgabe aus Anlaß des 25jährigen Bestehens des Bundesverfassungsgerichts, Tübingen 1976, S. 397–430.

Zanger, Johanna: Freiheit von Furcht. Zur grundrechtsdogmatischen Bedeutung von Einschüchterungseffekten, Berlin 2017.

Zuck, Rüdiger: Das Recht der Verfassungsbeschwerde, 5. Aufl., München 2017.

Sachwortverzeichnis